열왕기하

ESV 성경 해설 주석

편집자 주

- 성경의 문단과 절 구분은 ESV 성경의 구분을 기준하였습니다.
- 본문의 성경은 《성경전서 개역개정판》과 ESV 역을 주로 사용하였습니다.

ESV Expository Commentary: 2 Kings
© 2019 Crossway
Originally published as *ESV Expository Commentary*, Volume 3: *1 Samuel-2 Chronicles*
Published by Crossway
a publishing ministry of Good News Publishers
Wheaton, Illinois 60187, U.S.A.

ESV EXPOSITORY COMMENTARY

열왕기하

ESV 성경 해설 주석

J. 게리 밀러 지음
홍병룡 옮김

국제제자훈련원

추천의 글

성경은 하나님의 생명의 맥박이다. 성경은 사망에서 생명으로 옮겨 주는 생명의 책이다. 성경은 하나님의 창조와 구원 디자인에 따라 삶을 풍요롭게 하는 생활의 책이다. 성경을 바로 이해하고 적용해서 그대로 살면 우선 내가 살고 또 남을 살릴 수 있다. '하나님의 생기'가 약동하는 성경을 바로 강해하면 성령을 통한 생명과 생활의 변화가 분출된다. 이번에 〈ESV 성경 해설 주석〉 시리즈가 나왔다. 미국 필라델피아 웨스트민스터신학교의 이언 두기드 교수와 남침례교신학교의 제임스 해밀턴 교수와 커버넌트신학교의 제이 스클라 교수 등이 편집했다. 학문이 뛰어나고 경험이 많은 신세대 목회자/신학자들이 대거 주석 집필에 동참했다. 일단 개혁주의 성경신학 교수들이 편집한 주석으로 신학적으로 건전하다. 〈ESV 성경 해설 주석〉은 또한 목회와 신앙생활 전반에 소중한 자료다. 성경 내용을 총체적으로 이해하고 적용한 주석으로 읽고 사용하기가 쉽게 되어 있다. 성경 각 권의 개요와 주제와 저자와 집필 연대, 문학 형태, 성경 전체와의 관계, 해석적 도전 등을 서론으로 정리한 후 구절마다 충실하게 주석해 두었다. 정금보다 더 값지고 꿀보다 더 달고 태양보다 더 밝은 성경 말씀을 개혁주의 성경 해석의 원리에 따라 탁월하게 해석하고 적용한 〈ESV 성경 해설 주석〉이 지구촌 각 교회 지도자들과 성도들에게 널리 읽혀서 생명과 생활의 변화를 통해 하나님의 영광이 극대화되기 바란다.

권성수 | 대구 동신교회 담임목사

〈ESV 성경 해설 주석〉은 미국의 건전한 개혁주의 전통에 서 있는 젊고 탁월한 학자들을 중심으로 집필된 해설 주석이다. 이 책은 매우 읽기 쉬운 주석임에도 세세한 부분까지 놓치지 않고 해설을 집필해 놓았다. 성경 전체를 아우르는 신학적 큰 그림을 견지하면서도 난제는 간결하고 핵심을 찌르듯 해설한다. 목회자들이나 성경을 연구하는 이들은 이 주석을 통해 성경 기자의 의도를 쉽게 파악하여 설교와 삶의 적용에 적절하게 활용할 수 있을 것이다.

김성수 | 고려신학대학원 구약학 교수

ESV 성경은 복음주의 학자들이 원문에 충실하게 현대 언어로 번역한다는 원칙으로 2001년에 출간된 성경이다. ESV 번역을 기초로 한 이 해설 주석은 성경 본문의 역사적 의미를 밝힘으로써, 독자가 하나님의 영감된 메시지를 발견하도록 도울 목적으로 기획되었다. 각 저자는 본문에 대한 학문적 논의에 근거하여 일반 독자가 이해하고 적용할 수 있도록 충실하게 안내하고 있다. 또한 성경 각 권에 대한 서론은 저자와 본문을 이해하는 데 큰 도움을 준다. 이 주석은 말씀을 사모하는 모든 사람들, 특별히 말씀을 선포하고 가르치는 책임을 맡은 이들에게 신뢰할 만하고 사용하기에 유익한 안내서다.

김영봉 | 와싱톤사귐의교회 담임목사

〈ESV 성경 해설 주석〉은 성경 해석의 정확성, 명료성, 간결성, 통합성을 두루 갖춘 '건실한 주석'이다. 단단한 문법적 분석의 토대 위에 문학적 테크닉을 따라 복음 스토리의 흐름을 잘 따라가며, 구약 본문과의 연관성 속에서 견고한 성경신학적 함의를 제시한다. 성경을 이해하는 데 관심 있는 일반 독자들은 이 책을 통해 최신 해석들을 접할 수 있으며, 설교자들은 영적 묵상과 현대적 적용에 통찰을 얻을 수 있을 것이다.

김정우 | 총신대학교 명예교수, 한국신학정보연구원 원장

〈ESV 성경 해설 주석〉은 단락 개요, 주석 그리고 응답의 구조로 전개되기 때문에 독자는 성경의 말씀들을 독자 자신의 영적 형편에 적합하게 적용할 수 있다. 특히 절 단위의 분절적인 주석이 아니라 각 단락을 하나의 이야기로 묶어 해석하기 때문에 본서는 성경이라는 전체 숲을 파악하는 데 더없이 유익하다. 목회자, 성경 교사, 그리고 성경 애호적인 평신도들에게 추천할 만하다.

김회권 | 숭실대학교 기독교학과 구약신학 교수

성경 주석의 가장 중요한 사명은 하나님의 말씀을 바르게 해석하고 오늘날 청중에게 유익하게 적용할 수 있도록 안내하는 일이다. 〈ESV 성경 해설 주석〉은 목회자와 성도 모두에게 성경에 새겨진 하나님의 마음을 읽게 함으로 진리의 샘물을 마시게 할 뿐 아니라 하나님을 더욱 사랑하는 마음을 불러일으킨다. 성경과 함께 〈ESV 성경 해설 주석〉을 곁에 두라. 목회자는 강단에 생명력 있는 설교에 도움을 얻을 것이고 일반 독자는 말씀을 더 깊이 깨닫는 기쁨을 누릴 것이다.

류응렬 | 와싱톤중앙장로교회 담임목사, 고든콘웰신학교 객원교수

주석들의 주석이 아니라 성경을 섬기는 주석을, 학자들만의 유희의 공간이 아니라 현장을 섬기는 주석을, 역사적 의미만이 아니라 역사 속의 의미와 오늘 여기를 향하는 의미를 고민하는 주석을, 기발함보다는 기본에 충실한 주석을 보고 싶었다. 그래서 책장 속에 진열되는 주석이 아니라 책상 위에 있어 늘 손이 가는 주석을 기다렸다. 학문성을 갖추면서도 말씀의 능력을 믿으며 쓰고, 은혜를 갈망하며 쓰고, 교회를 염두에 두고 쓴 주석을 기대했다. 〈ESV 성경 해설 주석〉은 나를 성경으로 돌아가게 하고 그 성경으로 설교하고 싶게 한다. 내가 가진 다른 주석들을 대체하지 않으면서도 가장 먼저 찾게 할 만큼 탄탄하고 적실하다. 현학과 현란을 내려놓고 수수하고 담백하게 성경 본문을 도드라지게 한다.

박대영 | 광주소명교회 책임목사, 《묵상과 설교》 편집장

또 하나의 주석을 접하며 무엇이 특별한가 하는 질문부터 하게 된다. 먼저 디테일하고 전문적인 주석과 학문적인 논의의 지루함을 면케 해주면서도 성경 본문의 흐름과 의미 그리고 중요한 주제의 핵심을 잘 파악하게 해 준다는 점을 들 수 있다. 그래서 분주한 사역과 삶으로 쫓기는 이들의 시간과 에너지를 절약해 준다는 이점이 있다. 또한 본문에 대한 충실한 해석뿐 아니라 그 적용까지 이끌어낼 수 있도록 돕는다는 점이 유익하다. 더불어 가독성이 뛰어나다는 점에서 설교를 준비하는 이들뿐 아니라 성경을 바로 이해하기 원하는 모든 교인들에게 적합한 주석이다.

박영돈 | 작은목자들교회 담임목사, 고려신학대학원 교의학 명예교수

성경이 질문하고 성경이 답변하게 하는 방법을 찾는 것은 이 시대에 성경을 연구하거나 가르치거나 설교하는 이들의 가장 큰 고민거리라고 할 수 있다. 그동안 접했던 많은 성경 주석서들은 내용이 너무 간략하거나 지나치게 방대했다. 〈ESV 성경 해설 주석〉은 이 시대의 목회자들뿐만 아니라 진리를 갈망하는 모든 신자들, 특히 제자

훈련을 경험하는 모든 동역자들에게 매우 신선하고 깊이 있는 영감을 공급하는 주석이다. 첫째, 해석이 매우 간결하고 담백하면서도 깊이가 있다. 둘째, 영어 성경과 대조해서 본문을 폭넓게 이해할 수 있다. 셋째, 성경 원어 이해를 돕기 위한 세심한 배려는 목회자뿐만 아니라 성경의 깊이를 탐구하는 모든 신앙인들에게도 큰 유익을 준다. 넷째, 이 한 권으로 충분할 수 있다. 성경이 말하기를 갈망하는 목회자의 서재뿐만 아니라 말씀을 사랑하는 모든 신앙인들의 거실과 믿음 안에서 자라나는 다음 세대의 공부방들도 〈ESV 성경 해설 주석〉이 선물하는 그 풍성한 말씀의 보고(寶庫)가 되기를 염원한다.

故 박정식 | 전 은혜의교회 담임목사

〈ESV 성경 해설 주석〉는 성경 본문을 통해 저자가 드러내기 원하는 사고의 흐름을 따라가면서 예수님을 중심으로 하는 구원계시사적 관점에서 친절히 해설한다. 《ESV 스터디 바이블》의 묘미를 맛본 분이라면, 이번 〈ESV 성경 해설 주석〉을 통해 복음에 충실한 개혁주의 해설 주석의 간명하고도 풍성한 진미를 기대해도 좋다. 설교자는 물론 성경을 진지하게 읽음으로 복음의 유익을 얻기 원하는 모든 크리스천에게 독자 친화적이며 목회 적용적인 이 주석 시리즈를 기쁘게 추천한다.

송영목 | 고신대학교 신학과 신약학 교수

일반 성도들이 성경을 읽을 때 곁에 두고 참고할 만한 자료가 의외로 많지 않다. 그런 점에서 〈ESV 성경 해설 주석〉이 한국에 소개되는 것을 매우 기쁘게 생각한다. 학술적이지 않으면서도 깊이가 있는 성경 강해를 명료하게 담아내고 있기 때문이다. 성경을 바르고 분명하게 이해하려는 모든 성도들에게 큰 도움이 되리라 확신하며 추천한다.

송태근 | 삼일교회 담임목사, 미셔널신학연구소 대표

본 시리즈는 장황한 문법적 · 구문론적 논의는 피하고 본문의 흐름을 따라 단락별로 본문의 핵심을 파악할 수 있도록 도와주는 매우 간결하고 효율적인 주석 시리즈다. 본 시리즈는 석의 과정에서 성경신학적으로 건전한 관점을 지향하면서도, 각 책의 고유한 신학적 특성을 드러내 보여주는 것도 소홀히 하지 않는다. 특히 본 시리즈는 목회자들이 설교를 준비할 때 본문 이해의 시발점으로 사용하기에 적절하며, 평신도들이 읽기에도 과히 어렵지 않은 독자 친화적 주석이다. 본 시리즈는 성경을 연구하는 모든 이들에게 매우 요긴한 동반자가 될 것이다.

양용의 | 에스라성경대학원대학교 신약학 교수

메시아적 시각을 평신도의 눈높이로 풀어낸 주석이다. 주석은 그저 어려운 책이라는 편견을 깨뜨리고 성경을 사랑하는 모든 이의 가슴 속으로 살갑게 파고든다. 좋은 책은 평생의 친구처럼 이야기를 듣고 들려주면서 함께 호흡한다는 점에서 〈ESV 성경 해설 주석〉은 가히 독보적이다. 깊이에서는 신학적이요, 통찰에서는 목회적이며, 영감에서는 말씀에 갈급한 모든 이들에게 열린 책이라고 할 수 있다. 서사적 구조와 시의 적절한 비유적 서술은 누구라도 마음의 빗장을 해제하고, 침실의 머리맡에 두면서 읽어도 좋을 만큼 영혼의 위로를 주면서도, 말씀이 주는 은혜로 새벽녘까지 심령을 사로잡을 것으로 믿는다. 비대면의 일상화 속에서 말씀을 가까이하는 모든 이들이 재산을 팔아 진주가 묻힌 밭을 사는 심정으로 사서 평생의 반려자처럼 품어야 할 책이다.

오정현 | 사랑의교회 담임목사, SaRang Global Academy 총장

〈ESV 성경 해설 주석〉 시리즈의 특징은 신학자나 목회자들에게도 도움이 되겠지만 평신도 지도자인 소그룹 인도자들의 성경본문 이해에 대한 통찰력을 제공한다. 건강한 교회의 공통분모인 소그룹 활성화를 위하여 인도자의 영적 양식은 물론 그룹원들의 일상을 새로운 각도에서 조명하는 원리를 찾아주는 데 도움을 준다. 서로 마음이 통하는 반가운 친구처럼 손 가까이 두고 싶은 책으로 추천하고 싶다.

오정호 | 새로남교회 담임목사, 제자훈련 목회자네트워크(CAL-NET) 이사장

〈ESV 성경 해설 주석〉은 내용이 충실하여 활용성이 높고, 문체와 편집이 돋보여 생동감을 주기에 충분하다. 이와 함께 본문의 의미를 최대한 살려내는 심오한 해석은 기존의 우수한 주석들과 어깨를 나란히 할 만큼 정교하다. 또한 본 시리즈는 성경 각 권을 주석함과 동시에 성경 전체를 관통하는 그리스도 중심의 구속사적 관점을 생생하게 적용함으로써 탁월함을 보인다. 설교자와 성경 연구자에게는 본문에 대한 알찬 주석을 제공한다는 차원에서 오아시스와 같고, 실용적인 주석을 기다려온 평신도들에게는 설명이 뛰어나다는 점에서 가장 이상적인 해설서로 적극 추천한다.

윤철원 | 서울신학대학원 신약학 교수, 한국신약학회 회장

설교자들은 늘 신학적으로 탄탄하면서도 성경신학적인 주석서가 목말랐다. 학문적으로 치우쳐 부담되거나 석의가 부실한 가벼운 주석서들과는 달리 〈ESV 성경 해설 주석〉은 깊이 있는 주해와 적용에 이르기까지 여러 면에서 균형을 고루 갖춘 해설 주석서다. 한국 교회 강단을 풍성케 할 역작으로 기대된다.

이규현 | 수영로교회 담임목사

ESV 성경은 원문을 최대한 살려서 가장 최근에 현대 영어로 번역한 성경이다. 100여 명의 대표적인 복음주의 학자와 목회자들로 구성된 팀이 만든 ESV 성경은 '단어의 정확성'과 문학적 우수성뿐만 아니라 그 의미를 깊이 있게 드러내는 영어 성경이다. 2001년에 출간된 이후 교회 지도자들과 수많은 교파와 기독교 단체에서 널리 사용되었고, 현재 전 세계 수백만의 그리스도인들이 사용하고 있다. 〈ESV 성경 해설 주석〉은 무엇보다 개관, 개요, 주석이 명료하고 탁월하다. 포스트모던 시대에도 진지한 강해설교를 고민하는 모든 목회자들과 성경공부 인도자들에게 마음을 다하여 추천하고 싶다. 이 책을 손에 잡은 모든 이들은 손에 하늘의 보물을 잡은 감사를 느끼게 될 것이다.

이동원 | 지구촌교회 원로목사, 지구촌 목회리더십센터 대표

〈ESV 성경 해설 주석〉은 '성경'을 '말씀'으로 대하는 신중함과 경건함이 부드럽지만 강렬하게 느껴지는 저술이다. 본문의 흐름과 배경을 알기 쉽게 보여주면서 본문의 핵심을 명확하게 제시하는 묘한 힘을 가지고 있다. 연구와 통찰을 질서 있고 조화롭게 제공하여 본문을 보는 안목을 깊게 해 주고, 말씀을 받아들이는 마음을 곧추세우게 해 준다. 주석서에서 기대하는 바가 한꺼번에 채워지는 느낌이다. 설교를 준비하는 목회자, 성경을 연구하는 신학생, 말씀으로 하나님을 만나려는 성도 모두에게 단비 같은 주석이다.

이진섭 | 에스라성경대학원대학교 신약학 교수

ESV 성경 간행에 이은 〈ESV 성경 해설 주석〉의 발간은 이 땅을 살아가는 '말씀의 사역자'들은 물론, 모든 '한 책의 백성'들에게 주어진 이중의 선물이다. 본서는 구속사에 대한 거시적 시각과 각 구절에 대한 미시적 통찰, 학자들을 위한 학술적 깊이와 설교자들을 위한 주해적 풀이, 그리고 본문에 대한 탁월한 설명과 현장에 대한 감동적인 적용을 다 아우르고 있는 성경의 '끝장 주석'이라 할 만하다.

전광식 | 고신대학교 신학과 교수, 전 고신대학교 총장

〈ESV 성경 해설 주석〉은 처음부터 그 목적을 분명히 하고 집필되었다. 자기 스스로 경건에 이르도록 성장하기 위해서, 또 다른 사람들을 가르치기 위해서, 성경을 진지하게 연구하는 모든 사람들에게 도움을 주기 위해서라고 밝힌다. 목사들에게는 목회에 유익한 주석이요, 성도들에게는 적용을 돕는 주석이다. 또 누구에게나 따뜻한 감동을 안겨주는, 그리하여 주석도 은혜가 된다는 것을 새삼 확인할 것이다. 학적인

주석을 의도하지 않았지만, 이 주석의 구성도 주목할 만하다. 한글과 영어로 된 본문, 단락 개관, 개요, 주해, 응답으로 구성되어 있다. 만약 신구약 한 질의 주석을 곁에 두길 원하는 성도라면, 〈ESV 성경 해설 주석〉 시리즈는 틀림없이 실망시키지 아니할 것이라고 확신한다.

정근두 | 울산교회 원로목사

말씀을 깊이 연구하는 일부의 사람들에게는 원어 주해가 도움이 되겠지만, 강단에 서는 설교자들에게는 오히려 해설 주석이 더 요긴하다. 〈ESV 성경 해설 주석〉은 본문 해설에 있어 정통 신학, 폭넓은 정보, 목회적 활용성, 그리고 적용에 초점을 두었다. 이 책은 한마디로 설교자를 위한 책이다. 헬라어나 히브리어에 능숙하지 않아도 친숙하게 성경 본문을 연구할 수 있다는 점에서 주변 목회자들에게 적극적으로 추천하고 싶다. 목회자가 아닌 일반 성도들도 깊고 풍성한 말씀에 대한 갈증이 있다면, 본 주석 시리즈를 참고할 것을 강력하게 권하고 싶다.

정성욱 | 덴버신학교 조직신학 교수

입고 있는 옷이 있어도 새 옷이 필요할 때가 있다. 기존의 것이 낡아서라기보다는 신상품의 맞춤식 매력이 탁월하기 때문이다. 〈ESV 성경 해설 주석〉 시리즈는 분주한 오늘의 목회자와 신학생뿐 아니라 성경교사 및 일반 그리스도인의 허기지고 목마른 영성의 시냇가에 심길 각종 푸르른 실과나무이자 물 댄 동산과도 같다. 실력으로 검증받은 젊은 저자들은 개혁/복음주의 신학과 신앙의 깊은 닻을 내리고, 성경 각 권의 구조와 문맥의 틀 안에서 저자의 의도를 핵심적으로 포착하여 침침했던 본문에 빛을 던져준다. 아울러 구속사적 관점 아래 그리스도 중심적 의미와 교회-설교-실천적 적용의 돛을 바라보게 함으로써 본문의 지평을 한층 더 활짝 열어준다. 한글/영어 대역으로 성경 본문이 제공된다는 점은 한국인 독자만이 누리는 보너스이리라. "좋은 주석은 두껍고 어렵지 않을까"라는 우려를 씻어주듯 이 시리즈 주석서는 적절한 분량으로 구성된 '착한 성경 해설서'라 불리는 데 손색이 없다. 한국 교회 성도의 말씀 묵상, 신학생의 성경 경외, 목회자의 바른 설교를 향상시키는 데 〈ESV 성경 해설 주석〉 시리즈만큼 각 사람에게 골고루 영향을 끼칠 주석은 찾기 어려울 듯싶다. 기쁨과 확신 가운데 추천할 수 있는 이유다.

허주 | 아세아연합신학대학교 신약학 교수, 한국복음주의신약학회 회장

〈ESV 성경 해설 주석〉은 정확무오한 하나님의 말씀을 전하는 설교자와 전도자들에게 훌륭한 참고서다. 성경적으로 건전하고 신학적으로 충실할 뿐 아니라 목회 현장에 실질적인 도움이 된다. 나 또한 나의 설교와 가르침의 사역에 활용할 수 있기를 고대한다.

대니얼 에이킨(Daniel L. Akin) | 사우스이스턴침례신학교 총장

하나님은 그의 아들에 대해 아는 것으로 모든 열방을 축복하시려는 영원하고 세계적인 계획을 그의 말씀을 통해 드러내신다. 이 주석이 출간되어 교회들이 활용할 수 있게 된 것만으로 행복하고, 성경에 대한 명확한 해설로 말미암아 충실하게 이해할 수 있게 해 준 것은 열방에 대한 축복이다. 물이 바다를 덮음같이 하나님의 영광에 대한 지식이 온 땅에 충만해지는데 이 주석이 사용되길 바란다.

이언 추(Ian Chew) | 목사, 싱가포르 케이포로드침례교회

〈ESV 성경 해설 주석〉은 탁월한 성경 해설과 깊이 있는 성경신학에 바탕한 보물 같은 주석이다. 수준 높은 학구적 자료를 찾는 독자들뿐만 아니라 읽기 쉽고 이해하기 쉽도록 잘 정리된 주석을 원하는 사람들에게도 적합하다. 목회자, 성경교사, 신학생들에게 이 귀한 주석이 큰 도움이 되고 믿을 수 있는 길잡이가 되리라 확신한다.

데이비드 도커리(David S. Dockery) | 사우스웨스턴침례신학교 석좌교수

대단한 주석! 성경을 배우는 모든 학생들에게 도움이 될 수 있도록 최고 수준의 학자들이 성경의 정수를 정리하여 접근성을 높여서 빠르게 참고하기에 이상적인 주석이다. 나 또한 설교 준비와 성경 연구에 자주 참고하고 있다.

아지스 페르난도(Ajith Fernando) | 스리랑카 YFC 교육이사, *Discipling in a Multicultural World* 저자

〈ESV 성경 해설 주석〉은 성경교사들의 기초 자료로서 활용성 높은 최고의 주석 중 하나다. 일반 독자들도 쉽게 이해할 수 있는 동시에 강해설교가들에게 충분한 배움을 제공한다. 이 주석 시리즈는 성경을 제대로 배우고자 하는 전 세계 신학생들에게도 표준 참고서가 될 것이다.

필립 라이켄(Philip Graham Ryken) | 휘튼칼리지 총장

〈ESV 성경 해설 주석〉에 대하여

성경은 생명으로 맥동한다. 성령은 믿음으로 성경을 읽고 소화해서 말씀대로 살아가는 사람들에게 맥동하는 생명력을 전해 준다. 하나님께서 성경 안에 자신을 계시하셨기 때문에 성경은 꿀보다 달고 금보다 귀하며, 모든 부(富)보다 가치 있다. 주님은 온 세상을 위해 생명의 말씀인 성경을 자신의 교회에 맡기셨다.

또한 주님은 교회에 교사들을 세우셔서 하나님의 말씀이 무엇을 의미하는지를 설명해 주고 각 세대에 어떻게 적용해야 하는지를 분명하게 보여주도록 하셨다. 우리는 이 주석이 하나님의 말씀을 진지하게 공부하는 모든 사람들, 즉 다른 사람들에게 가르치기 위해 성경을 연구하는 사람들과 스스로 경건에 이르도록 성장하기 위해 성경을 공부하는 사람들에게 큰 유익을 주길 기도한다. 우리의 목표는 성경 본문을 그리스도 중심적으로 명료하고 뚜렷하게 설명하는 것이다. 모든 성경은 그리스도에 대해 말하고 있으며(눅 24:27), 우리는 성경의 각 책이 우리가 "예수 그리스도의 얼굴에 있는 하나님의 영광을 아는 빛"(고후 4:6)을 보도록 어떻게 돕고 있는지 알려주길 원한다. 그런 목표를 이루고자 이 주석 시리즈를 집필하는 저자들에게 다음과 같은 원칙을 제시했다.

- 올바른 석의를 토대로 한 주석 성경 본문에 나타나 있는 사고의 흐름과 추론 방식을 충실하게 따를 것.
- 철저하게 성경신학적인 주석 성경은 다양한 내용들을 다루지만, 그리스도 안에서 완성된 구속이라는 단일한 주제를 말하고 있다는 점에서 성경 전체를 하나의 통일된 관점으로 볼 수 있게 할 것.
- 전 세계를 대상으로 한 주석 성경과 신학적으로 신뢰할 만한 자료들을 가능한 한 많은 사람들에게 공급하겠다는 크로스웨이(Crossway)의 선교 목적에 맞게 전 세계 독자들이 공감하고 필요로 하는 주석으로 집필할 것.
- 폭넓은 개혁주의 주석 종교개혁의 역사적 흐름 안에서 오직 은혜와 오직 믿음으로 말미암아 오직 그리스도 안에서 오직 성경의 가르침을 따라 오직 하나님의 영광을 위한 구원을 천명하고, 큰 죄인에게 큰 은혜를 베푸신 크신 하나님을 높일 것.
- 교리 친화적인 주석 신학적 담론도 중요하므로 역사적 또는 오늘날 신학적으로 중요한 문제들과 성경 본문에 대한 주석을 서로 연결하여 적절하고 함축성 있게 다룰 것.
- 목회에 유익한 주석 문법적이거나 구문론적인 긴 논쟁을 피하고, 하나님을 경외하는 마음으로 '성경 본문 아래 앉아' 경청하게 할 것.
- 적용을 염두에 둔 주석 오늘날 서구권은 물론이고 그 밖의 다른 세계에서 살아가는 사람들이 처한 상황과 성경 본문이 어떻게 연결되는지를 간결하면서도 일관되게 제시할 것(이 주석은 전 세계 다양한 상황 가운데 살아가는 사람들을 대상으로 하기 때문에).
- 간결하면서도 핵심을 찌르는 주석 성경에 나오는 단어들을 일일이 분석하는 대신, 본문의 흐름을 짚어내서 간결한 언어로 생동감 있게 강해할 것.

이 주석서에서 기본적으로 사용한 영역 성경은 ESV이지만, 집필자들에게 원어 성경을 참조해서 강해와 주석을 집필하도록 요청했다. 또한 무조건 ESV 성경 번역자들의 결해(結解)를 따르라고 요구하지도 않았다.

인간이 세운 문명은 시간이 흐르면 무너져서 폐허가 되지만, 하나님의 말씀은 영원히 서 있다. 우리 또한 바로 그 말씀 위에 서 있다. 성경의 위대한 진리들은 시간과 공간을 뛰어넘어 말하고, 우리의 목표는 전 세계적으로 적용될 수 있는 방식으로 그 진리들을 전하는 것이다.

하나님께서 자신의 말씀을 연구하는 일에 복을 주시고, 그 말씀을 강해하고 설명하려는 이 시도에 흡족해 하시기를 기도한다.

차례

약어표

참고 자료 I

AB Anchor Bible

ANET *Ancient Near Eastern Texts Relating to the Old Testament.* Edited by James B. Pritchard. 3rd ed. Princeton: Princeton University Press, 1969.

BST The Bible Speaks Today

ISBE *International Standard Bible Encyclopedia.* Edited by Geoffrey W. Bromiley. 4 vols. Grand Rapids, MI: Eerdmans, 1979–1988.

WBC Word Biblical Commentary

성경 I

구약 ▶

- 창 창세기
- 출 출애굽기
- 레 레위기
- 민 민수기
- 신 신명기
- 수 여호수아
- 삿 사사기
- 룻 룻기
- 삼상 사무엘상
- 삼하 사무엘하
- 왕상 열왕기상
- 왕하 열왕기하
- 대상 역대상
- 대하 역대하
- 스 에스라
- 느 느헤미야
- 에 에스더
- 욥 욥기
- 시 시편
- 잠 잠언
- 전 전도서
- 아 아가
- 사 이사야
- 렘 예레미야
- 애 예레미야애가
- 겔 에스겔
- 단 다니엘
- 호 호세아
- 욜 요엘
- 암 아모스
- 옵 오바댜
- 욘 요나
- 미 미가
- 나 나훔
- 합 하박국
- 습 스바냐
- 학 학개
- 슥 스가랴
- 말 말라기

신약 ▶

- 마 마태복음
- 막 마가복음
- 눅 누가복음
- 요 요한복음
- 행 사도행전
- 롬 로마서
- 고전 고린도전서
- 고후 고린도후서
- 갈 갈라디아서
- 엡 에베소서
- 빌 빌립보서
- 골 골로새서
- 살전 데살로니가전서
- 살후 데살로니가후서
- 딤전 디모데전서
- 딤후 디모데후서
- 딛 디도서
- 몬 빌레몬서
- 히 히브리서
- 약 야고보서
- 벧전 베드로전서
- 벧후 베드로후서
- 요일 요한일서
- 요이 요한이서
- 요삼 요한삼서
- 유 유다서
- 계 요한계시록

ESV Expository Commentary

2 Kings

열왕기 서론

열왕기 개요

I. '지혜로운 자 솔로몬'의 발흥과 몰락(왕상 1:1-11:43)

A. 다윗의 노쇠와 아도니야의 쿠데타(1:1-53)

B. 솔로몬의 즉위와 그의 지혜에 대한 소개(2:1-46)

C. 솔로몬이 지혜를 요청하고 실천하다(3:1-28)

D. 솔로몬의 모든 영광: 그의 통치의 세부 사항(4:1-34)

E. 성전 프로젝트(5:1-7:51)

F. 성전 봉헌식(8:1-66)

G. 하나님, 솔로몬, 그의 통치 업적(9:1-28)

H. 스바 여왕의 방문과 솔로몬의 부귀(10:1-29)

I. 솔로몬의 변절과 공격받는 나라(11:1-43)

II. 설상가상: 이스라엘과 유다의 왕들(12:1-16:34)

A. 르호보암이 왕국을 분열시키고 여로보암이 발흥하다(12:1-33)
B. 여로보암, 선지자 그리고 하나님의 사람(13:1-34)
C. 여로보암에게 불리한 예언과 르호보암의 통치(14:1-31)
D. 유다에서 아비얌과 아사의 통치 및 이스라엘에서 나답, 바아사, 엘라, 시므리, 오므리, 아합의 통치(15:1-16:34)

III. 하나님의 말씀과 하나님의 선지자(엘리야와 엘리사, 왕상 17:1-왕하 12:21)
A. 엘리야, 가뭄 그리고 사렙다의 과부(왕상 17:1-24)
B. 엘리야, 오바댜 그리고 바알의 선지자들(18:1-46)
C. 엘리야가 이세벨로부터 달아나서 호렙에서 하나님을 만나고 엘리사를 발탁하다(19:1-21)
D. 아합이 아람의 벤하닷과 전쟁을 벌이다(20:1-43)
E. 아합, 이세벨, 나봇 그리고 아합의 회개(21:1-29)
F. 미가야와 아합의 거짓 선지자들, 아합의 죽음, 유다의 여호사밧과 이스라엘의 아하시야의 통치(22:1-53)
G. 엘리야와 아하시야(왕하 1:1-18)
H. 하나님이 엘리야를 데려가고 엘리사의 사역이 시작되다(2:1-25)
I. 여호람과 모압의 배반(3:1-27)
J. 엘리사, 선지자의 과부, 수넴 여자, 치명적인 국(4:1-44)
K. 아람 사람 나아만이 엘리사와 엘리사의 하인 게하시와 만나다(5:1-27)
L. 물에 뜨는 쇠도끼, 아람 사람의 패배, 사마리아의 포위, 수넴 땅의 회복, 벤하닷에 대한 심판(6:1-8:15)

M. 유다의 여호람과 아하시야, 이스라엘의 예후의 유혈 통치, 유다에서 대비 아달랴의 발흥(8:16-11:3)

N. 유다의 왕 요아스의 통치(11:4-12:21)

IV. 쇠퇴와 몰락-이스라엘의 종말과 유다의 유배(13:1-25:30)

A. 이스라엘에서 여호아하스와 요아스의 통치, 엘리사의 죽음, 유다에서 아마샤의 통치와 이스라엘에서 여로보암 2세의 통치(13:1-14:29)

B. 유다에서 아사랴의 통치, 이스라엘에서 스가랴, 살룸, 므나헴, 브가히야, 베가의 통치, 유다에서 요담의 통치(15:1-38)

C. 유다에서 아하스의 통치(16:1-20)

D. 호세아 왕과 북왕국의 종말(17:1-41)

E. 유다에서 히스기야의 통치, 앗수르인 산헤립의 공격, 히스기야의 질병, 바벨론 사절단(18:1-20:21)

F. 므낫세, 아몬, 요시야(성전 수리와 율법 책의 회수를 포함), 여호아하스와 여호야김의 통치(21:1-23:37)

G. 느부갓네살의 발흥, 여호야긴(그리고 예루살렘이 탈취됨)과 시드기야(그리고 예루살렘이 바벨론 사람에게 함락됨)의 통치, 그달리야의 임명, 바벨론에서 여호야긴의 자유(24:1-25:30)

2 Kings
열왕기하
1:1-18

1 아합이 죽은 후에 모압이 이스라엘을 배반하였더라

1 After the death of Ahab, Moab rebelled against Israel.

2 아하시야가 사마리아에 있는 그의 다락 난간에서 떨어져 병들매 사
자를 보내며 그들에게 이르되 가서 에그론의 신 바알세붑에게 이 병
이 낫겠나 물어 보라 하니라 3 여호와의 사자가 디셉 사람 엘리야에게
이르되 너는 일어나 올라가서 사마리아 왕의 사자를 만나 그에게 이
르기를 이스라엘에 하나님이 없어서 너희가 에그론의 신 바알세붑에
게 물으러 가느냐 4 그러므로 여호와의 말씀이 네가 올라간 침상에서
내려오지 못할지라 네가 반드시 죽으리라 하셨다 하라 엘리야가 이에
가니라

2 Now Ahaziah fell through the lattice in his upper chamber in Samaria,
and lay sick; so he sent messengers, telling them, "Go, inquire of Baal-
zebub, the god of Ekron, whether I shall recover from this sickness."
3 But the angel of the Lord said to Elijah the Tishbite, "Arise, go up
to meet the messengers of the king of Samaria, and say to them, 'Is it

because there is no God in Israel that you are going to inquire of Baal-
zebub, the god of Ekron? 4 Now therefore thus says the Lord, You shall
not come down from the bed to which you have gone up, but you shall
surely die.'" So Elijah went.

5 사자들이 왕에게 돌아오니 왕이 그들에게 이르되 너희는 어찌하여
돌아왔느냐 하니 6 그들이 말하되 한 사람이 올라와서 우리를 만나 이
르되 너희는 너희를 보낸 왕에게로 돌아가서 그에게 고하기를 여호와
의 말씀이 이스라엘에 하나님이 없어서 네가 에그론의 신 바알세붑에
게 물으려고 보내느냐 그러므로 네가 올라간 침상에서 내려오지 못할
지라 네가 반드시 죽으리라 하셨다 하라 하더이다 7 왕이 그들에게 이
르되 올라와서 너희를 만나 이 말을 너희에게 한 그 사람은 어떤 사람
이더냐 8 그들이 그에게 대답하되 그는 [1)]털이 많은 사람인데 허리에
가죽 띠를 띠었더이다 하니 왕이 이르되 그는 디셉 사람 엘리야로다
5 The messengers returned to the king, and he said to them, "Why have
you returned?" 6 And they said to him, "There came a man to meet
us, and said to us, 'Go back to the king who sent you, and say to him,
Thus says the Lord, Is it because there is no God in Israel that you are
sending to inquire of Baal-zebub, the god of Ekron? Therefore you
shall not come down from the bed to which you have gone up, but you
shall surely die.'" 7 He said to them, "What kind of man was he who
came to meet you and told you these things?" 8 They answered him, "He
wore a garment of hair, with a belt of leather about his waist." And he
said, "It is Elijah the Tishbite."

9 이에 오십부장과 그의 군사 오십 명을 엘리야에게로 보내매 그가 엘
리야에게로 올라가 본즉 산꼭대기에 앉아 있는지라 그가 엘리야에게

이르되 하나님의 사람이여 왕의 말씀이 내려오라 하셨나이다 10 엘리
야가 오십부장에게 대답하여 이르되 내가 만일 하나님의 사람이면 불
이 하늘에서 내려와 너와 너의 오십 명을 사를지로다 하매 불이 곧 하
늘에서 내려와 그와 그의 군사 오십 명을 살랐더라
9 Then the king sent to him a captain of fifty men with his fifty. He
went up to Elijah, who was sitting on the top of a hill, and said to him, "O
man of God, the king says, 'Come down.'" 10 But Elijah answered the
captain of fifty, "If I am a man of God, let fire come down from heaven
and consume you and your fifty." Then fire came down from heaven
and consumed him and his fifty.

11 왕이 다시 다른 오십부장과 그의 군사 오십 명을 엘리야에게로 보
내니 그가 엘리야에게 말하여 이르되 하나님의 사람이여 왕의 말씀이
속히 내려오라 하셨나이다 하니 12 엘리야가 그들에게 대답하여 이르
되 내가 만일 하나님의 사람이면 불이 하늘에서 내려와 너와 너의 오
십 명을 사를지로다 하매 하나님의 불이 곧 하늘에서 내려와 그와 그
의 군사 오십 명을 살랐더라
11 Again the king sent to him another captain of fifty men with his
fifty. And he answered and said to him, "O man of God, this is the
king's order, 'Come down quickly!'" 12 But Elijah answered them,
"If I am a man of God, let fire come down from heaven and consume
you and your fifty." Then the fire of God came down from heaven and
consumed him and his fifty.

13 왕이 세 번째 오십부장과 그의 군사 오십 명을 보낸지라 셋째 오십
부장이 올라가서 엘리야 앞에 이르러 그의 무릎을 꿇어 엎드려 간구
하여 이르되 하나님의 사람이여 원하건대 나의 생명과 당신의 종인

이 오십 명의 생명을 당신은 귀히 보소서 14 불이 하늘에서 내려와 전
번의 오십부장 둘과 그의 군사 오십 명을 살랐거니와 나의 생명을 당
신은 귀히 보소서 하매 15 여호와의 사자가 엘리야에게 이르되 너는
그를 두려워하지 말고 함께 내려가라 하신지라 엘리야가 곧 일어나
그와 함께 내려와 왕에게 이르러 16 말하되 여호와의 말씀이 네가 사
자를 보내 에그론의 신 바알세붑에게 물으려 하니 이스라엘에 그의
말을 물을 만한 하나님이 안 계심이냐 그러므로 네가 그 올라간 침상
에서 내려오지 못할지라 네가 반드시 죽으리라 하셨다 하니라
13 Again the king sent the captain of a third fifty with his fifty. And the
third captain of fifty went up and came and fell on his knees before
Elijah and entreated him, "O man of God, please let my life, and the
life of these fifty servants of yours, be precious in your sight. 14 Behold,
fire came down from heaven and consumed the two former captains
of fifty men with their fifties, but now let my life be precious in your
sight." 15 Then the angel of the Lord said to Elijah, "Go down with him;
do not be afraid of him." So he arose and went down with him to the
king 16 and said to him, "Thus says the Lord, 'Because you have sent
messengers to inquire of Baal-zebub, the god of Ekron—is it because
there is no God in Israel to inquire of his word?—therefore you shall
not come down from the bed to which you have gone up, but you shall
surely die.'"

17 왕이 엘리야가 전한 여호와의 말씀대로 죽고 그가 아들이 없으므
로 여호람이 그를 대신하여 왕이 되니 유다 왕 여호사밧의 아들 여호
람의 둘째 해였더라 18 아하시야가 행한 그 남은 사적은 모두 이스라
엘 왕 역대지략에 기록되지 아니하였느냐
17 So he died according to the word of the Lord that Elijah had spoken.

Jehoram became king in his place in the second year of Jehoram the son of Jehoshaphat, king of Judah, because Ahaziah had no son. 18 Now the rest of the acts of Ahaziah that he did, are they not written in the Book of the Chronicles of the Kings of Israel?

1) 털옷 입은

단락 개관

어리석은 죽음

엘리야는 한동안 침묵을 지킨 후 아합의 아들, 아하시야와 관련된 사건을 통해 중앙 무대로 되돌아온다. 모압이 재기하는 상황에서 아하시야는 발코니에서 떨어진 사고로 인해 목숨을 잃을까 두려워한다. 아하시야는 오므리왕이 그랬던 것처럼 바알에게 신탁을 받기 위해 그의 신하를 보낸다. 하지만 하나님은 엘리야를 보내 아하시야의 임박한 죽음을 통지함으로써 그들의 발걸음을 중지시키신다. 아하시야는 아버지의 천적에 관한 얘기를 들은 후 이 낯선 선지자가 누군지를 알아보고 심판의 메시지를 듣게 된다. 추정컨대 엘리야로 하여금 그의 선언을 번복하게 만들려고 아하시야가 그 선지자를 잡기 위해 군인 오십 명으로 만든 '체포단'을 연이어 보낸다. 첫 두 체포단은 불에 삼켜졌으나 마지막 그룹은 지휘관의 겸손함 덕분에 엘리야의 동행을 허락받게 된다. 그러나 엘리야는 아하시야가 죽을 것이란 이전의 말을 되풀이할 뿐이다. 이번 장은 그의 통치에 관한 간략한 요약으로 끝나고 이스라엘은 계속해서 우상숭배의 내리막길을 걷게 된다.

단락 개요

III. 하나님의 말씀과 하나님의 선지자(엘리야와 엘리사, 왕상 17:1-왕하 12:21)
  G. 엘리야와 아하시야(왕하 1:1-18)
    1. 아하시야의 사고(1:1-2)
    2. 엘리야의 개입(1:3-8)
    3. 하늘에서 내린 불(1:9-15)
    4. 아하시야의 종말(1:16-18)

주석

1:1-2 열왕기하 1장은 성경에서 가장 어두운 장들 중 하나다. 이스라엘의 역사에는 최악의 지점을 차지하려는 치열한 경쟁이 있는데 아하시야의 통치는 그중에서도 최악의 경우에 속한다. 이번 장은 열왕기상이 끝나는 지점인 아합의 죽음으로 시작된다. 표면적으로 보면 아합의 죽음은 이스라엘에 좋은 소식이었어야 한다. 데이비스는 아합을 "이방의 하수가 이스라엘을 삼켜버리게 허용한 도관"[1]으로 요약한다. 그러나 사실 그의 죽음은 그리 좋은 소식이 아니다. 모압 사람들이 이스라엘의 군사력이 약해진 것을 이용할 것이기에 그 죽음은 국가적으로 불확실한 기간의 시발점이 된다. 하지만 지금, 저자는 잠시 '멈추어' 우리에게 아합의 유산인 영적인 어둠의 스냅 사진을 보여준다.

1 Dale Ralph Davis, *2 Kings: The Power and the Fury* (Fearn, UK: Christian Focus, 2005), 15.

열왕기상 22:47에 따르면 유다의 관리가 에돔을 치리하고 있었던 것으로 보이나, 이스라엘은 솔로몬 치하에서 점령한 땅을 고수할 수 없게 된다. 이제 모압 사람들이 반란을 일으킨다! 아하시야가 발코니에서 떨어진 사고가 이런 상황과 연관이 있는지 여부는 불분명하지만, 그의 통치에서 전해지는 유일한 사건인 "아하시야가 사마리아에 있는 그의 다락 난간에서 떨어져 병들었다"는 사실을 중심으로 전개된다. 이스라엘과 유다의 왕들은 고통을 잘 견디는 것 같지 않고 아하시야도 예외가 아니다. 아하시야의 질병이 얼마나 심각한지 몰라도 그에게 공포심을 불러일으켜서 "사자를 보내며 그들에게 이르되 '가서 에그론의 신 바알세붑에게 이 병이 낫겠나 물어 보라'"(2절) 한다. 흔히 그렇듯이, 거짓 신(바알세불, '주-군주')의 이름을 저자는 경멸의 표시로 '파리의 주'(바알세붑)로 왜곡해왔다. 에그론은 팔레스타인 지역의 중심에 있는 예루살렘에서 40킬로미터 떨어진 곳이므로 이스라엘이 얼마나 타락했는지 분명히 보여준다.

아하시야는 난관에서 떨어졌을 때 여호와를 무시하고 그분에 대해 무지한 평소의 모습을 드러낸다. 우리는 그가 어떻게 창문에서 떨어졌는지 모르지만, 굳이 어떤 설명이 없더라도 그가 '바보'라는 것, 하늘과 땅의 하나님과 상관없이 사는 사람이란 것을 알 수 있다. 물론 그가 어떤 신에게 '문의했던' 것은 사실이지만, 문제는 아하시야가 '그릇된 성읍'에서 '그릇된 신'을 따라간다는 것이다. 그는 바알세불, 즉 아합과 이세벨과 팔레스타인 사람들 등 수많은 좋지 못한 인물들의 신을 따라다닌다. 엘리야가 품었던 최악의 두려움이 현실화된 것이다. 갈멜산의 사건들은 외견상 아무것도 변화시키지 못했다. 이스라엘의 왕은 여전히 바알세불 같은 신을 좇고 있는 우상숭배자다.

1:3-4 하나님 백성의 왕이 외국 신들을 찾아다니는 동안 여호와는 '주님의 사자'를 통해 개입하셔서 다시 한번 엘리야가 행동을 취하게 하신다(참고. 왕상 19:6-7). 그 선지자는 여기서 "디셉 사람 엘리야"란 완전한 호칭으로 묘사되는데, 이는 강조하기 위한 것이다(그가 처음으로 이 내러티브에 등장하는 왕

상 17:1에서와 같이). 그는 상당한 영향력을 지닌 채 이 내러티브에서 떠났다가 다시 들어오는 일을 계속한다. 열왕기상 17:9과 21:18에 나오듯이, 엘리야는 "일어나 내려가서" 중요한 만남에 이르는 길을 가라는 지시를 받는데, 이번에는 "사마리아 왕의 사자"와 만나는 일이다. 그가 전달한 메시지는 투박하고 간단명료하다. "이스라엘에 하나님이 없어서 너희가 에그론의 신 바알세붑에게 물으러 가느냐?"(3절). 열왕기상 22장에서 적어도 여호와 신앙의 겉모습은 유지했던 그의 아버지의 이중성은 이미 지나갔다. 이스라엘의 왕이 이제는 상습적인 우상숭배자이고 이 때문에 하나님의 심판을 초래하게 된다. "그러므로 여호와의 말씀이 네가 올라간 침상에서 내려오지 못할 지라 네가 반드시 죽으리라"(4절). 이후 엘리야는 그 사자들을 떠나서 뒤로 물러난다.

이 절박한 상황에 하나님은 어떤 반응을 보이시는가? 그분은 열왕기상 17-18장에서 행하신 것과 똑같은 반응을 보이신다. 다름 아닌 엘리야를 보내시는 것이다. 열왕기하 1:3-4을 읽으면 정말로 데자뷔란 느낌이 든다. 엘리야가 열왕기상 17:1에서와 똑같이 소개되고 있고, 열왕기상 19장과 21장(나봇과 그의 아들들이 죽임을 당한 후)에서와 똑같이 임무를 부여받기 때문이다. 이 에피소드 전체에서 '또 시작하다'라는 소리가 들리는 듯하다. 이 장들에는 왔다 가는 장면과 오지 않고 가지 않는 장면이 많이 나오지만, 정말로 중요한 것, 정말로 중요한 사람은 오직 '주님의 말씀을 전하는' 자뿐이다.

1:5-8 5절에서 내레이터는 앞으로 감기 버튼을 눌러서 곧장 그 사자들에게 가고, 이들은 어리둥절해 하는 아하시야에게 돌아간다. 왕의 메신저들이 그 어떤 신탁의 징표도 없이 다시 등장하자 아하시야가 혼란스러워하는 것은 이해할 만하다. 그들은 무안해하면서 엘리야와 만난 일을 상세히 전달하며 이 모든 일의 불가피성과 엘리야의 놀라운 권위를 모두 강조한다. 그들이 6절에서 그들의 경험을 얘기한 후, 아하시야는 의구심이 발동해서 "올라와서 너희를 만나 이 말을 너희에게 한 그 사람은 어떤 사람이

더냐?"(7절)라고 묻는다. "그는 털이 많은 사람인데 허리에 가죽 띠를 띠었더이다"(8절)라는 대답을 듣는 순간 그가 가장 두려워하던 일이 확증된다.[2] 아하시야의 개인적 경험 때문인지 아니면 그의 아버지의 발광 때문인지는 몰라도 그는 비로소 "그는 디셉 사람 엘리야"라는 것을 알게 된다. 다시 한 번, 여호와의 말씀이 이스라엘의 우상숭배의 침묵을 뚫고 들어와서 사건을 주도하게 된다.

그렇다, 이스라엘은 영적 어둠에 깊이 빠져있는 듯하다. 그렇다, 그들은 여호와를 무시하고 있다. 그렇다, 그들은 헌신적인 우상숭배자들이다. 이것이 현실이다. 사실 이는 수백 년에 걸친 엄연한 현실이다. 그래서 예레미야가 유다에게 이렇게 말하는 것이다.

> 〔나 주가 말한다〕 '이집트 땅에서 우리를 이끌고 올라오신 분, 광야에서 우리를 인도하신 분, 그 황량하고 구덩이가 많은 땅에서, 죽음의 그림자가 짙은 그 메마른 땅에서, 어느 누구도 지나다니지 않고 어느 누구도 살지 않는 그 땅에서, 우리를 인도하신 주님은, 어디에 계십니까?' 하고 묻지도 않는구나.…제사장들은 나 주가 어디에 있는지를 찾지 않으며, 법을 다루는 자들이 나를 알지 못하며, 통치자들은 나에게 맞서서 범죄하며, 예언자들도 바알 신의 이름으로 예언하며, 도움도 주지 못하는 우상들만 쫓아다녔다.…비록 신이라 할 수 없는 그런 신을 섬겨도, 한 번 섬긴 신을 다른 신으로 바꾸는 민족은 그리 흔하지 않다. 그런데도 내 백성은 그들의 영광을 전혀 쓸데없는 것들과 바꾸어 버렸다. 하늘아, 이것을 보고, 너도 놀라고 떨다가, 새파랗게 질려 버려라. 나 주의 말이다. 참으로 나의 백

2 문자적으로, "그는 털옷을 입었다"(ESV, 현대인의성경)는 "털의 주인/소유자였던 사람"이다. 그래서 번역본들은 엘리야가 털이 많은 것 또는 털옷을 입은 것 중 하나를 선택해왔다! 신약에서 세례 요한의 옷(마 3:4)이 일반적으로는 엘리야 스타일인 것으로 간주되는데, 이는 후자를 시사하는 듯하다. 하지만 열왕기하 2:23-25의 사건은 엘리야가 털이 많은 쪽을 가리키는 것 같다.

> 성이 두 가지 악을 저질렀다. 하나는, 생수의 근원인 나를 버린 것이고, 또 하나는, 전혀 물이 고이지 않는, 물이 새는 웅덩이를 파서, 그것을 샘으로 삼은 것이다(렘 2:6, 8, 11-13, 새번역).

바벨론의 포로 신세가 된 첫 독자들은 하나님의 백성에 대한 이 혹독한 정죄를 읽기가 결코 쉽지 않을 것이다.

1:9-15 이제 아하시야가 재앙을 예언하는 자의 정체를 분명히 알게 되자 급히 행동을 취한다. 추정컨대 왕은 엘리야의 과거를 알고 있었기에 오십부장과 그의 군사 오십 명을 엘리야에게로 보냈다. 이는 지나친 병력으로 보일지 몰라도, 열왕기상 18장에 나오는 갈멜산 사건들은 위험한 선지자를 다룰 때에는 그런 경계가 필요하다는 것을 보여준다. 그 지휘관이 불길하게도 "산꼭대기에 앉아 있는"(이는 갈멜산을 연상시킨다) 엘리야에게 접근해서 왕의 이름으로 내려오라고 명령한다. "하나님의 사람이여 왕의 말씀이 '내려오라' 하셨나이다"(9절). 여기에 걸린 신학적 이슈는 왕의 권세가 여호와의 권세와 대결하는 것이다. 엘리야의 반응은 순간적이고도 충격적이다. "'내가 만일 하나님의 사람이면 불이 하늘에서 내려와 너와 너의 오십 명을 사를지로다' 하매 불이 곧 하늘에서 내려와 그와 그의 군사 오십 명을 살랐더라"(10절). 이번 장의 맥락에서 이 사람들은 아하시야와 여호와 사이에서 갈등에 사로잡혀 있다. 이 장면을 보고 우리는 약간 불편한 느낌을 떨칠 수 없지만, 저자는 그들을 하나님에 맞서는 전쟁에 투입된 전투병들로 보는 것이 분명하다.[3] 이는 갈멜산 사건의 재연에 해당한다.

이 패턴은 엘리야를 잡으려는 두 번째 임무에서 되풀이되고 그 결과도 동일하다(왕하 1:11-12). 이스라엘의 왕들(과 백성)은 변함없이 그들의 교훈을 배우는 데 더뎠고 이번 장도 예외가 아니다.

3 이 사람들을 취급하는 방식은, 예컨대 출애굽기 14장에 나오는 애굽 군대나 열왕기상 20장에 나오는 아람 군대를 취급하는 방식과 비슷하다.

세 번째 지휘관이 파견될 때에야 비로소 그 패턴에서 벗어나는 장면을 보게 된다. 이 지휘관이 다음과 같이 처신하는 것은 이해할 만하다. "올라가서 엘리야 앞에 이르러 그의 무릎을 꿇어 엎드려 간구하여 이르되 '하나님의 사람이여 원하건대 나의 생명과 당신의 종인 이 오십 명의 생명을 당신은 귀히 보소서'"(13절). 이번에는 왕의 명령을 되풀이하는 모습이 없고 단지 그 선지자를 존경스럽게 대우할 필요가 있다는 자세만 있을 뿐이다. "불이 하늘에서 내려와 전번의 오십부장 둘과 그의 군사 오십 명을 살랐거니와 나의 생명을 당신은 귀히 보소서"(14절). 여기에 명시적인 믿음의 고백은 없으나 그것은 요점이 아니다. 여기서 이슈는 명령하는 게 아니라 기꺼이 순복하려는 자세다. 그래서 이번 장에서 명시적으로 사태를 주도하는 듯한 "여호와의 사자"가 엘리야에게 "너는 그를 두려워하지 말고 함께 내려가라"고 지시해서 "엘리야가 곧 일어나 그와 함께 내려와 왕에게 이르[렀다]"(15절). 엘리야는 주저 없이 순종한다. 하지만 여호와의 말씀을 듣기를 거부하는 아하시야의 입장은 확고부동하다.

이것은 그 나라의 영적 상태에 관한 슬픈 논평이다. 한 세대가 다음 세대로 계승될 때 하나님 백성의 삶에 그 어떤 진보라도 있다는 징표가 전혀 없다. 오히려 그들은 조상의 죄를 반복하고, 그것이 이번에는 열왕기상 18장에 나오는 갈멜산 사건을 (2.5배나) 강하게 상기시키는 방식으로 하나님이 행동하시도록 만든다. 왕이 하나님처럼 말하면서 엘리야에게 (갈멜산에서?) 내려오라고 명령하지만, 내려오는 것은 하늘로부터 떨어진 불밖에 없다. 아하시야는 분명히 느리게 배우는 사람이다. 아니, 너무도 악한 쪽으로 기울어서 악을 다시 추구하고 있을 가능성이 더 많다. 그리고 또 다시 왕과 그의 신하들은 이스라엘처럼 점점 더 반역적이 되는 듯하고 마침내 그들 중 한 사람이 약간의 분별력을 찾게 된다.

여기에 비극적인 아이러니가 있다. 아하시야는 자기가 찾고 있는 신탁을 분명히 얻게 된다. 그가 보기에는 그것이 그릇된 하나님으로부터 그릇된 메시지와 함께 온다. 그 결과는 무엇인가? 우리가 열왕기하 1:17에서 보게 되듯이, 그는 "여호와의 말씀대로" 죽는다. 열왕기는 미묘한 점이 전혀 없다! 아하시야는 온 국민을 풍요의 신으로 호도한다. 하나님은 너무도 충격적인 불꽃놀이와 함께 경외스럽게, 극적으로 그리고 결정적으로 개입하시고 이어서 단 한 마디만 하신다.

1:16-18 마지막 장면은 느닷없이 끝나고, 이는 더욱 충격을 준다. 산꼭대기에서 내려온 엘리야는 단지 이렇게 말할 뿐이다. "여호와의 말씀이 '네가 사자를 보내 에그론의 신 바알세붑에게 물으려 하니 이스라엘에 그의 말을 물을 만한 하나님이 안 계심이냐? 그러므로 네가 그 올라간 침상에서 내려오지 못할지라 네가 반드시 죽으리라' 하셨다"(16절). 이런 우상숭배는 순식간에 언약의 저주를 최대치로 초래하게 된다. 17절에 나오는 사실적 진술은 열왕기하가 열왕기상이 남겨놓은 곳으로 돌아가고 있음을 강조한다. "[그래서] 왕이 엘리야가 전한 여호와의 말씀대로 죽[었다]."

이 지점에 이르면 이 내러티브가 극도로 헷갈리게 된다. 이스라엘과 유다에서 똑같은 이름을 가진 왕들이 통치하기 때문이다. 아하시야의 형제인 "여호람이 그를 대신하여 왕이 되니 유다 왕 여호사밧의 아들 여호람의 둘째 해였[다]"(17절).[4] 여호사밧과 아합의 동맹은 대체로 하나님 백성의 두 절반이 구별될 수 없다는 느낌을 준다는 결론을 피하기가 어렵다. 이번 장의 결말에는 약간 미진한 부분이 있다. 이스라엘 왕조가 아직 피비린내 나는 종말에 도달하지 않았고 아합의 아들이 여전히 왕좌에 앉아 있기 때문이다. 그러나 이 정권에 대한 하나님의 심판이 불가피할 뿐 아니라 빠르게 다가오고 있는 느낌이 점점 더 강해진다.

4 이런 전환의 연대기를 따라가는 것이 어려워도 유다의 여호람과 그의 아버지 여호사밧이 공동 섭정을 했다면 문제가 해결된다. 그런즉 이스라엘의 여호람이 여호사밧의 18년째 해에 왕좌에 오르는데(왕하 3:1), 당시는 여호사밧이 유다의 여호람과 공동 섭정을 한 지 둘째 해이기도 하다(왕하 1:17). 이후 여호사밧은 이스라엘에서 여호람이 통치한 지 5년째 해에 죽는데, 당시는 그의 아들 여호람이 홀로 통치하기 시작하는 해다(왕하 8:16).

응답

여호와가 갈멜산에서 바알과 그의 선지자들에게 찬란한 승리를 거둔 후 열왕기상 19장에는 선지자 엘리야가 영적 침체에 빠진 모습이 나온다. 그는 여호와의 행동이 아무것도 변화시키지 못했다고 생각했다. 이세벨은 여전히 엘리야를 죽이기로 결단했다. 아합은 여전히 이방인 아내의 손바닥 위에 있었다. 이스라엘은 여전히 철저한 이방인들로 이뤄져 있다. 그래서 엘리야는 목숨을 구하려고 도망했다. 하나님은 친절하게 그를 호렙으로 돌아가게 해서 그분이 여전히 구출하고 말씀하시는 하나님이고 그 모든 사건을 다루고 계셨다는 것을 그에게 상기시키신다. 한 차원에서는 엘리야가 옳았다. 이스라엘에서 아무것도 변하지 않았다. 사실은 사태가 더 나빠졌을 뿐이다. 그러나 그 고통스러운 이야기는 계속해서 우리에게 세 가지 중요한 교훈을 제공한다.

'이스라엘에 하나님이 없다'고 말하는 것은 참으로 어리석다

마치 하나님이 존재하지 않는 듯이, 또는 하나님이 능력이나 헌신이 없는 듯이 행하는 것은 정말로, 정말로 멍청하다. 하지만 이것이 바로 우리가 거듭해서 행하는 짓이다. 우리가 (마치 그럴 필요가 없는 것처럼) 기도를 하지 않고 성경도 읽지 않은 채 휴가를 빈둥빈둥 보낼 때는 그렇게 행하는 셈이다. 우리가 돈 문제로 스트레스를 받을 때나 청구서가 쌓일 때에도 마치 하나님이 그런 문제를 처리할 자원이 없는 것처럼 생각한다면 그렇게 행하는 셈이다. 오직 우리의 성적이나 책, 평판, 직책만이 중요한 것처럼 행동할 때에도 그렇게 행하는 셈이다. 우리는 언제나 그렇게 행한다. 그래서 이런 경고를 들어야 하는 것이다. 당신은 정말로 이스라엘에 하나님이 없다고 생각하는가?

여호와를 두려워하는 것은 너무나 타당하다

열왕기하는 또한 여호와를 두려워하는 것이 너무나 타당하다는 것을 분명히 한다. 우리는 이번 장의 냉혹한 사실들을 피하면 안 된다. 백 명의 사람이 완전히 소각되고 예언의 결과로 한 사람(왕)이 더 죽게 된다. 오십 명을 거느리는 세 번째 지휘관이 찾아내듯이, 이번 장에서 살아남는 유일한 길은 매우 두려워하는 것이다. 우리가 성경에서 거듭거듭 알게 되듯이, 여호와를 두려워하는 것은 완전히 타당하다. 어느 누구도 자애롭고 부드러우면서도 두려우신 하나님을 함부로 대할 수 없다. 이를 확증하는 말이 유다서에, 특별히 5절에 나온다.

> 너희가 본래 모든 사실을 알고 있으나 내가 너희로 다시 생각나게 하고자 하노라 주께서 백성을 애굽에서 구원하여 내시고 후에 믿지 아니하는 자들을 멸하셨으며.

주 예수 그리스도는 구원하는 분이면서 심판하는 분이다. 그래서 우리는 그분을 사랑할 뿐만 아니라 두려워해야 한다. 이 때문에 우리가 행하는 일을 진지하게 생각해야 하는 것이다.

하나님은 여전히 어둠 속에서 일하신다

아하시야가 통치하는 동안 외견상 선한 것이 전혀 발생하지 않는다. 아합이 죽은 후 영적 온도가 더 떨어진다! 그러나 하나님은 여전히 거기에 계시고 어둠 속에서 일하시며 그의 계획이 잘 진행되고, 그의 백성이 격려를 받고, 그의 말씀이 여전히 들리도록 하신다. 놀랍게도, 그분의 평판을 유지하고 바알 신앙의 헛됨을 폭로하기 위해 갈멜산 사건을 한 번이 아니라 두 번이나 기꺼이 재연하고 계신다. 어둠 속을 걷는 그 백성은 큰 빛을 보게 되는데, 이는 처음도 아니고 마지막도 아니다. 이것을 우리가 기억할 필요가 있다. 하나님의 나라를 세우는 작업은 어둠 속에서도 계속된다는 것. 우리의 삶에서도 하나님이 그의 백성인 우리를 회복시키고 변화시키고 격려하기 위해 가장 강력하게 일하시는 때가 메마르고 고민하고 좌절하는 시기인 경우가 많다. 우리의 하나님은 이렇게 일하신다. 하나님은 '세상의 빛'인 인물을 통해 어둠을 무찌르는 분이다.

2 Kings
열왕기하
2:1-25

1 여호와께서 회오리 바람으로 엘리야를 하늘로 올리고자 하실 때에
엘리야가 엘리사와 더불어 길갈에서 나가더니 2 엘리야가 엘리사에게
이르되 청하건대 너는 여기 머물라 여호와께서 나를 벧엘로 보내시느
니라 하니 엘리사가 이르되 여호와께서 살아 계심과 당신의 영혼이
살아 있음을 두고 맹세하노니 내가 당신을 떠나지 아니하겠나이다 하
는지라 이에 두 사람이 벧엘로 내려가니 3 벧엘에 있는 선지자의 제자
들이 엘리사에게로 나아와 그에게 이르되 여호와께서 오늘 당신의 선
생을 당신의 머리 위로 데려가실 줄을 아시나이까 하니 이르되 나도
또한 아노니 너희는 잠잠하라 하니라

1 Now when the Lord was about to take Elijah up to heaven by a
whirlwind, Elijah and Elisha were on their way from Gilgal. 2 And
Elijah said to Elisha, "Please stay here, for the Lord has sent me as far
as Bethel." But Elisha said, "As the Lord lives, and as you yourself live,
I will not leave you." So they went down to Bethel. 3 And the sons of
the prophets who were in Bethel came out to Elisha and said to him, "Do
you know that today the Lord will take away your master from over

you?" And he said, "Yes, I know it; keep quiet."

4 엘리야가 그에게 이르되 엘리사야 청하건대 너는 여기 머물라 여호
와께서 나를 여리고로 보내시느니라 엘리사가 이르되 여호와께서 살
아 계심과 당신의 영혼이 살아 있음을 두고 맹세하노니 내가 당신을
떠나지 아니하겠나이다 하니라 그들이 여리고에 이르매 5 여리고에
있는 선지자의 제자들이 엘리사에게 나아와 이르되 여호와께서 오늘
당신의 선생을 당신의 머리 위로 데려가실 줄을 아시나이까 하니 엘
리사가 이르되 나도 아노니 너희는 잠잠하라
4 Elijah said to him, "Elisha, please stay here, for the Lord has sent me
to Jericho." But he said, "As the Lord lives, and as you yourself live, I
will not leave you." So they came to Jericho. 5 The sons of the prophets
who were at Jericho drew near to Elisha and said to him, "Do you know
that today the Lord will take away your master from over you?" And he
answered, "Yes, I know it; keep quiet."

6 엘리야가 또 엘리사에게 이르되 청하건대 너는 여기 머물라 여호와
께서 나를 요단으로 보내시느니라 하니 그가 이르되 여호와께서 살아
계심과 당신의 영혼이 살아 있음을 두고 맹세하노니 내가 당신을 떠
나지 아니하겠나이다 하는지라 이에 두 사람이 가니라 7 선지자의 제
자 오십 명이 가서 멀리 서서 바라보매 그 두 사람이 요단 가에 서 있
더니 8 엘리야가 겉옷을 가지고 말아 물을 치매 물이 이리 저리 갈라
지고 두 사람이 마른 땅 위로 건너더라
6 Then Elijah said to him, "Please stay here, for the Lord has sent me to
the Jordan." But he said, "As the Lord lives, and as you yourself live, I
will not leave you." So the two of them went on. 7 Fifty men of the sons
of the prophets also went and stood at some distance from them, as

they both were standing by the Jordan. 8 Then Elijah took his cloak and
rolled it up and struck the water, and the water was parted to the one
side and to the other, till the two of them could go over on dry ground.

9 건너매 엘리야가 엘리사에게 이르되 나를 네게서 데려감을 당하기
전에 내가 네게 어떻게 할지를 구하라 엘리사가 이르되 당신의 성령
이 하시는 역사가 갑절이나 내게 있게 하소서 하는지라 10 이르되 네
가 어려운 일을 구하는도다 그러나 나를 네게서 데려가시는 것을 네
가 보면 그 일이 네게 이루어지려니와 그렇지 아니하면 이루어지지
아니하리라 하고 11 두 사람이 길을 가며 말하더니 불수레와 불말들
이 두 사람을 갈라놓고 엘리야가 회오리 바람으로 하늘로 올라가더라
12 엘리사가 보고 소리 지르되 내 아버지여 내 아버지여 이스라엘의
병거와 그 마병이여 하더니 다시 보이지 아니하는지라

9 When they had crossed, Elijah said to Elisha, "Ask what I shall do for
you, before I am taken from you." And Elisha said, "Please let there
be a double portion of your spirit on me." 10 And he said, "You have
asked a hard thing; yet, if you see me as I am being taken from you, it
shall be so for you, but if you do not see me, it shall not be so." 11 And
as they still went on and talked, behold, chariots of fire and horses of
fire separated the two of them. And Elijah went up by a whirlwind into
heaven. 12 And Elisha saw it and he cried, "My father, my father! The
chariots of Israel and its horsemen!" And he saw him no more.

이에 엘리사가 자기의 옷을 잡아 둘로 찢고 13 엘리야의 몸에서 떨어
진 겉옷을 주워 가지고 돌아와 요단 언덕에 서서 14 엘리야의 몸에서
떨어진 그의 겉옷을 가지고 물을 치며 이르되 엘리야의 하나님 여호
와는 어디 계시니이까 하고 그도 물을 치매 물이 이리 저리 갈라지고

엘리사가 건너니라
Then he took hold of his own clothes and tore them in two pieces.
13 And he took up the cloak of Elijah that had fallen from him and went
back and stood on the bank of the Jordan. 14 Then he took the cloak of
Elijah that had fallen from him and struck the water, saying, "Where
is the Lord, the God of Elijah?" And when he had struck the water, the
water was parted to the one side and to the other, and Elisha went over.

15 맞은편 여리고에 있는 선지자의 제자들이 그를 보며 말하기를 엘
리야의 성령이 하시는 역사가 엘리사 위에 머물렀다 하고 가서 그에
게로 나아가 땅에 엎드려 그에게 경배하고 16 그에게 이르되 당신의
종들에게 용감한 사람 오십 명이 있으니 청하건대 그들이 가서 당신
의 주인을 찾게 하소서 염려하건대 여호와의 성령이 그를 들고 가다
가 어느 산에나 어느 골짜기에 던지셨을까 하나이다 하니라 엘리사가
이르되 보내지 말라 하나 17 무리가 그로 부끄러워하도록 강청하매 보
내라 한지라 그들이 오십 명을 보냈더니 사흘 동안을 찾되 발견하지
못하고 18 엘리사가 여리고에 머무는 중에 무리가 그에게 돌아오니 엘
리사가 그들에게 이르되 내가 가지 말라고 너희에게 이르지 아니하였
느냐 하였더라
15 Now when the sons of the prophets who were at Jericho saw him
opposite them, they said, "The spirit of Elijah rests on Elisha." And
they came to meet him and bowed to the ground before him. 16 And
they said to him, "Behold now, there are with your servants fifty strong
men. Please let them go and seek your master. It may be that the Spirit
of the Lord has caught him up and cast him upon some mountain or
into some valley." And he said, "You shall not send." 17 But when they
urged him till he was ashamed, he said, "Send." They sent therefore

fifty men. And for three days they sought him but did not find him.
18 And they came back to him while he was staying at Jericho, and he
said to them, "Did I not say to you, 'Do not go'?"

19 그 성읍 사람들이 엘리사에게 말하되 우리 주인께서 보시는 바와
같이 이 성읍의 위치는 좋으나 물이 나쁘므로 토산이 익지 못하고 떨
어지나이다 20 엘리사가 이르되 새 그릇에 소금을 담아 내게로 가져오
라 하매 곧 가져온지라 21 엘리사가 물 근원으로 나아가서 소금을 그
가운데에 던지며 이르되 여호와의 말씀이 내가 이 물을 고쳤으니 이
로부터 다시는 죽음이나 열매 맺지 못함이 없을지니라 하셨느니라 하
니 22 그 물이 엘리사가 한 말과 같이 고쳐져서 오늘에 이르렀더라
19 Now the men of the city said to Elisha, "Behold, the situation of this
city is pleasant, as my lord sees, but the water is bad, and the land is
unfruitful." 20 He said, "Bring me a new bowl, and put salt in it." So
they brought it to him. 21 Then he went to the spring of water and threw
salt in it and said, "Thus says the Lord, I have healed this water; from
now on neither death nor miscarriage shall come from it." 22 So the
water has been healed to this day, according to the word that Elisha
spoke.

23 엘리사가 거기서 벧엘로 올라가더니 그가 길에서 올라갈 때에 작
은 아이들이 성읍에서 나와 그를 조롱하여 이르되 대머리여 올라가라
대머리여 올라가라 하는지라 24 엘리사가 뒤로 돌이켜 그들을 보고 여
호와의 이름으로 저주하매 곧 수풀에서 암곰 둘이 나와서 아이들 중
의 사십이 명을 찢었더라 25 엘리사가 거기서부터 갈멜산으로 가고 거
기서 사마리아로 돌아왔더라
23 He went up from there to Bethel, and while he was going up on the

way, some small boys came out of the city and jeered at him, saying,
"Go up, you baldhead! Go up, you baldhead!" 24 And he turned around,
and when he saw them, he cursed them in the name of the Lord. And
two she-bears came out of the woods and tore forty-two of the boys.
25 From there he went on to Mount Carmel, and from there he returned
to Samaria.

단락 개관

완고한 후계자, 불 수레, 언약의 곰들

열왕기하 2:2의 첫 줄은 우리에게 엘리야가 떠나려 한다고 경고한다. 이 점과 더불어 엘리야가 멋지게 하늘로 올라간다는 사실적인 기사를 감안하면, 저자가 엘리야의 퇴장의 깃발을 일찍 흔드는 것은 이번 장의 주된 줄거리에서 주의를 딴 곳으로 돌리지 않게 하려는 것인 듯하다. 이 본문은 우리를 매우 이례적인 여행길로 데려간다. 사실상 엘리사가 선지자 사역을 시작하도록 우리를 이스라엘 땅으로 되돌려놓기 전에, 요단 건너편의 땅에 이르는 출애굽의 경로를 거꾸로 되풀이하고 있다.

처음에는 엘리야가 그의 여정에 엘리사가 함께하는 것을 굉장히 꺼려하는 듯하다. 그 이유가 엘리사의 장래 사역에 관한 불확실성 때문인지 엘리야의 까다로운 성격 때문인지는 알아내기 어렵다! 어느 쪽이든, 엘리야의 요청이든(왕하 2:2, 4, 6) 그가 만나는 다양한 "선지자의 제자들" 그룹의 제안이든지(3, 5절) 간에 엘리사는 엘리야를 떠나지 않을 것이다. 이후 엘리사는 요단강에서 일어나는 놀라운 사건을 목격한다.

처음에는 엘리야가 철저히 모세 같은 방식으로 물을 치되 지팡이가 아니라 그의 겉옷으로 치고, 엘리야와 엘리사는 마른 땅 위로 건너간다. 이어서 엘리사가 엘리야의 사역을 물려받는 것에 관한 논의가 따라온다. 엘리야는 의견을 말하길 거절하며 그 사역은 여호와가 주시는 것이라고 주장하고, 만일 엘리사가 그가 떠나는 모습을 목격한다면 그것이 확증될 것이라고 한다. 엘리야가 거의 전례 없는 방식으로(창세기 5:24에 아리송하게 묘사된 대로 에녹의 경우가 비교할 만한 유일한 떠남이다) 하늘로 들려서 올라갈 때 바로 그런 일이 일어난다. 이후 엘리사가 엘리야의 겉옷(선지자의 망토를 상징하는)을 주워 들고 조금 전에 일어났던 요단을 건너는 기적을 여호수아와 같은 방식으로 되풀이하여 하나님이 이 선지자직의 이양을 재가하셨다는 것을 분명히 한다.

이 이양은 그 광경을 구경하던 선지자의 제자들 오십 명의 반응에 의해(비록 그들이 엘리야를 수색하겠다고 고집할지라도), 그리고 엘리사가 열왕기하 2:21-22에서 양질의 물 공급을 회복시키는 사역에 의해 확증된다. 이 시점에 새로운 임무를 받은 엘리사는 최초로 심각한 반대에 직면한다. 그가 벧엘을 통과할 때 어린이의 무리가 그를 방해하면서 거기에 있는 우상숭배의 성소에서 예배하도록 촉구하고 그에게 욕설을 퍼붓는다. 이는 (외견상) 대머리인 엘리사가 그의 털 많은 선임자에 필적할 수 없다는 것을 의미한다. 24절에서 엘리사는 레위기 26:21-22의 언약적 저주를 불러와서 굉장한 결과를 낳는다. 이 경우에는 우상을 숭배하는 어린이 42명이 철저히 언약적인 암곰 두 마리의 손에 최후를 맞이한다. 다시 한번, 하나님의 말씀을 멸시하는 것이 끔찍한 대가를 치르게 한다.

단락 개요

III. 하나님의 말씀과 하나님의 선지자(엘리야와 엘리사, 왕상 17:1-왕하 12:21)

H. 하나님이 엘리야를 데려가고 엘리사의 사역이 시작되다(2:1-25)

1. 엘리사가 엘리야와 붙어있다(2:1-6)
2. 엘리야(새로운 모세)와 엘리사(새로운 여호수아)(2:7-14)
3. 엘리야를 간절히 찾다(2:15-18)
4. 염분 섞인 물, 대머리와 곰들(2:19-25)

주석

2:1-6 열왕기하 2장은 그 부루퉁하고 완고한 비관론자, 즉 수년 동안 거듭된 가장 어려운 상황에서 가장 신실하고 드라마틱한 방식으로 주님의 말씀을 선포했던 인물 이후의 삶에 관한 내용이다. 이번 장은 엘리야 이후의 삶에 관한 것이다. 주제는 1절에서 펼쳐지고 있다. 또한 즉각적으로 엘리야가 '어떻게' 떠나느냐가 아니라 그가 떠나고 있다는 '사실'과 그 다음에 일어날 일에 관한 것이라고 말해준다.

여호와께서 누구든지 "회오리바람으로 하늘로 올리신" 전례가 없는데다 이 사건이 그저 지나가는 말로 진술되어 있기 때문에 더더욱 놀라움을 안겨준다. 저자에게 이보다 더 중요한 것은 "엘리야가 엘리사와 더불어 길갈에서 나가"(참고. 수 4:19-20) "벧엘"로 향하고 있다는 사실이다. 그들이 여리고를 경유해서 요단으로 향하고 있다는 말을 들으면, 이것이 출애굽 여정을 거꾸로 밟고 있는 것임이 분명해진다.[5] 엘리야와 엘리사는 여리고 근처에 있는 길갈에서 출발해서 벧엘로 가고 이후 그 땅을 벗어나 요단을 건너간다. 이어서 엘리사는 거꾸로 요단을 건너는 발걸음을 내딛고 벧엘로 이동한 후 이번 장이 끝날 때는 여리고로 되돌아간다. 모세와 같은 선지자가 여리고로부터 와서 요단을 건넌 후 죽고, 모세와 같은 또 다른 선지자가 그를 좇아 사역을 시작한다. 모세를 통해 그리고 모세와 같은 선지자인 엘리야를 통해 말씀하셨던 그 하나님이 이제는 엘리사에게 다시 한 번 말씀하신다.

이 본문은 엘리야가 어떤 인물인지를 많이 보여주진 않지만 그럴 때에는 그가 반드시 주변에 있기에 가장 편한 사람은 아니었다는 뜻을 전달하는 듯하다. 이 짧은 단락에서 그는 세 번이나 엘리사에게 그를 홀로 두고 떠나라고 퉁명스럽게 요청한다.

> 엘리야가 엘리사에게 이르되 청하건대 너는 여기 머물라 여호와께서 나를 벧엘로 내시느니라(2절).

> 엘리야가 그에게 이르되 엘리사야 청하건대 너는 여기 머물라 여호와께서 나를 여리고로 보내시느니라(4절).

> 엘리야가 또 엘리사에게 이르되 청하건대 너는 여기 머물라 여호와께서 나를 요단으로 보내시느니라(6절).

이처럼 홀로 있고 싶은 이유는 알려주지 않고, 엘리사는 그의 멘토의 분부대로 하길 거절하고 매번 똑같이(그리고 강하게) 응답한다. "여호와께서 살아 계심과 당신의 영혼이 살아 있음을 두고 맹세하노니 내가 당신을 떠나지 아니하겠나이다"(왕하 2:2, 4, 6).

5 그들이 왜 이렇게 하는지는 금방 알 수 없다. 부분적으로는 엘리야와 엘리사 모두 모세처럼 행동하고 있다는 사실을 강조하는 것이 틀림없다. 아울러 하나님의 선지자들이 결국 그 땅에서 추방당할 때 그분이 그들(그리고 백성)과 함께 가실 것이란 사실을 암시하는 듯하다.

벧엘(3절)과 여리고(5절)에서 "선지자[들]의 제자들이 엘리사에게로 나아와 그에게 이르되 여호와께서 오늘 당신의 선생을 당신의 머리 위로 데려가실 줄을 아시나이까?"하고 말할 때 긴장이 고조된다. 엘리사의 대답은 홀로 있게 해달라는 엘리야의 요청만큼 퉁명스럽다. "나도 또한 아노니 너희는 잠잠하라." 엘리사의 제자 무리로 보이는 선지자의 제자들은 "그가 죽을 것이란 걸 당신도 알고 있지요?"라고 계속 말한 후 이 시점 이후에 사라져버린다. 엘리사는 그때마다 "그래, 나도 알고 있으니 입을 다물어라"라고 응답한다. 이후 그들은 여리고로 이동해서 요단으로 향하기 전에 그 모든 말을 반복한다. 말하길 싫어하는 스승과 끈질긴 학생들이 완고한 침묵 가운데 불확실한 목적지를 향해 성큼성큼 가는 동안 저자는 노련하게 긴장을 고조시킨다.

2:7-8 엘리야와 엘리사가 마침내 요단강 둑에 도착할 때, 그들의 청중에 대한 언급으로 인해 무언가 중대한 일이 발생할 것 같은 느낌이 커진다. "선지자의 제자 오십 명이 가서 멀리 서서 바라보매"(7절). 이 시점에 "엘리야가 겉옷을 가지고 말아 물을 치매 물이 이리 저리 갈라지고 두 사람이 마른 땅 위로 건[넌다]"(7절). 출애굽기 14장과 여호수아 3장을 재연한 이 장면에서, 엘리야는 그의 겉옷(열왕기상 19:19에서 엘리야가 엘리사를 견습생으로 발탁하는 날 그의 어깨에 걸쳐주어 이미 후계자의 표시로 이용했던 그 겉옷일 것이다)을 들고 그것을 말아 지팡이처럼 만들어 물을 치자 물이 갈라지며 엘리야와 엘리사가 모세가 죽은 지역(참고. 신 34:5-6)으로 건너가게 된다.

2:9-12 그들이 요단의 건너편, 추정컨대 표시되지 않은 모세의 무덤과 가까운 어딘가에 도착할 때, 엘리야가 마침내 엘리사에게 그의 임박한 떠남의 주제를 제기하면서 "나를 네게서 데려감을 당하기 전에 내가 네게 어떻게 할지를 구하라"(9a절)고 말한다. 이는 그의 멘토의 역할과 엘리사의 후속 사역에 대한 엘리사의 이해를 테스트하는 것으로 보인다. 그의 답변은 유산의 언어를 사용하면서 엘리야의 선지자 사역을 계속 잇게 해달라

는 요청이다. "선생님의 영적 능력을 내가 두 배로 받게 해 주십시오"(9b절, 현대인의성경). 이는 "내가 당신의 아들이자 상속자가 되어도 될까요?"(참고. 신 21:15-17)라고 묻는 것과 마찬가지다. 엘리사는 "두 배"란 말로 엘리야의 상속자가 되길 구하고 있다. 그는 그의 스승을 능가하는 능력을 투박하게 요청하기보다는 엘리야가 그동안 해온 일(여호와의 말씀을 계속 전하는 일)을 계속 이어가는데 필요한 자원을 요청하고 있다.

예상대로 엘리야의 반응은 그리 열광적이지 않다. "네가 어려운 일을 구하는 도다. 그러나 나를 네게서 데려가시는 것을 네가 보면 그 일이 네게 이루어지려니와 그렇지 아니하면 이루어지지 아니하리라"(10절). 늙은 엘리야는 젊은 엘리사에게 이는 궁극적으로 하나님의 선물임을 상기시킬 만큼 여전히 영적 감각을 갖고 있다. 엘리야는 그의 후계자를 파송하는 것이 그의 몫이 아니란 것을 분명히 파악한다. 오직 여호와만이 그분의 선지자들을 선택하시기 때문이다. 11절에서 "불 수레와 불 말들이 두 사람을 갈라놓고 엘리야가 회오리바람으로 하늘로 올라가는" 장면을 보면, 적절하게도 하나님의 주권에 대한 이 승복이 엘리야의 최후의 말로 판명된다. 이것은 엘리사가 목격한 것으로 보든 엘리야에게 일어난 일로 보든 성경 역사에서 하나의 독특한 경험인 듯이 보인다.[6] 이는 엘리야(그리고 연장해서, 엘리사)를 성경 역사에서 독특한 역할을 수행하는 인물로 특징짓는다. 그들과 같은 선지자를 다시 보려면 수많은 세대가 지나야 할 것이다.

11절에 나오는 불꽃놀이에 별로 주목하지 않는 것은 뜻밖이다. 주안점은 모세의 경우처럼 엘리야 동굴을 만들 가능성을 배제시키는데 있는 듯하다. 모세의 안식처와 같이 엘리야의 승천 장소 역시 확인이 불가능하다. 그리고 이는 나쁜 것이 아니다. 존 칼빈(John Calvin)은 그의 장례에 관해 매우 구체적인 지시를 했다. 그 장례를 다른 여느 시민의 장례와도 구별되게 하지 말라고 말했다. 평범한 흰색 수의, 소박한 소나무 관 그리고 호들갑

6 바람과 불은 정확히 여호와의 임재는 아니라도 그분이 가까이 계시다는 표징들이다(참고. 왕상 19:9-12). "회오리바람"에 대해서는 욥 38:1; 40:6; 렘 23:19; 겔 1:4을 보라.

떨지 않기. 제네바 시민들은 그의 말대로 했다. 비록 수천 명이 묘지로 가는 행렬을 따라갔지만, 두 주간이 지나지도 않아서 몇몇 방문객들이 그의 무덤을 보려고 묻자 아무도 그것을 식별할 수 없었다. 칼빈은 초점을 그 자신이 아니라 그의 하나님께 맞추길 원했던 것이다.

엘리사는 이 현상을 보고 진심어리고 열정적인 반응을 보이며 이렇게 소리친다. "[엘리야가 그의 삶에서 수행한 공식적 역할을 인정하면서] 내 아버지여 내 아버지여! 이스라엘의 병거와 그 마병이여!"(12절). 그는 이스라엘의 많은 왕이 모은 병거들, 말들과 대조를 이루는 불 수레와 불 말들이야말로 이스라엘의 '진정한' 군대라는 것을 알아본다. 이는 여호와의 임재가 엘리야의 사역에서 분명히 나타났음을 의미한다. 엘리사는 그의 겉옷을 둘로 찢고 그의 멘토의 외투를 걸치며 그의 발걸음을 되풀이한다. 그는 아하시야 사건을 멋지게 흉내 내면서 믿음으로 "엘리야의 하나님 여호와는 어디 계시니이까?"(2:14)라고 말하며 엘리야의 겉옷으로 물을 친다. 갈라진 요단강 위에는 그 외투뿐 아니라 엘리야의 영도 머물고 있다. 엘리야는 "다시 보이지 아니[한다]". 고전적인 애도의 표현으로 "엘리사가 자기의 옷을 잡아 둘로 찢[었다]"(참고. 창 37:34; 삼하 13:31). 이는 또한 다음 구절의 극적인 행동을 위한 길을 닦아준다.

2:13-14 엘리사는 찢어진 자신의 겉옷을 상실한 고로 문자적으로, 또 은유적으로 엘리야의 외투를 걸칠 수 있는 길이 활짝 열린다. 그는 그 외투를 주워서 요단강으로 돌아가며 "'엘리야의 하나님 여호와는 어디 계시니이까?'하고 그도 물을 치매"(14a절) 추정컨대 불과 몇 분 전에 엘리야가 행했던 기적이 되풀이된다. 응답은 무척 자명하다. 엘리야의 하나님이 이제는 그의 후계자인 엘리사와 함께 계시는 것이 입증된다. "그도 물을 치매 물이 이리 저리 갈라지고 엘리사가 건너[간]"(14b절) 후에는 이것이 부인할 수 없는 사실이 된다. 엘리야가 새로운 모세였다면, 엘리사는 이제 새로운 여호수아다.

2:15-18 "선지자의 제자들"이 이제 다시 등장해서 "엘리야의 영이 엘리사에게 내렸다!"(현대인의성경)고 인정함으로써 우리가 이미 파악한 것을 확증해준다. 뜻밖에도 그들이 "그에게로 나아가 땅에 엎드려 그에게 경배했다"(엘리야라면 무슨 말을 했을지 궁금하다). 그들의 요청도 그와 비슷하게 예상치 못한 것이다. "당신의 종들에게 용감한 사람 오십 명이 있으니 청하건대 그들이 가서 당신의 주인을 찾게 하소서"(16a절). 그들의 이론은 "여호와의 성령이 그를 들고 가다가 어느 산에나 어느 골짜기에 던지셨을까"(16b절) 한다는 것이다. 엘리사는 그들의 그릇된 생각에 할애할 시간이 별로 없어서 그들에게 시간을 낭비하고 있다고 그의 멘토처럼 미묘한 응답을 한다. 하지만 그들은 "그가 부끄러워할 때까지" 계속 졸라서 그를 압박하는 데 성공하고 그는 마지못해 동의하며 "보내라"고 한다. 이는 선지자의 제자들이 무슨 이유로든 엘리사가 죄책감을 느끼게 해서 행동을 취하도록 하는 매우 인간적인 막간 촌극인 듯하다. 그 결과 그들은 엘리야를 찾느라 사흘을 낭비하고, 그들이 돌아올 때 엘리사는 "내가 너희들에게 그렇게 말했잖아"라고 말한다. 요점은 15절에서 볼 수 있듯이 '엘리야의 영이 엘리사에게 내렸다'는 것이고, '하나님이 여전히 말씀하고 계시다'는 점이다. 이 모든 것의 최종 결과는 엘리사가 새로운 엘리야로, 하나님의 백성을 향한 하나님의 대변인으로 굳게 세워진다는 것이다. 이제 외투가 전수되었고, 2:19-25에 나오는 작은 두 편의 각주들과 상관없이 엘리사가 후계자로 인정된다.

2:19-22 이번 장의 마지막 단락은 그 낯선 장면을 완전히 새로운 차원으로 승화시킨다. 여리고의 주민들이 엘리사를 엘리야의 후계자로 인정한 후 그에게 매우 실제적인 문제를 가져온다. "우리 주인께서 보시는 바와 같이 이 성읍의 위치는 좋으나 물이 나쁘므로 토산이 익지 못하고 떨어지나이다"(19절). 여리고는 하나님이 주신 '좋은' 땅의 일부이나 모종의 수질 오염이 생명과 생산성을 위협하고 있다(왕상 16:34은 출 15:23-25 및 수 6:26과 함께 그 배경의 일부일지 모른다). 열왕기하 2:20에서 엘리사는 즉시 "소금"

을 담을 "새 그릇"을 요청한다. 그는 이어서 그 성읍의 일차적 물 공급원인 "물 근원"으로 가서 "소금을 그 가운데에 던[진다]". 이후 그는 이렇게 선언한다. "여호와의 말씀이 내가 이 물을 고쳤으니 이로부터 다시는 죽음이나 열매 맺지 못함이 없을지니라 하셨느니라"(21절). 여기서 "열매 맺지 못함"으로 번역된 단어는 19절의 끝에서 "토산이 익지 못하고"로 번역된 단어와 같다. 19절에 나오는 용어는 독 때문에 농산물을 생산할 수 없는 땅에 대한 은유이므로 21절을 19절과 병행하는 것으로 보고 똑같이 해석하는 것이 좋을 듯하다.

하지만 이 기적의 내용이 주안점은 아니다. 엘리사가 엘리야를 계승함에 따라 여호와께서 여전히 말씀하고 계시고, 그분의 말씀이 여전히 백성의 삶을 지도하고 계시다는 것이 분명하다. 이 점은 22절의 마지막 논평이 강조하고 있다. "그 물이 엘리사가 한 말과 같이 고쳐져서 오늘에 이르렀더라." 이는 그 성읍이 하나님의 저주를 경험하고 있다는 뜻일지 모르나 본문이 그렇게 말하고 있는 것은 아니다. 그리고 엘리사가 왜 소금을 집는지 그 이유도 설명하지 않는다.[7] 사람들에게 심한 질병을 일으키던 물은, 엘리사가 다시금 모세 같은 행동을 취할 때 '주님의 말씀에 의해' 정화된다. 하나님은 그분의 말씀을 통해 그분의 백성에게 복 주신다. 그분은 침묵을 지키시지 않는다. 엘리야는 사라졌을지 모르지만 하나님은 잠잠히 계시지 않는다.

2:23-25 마지막 사건은 사나운 암곰들에 관한 충격적인 절정이다. 엘리사는 온 길로 되돌아갈 때 벧엘을 통과하는데, 그곳은 이스라엘에서 거짓 예배로 악명 높은 중심지다. 그때 "작은 아이들이 성읍에서 나와 그를 조롱[했다]"(23절). 이는 두어 명의 심심한 아이들이 어른에게 부적절한 말을

7 저자가 여리고가 저주 아래 있다는 것을 말할 필요가 없는 것은 여호수아 6:26과 열왕기상 16:34로부터 이 사실을 알고 있다고 가정하기 때문일 수 있다. 소금은 아마 언약적 신실함(참고. 스 4:14)을 상징하는 것일 테고, 이는 선지자를 존경하는 이들은 저주가 복으로 바뀌는 것을 볼 수 있다는 의미일 것이다. 이와 대조적으로, 벧엘의 반역적인 아이들은 선지자에게 무례하게 굴 때 언약의 야생 동물의 저주를 경험하게 된다. 그런 경우에는 열왕기하 2:19-22과 2:23-24이 동전의 양면과 같다. 이 해석은 필자가 이언 두기드(Iain Duguid)에게 빚진 것이다.

하는 경우가 아니다. '거기에는 적어도 42명이 있다.' "작은 아이들"로 번역된 단어는 '청소년'을 의미할 수도 있고, 후자가 이 맥락에서 의미가 더 잘 통하는 듯하다. 이는 소수의 말썽꾸러기 아이들이 어른에게 무례하게 구는 경우가 아니라 적대적인 청소년의 무리일 가능성이 많다. 이런 적대감은 그들의 욕설에도 반영되어 있다. "대머리여 올라가라! 대머리여 올라가라!"는 말은 흥미로운 언어 선택이다. 이것은 낯선 사람의 모발에 도전하는 천진난만한 놀림이 아니다. 먼저, 엘리사의 머리가 가려져 있었을 것이므로 이는 그를 향한 고의적인 모욕이다. 그리고 엘리야는 털이 많은 사람(참고. 왕하 1:8)이었다는 사실에 비춰보면, 청소년들이 사실은 엘리사가 엘리야의 진정한 후계자임을 부인하고 있는 것이 분명해진다. 그런즉 그들은 엘리사가 여호와의 말씀을 전한다는 것을 부인하고 있는 셈이다. 그들이 그에게 "올라가라"고 한 것은 엘리사에게 바알을 경배하러 올라가라고 말하는 것이거나 그 성읍을 떠나라고 말하는 것이 확실하다. 어쨌든, 이것은 여호와의 말씀을 전하는 사람을 배척하는 행동이 분명하다.

그런데 엘리사가 그들을 책망하거나 그들의 부모에게 알리겠다고 위협하지 않고 "여호와의 이름으로" 그들을 저주하는 것은 충격적으로 다가온다. 엘리사는 그들을 욕하지 않는다. 오히려 언약의 저주, 레위기 26:21-22에 나오는 것과 같은 저주를 내린다. "너희가 나를 거슬러 내게 청종하지 아니할진대 내가 너희의 죄대로 너희에게 일곱 배나 더 재앙을 내릴 것이라. 내가 들짐승을 너희 중에 보내리니 그것들이 너희의 자녀를 움키고 너희 가축을 멸하며 너희의 수효를 줄이리니 너희의 길들이 황폐하리라." 이들은 언약의 곰들이다! 우리의 저자는 이 처참한 사건을 그저 사실적인 양식으로 묘사하는 듯하다. "수풀에서 암곰 둘이 나와서 아이들 중의 사십이 명을 찢었더라"(24절). 사자들이 여호와의 말씀을 들으려 하지 않는 선지자들을 처리했듯이(왕상 13:24; 20:36), 이제는 이 언약의 곰들이 최근에 발생한 경멸 사건을 처리한다.

이것은 충격적인 사건인가? 물론 그렇다. 매튜 헨리(Matthew Henry)가 말하듯이, "이 사악하고 가련한 녀석들의 끔찍한 비명과 신음 소리를 듣고 우리의 육신이 하나님을 두려워해서 떨어야 한다." 그러나 이 사건은 또한 열왕기하 1장과 2장의 흐름에 잘 들어맞는 것이다. 이 단락에서 우리는 하나님이 어둠 속에서 일하실 뿐 아니라 묵살당하지 않고 계속해서 이 선지자를 통해 말씀하실 것을 분명히 보기 때문이다. 하나님의 백성이 복이나 저주를 경험하도록 결정하는 것은 이 선지자의 말에 대한 반응이다. 엘리사의 여정은 이제 거의 마무리된다. 갈멜산으로 가서 엘리야가 중단한 이스라엘의 변절과의 싸움을 다시 시작하는 계기를 만든 후 사마리아로 돌아간다. 다음 이야기는 사마리아에서 펼쳐진다.

응답

어떤 면에서 열왕기하 2장은 1장이 거울에 비치는 이미지와 같다. 여기에는 많은 기복이 있다. 다시금, 세 그룹의 사람들이 (지금은 엘리사가 합류한) 엘리야에게 다가간다. 그리고 치명적인 하나님의 개입이 나온다. 그러나 이제는 초점이, 하나님이 여전히 일하고 계시다는 '사실'로부터 하나님이 일하시는 '방식'으로 전환된다. 이 단락의 나머지 부분은 여호와께서 계속 말씀하고 계시다는 사실에 관한 내용이다. 엘리야는 떠났을지 모르지만 주님의 말씀은 엘리사를 통해 계속 이어진다.

나와 우리 세계에 무슨 일이 발생하든지 간에 하나님은 침묵을 지키지 않으실 것이다. 하나님은 말씀하시는 하나님이다. 하나님께서 예수 그리스도의 말씀을 통해 일하고 계시다는 것, 그 말씀을 통해 우리의 생각과 마음에 빛을 비추시고, 우리를 살피시고 드러내시고 놀라게도 하시며 변화시키신다는 사실을 잊어버리기 쉽다. 하나님이 여전히 말씀하고 계시다는 것, 그리고 이 때문에 우리가 날마다 힘을 얻고 낮아지고 변화되어야 한다는 것을 쉽게 잊어버리곤 한다. 히브리서 저자의 주장을 들어보자.

> 하나님의 말씀은 살아 있고 활력이 있어 좌우에 날선 어떤 검보다

> 도 예리하여 혼과 영과 및 관절과 골수를 찔러 쪼개기까지 하며 또 마음의 생각과 뜻을 판단하나니 지으신 것이 하나도 그 앞에 나타나지 않음이 없고 우리의 결산을 받으실 이의 눈앞에 만물이 벌거벗은 것 같이 드러나느니라(히 4:12-13).

하나님은 묵살당하지 않으실 것이다. 우리 하나님은 이제까지 말씀해오셨고 특히 주 예수 그리스도를 통해 그렇게 해오셨다. 이는 삶이 주 예수 안에서 기쁨과 안도, 확신과 용서와 즐거움과 더불어 눈물과 회개, 충격과 수치, 그리고 고통스러운 정직함도 공정하게 안겨줄 것이라는 뜻이다. 물론 곰들이 등장할 가능성은 별로 없다!

우리의 목표를 너무 낮게 잡지 않는 것이 중요하다. 오늘 우리의 모국에서 복음이 크게 부흥하고 있지 않아도 내일은 어떻게 될지 누가 알겠는가. 우리가 확신할 수 있는 것 하나는 하나님이 오늘 일하고 계시다는 사실이다. 어둠이 몰려오고 있는 듯 보일 때라도 우리 하나님은 일하고 계신다. 그분은 주 예수 그리스도의 복음의 능력을 통해 일하시는데, 그분의 백성을 낮추고 회복시키고 강화시키고 개조하실 뿐 아니라 전 세계의 사람들을 그리스도 안에 있는 새로운 삶과 연합으로 인도하고 계시다.

주 예수 그리스도의 아버지인 하나님은 어둠 속에서 일하시고 그분은 묵살당하지 않을 것이다. 우리에게 그런 확신이 필요하다면 예루살렘 외곽에 있는 고대의 처형장을 깊이 생각하기만 하면 된다. 한 사람이 두 사람 사이에 달려있다. 그 셋은 구별할 수 없고, 셋 모두 그 도시의 나머지 부분처럼 부자연스럽게 짙은 어둠 속에 잠겨있다. 마침내 그 사람이 "다 이루었다"고 말할 때까지, 생명이 사그라지는 순간에도 어둠이 걷히지 않는다. 이틀이 지난 후 어둠이 걷힌다. 별안간 일시적인 침묵이 깨지고, "그가 살아났다"는 목소리가 그 도시 전역에 그리고 역사가 흐르는 동안 내내 울려 퍼진다. 이 목소리는 결코 묵살당하지 않고 계속 이어져서 마침내 수많은 군중이 다함께 "여호와를 찬송하라. 구원과 영광과 능력이 우리 하나님께 있도다"하고 외칠 때가 이를 것이다. 아멘.

3장

2 Kings

열왕기하

3:1-27

1 유다의 여호사밧 왕 열여덟째 해에 아합의 아들 여호람이 사마리아
에서 이스라엘을 열두 해 동안 다스리니라 2 그가 여호와 보시기에 악
을 행하였으나 그의 부모와 같이 하지는 아니하였으니 이는 그가 그
의 아버지가 만든 바알의 주상을 없이하였음이라 3 그러나 그가 느밧
의 아들 여로보암이 이스라엘에게 범하게 한 그 죄를 따라 행하고 떠
나지 아니하였더라

1 In the eighteenth year of Jehoshaphat king of Judah, Jehoram the son
of Ahab became king over Israel in Samaria, and he reigned twelve
years. 2 He did what was evil in the sight of the Lord, though not like
his father and mother, for he put away the pillar of Baal that his father
had made. 3 Nevertheless, he clung to the sin of Jeroboam the son of
Nebat, which he made Israel to sin; he did not depart from it.

4 모압 왕 메사는 양을 치는 자라 새끼 양 십만 마리의 털과 숫양 십만
마리의 털을 이스라엘 왕에게 바치더니 5 아합이 죽은 후에 모압 왕이
이스라엘 왕을 배반한지라 5 그때에 여호람 왕이 사마리아에서 나가

온 이스라엘을 둘러보고 7 또 가서 유다의 왕 여호사밧에게 사신을 보
내 이르되 모압 왕이 나를 배반하였으니 당신은 나와 함께 가서 모압
을 치시겠느냐 하니 그가 이르되 내가 올라가리이다 나는 당신과 같
고 내 백성은 당신의 백성과 같고 내 말들도 당신의 말들과 같으니이
다 하는지라 8 여호람이 이르되 우리가 어느 길로 올라가리이까 하니
그가 대답하되 에돔 광야 길로니이다 하니라
4 Now Mesha king of Moab was a sheep breeder, and he had to deliver
to the king of Israel 100,000 lambs and the wool of 100,000 rams.
5 But when Ahab died, the king of Moab rebelled against the king of
Israel. 6 So King Jehoram marched out of Samaria at that time and
mustered all Israel. 7 And he went and sent word to Jehoshaphat king
of Judah: "The king of Moab has rebelled against me. Will you go with
me to battle against Moab?" And he said, "I will go. I am as you are,
my people as your people, my horses as your horses." 8 Then he said,
"By which way shall we march?" Jehoram answered, "By the way of
the wilderness of Edom."

9 이스라엘 왕과 유다 왕과 에돔 왕이 가더니 길을 둘러 간 지 칠 일에
군사와 따라가는 가축을 먹일 물이 없는지라 10 이스라엘 왕이 이르되
슬프다 여호와께서 이 세 왕을 불러 모아 모압의 손에 넘기려 하시는
도다 하니 11 여호사밧이 이르되 우리가 여호와께 물을 만한 여호와의
선지자가 여기 없느냐 하는지라 이스라엘 왕의 신하들 중의 한 사람
이 대답하여 이르되 전에 엘리야의 손에 물을 붓던 사밧의 아들 엘리
사가 여기 있나이다 하니 12 여호사밧이 이르되 여호와의 말씀이 그에
게 있도다 하는지라 이에 이스라엘 왕과 여호사밧과 에돔 왕이 그에
게로 내려가니라
9 So the king of Israel went with the king of Judah and the king of

Edom. And when they had made a circuitous march of seven days,
there was no water for the army or for the animals that followed them.
10 Then the king of Israel said, "Alas! The Lord has called these three
kings to give them into the hand of Moab." 11 And Jehoshaphat said,
"Is there no prophet of the Lord here, through whom we may inquire of
the Lord?" Then one of the king of Israel's servants answered, "Elisha
the son of Shaphat is here, who poured water on the hands of Elijah."
12 And Jehoshaphat said, "The word of the Lord is with him." So the
king of Israel and Jehoshaphat and the king of Edom went down to him.

13 엘리사가 이스라엘 왕에게 이르되 내가 당신과 무슨 상관이 있나
이까 당신의 부친의 선지자들과 당신의 모친의 선지자들에게로 가소
서 하니 이스라엘 왕이 그에게 이르되 그렇지 아니하니이다 여호와께
서 이 세 왕을 불러 모아 모압의 손에 넘기려 하시나이다 하니라 14 엘
리사가 이르되 내가 섬기는 만군의 여호와께서 살아 계심을 두고 맹
세하노니 내가 만일 유다의 왕 여호사밧의 얼굴을 봄이 아니면 그 앞
에서 당신을 향하지도 아니하고 보지도 아니하였으리이다 15 이제 내
게로 거문고 탈 자를 불러오소서 하니라 거문고 타는 자가 거문고를
탈 때에 여호와의 손이 엘리사 위에 있더니 16 그가 이르되 여호와의
말씀이 이 골짜기에 개천을 많이 파라 하셨나이다 17 여호와께서 이르
시기를 너희가 바람도 보지 못하고 비도 보지 못하되 이 골짜기에 물
이 가득하여 너희와 너희 가축과 짐승이 마시리라 하셨나이다 18 이것
은 여호와께서 보시기에 작은 일이라 여호와께서 모압 사람도 당신의
손에 넘기시리니 19 당신들이 모든 견고한 성읍과 모든 아름다운 성읍
을 치고 모든 좋은 나무를 베고 모든 샘을 메우고 돌로 모든 좋은 밭
을 헐리이다 하더니 20 아침이 되어 소제 드릴 때에 물이 에돔 쪽에서
부터 흘러와 그 땅에 가득하였더라

13 And Elisha said to the king of Israel, "What have I to do with you?
Go to the prophets of your father and to the prophets of your mother."
But the king of Israel said to him, "No; it is the Lord who has called
these three kings to give them into the hand of Moab." 14 And Elisha
said, "As the Lord of hosts lives, before whom I stand, were it not that
I have regard for Jehoshaphat the king of Judah, I would neither look
at you nor see you. 15 But now bring me a musician." And when the
musician played, the hand of the Lord came upon him. 16 And he said,
"Thus says the Lord, 'I will make this dry streambed full of pools.'
17 For thus says the Lord, 'You shall not see wind or rain, but that
streambed shall be filled with water, so that you shall drink, you, your
livestock, and your animals.' 18 This is a light thing in the sight of the
Lord. He will also give the Moabites into your hand, 19 and you shall
attack every fortified city and every choice city, and shall fell every
good tree and stop up all springs of water and ruin every good piece
of land with stones." 20 The next morning, about the time of offering
the sacrifice, behold, water came from the direction of Edom, till the
country was filled with water.

21 모압의 모든 사람은 왕들이 올라와서 자기를 치려 한다 함을 듣
고 갑옷 입을 만한 자로부터 그 이상이 다 모여 그 경계에 서 있더라
22 아침에 모압 사람이 일찍이 일어나서 해가 물에 비치므로 맞은편
물이 붉어 피와 같음을 보고 23 이르되 이는 피라 틀림없이 저 왕들
이 싸워 서로 죽인 것이로다 모압 사람들아 이제 노략하러 가자 하고
24 이스라엘 진에 이르니 이스라엘 사람이 일어나 모압 사람을 쳐서
그들 앞에서 도망하게 하고 그 지경에 들어가며 모압 사람을 치고
25 그 성읍들을 쳐서 헐고 각기 돌을 던져 모든 좋은 밭에 가득하게 하

고 모든 샘을 메우고 모든 좋은 나무를 베고 길하레셋의 돌들은 남기
고 물매꾼이 두루 다니며 치니라 26 모압 왕이 전세가 극렬하여 당하
기 어려움을 보고 칼찬 군사 칠백 명을 거느리고 돌파하여 지나서 에
돔 왕에게로 가고자 하되 가지 못하고 27 이에 자기 왕위를 이어 왕이
될 맏아들을 데려와 성 위에서 번제를 드린지라 이스라엘에게 크게
격노함이 임하매 그들이 떠나 각기 고국으로 돌아갔더라

21 When all the Moabites heard that the kings had come up to fight
against them, all who were able to put on armor, from the youngest
to the oldest, were called out and were drawn up at the border. 22 And
when they rose early in the morning and the sun shone on the water, the
Moabites saw the water opposite them as red as blood. 23 And they said,
"This is blood; the kings have surely fought together and struck one
another down. Now then, Moab, to the spoil!" 24 But when they came
to the camp of Israel, the Israelites rose and struck the Moabites, till
they fled before them. And they went forward, striking the Moabites as
they went.[1] 25 And they overthrew the cities, and on every good piece
of land every man threw a stone until it was covered. They stopped
every spring of water and felled all the good trees, till only its stones
were left in Kir-hareseth, and the slingers surrounded and attacked it.
26 When the king of Moab saw that the battle was going against him,
he took with him 700 swordsmen to break through, opposite the king
of Edom, but they could not. 27 Then he took his oldest son who was to
reign in his place and offered him for a burnt offering on the wall. And
there came great wrath against Israel. And they withdrew from him and
returned to their own land.

1 Septuagint; the meaning of the Hebrew is uncertain

단락 개관

어설픈 마음이 통하지 않는 이유

열왕기하 3장은 아버지와 별로 다르지 않은 인물인 아합의 둘째 아들, 여호람의 통치에 대한 요약과 함께 시작된다. 이 점은 모압의 메사(메사 비석/모압 돌로 유명한, 이 오벨리스크는 파리의 루브르 미술관에서 볼 수 있다)에 맞서는 그의 군사 작전에 관한 기사로 되풀이되고 있다. 열왕기상 22장과 유사한 점이 의도적으로 눈에 띄게 묘사된다. 여호람은 정치적 전략과 종교적 신념을 아버지로부터 배운 것이 분명하다. 그는 시끄러운 이웃을 정복하기 위해 즉시 여호사밧의 도움을 구하고, 이후 물 공급을 전혀 고려하지 않은 채 여호사밧과 에돔의 왕을 이끌고 광야로 들어간다! 여호람은 하나님을 언급하거나 그분께 호소하지 않고, 자신의 선견이 부족했던 것을 여호와의 탓으로 돌린다. 여호사밧은 아합과 동맹을 맺을 때 그랬듯이 여호람에게 그들이 여호와의 뜻을 구해야 한다고 상기시켜준다. 그의 신하들 중 하나가 편리하게도 엘리사가 이미 현지에 있다고 알려준다. 엘리사는 우상을 숭배하는 왕과 관계를 맺길 꺼리는데, 이 모습은 열왕기상 22장에 나오는 미가야가 돕고 싶은 마음이 들게 할 정도다! 하지만 여호사밧과 유다의 유익을 위해 엘리사가 개입하게 되고, 여호와는 놀라운 방법으로 그 부대들을 위해 물을 공급하시며, 더 나아가 그분의 백성의 유익을 위해 개입하신다.

아침에 모압 사람들이 해가 물에 비춰 반짝이는 것을 대규모 유혈사태로 착각해서 이스라엘 사람들을 끝장내기 위해 그 기회를 포착하려 한다. 하지만 그들은 그릇된 확신을 품는 바람에 처참하게 패배하고 이스라엘이 모압 문명을 파괴한다. 모압 왕은 절박한 마음에 그의 아들이자 상속자를 (그의 신에게) 제물로 바친다. 이번 장은 이스라엘이 모압에서 물러나서 고국으로 돌아가 그들의 불순종으로 인해 하나님의 진노를 직면하게 되는 음울한 분위기로 끝난다.

단락 개요

III. 하나님의 말씀과 하나님의 선지자(엘리야와 엘리사, 왕상 17:1-왕하 12:21)

I. 여호람과 모압의 배반(3:1-27)

1. 이스라엘의 여호람의 생애와 시대(3:1-3)
2. 모압과 여호사밧과 하나님(3:4-20)
3. 우상숭배의 처절한 절망(3:21-27)

주석

3:1-3 열왕기하에서 이 부분을 읽는 어려움들 중 하나는 여호람이라 불리는 왕이 두 명(하나는 북쪽에, 하나는 남쪽에) 있을 뿐 아니라 그들의 이름이 이따금 요람으로 축약되기도 한다는 점이다. 그래서 우리는 두 왕을 네 개의 이름 속에서 구분해야 한다. 이 여호람은 아합의 아들들 중 하나다. 그가 왕이 되는 것은 그의 형인 아하시야가 왕궁 창문에서 떨어졌다가 아들겸 상속자를 낳지 못했기 때문일 것으로 추정된다. 그런데 여호람이 이 내러티브에 들어오는 것은 일종의 용두사미와 같다. 그는 부모인 이세벨과 아합만큼 심하게 타락하진 않았지만 적당한 우상숭배는 별로 기뻐할 일이 아니다.

성경의 많은 부분에서 하나님의 백성들이 출애굽기 20장에 나오는 첫 두 계명에 순종하는 것이 대단히 중요하다는 사실을 파악하지 못하는 모습이 곤혹스럽다. 사실 하나님의 관점에서 보면 이것이 삶과 죽음의 문제라고 말해도 과장이 아니다.

> 하나님이 이 모든 말씀으로 말씀하여 이르시되 나는 너를 애굽 땅, 종 되었던 집에서 인도하여 낸 네 하나님 여호와니라 너는 나 외에는 다른 신들을 네게 두지 말라 너를 위하여 새긴 우상을 만들지 말고 또 위로 하늘에 있는 것이나 아래로 땅에 있는 것이나 땅 아래 물 속에 있는 것의 어떤 형상도 만들지 말며 그것들에게 절하지 말며 그것들을 섬기지 말라 나 네 하나님 여호와는 질투하는 하나님인즉 나를 미워하는 자의 죄를 갚되 아버지로부터 아들에게로 삼사 대까지 이르게 하거니와 나를 사랑하고 내 계명을 지키는 자에게는 천 대까지 은혜를 베푸느니라(출 20:1-6).

하나님의 백성에 속하는 사람들의 경우, 만일 그들이 오직 하나님만 사랑하고 경외하면서 우상숭배를 배격한다면, 모든 일이 잘 될 것이다. 그런데 그렇지 않다면? "나 네 하나님 여호와는 질투하는 하나님인즉 나를 미워하는 자의 죄를 갚되 아버지로부터 아들에게로 삼사 대까지 이르게 하거니와." 이는 우리를 열왕기하 3장의 약간 고통스러운 내러티브, '어설픈 마음의 위험'에 대해 경고하는 역할을 하는 이야기로 데려간다.

여호람의 12년 통치는 "그가 그의 아버지가 만든 바알의 주상을 없이하였음이라"는 사실을 감안해서 그의 아버지와 어머니의 통치보다 약간 더 나은 것으로 평가받는다. 바알 숭배는 그 나라의 중심에서 제거되었다. 하지만 이것이 여호와 경배를 회복하는 일에는 못 미치는 것은 "그가 느밧의 아들 여로보암이 이스라엘에게 범하게 한 그 죄를 따라 행하고 떠나지 아니하였기" 때문이다. 이 말은 그의 우상숭배가 부모보다 덜 진지하긴 해도 여전히 헌신적으로 우상숭배에 '집착하면서' 그것을 매우 진지하게 여긴다는 것을 시사한다.

3:4-5 이 기간 동안 모압은 이스라엘과 속국 관계라서 정기적인 조공을 바칠 의무가 있었다.[8] 4절은 "모압 왕 메사는 양을 치는 자"라서 이 조공을 "새끼 양 십만 마리의 털과 숫양 십만 마리의 털"로 바쳤다고 명시한다. 이

는 국가 경제에 상당한 부담이 되었을 것이기에 "아합이 죽은 후에 모압 왕이 이스라엘 왕을 배반한" 것은 놀랄 일이 아니다. 정권 교체가 모압 사람들에게 기회를 제공한 셈이다.

3:6-10 6절에서 "여호람 왕이 사마리아에서 나가 온 이스라엘을 둘러보는" 단호한 출발을 한 후 (어쩌면 현명하게) 아합이 여호사밧과 맺은 동맹을 갱신하려고 한다.[9] 유다의 왕은 그가 열왕기상 22:4에서 아합에게 반응했던 방식 그대로 행동한다. "내가 올라가리이다. 나는 당신과 같고 내 백성은 당신의 백성과 같고 내 말들도 당신의 말들과 같으니이다"(왕하 3:7). 흥미롭게도, 여호사밧은 본능적으로 어디로든 가기 전에 여호와의 뜻을 구하지 않고, 그는 군사 전략에 관한 한 더 젊은 상대역의 의견에 따른다. "우리가 어느 길로 올라가리이까?"(ESV는 이를 여호사밧의 질문으로 보는 반면 개역개정판은 여호람의 질문으로 본다-옮긴이 주).

여호람(개역개정에는 여호사밧- 옮긴이 주)의 대답은 누가 봐도 이상하게 보인다. "에돔 광야 길로니이다." 9절에서, 세 왕(유다의 속국인 에돔도 합류했다)이 광야로 행진한다(그들은 남쪽으로 가서 사해 아래쪽을 가로질러서 에돔을 향한다). 저자는 그들의 전술을 혹독하게 묘사한다. "그러나 그들이 길을 돌아 행군하는 이레 동안에, 군대와 함께 간 가축들이 마실 물이 바닥났다"(새번역). 이는 매우 바보 같은 짓이다. 상당한 규모의 군대에게 양식과 물을 제공하는 일을 고려하지 않은 채 메마른 광야를 통과하게 하는 것은 지극히 무책임한 전술이다.

여호람은 본질적으로 신학적인 문제를 갖고 있다. 우리가 앞장에서 보았듯이, 아합 왕이 통치할 때보다 상황이 더 나빠질 수 있다는 것은 믿기 어려웠는데, 적어도 아합은 어느 차원에서는 여호와께서 이스라엘의 전쟁

8 이 사건들의 배경에 대한 세부사항을 제공하는 듯한 모압 석비의 텍스트를 보려면 *ANET*, 320-321을 참고하라.

9 이 시점에 이르면 여호사밧이 그의 장인일 가능성이 있다.

에 개입하셔야 한다는 것을 알았기에 선지자들을 고용해서 그가 듣고 싶은 것을 말하도록 했다. 하지만 그의 아들은 그 정도의 영적 감수성조차 없다. 우리가 살펴보았듯이, 여호사밧은 스스로를 아합의 왕조에 묶어놓은 경건한 왕이다. 아마도 당시 유다는 이스라엘과 일종의 속국 관계였을 것으로 추정된다. 그래서 그는 이 작전이 어리석은 것임에도 불구하고 여호람을 지지할 의무가 있었을 것이다. 여호람은 그의 부대에 물을 공급하는 일을 고려하지 않은 채 군대를 광야로 행군하게 함으로써 군사 지도자로서 완전히 무능한 인물임을 보여준다. 군대가 곤경에 빠지자 그는 여호와를 탓함으로써 그의 신학적 색채를 보여준다.

자신의 끔찍한 과실에 대한 여호람의 반응은 자기 인식이 거의 없음을 보여주고, 이에 대한 책임을 진다거나 부대를 곤경에서 건져내기 위해 주도권을 쥔다는 조짐도 없다. 별안간 여호와를 비난의 대상으로 들먹이는 것을 보면 그의 반응이 자기 연민에 흠뻑 젖어있음을 알 수 있다. "슬프다! 여호와께서 이 세 왕을 불러 모아 모압의 손에 넘기려 하시는 도다."

3:11-20 약간 뒤늦은 느낌이 들지만, 여호사밧이 여호와가 언급되는 걸 듣고 그가 열왕기상 22:7에서 아합에게 제기한 질문을 던진다. "우리가 여호와께 물을 만한 여호와의 선지자가 여기 없느냐?"(왕하 3:11). 이번에는 굳이 한 선지자를 폭넓게 찾을 필요가 없다. 그의 신하들 중 하나가 "엘리야의 손에 물을 붓던 사밧의 아들 엘리사가 여기 있나이다"하고 밝혀서다. 엘리야가 어째서 그토록 가까이 있는지에 대한 설명은 없어도 그의 출현은 안성맞춤이다. 엘리사가 이 특정한 순간에 어떤 물도 붓지 않을 것이란 사실의 아이러니를 독자가 놓치면 안 된다.

여호사밧이 즉시 "여호와의 말씀이 그에게 있도다"하며 긍정적 반응을 보이는데, 이는 열왕기에서 선지자에 대한 궁극적 찬사이다. 이어지는 사건들은 저자의 심술궂은 유머로 채색되어 있다. "이스라엘 왕과 여호사밧과 에돔 왕이 그에게로 내려갔을"[10] 때 그 선지자는 그들과 어떤 관계라도 맺는 것을 굉장히 꺼려한다(참고. 삼하 16:10; 19:22). 이 대목에서 일어나는 일은 우리 하나님의 대단한 자비를 보여준다.

진짜 예언자를 알아볼 수 있는 능력이 있었던 여호람의 신하들은 엘리사가 밖에서 서성거리고 있다고 말한다. 엘리사는 그의 멘토인 엘리야처럼 매력적으로 말하며 "내가 당신과 무슨 상관이 있나이까? 당신의 부친의 선지자들과 당신의 모친의 선지자들에게로 가소서"라고 대꾸한다. 엘리사는 여호람에게, 여호와에 관한 한 진정한 왕은 다윗의 후손이란 것을 상기시켜준다. 여호람은 이 모든 것이 여호와가 행하시는 일(왕하 3:13)이란 주장을 다시 내세운다. 선지자는 그 말에 반응하기보다는 여호와께서 무슨 일을 하시든 그것은 다윗의 집안 출신인 (비교적) 경건한 왕 여호사밧 덕분이라고 한다. "내가 섬기는 만군의 여호와께서 살아 계심을 두고 맹세하노니 내가 만일 유다의 왕 여호사밧의 얼굴을 봄이 아니면 그 앞에서 당신을 향하지도 아니하고 보지도 아니하였으리이다." 이 말은 열왕기상 18:15에 나오는 엘리야의 말을 상기시킨다. 이는 이스라엘에 하나님의 역사(役事)로 인한 결과가 전혀 없는 것에 대한 일관된 견해에 기여하고 있다.

이런 엘리야와 엘리사 내러티브들에는 다른 곳에서 똑같은 사례를 찾을 수 없는 유별난 세부사항이 간간이 들어있다. 15절이 그런 성향을 이어간다. "'이제 내게로 거문고 탈 자를 불러오소서.' 거문고 타는 자가 거문고를 탈 때에 여호와의 손이 엘리사 위에 있더니." 사무엘상 10:5-6에는 음악과 예언이 연관되어 있지만, 어디에도 여기처럼 음악이 예언의 말과 직접 관련되어 있는 곳은 없다. 이 경우에 왜 엘리사가 그냥 말하지 않는지 그 이유에 대한 설명도 없다. 하지만 엘리사가 여호와로부터 오는 확정적 말씀을 전할 때 나타나는 최종 결과는 무척 낯익은 것이다. "여호와께서 이르시기를…이 골짜기에 물이 가득하여 너희와 너희 가축과 짐승이 마시리라 하셨나이다." 이 경우에는 부대와 짐승을 위한 기적적인 물 공급이 최종 결론이 아니다. 하나님은 이 개입의 목적을 강조하기 위해 다시 말씀하신

10 에돔이 이스라엘의 속국이란 사실에 대해서는 열왕기상 22:47을 보라.

다. 17절에서 이 물은 강우의 결과가 아니라고 명백히 말씀하신 후 18절에서 "이것은 여호와께서 보시기에 작은 일이라"고 분명히 밝히신다. 엘리사는 사실상 이런 말로 왕에게 권고한다. "당신은 이 공급이 얼마나 하찮은 일인지 알 필요가 있소. 하나님에 대한 당신의 견해가 너무나 빈약해서 이것을 대단한 일로 생각하고 있는 것이오!" 여호람은 왜 그토록 어설픈 마음을 품고 있을까? 그가 누구를 대하고 있는지에 대한 실마리가 없기 때문이다. 그 왕의 문제는 이스라엘의 하나님이 얼마나 큰 분인지를 모르고 있다는 것이다.

엘리사는 하나님이 이스라엘과 유다와 에돔 사람들이 목말라 죽는 것을 예방하는데 만족할 뿐 아니라 "모압 사람도 당신의 손에 넘기실" 것이라고 한다. 이후 그 동맹이 모압에서 '초토화' 정책을 수행할 수 있을 것이다. 모압은 사실상 여호와께 반역했기 때문에 그런 재난을 초래하는 것으로 추정된다.[11] 아니나 다를까, "아침이 되어 소제 드릴 때에 물이 에돔 쪽에서부터 흘러와 그 땅에 가득하였[다]". 예언이 성취된 시점("소제 드릴 때에")은 의도적으로 열왕기상 18장에 나오는 여호와의 개입을 상기시킨다. 엘리사와 엘리야의 하나님은 그의 백성을 방어하기 위해 오실 분으로, 신뢰하고 의지할 수 있는 분이다.

저자는 여호람이 이스라엘의 하나님, 만군의 여호와가 정말로 어떤 분인지 파악하지 못했다고 주장하는 중이다. 신학은 제자도를 이끄는 원동력인데, 여호람은 이 진리를 두고 전혀 감을 잡지 못하고 있다. 그리고 모압의 왕, 메사도 마찬가지라는 것이 판명된다.

3:21-27 물은 이스라엘 사람의 갈증을 풀어줄 뿐 아니라 그 전투의 결과도 좌우한다. 모압 사람들은 착각하게 된 후 섬멸된다. 21절에서 초점이 모압 진영으로 바뀌고 그들은 적군 동맹이 다가오고 있다는 것을 알고 공

11 이런 행동과 신명기 20장에 나오는 처방 사이에는 뚜렷한 대조점이 있다. 모압에 맞서는 싸움은 모압의 공격에 대한 반응이기 때문인 것으로 추정된다.

포에 질린다. "그래서 군복을 입을 만한 사람, 징집 연령이 된 사람은 모두 소집되어서, 위로 올라와, 국경에서 그 왕들과 대치하였다"(새번역). 모압 사람들이 전투를 준비하는 동안 이른 아침의 햇빛으로 인해 비극적인 실수를 범하고 만다. "아침에 모압 사람이 일찍이 일어나서 해가 물에 비치므로 맞은편 물이 붉어 피와 같음을 보고 이르되 '이는 피라 틀림없이 저 왕들이 싸워 서로 죽인 것이로다. 모압 사람들아 이제 노략하러 가자' 하고"(22-23절). 이는 둘과 둘을 합쳐 다섯을 만드는 것의 고전적 본보기다. 24절에서 신속한 역전극이 벌어진다. 모압 사람들이 "이스라엘 진에 이르니 이스라엘 사람이 일어나 모압 사람을 쳐서 그들 앞에서 도망하게 하고 그 지경에 들어가며 모압 사람을 치고." 엘리사의 예언이 "길하레셋의 돌들은 남기고 물매 꾼이 두루 다니며 칠" 때까지 문자 그대로 이뤄진다.

전투가 마지막 단계에 이를 때 메사가 모압의 주요 정착지 중 하나인 "길하레셋"(아마 오늘날의 요단에 있는 케라크)에서 포위를 당한다. 생존을 위한 최후의 발악으로 "그는 칼 찬 군사 칠백 명을 거느리고 돌파하여 지나서 에돔 왕에게로 가고자 하되 가지 못[했다]"(26절). 그가 그곳을 선택하는 것은 에돔 사람이 이 싸움에 덜 투자한 만큼 더 쉽게 그들을 돌파할 수 있을 것으로 생각했기 때문일 테고, 아니면 이것은 단순히 전투의 실상에 대한 회상일 수도 있다. 하지만 이 돌파 시도가 실패로 끝나자 메사는 더 극단적인 조치를 취한다. 27절은 성경에 나오는 아동 제사 중 몇 안 되는 사례 중 하나다. "이에 자기 왕위를 이어 왕이 될 맏아들을 데려와 성 위에서 번제를 드린지라." 모압 사람은 그모스 신을 숭배했고(이스라엘이 이 신을 숭배한 것에 대해서는 왕상 11:7을 보라), 이것은 최후의 순간에 그의 도움을 구하려는 절박한 시도이다. 그러나 그런 도움은 나타나지 않는다. 메사는 거짓 신들을 경배하는 자들의 전형이고 자기가 언제 패배하는지도 모른다. 그는 불가능한 일을 시도한 후 그 지역의 가증스러운 신, 그모스의 도움을 구하려고 절박하게 그의 아들을 동원해서 그런 짓을 하기로 결심한다.

마지막 구절의 첫 부분은 해석하기가 쉽지 않다. 하지만 번역하기는 쉽다. "이스라엘에게 크게 격노함이 임하매." 이 "격노"는 이스라엘이 집으로 돌아가는 결과를 낳는다. 문제는 본문이 누가 "격노"하는지 설명하지 않는다는 것이다. 생각해볼 수 있는 몇 가지 사안은 다음과 같다. (1) 모압 사람들, 그모스를 숭배해서 기분이 들뜬 후. (2) 그모스, 그러나 마치 아무도 알아채지 못한 채 우상들이 구약으로 슬며시 들어오는 것을 시인하는 듯해서 아예 불가능하다. (3) 이스라엘, 열왕기상 11:7과 이 맥락으로 볼 때 그럴 가능성은 거의 없다. 이스라엘은 예전에 그런 광경에 흥분해서 소동을 부린 적이 없었는데, 왜 이제와서 그렇게 하겠는가? 하나님의 백성이 이처럼 그의 분노를 공유한 전례도 없다. 이는 우리에게 마지막 선택사안을 남겨놓는다. (4) 여호와, 이것이 최선의 선택사항이다. "진노"란 단어는 대체로 "여호와의 진노"에 사용되는 표현이다(참고. 민 18:5; 신 28:27; 수 9:20; 22:20; 대하 19:2; 사 34:2; 렘 21:5; 슥 7:12). 그래서 이는 언어적으로 의미가 통하지만 메사가 그모스에게 제사를 바친 직후에 왜 여호와의 진노가 이스라엘에게 임하는지는 해결되지 않은 상태로 남는다.

가장 간단한 해결책은 모압 왕의 극단적이고 헛되며 비극적인 행동을 전쟁이 끝났다는 신호로 보는 것이다. 이스라엘이 이겼고 모압은 참패해서 정복당했다. 이 순간에(일단 하나님 백성의 생존이 더 이상 의심스럽지 않게 되었을 때) 우리는 미완의 과제로 되돌아간다. 하나님이 친절하게 개입하셨음에도 불구하고(어쨌든 그것은 유다의 여호사밧 덕분인 것으로 이미 들은 바 있다) 이스라엘과 그 왕(아합의 아들)이 여전히 심판 아래 놓여있다는 사실은 변함이 없다. 열왕기하 3:27의 어리석은 죽음 이후 정상적인 일이 재개된다. 아무튼 어설픈 마음을 품은 하나님 백성은 3장에서 좋지 않은 모습을 보인다.

응답

자녀들이 행하는 일 가운데 일부는 굉장히 위험하진 않아도 부모를 짜증나게 할 수 있기 때문에 심각하게 여길 필요가 있다. 그리고 완전히 다른 범주에 속하는 일이 있다. 그것은 일어나면(그리고 가끔 실제로 일어난다) 멈추고 생각만 하지 않고 즉시 행동을 취하게 하는 일이다. 그래서 필자의 딸들 중 하나가 십층 발코니 위에서 난간을 타고 올라가거나, 다리미의 코드를 잡아당기기 시작하거나, 아일랜드에 있는 집 근처의 바다가 언 날에 얼음 위로 걸어 나가는 모습을 필자가 목격했을 때는 '내적인 의문을 품는 과정'이나 '내면에서 윤리적 논쟁을 하는 등'의 시간을 필요로 하지 않는다. 필자는 당장 뛰어나가며 소리쳤고, 뛰어올라 붙잡았다. '왜냐하면 이런 경우는 삶과 죽음의 문제이기 때문이다.' 생명을 위협하는 상황을 직면할 때는 즉각적이고 파격적인 행동이 요구된다. 열왕기하 3장에서 여호람 왕과 그의 동시대인들은 그런 상황에서 벗어난 듯하다.

때로는 그와 비슷한 무기력함이 하나님 백성의 삶에 살금살금 다가가서 붙잡을 수 있다. 우리는 스스로에게 슬쩍 이렇게 말할 수 있다. "우리는 새 언약 아래 살고 있어. 우리는 그리스도 안에서 안전해. 아무것도 우리를 그리스도의 사랑에서 끊을 수 없어. 우리는 그분 안에 있어. 우리는 순종에 대해 공포를 느낄 필요가 없어. 예수님이 우리를 위해 다 이루셨잖아! 그저 먹고 마시며 즐거워하자. 내일은…" 전제는 정확해도 결론이 잘못되었다. 십계명이 일차적으로 이방인들을 넘어뜨리기 위해 그들에게 제시된 것이 아니었음을 기억할 필요가 있다. 이 계명들은 하나님이 그의 아름다운 삶을 보여주시며 우리로 그런 삶을 사는데 필요한 모든 것을 행하실 것임을 강조하기 위해 '하나님의 백성'에게 주어진 것이다. 회개에 합당한 열매를 맺으라는 구약의 거듭된 경고는 사실 신약의 경고이기도 하다는 것이 드러난다. 이 경고는 예수님, 요한, 베드로, 히브리서 저자 그리고 사도 바울의 입에서 나왔다.

> 불의한 자가 하나님의 나라를 유업으로 받지 못할 줄을 알지 못하느냐? 미혹을 받지 말라 음행하는 자나 우상숭배하는 자나 간음하는 자나 탐색하는 자나 남색하는 자나 도적이나 탐욕을 부리는 자나 술 취하는 자나 모욕하는 자나 속여 빼앗는 자들은 하나님의 나라를 유업으로 받지 못하리라(고전 6:9-10).

어설픈 마음은 우리가 경계해야 할 것이다. 여호람이 깨닫게 되었던 것처럼 매우 위험한 상태이기 때문이다.

우리는 죄의 차등제에 기초해 움직이려고 고집을 부리곤 한다. 이에 대해 굳이 생각할 필요조차 없다. 그저 자연스럽게 이런 생각이 떠오른다. "그렇다, 나는 이론적으로 죄인인 줄 안다. 그러나 과거의 나보다 훨씬 더 낫고, 내가 되었을 법한 나보다 훨씬 더 낫다. 그리고 나는 확실히 저 사람보다는 비교할 수 없을 만큼 더 낫다!" 우리가 그것을 알든 모르든, 우리 모두는 가장 안 좋은 순간에 나타나는 율법주의, 우리의 마음속 깊이 뿌리 박힌 율법주의를 갖고 있다. 예컨대, 하나님이 다른 누군가를 사용해 우리의 우상숭배, 불신, 불경건함을 폭로하실 때다. 우리가 어떤 행동을 하다가 들키거나 눈에 띄어 노출 될 때 어떻게 하는가? 우리는 무릎을 꿇고 회개하는가? 사랑하는 아버지가 우리의 삶에서 계속 일하시고 더 경건해질 기회를 주시기 때문에 감사하는가? 종종 우리는 부끄럽게도 우리가 어째서 (a) 다른 사람이 생각보다 더 나은지, (b) 과거의 우리보다 더 나은지 그리고 (c) 일반적인 대중보다 더 나은지 그 수많은 이유를 들먹이기 시작한다. 우리는 차등제로 움직이고, 이는 우리에게 어설픈 마음에 머무를 수 있도록 면허증을 준다.

복음은 우리에게 예수 그리스도와 그분의 영광을 위해 살고 고난 받고 죽을 이유를 제공한다. 처음부터 끝까지, 성경 신학의 흐름은 우리에게 하나님을 사랑하고 그분을 위해 사는 것이 우리가 여기에 존재하는 이유라고 소리친다. 만일 우리가 성경을 제대로 읽었고, 신학을 탐구했다면, 그것이 우리를 (해박할지언정) 초연한 입장으로 이끌어서는 안 된다. 오히려 복음을 위해 우리 인생을 살도록 해야 한다. 이것이 바로 여호람이 머물렀던 지점이다. 왕과 그 백성은 하나님의 진정한 본성을 파악하거나 그분께 대한 진정한 충성을 서약하는데 분명히 실패했다. 그리고 그것은, 우리가 살펴볼 것처럼, 삶과 죽음의 문제다. 또는 신약의 언어로 표현하자면, 복음은 정말로, 정말로 중요하다.

2 Kings

열왕기하

4:1-44

4장

1 선지자의 제자들의 아내 중의 한 여인이 엘리사에게 부르짖어 이르
되 당신의 종 나의 남편이 이미 죽었는데 당신의 종이 여호와를 경외
한 줄은 당신이 아시는 바니이다 이제 빚 준 사람이 와서 나의 두 아
이를 데려가 그의 종을 삼고자 하나이다 하니 2 엘리사가 그에게 이르
되 내가 너를 위하여 어떻게 하랴 네 집에 무엇이 있는지 내게 말하라
그가 이르되 계집종의 집에 기름 한 그릇 외에는 아무것도 없나이다
하니 3 이르되 너는 밖에 나가서 모든 이웃에게 그릇을 빌리라 빈 그
릇을 빌리되 조금 빌리지 말고 4 너는 네 두 아들과 함께 들어가서 문
을 닫고 그 모든 그릇에 기름을 부어서 차는 대로 옮겨 놓으라 하니라
5 여인이 물러가서 그의 두 아들과 함께 문을 닫은 후에 그들은 그릇
을 그에게로 가져오고 그는 부었더니 6 그릇에 다 찬지라 여인이 아들
에게 이르되 또 그릇을 내게로 가져오라 하니 아들이 이르되 다른 그
릇이 없나이다 하니 기름이 곧 그쳤더라 7 그 여인이 하나님의 사람에
게 나아가서 말하니 그가 이르되 너는 가서 기름을 팔아 빚을 갚고 남
은 것으로 너와 네 두 아들이 생활하라 하였더라

1 Now the wife of one of the sons of the prophets cried to Elisha, "Your

servant my husband is dead, and you know that your servant feared
the Lord, but the creditor has come to take my two children to be his
slaves." 2 And Elisha said to her, "What shall I do for you? Tell me;
what have you in the house?" And she said, "Your servant has nothing
in the house except a jar of oil." 3 Then he said, "Go outside, borrow
vessels from all your neighbors, empty vessels and not too few. 4 Then
go in and shut the door behind yourself and your sons and pour into all
these vessels. And when one is full, set it aside." 5 So she went from
him and shut the door behind herself and her sons. And as she poured
they brought the vessels to her. 6 When the vessels were full, she said
to her son, "Bring me another vessel." And he said to her, "There is not
another." Then the oil stopped flowing. 7 She came and told the man
of God, and he said, "Go, sell the oil and pay your debts, and you and
your sons can live on the rest."

8 하루는 엘리사가 수넴에 이르렀더니 거기에 한 귀한 여인이 그를 간
권하여 음식을 먹게 하였으므로 엘리사가 그곳을 지날 때마다 음식
을 먹으러 그리로 들어갔더라 9 여인이 그의 남편에게 이르되 항상 우
리를 지나가는 이 사람은 하나님의 거룩한 사람인 줄을 내가 아노니
10 청하건대 우리가 그를 위하여 작은 방을 담 위에 만들고 침상과 책
상과 의자와 촛대를 두사이다 그가 우리에게 이르면 거기에 머물리이
다 하였더라
8 One day Elisha went on to Shunem, where a wealthy woman lived,
who urged him to eat some food. So whenever he passed that way, he
would turn in there to eat food. 9 And she said to her husband, "Behold
now, I know that this is a holy man of God who is continually passing
our way. 10 Let us make a small room on the roof with walls and put

there for him a bed, a table, a chair, and a lamp, so that whenever he
comes to us, he can go in there."

11 하루는 엘리사가 거기에 이르러 그 방에 들어가 누웠더니 12 자기
사환 게하시에게 이르되 이 수넴 여인을 불러오라 하니 곧 여인을 부
르매 여인이 그 앞에 선지라 13 엘리사가 자기 사환에게 이르되 너는
그에게 이르라 네가 이같이 우리를 위하여 세심한 배려를 하는도다
내가 너를 위하여 무엇을 하랴 왕에게나 사령관에게 무슨 구할 것이
있느냐 하니 여인이 이르되 나는 내 백성 중에 거주하나이다 하니라
14 엘리사가 이르되 그러면 그를 위하여 무엇을 하여야 할까 하니 게
하시가 대답하되 참으로 이 여인은 아들이 없고 그 남편은 늙었나이
다 하니 15 이르되 다시 부르라 하여 부르매 여인이 문에 서니라 16 엘
리사가 이르되 한 해가 지나 이때쯤에 네가 아들을 안으리라 하니 여
인이 이르되 아니로소이다 내 주 하나님의 사람이여 당신의 계집종을
속이지 마옵소서 하니라 17 여인이 과연 잉태하여 한 해가 지나 이때
쯤에 엘리사가 여인에게 말한 대로 아들을 낳았더라
11 One day he came there, and he turned into the chamber and rested
there. 12 And he said to Gehazi his servant, "Call this Shunammite."
When he had called her, she stood before him. 13 And he said to him,
"Say now to her, 'See, you have taken all this trouble for us; what is
to be done for you? Would you have a word spoken on your behalf to
the king or to the commander of the army?'" She answered, "I dwell
among my own people." 14 And he said, "What then is to be done for
her?" Gehazi answered, "Well, she has no son, and her husband is old."
15 He said, "Call her." And when he had called her, she stood in the
doorway. 16 And he said, "At this season, about this time next year, you
shall embrace a son." And she said, "No, my lord, O man of God; do

not lie to your servant." 17 But the woman conceived, and she bore a
son about that time the following spring, as Elisha had said to her.

18 그 아이가 자라매 하루는 추수꾼들에게 나가서 그의 아버지에게
이르렀더니 19 그의 아버지에게 이르되 내 머리야 내 머리야 하는지
라 그의 아버지가 사환에게 말하여 그의 어머니에게로 데려가라 하매
20 곧 어머니에게로 데려갔더니 낮까지 어머니의 무릎에 앉아 있다가
죽은지라 21 그의 어머니가 올라가서 아들을 하나님의 사람의 침상 위
에 두고 문을 닫고 나와 22 그 남편을 불러 이르되 청하건대 사환 한
명과 나귀 한 마리를 내게로 보내소서 내가 하나님의 사람에게 달려
갔다가 돌아오리이다 하니 23 그 남편이 이르되 초하루도 아니요 안
식일도 아니거늘 그대가 오늘 어찌하여 그에게 나아가고자 하느냐 하
는지라 여인이 이르되 평안을 비나이다 하니라 24 이에 나귀에 안장을
지우고 자기 사환에게 이르되 몰고 가라 내가 말하지 아니하거든 나
를 위하여 달려가기를 멈추지 말라 하고 25 드디어 갈멜산으로 가서
하나님의 사람에게로 나아가니라

18 When the child had grown, he went out one day to his father among
the reapers. 19 And he said to his father, "Oh, my head, my head!" The
father said to his servant, "Carry him to his mother." 20 And when he
had lifted him and brought him to his mother, the child sat on her lap
till noon, and then he died. 21 And she went up and laid him on the
bed of the man of God and shut the door behind him and went out.
22 Then she called to her husband and said, "Send me one of the
servants and one of the donkeys, that I may quickly go to the man of
God and come back again." 23 And he said, "Why will you go to him
today? It is neither new moon nor Sabbath." She said, "All is well."
24 Then she saddled the donkey, and she said to her servant, "Urge the

animal on; do not slacken the pace for me unless I tell you." 25 So she
set out and came to the man of God at Mount Carmel.

하나님의 사람이 멀리서 그를 보고 자기 사환 게하시에게 이르되 저
기 수넴 여인이 있도다 26 너는 달려가서 그를 맞아 이르기를 너는 평
안하냐 네 남편이 평안하냐 아이가 평안하냐 하라 하였더니 여인이
대답하되 평안하다 하고 27 산에 이르러 하나님의 사람에게 나아가서
그 발을 안은지라 게하시가 가까이 와서 그를 물리치고자 하매 하나
님의 사람이 이르되 가만 두라 그의 영혼이 괴로워하지마는 여호와께
서 내게 숨기시고 이르지 아니하셨도다 하니라 28 여인이 이르되 내가
내 주께 아들을 구하더이까 나를 속이지 말라고 내가 말하지 아니하
더이까 하니 29 엘리사가 게하시에게 이르되 네 허리를 묶고 내 지팡
이를 손에 들고 가라 사람을 만나거든 인사하지 말며 사람이 네게 인
사할지라도 대답하지 말고 내 지팡이를 그 아이 얼굴에 놓으라 하는
지라 30 아이의 어머니가 이르되 여호와께서 살아 계심과 당신의 영
혼이 살아 계심을 두고 맹세하노니 내가 당신을 떠나지 아니하리이다
엘리사가 이에 일어나 여인을 따라가니라 31 게하시가 그들보다 앞서
가서 지팡이를 그 아이의 얼굴에 놓았으나 소리도 없고 듣지도 아니
하는지라 돌아와서 엘리사를 맞아 그에게 말하여 아이가 깨지 아니하
였나이다 하니라

When the man of God saw her coming, he said to Gehazi his servant,
"Look, there is the Shunammite. 26 Run at once to meet her and say to
her, 'Is all well with you? Is all well with your husband? Is all well with
the child?'" And she answered, "All is well." 27 And when she came
to the mountain to the man of God, she caught hold of his feet. And
Gehazi came to push her away. But the man of God said, "Leave her
alone, for she is in bitter distress, and the Lord has hidden it from me

and has not told me." 28 Then she said, "Did I ask my lord for a son?
Did I not say, 'Do not deceive me?'" 29 He said to Gehazi, "Tie up your
garment and take my staff in your hand and go. If you meet anyone, do
not greet him, and if anyone greets you, do not reply. And lay my staff
on the face of the child." 30 Then the mother of the child said, "As the
Lord lives and as you yourself live, I will not leave you." So he arose
and followed her. 31 Gehazi went on ahead and laid the staff on the
face of the child, but there was no sound or sign of life. Therefore he
returned to meet him and told him, "The child has not awakened."

32 엘리사가 집에 들어가 보니 아이가 죽었는데 자기의 침상에 눕혔
는지라 33 들어가서는 문을 닫으니 두 사람 뿐이라 엘리사가 여호와
께 기도하고 34 아이 위에 올라 엎드려 자기 입을 그의 입에, 자기 눈
을 그의 눈에, 자기 손을 그의 손에 대고 그의 몸에 엎드리니 아이의
살이 차차 따뜻하더라 35 엘리사가 내려서 집 안에서 한 번 이리 저리
다니고 다시 아이 위에 올라 엎드리니 아이가 일곱 번 재채기 하고 눈
을 뜨는지라 36 엘리사가 게하시를 불러 저 수넴 여인을 불러오라 하
니 곧 부르매 여인이 들어가니 엘리사가 이르되 네 아들을 데리고 가
라 하니라 37 여인이 들어가서 엘리사의 발 앞에서 땅에 엎드려 절하
고 아들을 안고 나가니라

32 When Elisha came into the house, he saw the child lying dead on
his bed. 33 So he went in and shut the door behind the two of them and
prayed to the Lord. 34 Then he went up and lay on the child, putting his
mouth on his mouth, his eyes on his eyes, and his hands on his hands.
And as he stretched himself upon him, the flesh of the child became
warm. 35 Then he got up again and walked once back and forth in the
house, and went up and stretched himself upon him. The child sneezed

seven times, and the child opened his eyes. 36 Then he summoned
Gehazi and said, "Call this Shunammite." So he called her. And when
she came to him, he said, "Pick up your son." 37 She came and fell at
his feet, bowing to the ground. Then she picked up her son and went
out.

4장

38 엘리사가 다시 길갈에 이르니 그 땅에 흉년이 들었는데 선지자의
제자들이 엘리사의 앞에 앉은지라 엘리사가 자기 사환에게 이르되 큰
솥을 걸고 선지자의 제자들을 위하여 국을 끓이라 하매 39 한 사람이
채소를 캐러 들에 나가 들포도덩굴을 만나 그것에서 들호박을 따서
옷자락에 채워가지고 돌아와 썰어 국 끓이는 솥에 넣되 그들은 무엇
인지 알지 못한지라 40 이에 퍼다가 무리에게 주어 먹게 하였더니 무
리가 국을 먹다가 그들이 외쳐 이르되 하나님의 사람이여 솥에 죽음
의 독이 있나이다 하고 능히 먹지 못하는지라 41 엘리사가 이르되 그
러면 가루를 가져오라 하여 솥에 던지고 이르되 퍼다가 무리에게 주
어 먹게 하라 하매 이에 솥 가운데 독이 없어지니라

38 And Elisha came again to Gilgal when there was a famine in the
land. And as the sons of the prophets were sitting before him, he said
to his servant, "Set on the large pot, and boil stew for the sons of the
prophets." 39 One of them went out into the field to gather herbs, and
found a wild vine and gathered from it his lap full of wild gourds, and
came and cut them up into the pot of stew, not knowing what they
were. 40 And they poured out some for the men to eat. But while they
were eating of the stew, they cried out, "O man of God, there is death in
the pot!" And they could not eat it. 41 He said, "Then bring flour." And
he threw it into the pot and said, "Pour some out for the men, that they
may eat." And there was no harm in the pot.

42 한 사람이 바알 살리사에서부터 와서 처음 만든 떡 곧 보리떡 이십
개와 또 자루에 담은 채소를 하나님의 사람에게 드린지라 그가 이르
되 무리에게 주어 먹게 하라 43 그 사환이 이르되 내가 어찌 이것을 백
명에게 주겠나이까 하나 엘리사는 또 이르되 무리에게 주어 먹게 하
라 여호와의 말씀이 그들이 먹고 남으리라 하셨느니라 44 그가 그들
앞에 주었더니 여호와께서 말씀하신 대로 먹고 남았더라

42 A man came from Baal-shalishah, bringing the man of God bread
of the firstfruits, twenty loaves of barley and fresh ears of grain in his
sack. And Elisha said, "Give to the men, that they may eat." 43 But
his servant said, "How can I set this before a hundred men?" So he
repeated, "Give them to the men, that they may eat, for thus says the
Lord, 'They shall eat and have some left.'" 44 So he set it before them.
And they ate and had some left, according to the word of the Lord.

단락 개관

재연의 장면들과 생명을 주시는 하나님

열왕기하 4장은 하나님이 선지자 엘리사를 통해 행하신 유별나고 놀라운 사역을 길게 상술하고 있다. 하나님의 백성이 시골에서 영위하는 삶은 왕궁에서의 삶보다 더 나을 것이 없다. 그들 역시 언약의 저주가 임한 현실을 맛보는 중이다. 양식에 대한 필연적 욕구는 말할 것도 없고 빚, 죽음 그리고 설사병을 겪고 있다. 그러나 각 상황에 처할 때마다 여호와는 안도와 기쁨과 생명을 뜻밖에, 엄청나게 그리고 지나치다고 생각이 들 정도로 풍성하게 선사하는 분이다. 여호와는 생명을 주시는 유일한 분이다.

이 내러티브는 선지자의 제자들, 곧 엘리사의 사역 내내 그를 지원하는 그룹원의 아내 중 하나와 함께 시작된다. 이 여자의 남편이 죽는 바람에 그녀는 자녀들을 잃을 지경에 처할 만큼 곤궁해지고 가족의 생존마저 위협을 받게 된다. 엘리사는 멀리서 기적을 행하는데, 이는 열왕기상 17장의 사건들과 여러 접촉점을 공유한다. 여호와께서는 선지자를 통해 기름을 생산하셨고 엄청난 양이 팔려서 빚을 갚을 뿐만 아니라 여자가 가족을 부양할 수 있게 하셨다.

열왕기하 4:8에서는 초점이 수넴 성읍 출신의 부유한 여자에게로 옮겨간다. 그녀는 엘리사가 그 지역에 있을 때 사용할 수 있도록 집 지붕위에 방을 마련하여 사역을 지원했다. 엘리사는 그녀에게 감사할 수 있는 길이 있는지 물어본다. 그때 게하시는 그녀에게 자녀가 없다고 엘리사에게 말해주었고, 엘리사는 일 년 내에 그녀가 자녀를 낳을 것이라고 알려주어 그녀를 당황하게 만든다. 그리고 실제로 그렇게 된다(17절).

이번 장의 다음 단락은 상당히 주목할 만하다. 그 자녀가 두통을 앓다가 갑자기 죽는다. 이 부유한 여자는 남편에게 알리지 않고 죽은 아들을 엘리사의 침대에 둔 채 그를 찾으러 나간다. 엘리사는 먼저 게하시를 보내 그의 지팡이를 소년 위에 놓으라고 하지만 여자가 엘리사가 없이는 떠나지 않으려하자 수넴까지 그녀와 동행했다. 지팡이를 올려두어도 효과가 없자 엘리사는 문을 닫은 후 엘리야가 열왕기상 17장에서 행한 것처럼 그 아이 위에 엎드렸고, 생명이 다시 소년에게 돌아왔다. 소년이 여러 번 재채기를 한 후 그 어머니에게 안겨 나가는데, 여자는 매우 고맙게 여기면서도 말 한 마디 없이 떠난다!

이번 장은 엘리사의 두 번의 기적들이 더해져서 완성된다. 하나는 엘리사가 국을 정화시켜 그의 추종자들을 심한 위장 장애에서 구해주는 기적이고, 다른 하나는 소량의 떡으로 백 명을 먹이는 기적이며, 이 모두는 물론 여호와의 말씀의 능력으로 이뤄진다.

단락 개요

III. 하나님의 말씀과 하나님의 선지자(엘리야와 엘리사, 왕상 17:1-왕하 12:21)

J. 엘리사, 선지자의 과부, 수넴 여자, 치명적인 국(4:1-44)

1. 엘리사와 과부의 기름(4:1-7)
2. 엘리사와 수넴 여자 - 1부: 한 아들이 태어나다(4:8-17)
3. 엘리사와 수넴 여자 - 2부: 한 아들이 죽었다가 살아나다(4:18-37)
4. 엘리사와 치명적인 국(4:38-41)
5. 엘리사와 백 명을 먹이는 기적(4:42-44)

주석

4:1-44 개요

이번 장은 네 가지 사건들(네 가지 기적들)로 이뤄져 있고, 표면적으로는 의미 있어 보이는 요점을 찾기 힘들다. 첫째, 이름이 밝혀지지 않은 과부가 빚에서 해방되고 아무 일도 일어나지 않는다. 이후 이름이 밝혀지지 않은 부유한 여자가 아들을 얻고, 잃고, 다시 얻는데, 이는 어떤 주제로 이어지지 않는 것 같다. 이후 4:38-41에는 "능력의 가루" 사건이 나오고, 그 다음에 난데없이 나타나는 떡으로 이번 장이 마무리되는데, 이 역시 분명한 목적이 없는 듯하다. 이 다양한 기적들의 역할은 명확히 보이지 않는다.

그런데 이런 기적들이 열왕기하 3장 직후에 나온다는 것이 의미심장하다. 그 장은 이스라엘이 아합과 그의 우상숭배적인 왕조를 왕좌로 모신 결과를 매우 신중하게 제시했다. 그것은 거시적 차원에서 좋은 것으로 판명되지 않는다. 국가가 후원하는 우상숭배, 멍청한 전쟁들, 여호와께 말로만 경의를 표하는 모습, 심지어 여호와의 진노까지 나온다. '그런데 미시적 차원에서는 어떤가?' 평범한 마을에서 영위되는 일상생활은 어떤가? 우리가 이제 알아볼 예정이다.

4:1-2 "선지자의 제자들"이 엘리야-엘리사 내러티브에서 여러 번 나오지만 어디서도 그들이 누구인지 또는 그들이 무슨 일을 하는지가 설명되어 있지 않다. 이 경우에는 사망한 그룹 멤버의 "아내"가 엘리사에게 호소한다는 사실은 엘리사와 밀접한 관계가 있음을 암시한다. 그녀가 엘리사에게 이렇게 말한다. "당신의 종 나의 남편이 이미 죽었는데 당신의 종이 여호와를 경외한 줄은 당신이 아시는 바니이다. 이제 빚 준 사람이 와서 나의 두 아이를 데려가 그의 종을 삼고자 하나이다"(1절). 이런 일이 일어날 수 있다는 것은 하나님 백성의 삶이 모세오경의 율법의 이상과 비교하면 상당히 퇴보했다는 사실을 보여준다. 예컨대, 신명기 15장에서 모세는 빚을 지는 공동체 구성원들을 위해 폭넓은 안전장치들을 제공했고, 과부는 다른 취약한 사람들과 함께 공동체의 중심부에서 양식을 공급받았다.[12]

남편이 엘리사의 제자들 중 하나였던 무명의 여인은 이제 여호람이 다스리는 이스라엘의 잔인한 현실을 직면하고 있다. 당시는 모세가 제공한 안전장치들이 폐기되어서 그녀의 아들들이 곧 부채 노예로 끌려갈 지경이다. 그녀는 빈곤의 함정에서 벗어날 길이 없을 것이다. '그러나 하나님께는 이것이 작은 일일 뿐이다.' 엘리사의 질문은 이례적으로 친절하고 수용적이다. 열왕기상 17장에서 과부와 관련된 기적을 일으킨 엘리야를 반영하듯, 엘리사가 "내가 너를 위하여 어떻게 하랴? 네 집에 무엇이 있는지 내게 말하라"고 묻는다.[13] 이 선지자는 분명히 그녀를 위한 어떤 대책을 염두

12 신 24:19-21; 25:5-10; 느 5:4-5; 사 50:1도 보라.

13 엘리사의 말투가 약간 더 따뜻하지만 열왕기하 2:9에 나오는 엘리야의 말도 보라.

에 두고 있다. 여자의 답변과 함께 열왕기상 17장에 나오는 엘리야와의 연결고리가 맺어지고 기적을 위한 무대가 마련된다. "계집종의 집에 기름 한 그릇 외에는 아무것도 없나이다."

4:3-7 엘리사가 과부에게 "너는 밖에 나가서 모든 이웃에게 그릇을 빌리라 빈 그릇을 빌리되 조금 빌리지 말라"고 지시하는 것은 앞으로 굉장한 일이 이뤄질 것임을 강조한다. 이는 하나님이 여전히 일하고 계실 뿐 아니라 그분의 활동을 확장시키는 것이면 무엇이든 행하신다는 것을 보여준다. 여호와께서 행하실 이 기적은 공표하기 위해서가 아니라 오직 과부와 그 가족의 유익을 위한 것이라서 그녀가 기름을 붓기 시작하기 전에 "네 두 아들과 함께 들어가서 문을 닫으라"는 지시를 받는 것이다. 그래서 엘리사가 그녀에게 최대한의 그릇을 빌리고(이는 사람들의 수다거리가 되었을 것이다) 문을 닫으라고 일러주었는데, 아무도 모르게 그녀의 부채 문제가 순식간에, 영구적으로 해결된다. 마지막 그릇이 채워질 때까지 저자가 우리를 그 방 내부로 데려감에 따라 6절에 나오는 세부사항은 바로 옆에 있는 느낌을 준다. "그릇에 다 찬지라 여인이 아들에게 이르되 또 그릇을 내게로 가져오라 하니." 그리고 아들이 어머니에게 "'다른 그릇이 없나이다' 하니 기름이 곧 그쳤[다]". 공급량은 과부가 기름을 저장할 수 있는 능력과 정확히 일치한다.

그녀가 이를 엘리사에게 보고하자 그는 "너는 가서 기름을 팔아 빚을 갚고 남은 것으로 너와 네 두 아들이 생활하라"고 지시한다. 그리고 이후에 무슨 일이 발생하는가? 아무 일도 일어나지 않는다! 이것은 적어도 표면적으로는 한 개인을 위한 식량 공급을 제외하면 무의미한 듯 보이는 일련의 기적들 중 첫째 경우다. 이 여자와 그 아들들이 다윗 혈통의 일부가 되는 것은 고사하고 다윗 혈통을 구출하는 일로도 끝나지 않는다. 이 기적은 이스라엘에서 부흥을 일으키는 단초가 되지도 않는다. 그런데도 '여호와께서 한 신실한 이스라엘 여자와 그 아들들을 위해 개입하고 계신다.' 왜 그럴까? 그분이 신실하시기 때문이다! 이스라엘의 하나님은 그의 백성을 돌보기 위해 일하시되 그들이 그 나라의 역사에서 이름 없는 사람들일지라도 그렇게 하신다. 믿음으로 그 선지자를 찾아내는 과부는 이 내러티브에서 이 왕조의 아버지인 오므리보다 더 많은 지면을 차지하고 있다. 어둠이 이스라엘에 몰려오는 중에도, 언약의 저주들이 펼쳐지는 중에도, 하나님이 우리에게 그의 신실한 남은 자를 위해 행동하시는 엄청난 은혜를 보여주시기 위해서다.

4:8-10 이 본문은 초점을 곤궁한 과부에서 수넴에 사는 부유하되 자녀가 없는 여자로 바꾼다. 여호와께서 주목하시는 것은 보잘것없고 가난한 사람만이 아니다. 수넴은 길갈에서 갈멜산으로 가는 길목에 있는, 이스르엘에서 북쪽 6킬로미터 지점에 있는 마을이다. 엘리사가 그 여자(그리고 이 내러티브에서 대체로 배후에 머물러있는 남편)와 인연을 맺은 것은 그곳을 지나가다가 그녀로부터 대접을 받은 일이다("그를 강권하여 음식을 먹게 하였으므로"). 이 첫 방문을 계기로 그 여자가 남편에게 이렇게 말한다. "항상 우리를 지나가는 이 사람은 하나님의 거룩한 사람인 줄을 내가 아노니." 이 익명의 은인은 무명의 과부처럼 엘리사를 "하나님의 거룩한 사람"으로 부른다. 이처럼 선지자를 알아보는 모습은 사렙다의 과부(왕상 17:24)와 비슷하고, 그녀는 아들을 잃는 충격적인 경험도 후자와 공유한다.

이 호칭("하나님의 거룩한 사람")은 흔한 성경적 표현이 아니라도 엘리사에게 29번이나 사용되고 있다. 이번 장에서 그것은 '진정한 믿음이 죽지 않았다'는 사실을 상기시켜준다. 이 커플은 여호와 신앙의 신학적 조건에 딱 맞는 사람들이 아닐지 몰라도, 그들은 여호와께 붙어있으면서 그들이 정상 궤도를 유지하도록 도울 그의 종들을 보내주실 것을 바라보는 사람들이 여전히 존재한다는 증거이다. 이 때문에 여자가 엘리사를 위해 숙소를 마련하는 것이다. 이때 상당한 세부사항이 눈에 띈다. "우리가 그를 위하여 작은 방을 담 위에 만들고 침상과 책상과 의자와 촛대를 두사이다. 그가 우리에게 이르면 거기에 머물리이다"(10절). 이는 선지자를 돌보는 놀라운 정성과 그와의 가까운 관계에 대해 말해준다.

4:11-17 마침내 엘리사가 이 관대한 배려를 활용하기 시작한다. 엘리사의 종인 게하시가 이 내러티브에 처음 등장한다. 엘리사의 관심사는 4:2에 나오는 과부의 경우와 같이 그녀의 형편을 돕는 것인데, 이번에는 감사의 표시로 그렇게 하는 것이다. “네가 이같이 우리를 위하여 세심한 배려를 하는 도다. 내가 너를 위하여 무엇을 하랴?” 엘리사의 다음 제안은 고개를 갸우뚱거리게 만든다. “왕에게나 사령관에게 무슨 구할 것이 있느냐?” 이 여자와 그 남편이 어째서 이런 역할, 특히 “군사령관”과 엘리사의 중재자 역할을 할 수 있는지 알 수는 없다. 아울러 엘리사가 그런 영역에서 어떤 영향력이 있는지도 마찬가지다. 엘리사의 제안은 무명의 과부에게 보인 반응과 현격한 대조를 이룬다. 그 여자의 답변을 보면 어리둥절함을 드러내는 듯하다. “저는 저의 백성과 한데 어울려 잘 지내고 있습니다”(13절, 새번역). 이 부유한 여인은 공동체에서 존경을 받으며 잘 자리 잡고 있는 듯이 보인다. 14절의 의문이 엘리사의 딜레마를 요약해준다. “그러면 그를 위하여 무엇을 해야 할까?”

이 순간 게하시가 훨씬 큰 이슈이자 쉽게 해결할 수 없는 문제를 제기한다. “참으로 이 여인은 아들이 없고 그 남편은 늙었나이다.” 갑작스럽게 엘리사가 행동을 취한다. “[그가] 이르되 ‘다시 부르라’ 하여 부르매 여인이 문에 서니라.” 저자가 흔히 그러듯이, 그는 긴장을 고조시키기 위해 중요한 순간에 행동의 속도를 줄인다. 여자는 엘리사에게 가까이 오려 하지 않고 선지자의 공간을 존중함으로써 예의를 지킨다. 그녀는 다음에 일어날 일을 전혀 예측할 수 없었다. “한 해가 지나 이때쯤에 네가 아들을 안으리라”는 엘리사의 말이다. 엘리사의 사역이 그의 멘토의 사역을 능가하고 있다는 느낌이 든다.

여자의 반응은 충분히 이해할 만하다. “내 주 하나님의 사람이여 당신의 계집종을 속이지 마옵소서.” 그 예언이 성취된 것은 간결하게 묘사되고 그 중간에 일어난 일은 모두 생략되었다. “여인이 과연 잉태하여 한 해가 지나 이때쯤에 엘리사가 여인에게 말한 대로 아들을 낳았더라.” 여기에 여호와의 말씀보다 엘리사의 말이 두드러지게 나오는 것은 주목할 만하지만,

우리가 엘리야 내러티브들의 시작(참고. 왕상 17:1)부터 살펴보았듯이 그 선지자의 말과 여호와의 말씀은 사실상 서로 대체 가능한 관계다.

구약에는 불임 여성이 임신하게 되는 이야기가 적지 않아도 이 경우는 조금 다르다. 우리는 그녀의 이름도, 그녀의 배경 이야기도 모른다. 그녀가 아들을 요청하기는 고사하고 아들을 원하는지조차 모르고 있다. 이야기가 갈수록 더 이상해지고 있다….

4:18-20 열왕기상 17장과의 미묘한 문학적 연결성으로 인해 우리는 다음에 나오는 충격에 대비하게 된다. 이 내러티브가 "그 아이가 자랐을 때"와 그가 들판에 있는 아버지를 방문하는 날로 훌쩍 건너 뛴다. 별안간 아이가 "내 머리야, 내 머리야!"하고 외친다. 그는 "낮까지 어머니의 무릎에 앉아 있다가 죽고" 만다. 이 기사의 간결함은 직설적인 비극과 이 '기적의 자녀'를 잃는 혼란스러움을 강조하고 있다.

4:21-24 그런데 21절에 나오는 어머니의 행동은 더욱 예상치 못한 것이다. "그의 어머니가 올라가서 아들을 하나님의 사람의 침상 위에 두고 문을 닫고 나와." 이는 분명히 사별에 대한 정상적인 반응이 아니다. 이 비극은 그녀가 남편에게 방금 일어난 일을 알리지 않고 그에게 "사환 한 명과 나귀 한 마리를 내게로 보내소서 내가 하나님의 사람에게 달려갔다가 돌아오리이다"하고 요청한다는 사실로 인해 악화된다. 그녀의 남편은 무슨 일이 벌어지고 있는지 전혀 알아채지 못하는 듯하다. 그는 아들에 대해 묻거나(아들이 자고 있으니 병이 낫고 있다고 생각하는 듯하다) 감정이 고조된 아내의 행동이 합리적인지를 묻지 않고 그냥 오늘은 "초하루도 아니요 안식일도 아니거늘" 왜 엘리사에게 가야 하는지 물을 뿐이다. 이 자체도 이상해 보인다. 이 내러티브에서 여태껏 선지자를 방문하는 때가 종교적 절기와 일치한다는 것을 시사한 적이 없다. 이는 어쩌면 남편이 이해하지 못한 결과일 수도 있다.[14] "걱정하지 말라"(새번역)는 그녀의 대답은 매우 오도하는 말이다. 그녀가 긴급하게 "나귀에 안장을 지우고" 자기 사환에게 "몰고 가라

내가 말하지 아니하거든 나를 위하여 달려가기를 멈추지 말라"고 재촉하는 것을 보면 구체적인 행동 방침을 염두에 두고 있음을 알 수 있다. 여자는 엘리사가 자신이 처한 상황을 해결할 능력이 있다고 믿는 것이 분명하다.

4:25-30 엘리사는 분명히 "갈멜산"에서 지내고 있어서 여호와가 개입하실 것이란 독자의 기대치를 더욱 높여준다. 그녀의 등장이 선지자에게 염려를 안겨주었고, 선지자는 게하시를 보내 그녀에게 "너는 평안하냐? 네 남편이 평안하냐? 아이가 평안하냐?"라고 묻게 한다. 이는 신의 영감을 받은 예지이기보다 자연스럽고 인간적인 염려인 것으로 보인다. 놀랍게도 그 여자는 게하시에게 "평안하다"고 대답한다. 그녀는 이 문제에 대해 엘리사가 아닌 다른 누구와도 얘기하길 원치 않는 듯하다. 그녀가 마침내 "산에 이르러 하나님의 사람에게 나아가서 그 발을 안[는다]"(27절). '그' 산에 강조점을 둔 것은 (열왕기상 18장에서 그랬듯이) 무언가 굉장한 일이 곧 일어날 것이란 암시를 준다. 게하시가 그의 스승을 구하려고 개입하려 하지만, 엘리사는 무언가 이상한 일이 일어나고 있음을 알고 그의 종에게 "가만 두라 그의 영혼이 괴로워하지마는 여호와께서 내게 숨기시고 이르지 아니하셨도다"라고 일러준다. 엘리사는 하나님이 그 상황에서 일하고 계시다는 것을 분별한다.

이 시점에 사별한 여인이 마침내 아들을 잃은 것에 대해 말한다(왕하 4:28). "내가 내 주께 아들을 구하더이까? 나를 속이지 말라고 내가 말하지 아니하더이까?" 4:11-17에 나오는 기사를 감안하면, 그 여인은 엘리사가 납득하는 듯한 논지를 갖고 있다. 엘리사의 첫 번째 반응은 게하시에게 이렇게 지시하는 것이다. "네 허리를 묶고 내 지팡이를 손에 들고 가라. 사람을 만나거든 인사하지 말며 사람이 네게 인사할지라도 대답하지 말고 내

14 남편의 무관심과 무위(無爲)는 그가 여호와를 예배하는 사람이 아니기 때문일 수 있고, 그런즉 아내가 선지자를 후원하도록 기꺼이 그냥 놔두는 가운데 엘리사에게 완전히 무관심한 것이다. 엘리사와 그의 그룹이 안식일마다 그리고 월삭(매월 초하루)과 같은 다른 안식의 날에 정기적인 가르침을 베풀었을 가능성도 있다.

지팡이를 그 아이 얼굴에 놓으라." 엘리사가 그의 지팡이를 아이의 얼굴 위에 놓으면 효과가 있을 것으로 생각하는 이유를 헤아리긴 어렵지만 그는 멀리서 일하는 것을 선호하는 듯하다(참고. 3-7절). 수넴 여자는 이 해결책에 만족하지 못하고 "여호와께서 살아계심과 당신의 영혼이 살아계심을 두고 맹세하노니 내가 당신을 떠나지 아니하리이다"하고 맹세한다. 엘리사가 그녀의 요청을 받아들이고 둘은 게하시를 뒤좇아서 길을 떠난다.

4:31-37 게하시가 도착해서 그의 지시에 따라 지팡이를 아이의 얼굴에 올려놓았으나 "아무런 소리도 없었고, 아무런 기척도 없었다"[15](새번역). 엘리사는 도착하자마자 가혹한 현실과 마주친다. "집에 들어가 보니 아이가 죽었는데 자기의 침상에 눕혔는지라"(32절). 이 시점에서 엘리사는 열왕기상 17:20-22에 나오는 엘리야의 전략과 대체로 비슷한 전략을 사용한다. 이 기사는 엘리야 사건보다 더 상세한 편이다. 열왕기하 4:33-34에 따르면, 엘리사가 "들어가서는 문을 닫으니 두 사람 뿐이라 엘리사가 여호와께 기도하고 아이 위에 올라 엎드려 자기 입을 그의 입에, 자기 눈을 그의 눈에, 자기 손을 그의 손에" 댄다. 엘리야의 경우처럼, 이런 단계들에 대한 설명은 전혀 없고, 초점은 오로지 그 결과에 맞춰진다. "그의 몸에 엎드리니 아이의 살이 차차 따뜻하더라."

이어서 엘리사는 잠시 중단한 채 "집 안에서 한 번 이리 저리 다닌" 후 다시 아이 위에 엎드린다. 이번에는 극적인 결과를 낳는다. "아이가 일곱 번 재채기 하고 눈을 뜨는지라." 엘리사가 그 여인을 데려오도록 게하시를 보낼 필요가 있는 것을 보면 그녀가 어디론가 간 것이 분명한데, 그곳이 어딘지는 불분명하다. 하지만 "여인이 들어가니 엘리사가 이르되 '네 아들을 데리고 가라'[16] 하니라." 그 여자의 반응은 2:15에 나오는 선지자의 제자

15 열왕기상 18:29에서 바알의 반응이 없는 것과 똑같다.

16 열왕기상 17장에서 엘리야가 아이를 안고 가는 모습과 다르다.

들의 반응과 비슷하다. "여인이 들어가서 엘리사의 발 앞에서 땅에 엎드려 절하고." 엘리사는 분명히 새로운 엘리야다. 이 깜짝 놀랄 이야기는 너무나 평범한 글로 아름답게 끝난다. "[그녀가] 아들을 안고 나가니라."

이 이야기의 거의 모든 세부사항들을 살펴보면 다소 기이하게 보인다. 기적의 아들이 심한 두통을 앓은 후 죽고, 여자는 이 비극을 엘리사가 해결할 수 있는 문제로 분명하게 보았으며, 아들의 시신을 엘리사의 숙소에 있는 침대에 둔다. 그리고 하나님의 사람을 찾으려고 떠난다(4:22). 여자가 선지자를 찾으려고 두루 다니는 것(23절)도 약간 어색하지만, 그녀가 남편에게 아들이 죽었다는 사실을 숨기고 나귀를 타고 급히 떠나는 모습, 게하시에게 가족들이 "평안하다"고 말한 후 마침내 엘리사를 찾고는 직접 일어난 일을 이야기하며 "그러면 당신은 이 문제에 대해 어떻게 할 작정입니까?"하고 따지다시피 하는 모습 또한 다소 이상하다.

엘리사는 영적인 재치가 있어서 하나님이 무언가 의미심장한 일을 하고 계심을 알고 4:29-31에서 '모세 방식의 기적'을 시도한다. 그러나 지팡이가 바다에는 유용하나 죽은 아들에게는 효과가 없는 것 같다. 그래서 엘리사는 어떻게 하는가? 그에게 실마리가 없다는 사실을 안다. 이후 여호와께서 그에게 할 일을 알려주시는 듯하고, 엘리사는 엘리야의 방식으로 소년 위에 엎드리자 나중에 아이가 일곱 번 재채기를 하고 눈을 뜨게 된다. 엘리사가 소년의 엄마를 부르고, 엄마가 아이를 안고 떠난다. '그게 전부다.' 이야기는 여기서 끝난다. 이 이중 기적은 영구적인 의미가 없는 것이 분명하다. 구원 역사의 흐름과 직접적인 관계도 없다. 이는 가난한 과부들과 부유하되 자녀가 없는 커플들을 위해 그의 말씀을 통해 일하시는 하나님의 순전한 친절을 보여주는 이야기다. 하지만 하나님은 그분의 말씀(과 그의 선지자들)을 존중하는 사람들에게 신실하시다는 메시지가 바벨론에서 포로로 살던 열왕기의 최초 독자들과 후대의 하나님 백성에게 큰 위로를 주었을 것이다.

4:38-41 즉시 장면이 다시 바뀌고, 이번에는 우발적인 독과 관련된 이상

한 사건을 다룬다. 엘리사가 길갈에 도착할 때 "그 땅에 흉년이 들었다"고 한다. 길갈은 하나님의 백성이 처음 그 땅에 들어갔던 장소이고, 흉년은 하나님의 백성 전체가 순종이 아니라 반역을 특징으로 삼고 있으며 언약의 복이 아니라 저주가 그들의 경험을 지배하고 있음을 상기시키는 지표다. 그것은 일상적인 장면이다. "선지자의 제자들"이 추정컨대 모종의 가르침을 받으려고 엘리사 앞에 모여 있고 엘리사가 그의 종(아직도 게하시?)에게 저녁식사를 위해 국을 끓이라고 한다. 그런데 이 시점에 극성맞은 도우미의 부주의로 국을 망치고 만다. "한 사람이 채소를 캐러 들에 나가 들포도 덩굴을 만나 그것에서 들호박을 따서…돌아와 썰어 국 끓이는 솥에 넣되 그들은 무엇인지 알지 못한지라"(39절). 문제가 된 식물과 그 식물이 초래하는 결과에 관한 논의가 많았으나[17] 이 본문의 요점은 선지자의 제자들이 실제로 직면하는 위협의 수준에 달려있지 않다.

40절에서 "무리가 국을 먹다가 그들이 외쳐 이르되 '하나님의 사람이여 솥에 죽음의 독이 있나이다'"라고 한다. 독자는 이것을 문자적으로 받아들일 수도 있지만, 그들이 "능히 먹지 못하는지라"는 말을 감안하면 그 국이 실제로 유독성이기보다는 매우 불쾌한 맛을 낸다는 뜻일 수도 있다. 요점은 41절에 나오는 엘리사의 행동, 즉 "그러면 가루를 가져오라"는 지시로 명백해진다. 그들이 밀가루를 국에 던진 후 문제가 순식간에 기적적으로 해결된다. "이에 솥 가운데 독이 없어지니라." 하나님이 온갖 위협을 처리하기 위해 엘리사를 통해 활동하고 계시는 것이다.

4:42-44 "한 사람"이 에브라임 북부로 추정되는 "바알 살리사에서부터" 엘리사를 만나러 오는 장면으로 빠르게 전환되는 에피소드가 계속 이어진다. 그 사람이 "처음 만든 떡 곧 보리떡 이십 개와 또 자루에 담은 채소를 하나님의 사람에게" 드리는 것을 보면, 그의 행동이 고향의 우상숭배적 이

17 다양한 의견에 따르면 그것이 즉사로부터 위경련과 불편한 변통까지 다양한 증상을 낳는다고 한다. 이는 주안점이 아닌 것 같다. 이 사건은 하나님이 생명을 주실 능력이 있음을 '예증하는' 이야기다.

름을 반영하지 않는 것을 알 수 있다. 이는 토라의 영향을 받은 경건한 모습을 되살리지만, 열왕기하 4:23에서 보게 되듯이 우상숭배적인 이스라엘의 현실을 반영하기도 한다. 본인의 지역 제사장이 레위인이 아닌 바알 숭배자일 경우에는 과연 어디로 갈 것인가? 여기에 진정한 경건함이 있는 듯이 보이므로 이 모습은 엘리사에 대한 거의 미신적인 경외를 상쇄시킨다.

"그[엘리사]가 이르되 '무리에게 주어 먹게 하라.'" 액면 그대로 보면, 엘리사가 받은 것을 그의 동반자들과 나누는 것은 무척 관대한 반응으로 보인다. 그러나 43절에서 그의 종이 너무도 명백한 이슈를 지적한다. "내가 어찌 이것을 백 명에게 주겠나이까?" 제자들 앞에 놓을 만큼 충분한 양이 아니다. 그런데 엘리사는 강경하다. "엘리사는 또 이르되 '무리에게 주어 먹게 하라. 여호와의 말씀이 그들이 먹고 남으리라' 하셨느니라." 이 모호한 작은 사건이 "양식을 먹이는" 기적의 원조라는 점이 분명해질 때 갑자기 그 사건이 매우 낯익은 것으로 들리기 시작한다. 이 이야기(와 이번 장)의 클라이맥스는 단도직입적이다. "그가 그들 앞에 주었더니 여호와께서 말씀하신 대로 먹고 남았더라." 이제는 엘리사의 행동이 이전의 엘리야의 행동처럼 모두 하나님의 말씀의 능력으로 수행되고 있다는 점이 분명해진다. 이 쌍둥이 선지자들은 그 말씀의 종들이다. 그리고 하나님이 말씀하실 때는 그분이 그의 백성에게 공급하시고, 그들을 보호하시고, 지키시고, 또 먹이신다.

응답

최근에 뉴스를 시청하다가 필자는 초점을 충격적이고 드라마틱한 장면에서 재미있고 무의미한 장면으로 전환하기 위해 기어를 바꾸는 능력이 있음을 깨닫고 깜짝 놀란 적이 있다. 처음에는 테러리스트의 공격이 내 감정에 충격을 주었고, 다음 순간에는 스포츠 헤드라인에 푹 빠져서 열광했다. 이와 비슷하게 열왕기하 3장에는 국가적 재난, 아동 제사 그리고 대규모

학살 사건이 등장하고 열왕기하 4장에는 비교적 (기적이 정말로 사소할 수 있다면) '사소한' 기적들이 나온다.

열왕기하 4장에 나오는 첫 번째 내러티브는 왜 포함된 것일까? 아이들이 장차 특별한 인물이 될 것이기 때문인가? 아니다. 이는 하나님의 주권적인 마스터플랜의 주요 부분이 아니다. 이는 미지의 여자와 그 소년들에 대한 하나님의 크나큰 친절이다. 이는 하나님이 얼마나 관대한 분인지를 보여준다. 이와 똑같은 패턴이 수넴의 부유한 여자와 관련된 일련의 놀라운 사건들, 곧 그녀가 요청하지 않은 아들을 얻었다가 나중에 다시 죽음에서 돌려받는 이야기에도 분명히 나타난다.

그리고 치명적인 독이 든 국이 등장한다. 언약적인 기근의 저주가 이제 한창 진행 중이고(38절) 엘리사의 제자들은 배가 고프다. 너무 굶주려서 일류 요리사가 되고 싶은 제자가 노란 멜론 같은 식물을 왕창 따서 아무도 보지 않을 때(39절) 솥에 넣는데, 그 식물이 강한 변통을 일으켜서 치명적일 수 있다는 것이 드러난다. 또한 구토 증세가 뒤 따른다. 엘리사가 밀가루를 던져 넣자 하나님의 도우심으로 모두가 죽음의 저주로부터 안전해진다.

이번 장의 마지막 장면은 42-44절에 나오는 작은 사건이다. 바알 지역에서 오는 한 경건한 사람이 등장하고, 엘리사가 백 명을 먹이게 된다. 열왕기에서 흔히 그렇듯이, 여호와께서 말씀하시고 모든 것이 해결된다. 빚이 사라지고 죽음을 극복하며, 설사병과 기근을 벗어난다. 그렇다, 이번 장에 나오는 모든 것이 소규모다. '이런 것들은 모두 여호와께 작은 일이다.' 그리고 여호와는 당신과 나 같은 작은 사람들을 위해 이 작은 일들, 외견상 서로 동떨어진 것들을 행하시길 기뻐하신다. 그러나 사실 이 작은 일들은 좀 더 의미 있는, 더 큰 무언가를(어쩌면 성례를) 가리키는 표징들이다.

이른바 생명을 주는 신으로 알려진 바알을 위해 사는 것이 아닌 다른 대안이 존재하는가? 그렇다, 존재한다. 이스라엘의 하나님, 여호와를 위해 전심으로 살 만한 이유가 있는가? 있다. 자비로우신 여호와는 진정한 생명을 주시는 분이다. 그분은 주님이자 생명의 부여자이고, 이번 장은 이 영광스러운 실재를 가리키는 일련의 작지만 참된 표지판들이다. 풍성한 삶을 주시는 분은 오직 여호와밖에 없다. 이 사건들은 하나님의 선지자를 존경하는 사람들이 복을 받는 모습을 하나같이 보여주고, 이는 2장에서 여리고의 주민들에게 일어난 일과 같다(반면에 선자를 모욕하는 자들은 저주를 받는다). 깨어지고 저주받은 환경에서도 사람들을 축복하시는 하나님의 신실한 능력은 첫 청중들과 우리에게 깊은 의미가 있다.

이 점은 우리가 성경을 계속 읽어갈수록 더욱더 분명해진다. 누군가가 와서 한 가족이 빚으로 인해 노예가 될 형편에서 구해줄 뿐 아니라 누가복음 4:18-19에 따르면 다음과 같은 사역도 하실 것이기 때문이다. "가난한 자에게 복음을 전하게 하시려고 내게 기름을 부으시고 나를 보내사 포로된 자에게 자유를, 눈 먼 자에게 다시 보게 함을 전파하며 눌린 자를 자유롭게 하고 주의 은혜의 해를 전파하게 하려 하심이라." 누군가가 수넴에서 불과 3킬로미터 가량 떨어진 나인이라 불리는 마을에 사는 과부에게 오셔서 장례 행렬을 멈추시고, 사망에게 아들을 포기하라고 명하셔서, 실제로 그런 일이 일어난다. 누군가가 와서 기근이란 언약의 저주를 역전시킬 뿐 아니라 홀로 언약의 모든 저주를 처리하려고 한 나무에 매달림으로써 그 저주들을 짊어지게 된다. 누군가가 와서 오천 명과 사천 명을 먹이실 뿐 아니라 자기가 바로 생명의 떡이라고 밝히신다. 이 장들은 다름 아니라 우리에게 생명을, 곧 예수 안에서 진정한 삶을 주시는 우리 하나님 여호와의 풍성한 은혜를 가리키는 표지판이다.

궁극적으로, 하나님에 대한 우리의 반응이 삶과 죽음의 문제라는 것을 가장 명료하게 보여주시는 분은 예수님이고, 그분의 죽음과 부활을 통해 그리고 이제는 그분의 통치를 통해 그렇게 하신다. 하나님을 위해 전심으로 살도록 강권하는 것은 하나님께서 그리스도, 곧 부활하신 분 안에서 우리에게 풍성하게 부어주시는 사랑이다. 그리고 하나님께서 우리에게 생명을 주시고, 생명으로 인도하시는 것은 그리스도 안에서 이뤄진다. 그러면 우리는 어떻게 해야 할까? 우리는 기쁘게, 단호히, 거듭해서 그리고 한결같이 죽음이 아닌 생명을 선택하고, 다른 어느 것보다도 하나님을 선택해야 한다. 그래서 요한은 그의 첫째 편지 끝에서 이렇게 말하는 것이다.

또 아는 것은 하나님의 아들이 이르러 우리에게 지각을 주사 우리로 참된 자를 알게 하신 것과 또한 우리가 참된 자 곧 그의 아들 예수 그리스도 안에 있는 것이니 그는 참 하나님이시요 영생이시라 자녀들아 너희 자신을 지켜 우상에게서 멀리하라(요일 5:20-21).

2 Kings
열왕기하
5:1-27

1 아람 왕의 군대 장관 나아만은 그의 주인 앞에서 크고 존귀한 자니
이는 여호와께서 전에 그에게 아람을 구원하게 하셨음이라 그는 큰
용사이나 나병환자더라 2 전에 아람 사람이 떼를 지어 나가서 이스라
엘 땅에서 어린 소녀 하나를 사로잡으매 그가 나아만의 아내에게 수
종들더니 3 그의 여주인에게 이르되 우리 주인이 사마리아에 계신 선
지자 앞에 계셨으면 좋겠나이다 그가 그 나병을 고치리이다 하는지라
4 나아만이 들어가서 그의 주인께 아뢰어 이르되 이스라엘 땅에서 온
소녀의 말이 이러이러하더이다 하니 5 아람 왕이 이르되 갈지어다 이
제 내가 이스라엘 왕에게 글을 보내리라 하더라

1 Naaman, commander of the army of the king of Syria, was a great
man with his master and in high favor, because by him the Lord had
given victory to Syria. He was a mighty man of valor, but he was a
leper.[1] 2 Now the Syrians on one of their raids had carried off a little
girl from the land of Israel, and she worked in the service of Naaman's
wife. 3 She said to her mistress, "Would that my lord were with the
prophet who is in Samaria! He would cure him of his leprosy." 4 So

Naaman went in and told his lord, "Thus and so spoke the girl from the
land of Israel." 5 And the king of Syria said, "Go now, and I will send a
letter to the king of Israel."

나아만이 곧 떠날 새 은 십 달란트와 금 육천 개와 의복 열 벌을 가지
고 가서 6 이스라엘 왕에게 그 글을 전하니 일렀으되 내가 내 신하 나
아만을 당신에게 보내오니 이 글이 당신에게 이르거든 당신은 그의
나병을 고쳐 주소서 하였더라 7 이스라엘 왕이 그 글을 읽고 자기 옷
을 찢으며 이르되 내가 사람을 죽이고 살리는 하나님이냐 그가 어찌
하여 사람을 내게로 보내 그의 나병을 고치라 하느냐 너희는 깊이 생
각하고 저 왕이 틈을 타서 나와 더불어 시비하려 함인 줄 알라 하니라
So he went, taking with him ten talents of silver, six thousand shekels[2]
of gold, and ten changes of clothing. 6 And he brought the letter to
the king of Israel, which read, "When this letter reaches you, know
that I have sent to you Naaman my servant, that you may cure him of
his leprosy." 7 And when the king of Israel read the letter, he tore his
clothes and said, "Am I God, to kill and to make alive, that this man
sends word to me to cure a man of his leprosy? Only consider, and see
how he is seeking a quarrel with me."

8 하나님의 사람 엘리사가 이스라엘 왕이 자기의 옷을 찢었다 함을 듣
고 왕에게 보내 이르되 왕이 어찌하여 옷을 찢었나이까 그 사람을 내
게로 오게 하소서 그가 이스라엘 중에 선지자가 있는 줄을 알리이다
하니라 9 나아만이 이에 말들과 병거들을 거느리고 이르러 엘리사의
집 문에 서니 10 엘리사가 사자를 그에게 보내 이르되 너는 가서 요
단강에 몸을 일곱 번 씻으라 네 살이 회복되어 깨끗하리라 하는지라
11 나아만이 노하여 물러가며 이르되 내 생각에는 그가 내게로 나와

서서 그의 하나님 여호와의 이름을 부르고 그의 손을 그 부위 위에 흔
들어 나병을 고칠까 하였도다 12 다메섹강 아바나와 바르발은 이스라
엘 모든 강물보다 낫지 아니하냐 내가 거기서 몸을 씻으면 깨끗하게
되지 아니하랴 하고 몸을 돌려 분노하여 떠나니 13 그의 종들이 나아
와서 말하여 이르되 내 아버지여 선지자가 당신에게 큰 일을 행하라
말하였더면 행하지 아니하였으리이까 하물며 당신에게 이르기를 씻
어 깨끗하게 하라 함이리이까 하니 14 나아만이 이에 내려가서 하나님
의 사람의 말대로 요단강에 일곱 번 몸을 잠그니 그의 살이 어린 아이
의 살 같이 회복되어 깨끗하게 되었더라

8 But when Elisha the man of God heard that the king of Israel had
torn his clothes, he sent to the king, saying, "Why have you torn your
clothes? Let him come now to me, that he may know that there is a
prophet in Israel." 9 So Naaman came with his horses and chariots and
stood at the door of Elisha's house. 10 And Elisha sent a messenger to
him, saying, "Go and wash in the Jordan seven times, and your flesh
shall be restored, and you shall be clean." 11 But Naaman was angry
and went away, saying, "Behold, I thought that he would surely come
out to me and stand and call upon the name of the Lord his God, and
wave his hand over the place and cure the leper. 12 Are not Abana[3] and
Pharpar, the rivers of Damascus, better than all the waters of Israel?
Could I not wash in them and be clean?" So he turned and went away
in a rage. 13 But his servants came near and said to him, "My father, it
is a great word the prophet has spoken to you; will you not do it? Has
he actually said to you, 'Wash, and be clean'?" 14 So he went down and
dipped himself seven times in the Jordan, according to the word of the
man of God, and his flesh was restored like the flesh of a little child,
and he was clean.

15 나아만이 모든 군대와 함께 하나님의 사람에게로 도로 와서 그의
앞에 서서 이르되 내가 이제 이스라엘 외에는 온 천하에 신이 없는 줄
을 아나이다 청하건대 당신의 종에게서 예물을 받으소서 하니 16 이르
되 내가 섬기는 여호와께서 살아 계심을 두고 맹세하노니 내가 그 앞
에서 받지 아니하리라 하였더라 나아만이 받으라고 강권하되 그가 거
절하니라 17 나아만이 이르되 그러면 청하건대 노새 두 마리에 실을
흙을 당신의 종에게 주소서 이제부터는 종이 번제물과 다른 희생제사
를 여호와 외 다른 신에게는 드리지 아니하고 다만 여호와께 드리겠
나이다 18 오직 한 가지 일이 있사오니 여호와께서 당신의 종을 용서
하시기를 원하나이다 곧 내 주인께서 림몬의 신당에 들어가 거기서
경배하며 그가 내 손을 의지하시매 내가 림몬의 신당에서 몸을 굽히
오니 내가 림몬의 신당에서 몸을 굽힐 때에 여호와께서 이 일에 대하
여 당신의 종을 용서하시기를 원하나이다 하니 19 엘리사가 이르되 너
는 평안히 가라 하니라

15 Then he returned to the man of God, he and all his company, and
he came and stood before him. And he said, "Behold, I know that
there is no God in all the earth but in Israel; so accept now a present
from your servant." 16 But he said, "As the Lord lives, before whom I
stand, I will receive none." And he urged him to take it, but he refused.
17 Then Naaman said, "If not, please let there be given to your servant
two mule loads of earth, for from now on your servant will not offer
burnt offering or sacrifice to any god but the Lord. 18 In this matter may
the Lord pardon your servant: when my master goes into the house of
Rimmon to worship there, leaning on my arm, and I bow myself in
the house of Rimmon, when I bow myself in the house of Rimmon,
the Lord pardon your servant in this matter." 19 He said to him, "Go in
peace."

그가 엘리사를 떠나 조금 가니라 20 하나님의 사람 엘리사의 사환 게
하시가 스스로 이르되 내 주인이 이 아람 사람 나아만에게 면하여 주
고 그가 가지고 온 것을 그의 손에서 받지 아니하였도다 여호와께서
살아 계심을 두고 맹세하노니 내가 그를 쫓아가서 무엇이든지 그에게
서 받으리라 하고 21 나아만의 뒤를 쫓아가니 나아만이 자기 뒤에 달
려옴을 보고 수레에서 내려 맞이하여 이르되 평안이냐 하니 22 그가
이르되 평안하나이다 우리 주인께서 나를 보내시며 말씀하시기를 지
금 선지자의 제자 중에 두 청년이 에브라임 산지에서부터 내게로 왔
으니 청하건대 당신은 그들에게 은 한 달란트와 옷 두 벌을 주라 하시
더이다 23 나아만이 이르되 바라건대 두 달란트를 받으라 하고 그를
강권하여 은 두 달란트를 두 전대에 넣어 매고 옷 두 벌을 아울러 두
사환에게 지우매 그들이 게하시 앞에서 지고 가니라 24 언덕에 이르러
서는 게하시가 그 물건을 두 사환의 손에서 받아 집에 감추고 그들을
보내 가게 한 후 25 들어가 그의 주인 앞에 서니 엘리사가 이르되 게
하시야 네가 어디서 오느냐 하니 대답하되 당신의 종이 아무데도 가
지 아니하였나이다 하니라 26 엘리사가 이르되 한 사람이 수레에서 내
려 너를 맞이할 때에 내 마음이 함께 가지 아니하였느냐 지금이 어찌
은을 받으며 옷을 받으며 감람원이나 포도원이나 양이나 소나 남종이
나 여종을 받을 때이냐 27 그러므로 나아만의 나병이 네게 들어 네 자
손에게 미쳐 영원토록 이르리라 하니 게하시가 그 앞에서 물러나오매
나병이 발하여 눈같이 되었더라

But when Naaman had gone from him a short distance, 20 Gehazi, the
servant of Elisha the man of God, said, "See, my master has spared this
Naaman the Syrian, in not accepting from his hand what he brought.
As the Lord lives, I will run after him and get something from him."
21 So Gehazi followed Naaman. And when Naaman saw someone
running after him, he got down from the chariot to meet him and said,

"Is all well?" 22 And he said, "All is well. My master has sent me to
say, 'There have just now come to me from the hill country of Ephraim
two young men of the sons of the prophets. Please give them a talent of
silver and two changes of clothing.'" 23 And Naaman said, "Be pleased
to accept two talents." And he urged him and tied up two talents of
silver in two bags, with two changes of clothing, and laid them on two
of his servants. And they carried them before Gehazi. 24 And when
he came to the hill, he took them from their hand and put them in the
house, and he sent the men away, and they departed. 25 He went in and
stood before his master, and Elisha said to him, "Where have you been,
Gehazi?" And he said, "Your servant went nowhere." 26 But he said
to him, "Did not my heart go when the man turned from his chariot to
meet you? Was it a time to accept money and garments, olive orchards
and vineyards, sheep and oxen, male servants and female servants?
27 Therefore the leprosy of Naaman shall cling to you and to your
descendants forever." So he went out from his presence a leper, like
snow.

1 Leprosy was a term for several skin diseases; see Leviticus 13 *2* A *talent* was about 75 pounds or 34 kilograms; a *shekel* was about 2/5 ounce or 11 grams *3* Or *Amana*

5장

단락 개관

아람 사람, 종 그리고 주권자이신 하나님

열왕기하에서 경험하는 롤러코스터 타기는 아주 의외의 장소인 아람으로 바뀌면서 계속 이어진다. 우리는 아람 정권의 고위직이자 화려한 경력의 군인인 나아만의 집으로 이동한다. 그는 어쩌다가 문둥병에 걸렸고 군사 작전 중에 붙잡은 히브리인 여종을 부리고 있었다. 그녀는 (그의 아내를 통해) 그 주인에게 놀라운 일을 해낼 능력이 있는 엘리사에 대해 말해준다.

이후 나아만은 아람 왕에게 접근해서 그가 이 사람을 방문할 수 있도록 정상적인 외교 채널을 통해 주선해달라고 요청하는데, 그는 엘리사를 이스라엘의 왕실 체계의 일부로 추정하기 때문이다. 7절에 따르면 이 접근은 이름이 밝혀지지 않은 이스라엘 왕(아마 여호람)을 공포에 질리게 하고 엘리사의 개입으로 진정된다.

아람 사람이 엘리사를 만나려고 도착할 때, 그 선지자가 일부러 무례하고 무시하는 듯한 모습을 보이자 나아만이 분개하며 떠난다. 그의 종들이 이스라엘 선지자의 기이한 지시, 즉 요단강에서 일곱 번 목욕하라는 지시를 따른다고 잃을 것이 없다고 그를 설득한 뒤에야 나아만은 엘리사의 말을 따른다. 그러자 그는 금방 치유되었고 서둘러 엘리사에게 돌아가 감사의 표시를 전하려고 한다. 엘리사는 원칙상 어떤 보상도 거절한다. 나아만은 흙을 다메섹으로 가져가서 그의 새로운 삶을 우상숭배적인 상황에서 여호와를 예배하는 자로 영위하게 해달라고 요청한다.

이 시점에 게하시가 처음으로 스포트라이트를 받는 장면에 진입해서 그의 개인적 이슈들, 특히 그의 편견(아람 사람을 싫어하는)과 탐욕을 드러낸다. 그는 나아만을 쫓아가서 엘리사가 마음을 바꿨다고 알려주고 그 대신 은과 의복을 받아서 집으로 가져가 숨겨놓는다. 엘리사가 이에 대해 그에게 따지자 그는 거짓말을 한다. 그 결과 엘리사는 나아만의 나병이 이제 게하시와 그의 자손을 영원히 괴롭힐 것이라고 선언한다.

5장

단락 개요

III. 하나님의 말씀과 하나님의 선지자(엘리야와 엘리사, 왕상 17:1-왕하 12:21)

K. 아람 사람 나아만이 엘리사와 엘리사의 하인 게하시와 만나다(5:1-27)

1. 나아만을 소개하다(5:1-3)
2. 선지자를 찾아서(5:4-9)
3. 삼키기 어려운 알약(5:10-19a)
4. 게하시의 본색(5:19b-27)

주석

5:1-3 우리가 이미 열왕기하 4장에서 살펴보았듯이, 우리 하나님은 큰일과 사소한 일을 모두 주관하시는 분이다. 그분은 위대한 사람들과 하찮은 사람들의 하나님이다. 그분이 정말로 만유의 주님이라면 그 진리는 이렇게 펼쳐져야 한다. 그래서 여호와의 주권의 아름다움이 바로 열왕기하 5장의 초반에 드러난다.

독자는 느닷없이 아람으로 건너가서 하나님이 이방인 군인을 다루는 모습을 보게 된다. 5장의 초반에 나오는 장면 전환은 너무나 뜻밖이다. 엘리사가 이스라엘에서 백 명을 먹이는 장면이 갑자기 수백 킬로미터 떨어진 외국의 군대 장관의 집으로 바뀌기 때문이다. 그러나 갑작스러운 지리적 이동은 이스라엘의 전통적인 대적인 아람의 하나님이란 주장에 비하면 아무것도 아니다. 이는 하나님이 그의 백성을 다루는 중에도 그의 목적이 처음부터 글로벌해왔다는 것을 우리에게 상기시켜주는 구약의 드문 실례들 중 하나다(참고. 창 12:1-3). 나아만의 이력("아람 왕의 군대 장관 나아만은 그의 주인 앞에서 크고 존귀한 자니")과 관련하여 그의 성공이 전적으로 "여호와께서 전에 그에게 아람을 구원하게 하셨다"는 것 때문이란 주장이 있다. 이 주장에 함축되어 있는 진리는 여호와의 주권이 어떤 식으로든 제한되지 않고 그분이 모든 나라의 주님이라는 것이다.

(이번 장에 나오는 이 내러티브를 추진할) 나아만의 삶을 복잡하게 하는 요인은 1절 끝에 소개되어 있다. "그는 큰 용사이나 나병환자더라."[18] 저자는 곧바로 "이스라엘 땅에서 [온] 어린 소녀 하나"를 소개함으로써 이 긴장이 어떻게 해소될 것인지 설명한다. 그녀는 아람과 이스라엘 간의 영속적인 갈등의 피해자로서 결국 "나아만의 아내를 수종드는" 처지가 된다. 3절에서 그녀가 여주인에게 "우리 주인이 사마리아에 계신 선지자 앞에 계셨으면 좋겠나이다 그가 그 나병을 고치리이다"하고 불쑥 말한다. 무명의 가정부가 놀랍게도 여호와를 위한 효과적인 대변인이다. 추정컨대, 그녀의 가족은 바알에게 무릎을 꿇지 않은 삼천 명에 속했을 것이고, 주인의 상태가 너무나 심해져서 견디기 힘들게 되자 그녀는 엘리사가 "그를 고칠" 수 있을 것이라고 말한다. 그녀는 여기서 '고치다'를 뜻하는 이례적인 단어를 사용하지만, 나아만이 그녀의 말을 그대로 인용한다는 사실은 그녀의 말이 그에게 뚜렷한 인상을 주었음을 보여준다.

이제까지는 물론 엘리사를 나병 치료와 연관시킬 만한 일이 전혀 없었지만, 그가 죽은 자를 살렸다는 사실을 감안하면 나병을 다루는 일은 비교적 간단할 것으로 생각할 수 있다. 나아만의 병(여기서 "나병"이란 일반적인 성경 단어로 불리는)은 한센병(오늘날 흔히 "나병"으로 불리며 격리가 필요한 질병)이 아닌 듯하다. 그러나 그의 건선 또는 습진은 악질이었던 것이 틀림없다. 노예 소녀가 여주인에게 의료적 제안을 하게 할 만큼 나쁘고, 나아만이 더 나아지려고 많은 돈을 들고 기꺼이 떠나게 할 만큼 나쁘다.

18 성경에 나오는 나병은 반드시 한센병에 국한되지 않고 폭넓은 피부병들을 묘사한다. 참고. 레위기 13장과 14장.

이 모든 논의의 저변에 깔린 전제는 여호와는 아람의 주님일 뿐 아니라 나아만이라 불리는 큰 인물을 다스리는 권세도 갖고 계시다는 것이다. 나아만은 그의 나라에서 영향력 있는 큰 용사일지 몰라도 그 역시 이스라엘의 하나님을 고려해야만 할 것이다. 여호와는 열방과 군사령관들과 무명의 이스라엘 노예들까지 다스리는 '통치자'이기 때문이다. 이번 장이나 성경 어디에도 우발적인 사고는 없다. 여호와는 아람의 기습 부대까지 주관하고 계시다. 이 작은 소녀가 부모의 손에서 잡아 채일 때, 그녀가 고아가 될 때, 그녀의 마을이 파괴될 때, 그녀가 국경을 넘어 이송될 때, 그녀가 친절한 나아만의 아내의 눈에 들어 전리품으로 선택될 때, 이 모든 것이 여호와의 놀랄 만큼 복잡한 주권적 목적 안에 편입된다. 바로 이분이 행동하시는 우리 하나님이다.

5:4-5 나아만이 논리적인 행동 방침을 정하고 그의 왕(아마 벤하닷 2세)에게 정상적인 외교 채널을 통해 이스라엘 사람과 접촉하도록 요청하고, 왕이 그렇게 행하기로 한다. "갈지어다 이제 내가 이스라엘 왕에게 글을 보내리라." 고대 세계에서는 예언할 만한 선지자들 대다수가 국가의 의해 고용되었다. 물론 나아만이 직접 이 편지를 전달해야 할 것이다. 그래서 그가 선지자로부터 받을 섬김의 대가로 치를 적절한 보상("은 십 달란트와 금 육천 개와 의복 열 벌"은 엄청난 선물이다. 은이 약 340킬로그램이고 금은 약 50킬로그램이다)을 잔뜩 싣고 이스라엘을 향해 떠난다.

5:6-7 편지의 문자가 (이름이 밝혀지지 않은) 이스라엘 왕(배경을 이루는 인물로서 아마 여호람일 것이다)을 공포에 빠뜨리는 것은 이해할 만하다. "내가 내 신하 나아만을 당신에게 보내오니 이 글이 당신에게 이르거든 당신은 그의 나병을 고쳐 주소서." 이스라엘 왕들은 누구도 여호와를 예배하는 자가 아니었으며 그들이 엘리야, 엘리사 또는 하나님의 선지자들과 따스한 관계를 갖고 있지 않았다는 사실을 감안하면, 이는 심각한 문제를 안겨준다. 사실 이 부분의 중요한 이슈는 아람 사람의 피부 질환이 아니다. 물론 하나

님이 군인들에게 그리스도를 가리키기 위해 작은 노예 소녀마저 사용하실 수 있다는 사실을 묵상하고 싶긴 하지만, 이슈는 작은 소녀도 아니다. 요점은 우리가 이 장면을 전에 본 적이 있는 것이다. 그것은 바로 왕의 완전한 무지이며, 왕이 하나님을 알지 못한다는 사실이다.

이번 장에서 여호람의 이름이 불리지도 않는 것이 충격이다. 그는 이미 불명예스럽게 되어서 한 아람 군인 때문에 이번에 나타날 뿐이다. 성경을 많이 알고 하나님으로부터 오는 겸손과 지혜로 그의 백성을 지도해야 할 왕이 나아만의 어린 노예 소녀와 대조적으로, 바보 같은 모습으로 나온다.

왕은 공포와 절망에 빠진 채 '자기 옷을 찢었다'. "내가 사람을 죽이고 살리는 하나님이냐 그가 어찌하여 사람을 내게로 보내 그의 나병을 고치라 하느냐?" 여기서 그는 모세의 노래에서 끌어온 한 줄을 반복한다. "이제는 나 곧 내가 그인 줄 알라 나 외에는 신이 없도다 나는 죽이기도 하며 살리기도 하며 상하게도 하며 낫게도 하나니 내 손에서 능히 빼앗을 자가 없도다"(신 32:39, 참고. 삼상 2:6). 이것은 왕의 능력, 경험 또는 한계를 한참이나 넘어서는 것이어서 그 요청을 파악하기 위해 정략적으로 해석하지 않을 수 없다. "이것은 분명, 공연히 트집을 잡아 싸울 기회를 찾으려는 것이니, 자세히들 알아보도록 하시오"(7절, 새번역). 그는 그 편지를 받을 때 그것을 복음전도의 기회로 보지 않고 그 자신이 여호와께 무관심한 것을 회개하라는 촉구로 보지도 않는다. 그는 다만 문젯거리를 볼 뿐이다. 여호람은 오직 하나님만 사람을 살릴 수 있다는 것을 안다. 그는 하나님이 물을 만들고 또 모압 사람을 물리치는 것과 같은 작은 일을 행하시는 모습(왕하 3장)을 목격했다. 그는 분명히 갈멜산에 대해 그리고 열왕기하 1장에 나오는 그의 형제와 관련된 에피소드에 대해 들은 적이 있다. 그런데도 그 작은 소녀와 달리 '그는 여호와의 이름을 부르기를 거절한다'. '심지어 여호와의 말씀을 인용하면서도 말이다.' 열왕기하 5:1-7의 중심에는 왕의 완고한 모습이 있다.

5:8-9 8절에서 장면이 바뀌더니 이스라엘 왕은 사라지고 엘리사가 들어

온다. 이례적으로 엘리사가 비교적 신속하게 왕을 곤경에서 벗어나게 한다. "왕이 어찌하여 옷을 찢었나이까? 그 사람을 내게로 오게 하소서. 그가 이스라엘 중에 선지자가 있는 줄을 알리이다." 아이러니한 점은, 아람의 군사령관이 신학적 지식에 있어서 하나님 백성의 왕보다 한걸음 앞서게 될 것이란 점이다! 템포가 빠른 이 내러티브에서 이제 장면은 다시 나아만과 "말들과 병거들"을 포함한 대규모 수행단으로 건너뛰고, 엘리사의 집 밖에 도착한다. 장면은 이제 해결의 순간에 도달한다. 나아만이 "엘리사의 집 문에서" 위엄 있는 자세를 취하며 얼굴과 얼굴을 맞대고 만나려고 먼 길을 달려온 이 선지자와 마주할 준비가 되어 있다.

5:10 중개인을 통해 사람들을 다루길 좋아하는 엘리사의 모습이 이제 의도적인 무례함으로 넘쳐난다. 아람의 군사령관과 그의 일행을 문 앞에 세워둔 채 "엘리사가 사자를 그에게 보내 이르되 '너는 가서 요단강에 몸을 일곱 번 씻으라 네 살이 회복되어 깨끗하리라' 하는지라." 엘리사는 게하시를 보내 나아만을 분노케 할 줄 아는 메시지로 그를 받아넘긴다. 선지자는 흔쾌히 고대의 손님 대접 기준(그리고 오늘날의 기준)을 비웃고 만다. 엘리사는 외국의 고위 관리, 특히 왕의 허락을 받고 오는 인물을 다룰 때 매우 모욕적인 태도에 감싸인 치료의 전망을 제시한다. 그의 처방조차 치료의 약속보다는 의례적 청결(참고. 레 14장)을 위한 방안처럼 들린다.

5:11-12 "나아만이 노[했다]"는 것은 충격으로 다가오지 않고, 그 아람 사람이 무시당했다고 느끼는 것은 충분히 타당하다. "내 생각에는 그가 내게로 나와 서서 그의 하나님 여호와의 이름을 부르고 그의 손을 그 부위 위에 흔들어 나병을 고칠까 하였도다." 그의 이방적 배경에도 불구하고, 나아만의 합당한 기대는 투박한 묵살이 아니라 여호와를 향한 모종의 탄원과 어떤 종교적 행동(엘리사가 앞장에서 아이에게 행한 것과 같은)을 포함한다. 이 실망은 금방 국가적 자존심(그리고 자국의 강들과의 타당한 비교)에서 나오는 이해할 만한 불쾌감을 낳는다. "다메섹강 아바나와 바르발은 이스라엘 모

든 강물보다 낫지 아니하냐 내가 거기서 몸을 씻으면 깨끗하게 되지 아니하랴?" 비록 독자는 하나님의 계획에서 이스라엘이 우선임을 이해하지만, 그의 반응은 분명히 우리의 동정심을 이끌어낸다. "나아만은 발길을 돌이켜, 분을 참지 못하며 떠나갔다"(11절, 새번역).

나아만은 그 먼 길을 왔다. 그는 보상을 준비한 상태다. 그는 궁전을 떠나서 엘리사의 집까지 찾아갔다. 그의 자동판매기 신학에 따르면, 구멍에 많은 동전을 넣었는데 도대체 무엇을 얻었는가? 존경도 없다. 치료도 없다. 그저 짜증나는 말뿐이다. 치욕적이다. 우스울 정도로 단순하다. 지방색이 너무 강하다. 무례하다! 그래서 그는 발길을 돌려서 화를 내며 떠나간다. 그런데 저자는 지금 이 부분을 중요하게 다루고 있다. 이 사건들은 엘리사의 (의도적인) 도발 행위에 관한 의문과 더불어 이 시점까지 감춰져 있던 나아만의 자만심에 관한 중요한 의문을 제기한다.

우리는 '엘리사가 일부러 무례하다'는 것을 가리키는 지표가 있다는 사실을 놓치면 안 된다. 그는 나아만을 짜증나게 할 셈이다. 그리고 실제로 그렇게 한다! 다른 사람을 납득시키려면 때로는 충격 요법이 필요하고, 여호와께서 인간의 자만심과 완고함을 돌파하여 살아계신 하나님 앞에서 스스로를 낮추게 하는데 필요한 조치를 취할 준비가 되어 있다는 것은 큰 소식이다. 바로 다음에 그런 일이 일어난다.

5:13-14 나아만이 이 선지자를 만나려고 그토록 먼 길을 간 뒤에 모욕적인 해결책으로 무시당했다고 느낀 나머지 엘리사가 제시한 치료의 가능성을 보지 못하고 만다. 그래서 그의 종들이 재빨리 이렇게 지적한다. "내 아버지여 선지자가 당신에게 큰일을 행하라 말하였더면 행하지 아니하였으리이까 하물며 당신에게 이르기를 '씻어 깨끗하게 하라' 함이리이까?" 이 종들이 주인을 회유할 때 보여주는 섬세한 모습은 무척 인상적이고 방향 전환을 이룬다. 나아만의 종들은 여호와의 말씀을 들을 때 (여호람과 달리) 그 말씀을 알아본다. 그리고 나아만이 재고하는 것은 칭찬할 만한 모습이다. 그는 선지자를 통한 여호와의 말씀을 받아들이기로 결정을 내린다. "나

아만이 이에 내려가서 하나님의 사람의 말대로 요단강에 일곱 번 몸을 잠그니 그의 살이 어린 아이의 살 같이 회복되어 깨끗하게 되었더라"(14절).

저자는 나아만이 그의 아내의 여종이 가진 피부색과 같은 모습으로 나타나는 장면을 우리가 보길 원한다. 그의 염증 있는 살이 결국 그 작은 여종의 살처럼 보이게 됨에 따라 그가 여종의 주님 앞에 절하게 된다. 그 변화는 이 큰 용사가 여호와의 말씀을 따라 행할 필요가 있음을 받아들이고 여호와 앞에 스스로를 낮출 때 비로소 일어난다. 이는 여호와께서 그의 말씀을 통해 일하시는 또 다른 실제 사례다(이 모든 일은 "하나님의 사람의 말대로" 일어났다).

5:15-16 이제 너무나 고마워하는 나아만이 그의 자존심을 내려놓고 회개하는 자세로 그의 수행단과 함께 "하나님의 사람에게로 도로 와서 그의 앞에" 선다. 아람의 큰 용사가 이제 스스로를 여호와의 '종'이라 일컬으며 이 용어를 5:15-19에서 다섯 번이나 사용한다. 이는 나아만의 굉장한 방향 전환이다. 그는 마침내 엘리사와 그의 하나님 앞에 서게 된다. 그러나 하나님 앞에 서는 유일한 길은 먼저 그분 앞에 절하는 것임을 알았다! 아하시야와 여호람과 달리, 나아만은 이제 "이스라엘 외에는 온 천하에 신이 없는 줄을" 안다. 그는 그 속에서 하나님이 일하시는 사람의 특징인 관대하게 베풀고자 하는 충동을 보여준다. 그는 우상숭배에 대해서도 근본적으로 변화된 견해를 갖고 있다. 그의 고백은 참으로 놀랍다. 그는 단지 여호와의 능력이나 우월성을 인정하는데 그치지 않고 유일신 신봉자가 되는 것처럼 보인다(이번 장의 나머지 부분이 확증하는 사실). "이제야 나는 온 세계에서 이스라엘 밖에는 하나님이 계시지 않다는 것을 알게 되었습니다"(15절, 새번역).

그를 치료하는 일 자체에 대해선 엘리사가 한 일이 전혀 없다는 사실은 치료하시는(그리고 승리를 주시는, 참고. 5:1) 하나님에 대한 믿음을 갖게 된 나아만의 여정의 중요한 일부이다. 따라서 이 경우에는 감사의 표시를 하려는 것을 충분히 이해할 수 있다. 그는 엘리사에게 "당신의 종에게서 예물을 받으소서"하고 강권한다. 하지만 엘리사에게는 이것이 용납할 수 없는 일이라서 그가 최대한 강한 말로 거절한다. "내가 섬기는 여호와께서 살아 계심을 두고 맹세하노니 내가 그 앞에서 받지 아니하리라"(16절).[19] 나아만이 엘리사를 설득하려고 재차 시도하지만 실패하고 만다.

5:17-19a 나아만은 엘리사에게 억지로 선물을 주는 걸 포기한 후 매우 이례적인 요청을 하는 것으로 방침을 바꾼다(사실 이는 구약의 맥락에서 유일무이하다). 이교도였다가 이제는 여호와를 신봉하는 외국인이 다메섹에서 그의 신앙에 따라 사는 일이 어려울 것임을 예상하고 이스라엘의 흙을 달라고 부탁한다. "그러면 청하건대 노새 두 마리에 실을 흙을 당신의 종에게 주소서 이제부터는 종이 번제물과 다른 희생 제사를 여호와 외 다른 신에게는 드리지 아니하고 다만 여호와께 드리겠나이다"(17절). 이는 정말로 비범한 진술이다. 새로운 개종자인 나아만이 완전히 변화되었다. 생명을 주시는 여호와께서 그에게 새로운 삶을 주신 것이다. 이제 그는 여호와의 종이다. 그러나 그는 여전히 아람 군인의 신학적 틀을 갖고 있다. 고대 근동의 대다수 사람들처럼 그는 모든 신들이 그들의 홈그라운드를 갖고 있다고 믿는다. 그래서 그는 여호와가 진정한 하나님, 필적하는 것이 없는 하나님임을 인정하나 여전히 여호와를 그의 영역에서 예배할 필요가 있다고 생각한다. 그래서 흙에 대한 이상한 요청을 하는 것이다.

나아만은 장차 신학적 지식에서 성장할 필요가 있으나, 엘리사의 신속하고 긍정적인 반응으로 판단하건대, 이는 그의 회심에 대한 지혜롭고 실용적인 반응으로 보인다.[20] 이 시점에 나아만이 또 다른 신학적 관심사를 제기한다. 이 이슈는 여호와께 용서를 구하는 부탁으로 괄호처럼 앞뒤에 장식되어 있다. "오직 한 가지 일이 있사오니 여호와께서 당신의 종을 용서하시기를 원하나이다…여호와께서 이 일에 대하여 당신의 종을 용서하

19 열왕기상 17:1; 18:15; 열왕기하 3:14도 보라.

20 이런 상황은 열왕기상 8:41-43에서 예상된 것일 수 있다.

시기를 원하나이다"(18절). 나아만이 여러 번 반복하는 것을 보면 불안해하는 것이 분명하다. 나아만에게 그토록 염려를 안겨주는 문제는 다메섹에서 우상을 숭배하는 자리에 의무적으로 함께해야 한다는 사실이다. "내 주인께서 림몬의 신당에 들어가 거기서 경배하며 그가 내 손을 의지하시매 내가 림몬의 신당에서 몸을 굽히오니 내가 림몬의 신당에서 몸을 굽힐 때에"[21] 용서를 원한다고 한다.

5장

이 반복되는 말에 비춰보면, 그 자신을 (우발적으로라도) 우상숭배의 가능성에서 지키려는 그의 열망은 우상숭배를 아무렇게나 대했던 이스라엘과 유다의 왕들의 모습과 현저한 대조를 이룬다. 엘리사의 짧은 반응("엘리사가 이르되 '너는 평안히 가라' 하니라")은 다음 두 가지를 시사한다. 하나는 그런 이슈를 심각하게 여기는 그의 염려를 칭찬한다는 것이고, 다른 하나는 굳이 염려할 필요가 없다고 그의 부드러운 양심을 안심시키는 것이다. 나아만은 약간 혼돈스러울지 몰라도 대다수 이스라엘 사람보다 훨씬 앞서 있다. 그는 우상을 버리고 참되고 살아계신 하나님을 섬긴 데살로니가 교인들에 상당하는 구약의 인물이다. 그리고 엘리사는 이 시점에 나아만에게는 바로잡는 일이 아니라 지지와 격려가 필요하다는 것을 아는 영적 통찰력이 있다.

5:19b-27 마지막 장면에서, 나아만에게 일어난 변화가 엘리사의 종, 곧 처음으로 주목의 대상이 되는 게하시의 욕심과 대립관계를 이룬다. 나아만이 엘리사를 떠나자마자 "엘리사의 사환 게하시가 스스로 이르되 '내 주인이 이 아람 사람 나아만에게 면하여 주고 그가 가지고 온 것을 그의 손에서 받지 아니하였도다'"라고 한다. 게하시가 사용한 언어는 그의 마음속 깊이 자리 잡은 태도를 드러낸다. 게하시는 아브라함에게 주신 약속의 영속적인 성취를 기뻐하기보다는 엘리사가 나아만을 고통스럽게 만들지 않

21 림몬은 아람의 폭풍과 천둥의 신이며 하닷(Hadad)으로도 알려져 있다.

았다는 사실에 한탄한다. 그는 엘리사스러운 용어를 사용하면서 그 시리아 사람을 이용하겠다고 맹세한다. "여호와께서 살아 계심을 두고 맹세하노니 내가 그를 쫓아가서 무엇이든지 그에게서 받으리라"(20절).

나아만은 21절에서 게하시가 오는 모습을 보자 완전히 선의의 반응을 보인다. 게하시는 기만적일 뿐 아니라 바뀐 상황에 대한 그럴듯한 이야기를 꾸미는 영리함을 보이기도 한다. "평안하나이다 우리 주인께서 나를 보내시며 말씀하시기를 '지금 선지자의 제자 중에 두 청년이 에브라임 산지에서부터 내게로 왔으니 청하건대 당신은 그들에게 은 한 달란트와 옷 두 벌을 주라' 하시더이다"(22절). 엘리사가 선지자의 제자들로 이뤄진 넓은 공동체를 이미 부양해왔다는 사실을 감안하면, 게하시가 요청하는 분량은 과도하지 않고(특히 나아만은 그가 가져온 은과 금의 분량에 대해 좋은 생각을 품고 있었으므로) 그저 소박한 정도에 불과하다.

사실 그 요청은 너무도 잘 제시되어서 나아만을 감동시킨 나머지 23절에서 그의 요청을 갑절로 늘려서 은 두 달란트(68킬로그램)를 주겠다고 한다. "나아만이 이르되 바라건대 두 달란트를 받으라 하고 그를 강권하여 은 두 달란트를 두 전대에 넣어 매고 옷 두 벌을 아울러 두 사환에게 지우매." 이는 게하시에게 문제를 일으킬 소지가 있다. 게하시는 엘리사가 자신이 받기를 거절한 선물을 지고 오는 나아만의 종들을 보길 원치 않기 때문이다. 그래서 24절에서 "[그들이] 언덕에 이르러서는 게하시가 그 물건을 두 사환의 손에서 받아 집에 감추고 그들을 보내 가게" 한다. "언덕"(하나님이 스스로를 유일한 하나님으로 드러내신 곳)에 접근하는 순간 그는 그의 행적을 감추려 하지만 소용이 없다.

열왕기하 4:27에서 엘리사는 무슨 일이 벌어지고 있는지 전혀 알지 못했다. 하지만 이번에는 게하시가 "당신의 종이 아무데도 가지 아니하였나이다"(25절)라고 말하며 그의 행위를 감추려고 해도 엘리사가 모든 사실을 알고 있다. 엘리사가 "한 사람이 수레에서 내려 너를 맞이할 때에 내 마음이 함께 가지 아니하였느냐?"(26절)하고 묻는다. 이 말은 그의 마음이 '그와 함께 갔다'라는 의미다. 또는 게하시가 그의 계획을 실행했을 때 그의 마음이 '움직였다'라는 뜻일 수 있다. 엘리사의 두 번째 질문("지금이 어찌 은을 받으며 옷을 받으며 감람원이나 포도원이나 양이나 소나 남종이나 여종을 받을 때이냐?")은 게하시의 장기적 계획이 나아만으로부터 은과 옷 이상을 받는 것임(참고. 삼상 8:14-17)을 암시할 수 있다. 또는 여호와께서 이미 그들에게 그 땅까지 주신 하나님이라는 것을 상기시키는 말일 수 있다. 어느 쪽이든, 게하시의 행위는 완전히 잘못된 생각(과 잘못된 마음)이 낳은 결과다.

27절에 나오는 이번 장의 마지막 진술은 게하시에 대한 냉정한 심판을 부각시킨다. "나아만의 나병이 네게 들어 네 자손에게 미쳐 영원토록 이르리라." 나아만을 끈질기게 괴롭혔던 그 질병이 이제 게하시에게 넘어가서 즉시 효과를 낸다. "게하시가 그 앞에서 물러나오매 나병이 발하여 눈같이 되었더라." 게하시의 자손이 이런 질병에 걸리는 것이 일부 사람에겐 불공평해 보인다. 하지만 구약의 세계는 매우 언약적인 세계라는 것을 알아야 한다. 그 세계에서는 가족들과 세대들이 서로 연결되어 있어서 한 세대의 행위가 언제나 다음 세대들에 영향을 미치게 된다.

요점은 분명하다. 5:16에 나오는 엘리사는 은혜의 좋은 소식을 전한다고 해서 누구도 보상을 받으면 안 된다고 강경히 주장한다. 여호와는 은혜의 하나님이기 때문에 일체 돈을 주고받으면 안 된다. 이는 단순한 원칙이다. 그러나 게하시에게는 그렇지 않다. 그의 이름은 '탐욕스러운'과 같은 뜻이다. 그는 또한 인종주의자이자 탐내는 인물이고 거짓말까지 한다. 그런데 최악의 문제는 따로 있다. 게하시는 나아만에게 여호와는 여느 누구와 다름없이 취하는 존재라는 개념을 심어준다. 이는 파국적 결과이고, 새 신자인 나아만에게 하나님과 은혜에 대한 견해에 끔찍한 영향을 미칠 소지가 있다. 게하시는 하나님의 주권을 무시하고 하나님의 평판을 고려하지 않는다. 그 결과 게하시는 섬뜩한 대가를 치른다. 아나니아와 삽비라처럼 게하시도 (아나니아와 삽비라보다는 조금 더 낫지만) 유종을 미를 거두지 못한다. 26절의 함의는 하나님의 주권이 이미 그의 백성에게 그토록 관대하게 베풀었기 때문에 그들이 어떻게 더 많은 것을 요청할 수 있겠느냐는 것이다. 그런데도 게하시는 어쨌든 그렇게 한다.

응답

여호와는 이스라엘만의 하나님이 아니라 열방의 하나님으로 나온다. 그리고 그분은 나라들을 심판할 뿐 아니라 구출하기 위해서도 행동하신다. 이에 대해 구약의 나머지 부분에 친숙한 사람들은 놀라지 않는다. 예컨대, 신명기 2장에서 모세는 이스라엘이 맨 처음 가나안에 들어가지 못한 것을 폭로하면서 그들에게 주변의 나라들은 '여호와께서 그들에게 주신 땅을 차지하게 된 것'이라고 상기시켜준다. 여호수아 5장에서는 여호수아가 여호와의 군대 대장에게 어느 편이냐고 묻자 그 낯선 인물이 "어느 편도 아니다"라고 대답한다. 어쩌면 열왕기하 3:27도 예로 들 수 있겠다. 그 까다로운 구절이 하나님의 진노가 이스라엘에게 되돌아오는 장면을 묘사한다면 그렇다. 구약은 이스라엘에게 여호와는 그들만 총애하는 하나님이 아니라 '모든 나라'의 하나님이라고 변함없이 상기시켜준다. 이스라엘에게 여호와는 언약의 하나님이지만 이는 그들이 하나님을 복 주시는 분 '또는 저주하는 분'으로 경험한다는 것을 뜻할 수 있다. 여호와는 그들의 후원자에 불과한 분이 아니다. 그분은 살아계신 주권적인 하나님이고, 그분의 의제는 궁극적으로 한 나라에 국한되지 않고 그보다 훨씬 더 크다. 이 사실은 엘리야와 엘리사를 따르는 선지자들이 그들의 목소리를 낼 때 점점 더 분명해진다.

문제는 물론, 우리가 이전에 본 것처럼, 이스라엘이 그들에게 마땅한 왕들을 모시게 되는 경향이다. 그리고 여호람도 예외가 아니다. 그는 여호와가 하나님이심을 안다. 놀랍게도, 그는 신명기를 약간 인용할 수도 있다. 그러나 그는 여전히 여호와께 순복하지 않을 것이다. 사실은 여호람이 엘리사가 존재한다는 사실조차 잊어버린(또는 억누른) 것 같다. 그는 여호와의 말씀을 찾아내기는커녕 들으려고도 하지 않는다. 이는 바리새파적인 적용을 하고 싶은 마음이 드는 성경의 대목들 중 하나다. "이것은 교회에 점잖게 모습을 드러내지만 복음에 관한 실마리가 없는 완고한 여러분을 위한 말씀이야." 성경을 바리새인들처럼 읽는 것은 결코 좋지 않다. 특히 우리 마음의 어두운 색채, 그리고 변화에 저항하는 우리의 모습에 비춰보면 그렇다. 우리 같은 사람들이 내 안에 여호람의 모습을 갖고 있을 수 있을까? 하나님에 관해 많이 알면서도 그분의 말씀을 듣고 싶은 열망이 없을 수 있을까? 신명기를 인용하는 등 올바른 말을 사용하면서도 살아계신 하나님과 진정한 관계를 맺지 않거나 그분에 대한 열정이 없을 수 있을까? 살아계시고 주권적인 하나님께 순종하지 않은 채 사람들을 지도하고 충고하고 또 기도하는 것이 가능할까? 신약은 가능하다고 보는 듯하다.

> 형제들아 너희는 삼가 혹 너희 중에 누가 믿지 아니하는 악한 마음을 품고 살아 계신 하나님에게서 떨어질까 조심할 것이요 오직 오늘이라 일컫는 동안에 매일 피차 권면하여 너희 중에 누구든지 죄의 유혹으로 완고하게 되지 않도록 하라. 우리가 시작할 때에 확신한 것을 끝까지 견고히 잡고 있으면 그리스도와 함께 참여한 자가 되리라. 성경에 일렀으되 오늘 너희가 그의 음성을 듣거든 격노하시게 하던 것 같이 너희 마음을 완고하게 하지 말라 하였으니 (히 3:12-15).

필자는 우리가 나아만의 모습도 갖고 있다고 생각한다. 그 아람 군사령관이 이스라엘의 산간벽지로 여행하는 모습을 보면 저절로 공감을 느낀다. 솔직히 말해, 그것은 당혹스러운 경험이다. 하지만 이것이 그리스도인으로 살아가는 모습이다. 하나님의 말씀을 듣고, 그 말씀에 지배되고, 그 말씀에 순종하고, 또 일으킴을 받는 것이다. 야고보서에 나오는 다음 말씀을 귀담아 들어보라.

> 그런즉 너희는 하나님께 복종할지어다. 마귀를 대적하라 그리하면 너희를 피하리라. 하나님을 가까이하라 그리하면 너희를 가까이하시리라. 죄인들아 손을 깨끗이 하라, 두 마음을 품은 자들아 마음을 성결하게 하라. 슬퍼하며 애통하며 울지어다. 너희 웃음을 애통으

로, 너희 즐거움을 근심으로 바꿀지어다. 주 앞에서 낮추라 그리하면 주께서 너희를 높이시리라(약 4:7-10).

이것이 나아만의 경험이었다. 이것이 우리의 경험이어야 한다. 이것이 생명을 주시는 여호와께서 항상 일하시는 방식이다!

여호와께서 일하실 때, 예수 그리스도께서 일하실 때는 언제나 부수고 또 다시 세우고, 상처를 입히고 또 치유하고, 낮추고 또 높이는 일이 생긴다. 하지만 우리 속에는 곧바로 기쁨과 평안과 안전보장으로 가기 위해 무엇이든 하려는 속성이 있다. 우리는 재건과 치유와 높아지는 것을 좋아하지만, 사실은 그렇게 되지 않는다. 나아만이 알게 되었듯이, 하나님은 그의 말씀을 통해 그렇게 일하시지 않는다.

그러므로 하나님께서 우리 속에서 일하실 때는 회개와 수치가 있을 것을 예상해야 한다. 눈물, 반성, 슬픔 그리고 한탄도 있을 것이다. 예수 그리스도의 교회는 높임을 받는 것뿐 아니라 낮아지는 것이 있는 장소가 되어야 한다. 매주 우리는 하나님이 나를 납작하게 만드시는지, 그분 안에서 나를 높이시는지, 또는 둘 다인지를 자문할 필요가 있다! 이것이 신앙생활의 실체이다. 이것이 하나님께서 일하시는 방식이다. 게하시는 이 진리와 마주했고, 하나님에 대한 신뢰의 부족이 그의 탐욕으로 노출되었다. 감사가 있어야 할 곳에 욕심이 자리를 잡았다. 그는 우리의 죄에 대해 경고하는 인물로, 그리고 회개로부터 나오는 기쁨을 경험하라고 요구하는 인물로서 있다. 그럼에도 하나님은 우리 같은 죄 많은 사람들 속에서 그리고 그들을 통해 일하시는 분이다.

여호와는 주권자이시다! 그는 나라들의 운명을 주관하시고, 붙잡힌 여종을 통해 일하시고, 외국의 큰 용사를 낮추시고, 탐욕스러운 종을 폭로하신다. 왜 그러실까? 하나님은 바로 그런 분이기 때문이다! 사람들이 그리스도인이 될 때, 특히 그들이 정말로 문외한일 때는 사태가 약간 엉망이 되는 경우가 있다. 그런 경우 이런 사실을 기억하는 것이 좋을 듯하다.

열왕기하의 이 단락은 장대한 무언가의 일부가 되라는 일종의 초대이다. 우리가 이 여호와와 계약하게 되면 이번 장을 통해 다가오는 미래를 얼핏 볼 수 있다. 나아만이 외부인으로서 단 한 번 극적으로 언약 백성에 가입하는 인물로 그치지 않을 장래, 당신과 나와 같은 사람들, 모든 나라와 모든 인종 집단 출신의 사람들이 다함께 예배하기 위해 모여서 "구원하심이 보좌에 앉으신 우리 하나님과 어린 양에게 있도다"라고 외치고, 천사들이 "아멘! 찬송과 영광과 지혜와 감사와 존귀와 권능과 힘이 우리 하나님께 세세토록 있을지어다! 아멘"하고 화답할 장래의 모습이다(계 7:10-12).

2 Kings
열왕기하
6:1-8:15

6:1 선지자의 제자들이 엘리사에게 이르되 보소서 우리가 당신과 함
께 거주하는 이곳이 우리에게는 좁으니 2 우리가 요단으로 가서 거기
서 각각 한 재목을 가져다가 그곳에 우리가 거주할 처소를 세우사이
다 하니 엘리사가 이르되 가라 하는지라 3 그 하나가 이르되 청하건대
당신도 종들과 함께 하소서 하니 엘리사가 이르되 내가 가리라 하고
4 드디어 그들과 함께 가니라 무리가 요단에 이르러 나무를 베더니
5 한 사람이 나무를 벨 때에 쇠도끼가 물에 떨어진지라 이에 외쳐 이
르되 아아, 내 주여 이는 빌려온 것이니이다 하니 6 하나님의 사람이
이르되 어디 빠졌느냐 하매 그곳을 보이는지라 엘리사가 나뭇가지를
베어 물에 던져 쇠도끼를 떠오르게 하고 7 이르되 너는 그것을 집으라
하니 그 사람이 손을 내밀어 그것을 집으니라

6:1 Now the sons of the prophets said to Elisha, "See, the place where
we dwell under your charge is too small for us. 2 Let us go to the Jordan
and each of us get there a log, and let us make a place for us to dwell
there." And he answered, "Go." 3 Then one of them said, "Be pleased
to go with your servants." And he answered, "I will go." 4 So he went

with them. And when they came to the Jordan, they cut down trees.
5 But as one was felling a log, his axe head fell into the water, and he
cried out, "Alas, my master! It was borrowed." 6 Then the man of God
said, "Where did it fall?" When he showed him the place, he cut off a
stick and threw it in there and made the iron float. 7 And he said, "Take
it up." So he reached out his hand and took it.

8 그때에 아람 왕이 이스라엘과 더불어 싸우며 그의 신복들과 의논하
여 이르기를 우리가 아무데 아무데 진을 치리라 하였더니 9 하나님의
사람이 이스라엘 왕에게 보내 이르되 왕은 삼가 아무 곳으로 지나가
지 마소서 아람 사람이 그곳으로 나오나이다 하는지라 10 이스라엘 왕
이 하나님의 사람이 자기에게 말하여 경계한 곳으로 사람을 보내 방
비하기가 한두 번이 아닌지라
8 Once when the king of Syria was warring against Israel, he took
counsel with his servants, saying, "At such and such a place shall be
my camp." 9 But the man of God sent word to the king of Israel, "Beware
that you do not pass this place, for the Syrians are going down there."
10 And the king of Israel sent to the place about which the man of God
told him. Thus he used to warn him, so that he saved himself there
more than once or twice.

11 이러므로 아람 왕의 마음이 불안하여 그 신복들을 불러 이르되 우
리 중에 누가 이스라엘 왕과 내통하는 것을 내게 말하지 아니하느냐
하니 12 그 신복 중의 한 사람이 이르되 우리 주 왕이여 아니로소이다
오직 이스라엘 선지자 엘리사가 왕이 침실에서 하신 말씀을 이스라엘
의 왕에게 고하나이다 하는지라 13 왕이 이르되 너희는 가서 엘리사가
어디 있나 보라 내가 사람을 보내어 그를 잡으리라 왕에게 아뢰어 이

르되 보라 그가 도단에 있도다 하나이다 14 왕이 이에 말과 병거와 많
은 군사를 보내매 그들이 밤에 가서 그 성읍을 에워쌌더라
11 And the mind of the king of Syria was greatly troubled because of
this thing, and he called his servants and said to them, "Will you not
show me who of us is for the king of Israel?" 12 And one of his servants
said, "None, my lord, O king; but Elisha, the prophet who is in Israel,
tells the king of Israel the words that you speak in your bedroom."
13 And he said, "Go and see where he is, that I may send and seize
him." It was told him, "Behold, he is in Dothan." 14 So he sent there
horses and chariots and a great army, and they came by night and
surrounded the city.

15 하나님의 사람의 사환이 일찍이 일어나서 나가보니 군사와 말과
병거가 성읍을 에워쌌는지라 그의 사환이 엘리사에게 말하되 아아,
내 주여 우리가 어찌하리이까 하니 16 대답하되 두려워하지 말라 우리
와 함께한 자가 그들과 함께한 자보다 많으니라 하고 17 기도하여 이
르되 여호와여 원하건대 그의 눈을 열어서 보게 하옵소서 하니 여호
와께서 그 청년의 눈을 여시매 그가 보니 불말과 불병거가 산에 가득
하여 엘리사를 둘렀더라 18 아람 사람이 엘리사에게 내려오매 엘리사
가 여호와께 기도하여 이르되 원하건대 저 무리의 눈을 어둡게 하옵
소서 하매 엘리사의 말대로 그들의 눈을 어둡게 하신지라 19 엘리사
가 그들에게 이르되 이는 그 길이 아니요 이는 그 성읍도 아니니 나를
따라 오라 내가 너희를 인도하여 너희가 찾는 사람에게로 나아가리라
하고 그들을 인도하여 사마리아에 이르니라
15 When the servant of the man of God rose early in the morning and
went out, behold, an army with horses and chariots was all around
the city. And the servant said, "Alas, my master! What shall we do?"

16 He said, "Do not be afraid, for those who are with us are more than
those who are with them." 17 Then Elisha prayed and said, "O Lord,
please open his eyes that he may see." So the Lord opened the eyes
of the young man, and he saw, and behold, the mountain was full of
horses and chariots of fire all around Elisha. 18 And when the Syrians
came down against him, Elisha prayed to the Lord and said, "Please
strike this people with blindness." So he struck them with blindness in
accordance with the prayer of Elisha. 19 And Elisha said to them, "This
is not the way, and this is not the city. Follow me, and I will bring you
to the man whom you seek." And he led them to Samaria.

20 사마리아에 들어갈 때에 엘리사가 이르되 여호와여 이 무리의 눈
을 열어서 보게 하옵소서 하니 여호와께서 그들의 눈을 여시매 그들
이 보니 자기들이 사마리아 가운데에 있더라 21 이스라엘 왕이 그들을
보고 엘리사에게 이르되 내 아버지여 내가 치리이까 내가 치리이까
하니 22 대답하되 치지 마소서 칼과 활로 사로잡은 자인들 어찌 치리
이까 떡과 물을 그들 앞에 두어 먹고 마시게 하고 그들의 주인에게로
돌려보내소서 하는지라 23 왕이 위하여 음식을 많이 베풀고 그들이 먹
고 마시매 놓아보내니 그들이 그들의 주인에게로 돌아가니라 이로부
터 아람 군사의 부대가 다시는 이스라엘 땅에 들어오지 못하니라
20 As soon as they entered Samaria, Elisha said, "O Lord, open the eyes
of these men, that they may see." So the Lord opened their eyes and
they saw, and behold, they were in the midst of Samaria. 21 As soon as
the king of Israel saw them, he said to Elisha, "My father, shall I strike
them down? Shall I strike them down?" 22 He answered, "You shall
not strike them down. Would you strike down those whom you have
taken captive with your sword and with your bow? Set bread and water

6장

before them, that they may eat and drink and go to their master." 23 So
he prepared for them a great feast, and when they had eaten and drunk,
he sent them away, and they went to their master. And the Syrians did
not come again on raids into the land of Israel.

24 이 후에 아람 왕 벤하닷이 그의 온 군대를 모아 올라와서 사마리아
를 에워싸니 25 아람 사람이 사마리아를 에워싸므로 성중이 크게 주
려서 나귀 머리 하나에 은 팔십 세겔이요 비둘기 똥 사분의 일 갑에
은 다섯 세겔이라 하니 26 이스라엘 왕이 성 위로 지나갈 때에 한 여인
이 외쳐 이르되 나의 주 왕이여 도우소서 27 왕이 이르되 여호와께서
너를 돕지 아니하시면 내가 무엇으로 너를 도우랴 타작 마당으로 말
미암아 하겠느냐 포도주 틀로 말미암아 하겠느냐 하니라 28 또 이르
되 무슨 일이냐 하니 여인이 대답하되 이 여인이 내게 이르기를 네 아
들을 내놓아라 우리가 오늘 먹고 내일은 내 아들을 먹자 하매 29 우리
가 드디어 내 아들을 삶아 먹었더니 이튿날에 내가 그 여인에게 이르
되 네 아들을 내놓아라 우리가 먹으리라 하나 그가 그의 아들을 숨겼
나이다 하는지라 30 왕이 그 여인의 말을 듣고 자기 옷을 찢으니라 그
가 성 위로 지나갈 때에 백성이 본즉 그의 속살에 굵은 베를 입었더라
31 왕이 이르되 사밧의 아들 엘리사의 머리가 오늘 그 몸에 붙어 있으
면 하나님이 내게 벌 위에 벌을 내리실지로다 하니라

24 Afterward Ben-hadad king of Syria mustered his entire army and
went up and besieged Samaria. 25 And there was a great famine in
Samaria, as they besieged it, until a donkey's head was sold for eighty
shekels of silver, and the fourth part of a kab[1] of dove's dung for five
shekels of silver. 26 Now as the king of Israel was passing by on the
wall, a woman cried out to him, saying, "Help, my lord, O king!"
27 And he said, "If the Lord will not help you, how shall I help you?

From the threshing floor, or from the winepress?" 28 And the king
asked her, "What is your trouble?" She answered, "This woman said to
me, 'Give your son, that we may eat him today, and we will eat my son
tomorrow.' 29 So we boiled my son and ate him. And on the next day I
said to her, 'Give your son, that we may eat him.' But she has hidden
her son." 30 When the king heard the words of the woman, he tore his
clothes—now he was passing by on the wall—and the people looked,
and behold, he had sackcloth beneath on his body— 31 and he said, "May
God do so to me and more also, if the head of Elisha the son of Shaphat
remains on his shoulders today."

32 그때에 엘리사가 그의 집에 앉아 있고 장로들이 그와 함께 앉아 있는데 왕이 자기 처소에서 사람을 보냈더니 그 사자가 이르기 전에 엘리사가 장로들에게 이르되 너희는 이 살인한 자의 아들이 내 머리를 베려고 사람을 보내는 것을 보느냐 너희는 보다가 사자가 오거든 문을 닫고 문 안에 들이지 말라 그의 주인의 발소리가 그의 뒤에서 나지
아니하느냐 하고
33 무리와 말을 할 때에 그 사자가 그에게 이르니라 왕이 이르되 이 재앙이 여호와께로부터 나왔으니 어찌 더 여호와를 기다리리요

32 Elisha was sitting in his house, and the elders were sitting with him.
Now the king had dispatched a man from his presence, but before
the messenger arrived Elisha said to the elders, "Do you see how this
murderer has sent to take off my head? Look, when the messenger
comes, shut the door and hold the door fast against him. Is not the
sound of his master's feet behind him?"
33 And while he was still
speaking with them, the messenger came down to him and said, "This
trouble is from the Lord! Why should I wait for the Lord any longer?"

7:1 엘리사가 이르되 여호와의 말씀을 들을지어다 여호와께서 이르시
되 내일 이맘때에 사마리아 성문에서 고운 밀가루 한 스아를 한 세겔
로 매매하고 보리 두 스아를 한 세겔로 매매하리라 하셨느니라 2 그때
에 왕이 그의 손에 의지하는 자 곧 한 장관이 하나님의 사람에게 대답
하여 이르되 여호와께서 하늘에 창을 내신들 어찌 이런 일이 있으리
요 하더라 엘리사가 이르되 네가 네 눈으로 보리라 그러나 그것을 먹
지는 못하리라 하니라

7:1 But Elisha said, "Hear the word of the Lord: thus says the Lord,
Tomorrow about this time a seah[2] of fine flour shall be sold for a
shekel,[3] and two seahs of barley for a shekel, at the gate of Samaria."
2 Then the captain on whose hand the king leaned said to the man of
God, "If the Lord himself should make windows in heaven, could this
thing be?" But he said, "You shall see it with your own eyes, but you
shall not eat of it."

3 성문 어귀에 나병 환자 네 사람이 있더니 그 친구에게 서로 말하되
우리가 어찌하여 여기 앉아서 죽기를 기다리랴 4 만일 우리가 성읍으
로 가자고 말한다면 성읍에는 굶주림이 있으니 우리가 거기서 죽을
것이요 만일 우리가 여기서 머무르면 역시 우리가 죽을 것이라 그런
즉 우리가 가서 아람 군대에게 항복하자 그들이 우리를 살려 두면 살
것이요 우리를 죽이면 죽을 것이라 하고 5 아람 진으로 가려 하여 해
질 무렵에 일어나 아람 진영 끝에 이르러서 본즉 그곳에 한 사람도 없
으니 6 이는 주께서 아람 군대로 병거 소리와 말 소리와 큰 군대의 소
리를 듣게 하셨으므로 아람 사람이 서로 말하기를 이스라엘 왕이 우
리를 치려 하여 헷 사람의 왕들과 애굽 왕들에게 값을 주고 그들을 우
리에게 오게 하였다 하고 7 해 질 무렵에 일어나서 도망하되 그 장막
과 말과 나귀를 버리고 진영을 그대로 두고 목숨을 위하여 도망하였

음이라 8 그 나병 환자들이 진영 끝에 이르자 한 장막에 들어가서 먹
고 마시고 거기서 은과 금과 의복을 가지고 가서 감추고 다시 와서 다
른 장막에 들어가 거기서도 가지고 가서 감추니라

3 Now there were four men who were lepers[4] at the entrance to the gate.
And they said to one another, "Why are we sitting here until we die?
4 If we say, 'Let us enter the city,' the famine is in the city, and we shall
die there. And if we sit here, we die also. So now come, let us go over
to the camp of the Syrians. If they spare our lives we shall live, and if
they kill us we shall but die." 5 So they arose at twilight to go to the
camp of the Syrians. But when they came to the edge of the camp of
the Syrians, behold, there was no one there. 6 For the Lord had made
the army of the Syrians hear the sound of chariots and of horses, the
sound of a great army, so that they said to one another, "Behold, the
king of Israel has hired against us the kings of the Hittites and the kings
of Egypt to come against us." 7 So they fled away in the twilight and
abandoned their tents, their horses, and their donkeys, leaving the camp
as it was, and fled for their lives. 8 And when these lepers came to the
edge of the camp, they went into a tent and ate and drank, and they
carried off silver and gold and clothing and went and hid them. Then
they came back and entered another tent and carried off things from it
and went and hid them.

9 나병 환자들이 그 친구에게 서로 말하되 우리가 이렇게 해서는 아니
되겠도다 오늘은 아름다운 소식이 있는 날이거늘 우리가 침묵하고 있
도다 만일 밝은 아침까지 기다리면 벌이 우리에게 미칠지니 이제 떠
나 왕궁에 가서 알리자 하고 10 가서 성읍 문지기를 불러 그들에게 말
하여 이르되 우리가 아람 진에 이르러서 보니 거기에 한 사람도 없고

사람의 소리도 없고 오직 말과 나귀만 매여 있고 장막들이 그대로 있
더이다 하는지라 11 그가 문지기들을 부르매 그들이 왕궁에 있는 자에
게 말하니 12 왕이 밤에 일어나 그의 신복들에게 이르되 아람 사람이
우리에게 행한 것을 내가 너희에게 알게 하노니 그들이 우리가 주린
것을 알고 있으므로 그 진영을 떠나서 들에 매복하고 스스로 이르기
를 그들이 성읍에서 나오거든 우리가 사로잡고 성읍에 들어가겠다 한
것이니라 하니 13 그의 신하 중 한 사람이 대답하여 이르되 청하건대
아직 성중에 남아 있는 말 다섯 마리를 취하고 사람을 보내 정탐하게
하소서 그것들이 성중에 남아 있는 이스라엘 온 무리 곧 멸망한 이스
라엘 온 무리와 같으니이다 하고 14 그들이 병거 둘과 그 말들을 취한
지라 왕이 아람 군대 뒤로 보내며 가서 정탐하라 하였더니 15 그들이
그들의 뒤를 따라 요단에 이른즉 아람 사람이 급히 도망하느라고 버린
의복과 병기가 길에 가득하였더라 사자가 돌아와서 왕에게 알리니
9 Then they said to one another, "We are not doing right. This day is
a day of good news. If we are silent and wait until the morning light,
punishment will overtake us. Now therefore come; let us go and tell
the king's household." 10 So they came and called to the gatekeepers
of the city and told them, "We came to the camp of the Syrians, and
behold, there was no one to be seen or heard there, nothing but the
horses tied and the donkeys tied and the tents as they were." 11 Then
the gatekeepers called out, and it was told within the king's household.
12 And the king rose in the night and said to his servants, "I will tell
you what the Syrians have done to us. They know that we are hungry.
Therefore they have gone out of the camp to hide themselves in the
open country, thinking, 'When they come out of the city, we shall take
them alive and get into the city.'" 13 And one of his servants said, "Let
some men take five of the remaining horses, seeing that those who are

left here will fare like the whole multitude of Israel who have already
perished. Let us send and see." 14 So they took two horsemen, and the
king sent them after the army of the Syrians, saying, "Go and see."
15 So they went after them as far as the Jordan, and behold, all the way
was littered with garments and equipment that the Syrians had thrown
away in their haste. And the messengers returned and told the king.

16 백성들이 나가서 아람 사람의 진영을 노략한지라 이에 고운 밀가
루 한 스아에 한 세겔이 되고 보리 두 스아가 한 세겔이 되니 여호와
의 말씀과 같이 되었고 17 왕이 그의 손에 의지하였던 그의 장관을
세워 성문을 지키게 하였더니 백성이 성문에서 그를 밟으매 하나님
의 사람의 말대로 죽었으니 곧 왕이 내려왔을 때에 그가 말한 대로라
18 하나님의 사람이 왕에게 말한 바와 같으니 이르기를 내일 이맘 때
에 사마리아 성문에서 보리 두 스아를 한 세겔로 매매하고 고운 밀가
루 한 스아를 한 세겔로 매매하리라 한즉 19 그때에 이 장관이 하나님
의 사람에게 대답하여 이르되 여호와께서 하늘에 창을 내신들 어찌
이 일이 있으랴 하매 대답하기를 네가 네 눈으로 보리라 그러나 그것
을 먹지는 못하리라 하였더니 20 그의 장관에게 그대로 이루어졌으니
곧 백성이 성문에서 그를 밟으매 죽었더라

16 Then the people went out and plundered the camp of the Syrians.
So a seah of fine flour was sold for a shekel, and two seahs of barley
for a shekel, according to the word of the Lord. 17 Now the king had
appointed the captain on whose hand he leaned to have charge of the
gate. And the people trampled him in the gate, so that he died, as the
man of God had said when the king came down to him. 18 For when the
man of God had said to the king, "Two seahs of barley shall be sold for
a shekel, and a seah of fine flour for a shekel, about this time tomorrow

in the gate of Samaria," 19 the captain had answered the man of God,
"If the Lord himself should make windows in heaven, could such a
thing be?" And he had said, "You shall see it with your own eyes, but
you shall not eat of it." 20 And so it happened to him, for the people
trampled him in the gate and he died.

8:1 엘리사가 이전에 아들을 다시 살려 준 여인에게 이르되 너는 일어
나서 네 가족과 함께 거주할 만한 곳으로 가서 거주하라 여호와께서
기근을 부르셨으니 그대로 이 땅에 칠 년 동안 임하리라 하니 2 여인
이 일어나서 하나님의 사람의 말대로 행하여 그의 가족과 함께 가서
블레셋 사람들의 땅에 칠 년을 우거하다가 3 칠 년이 다하매 여인이
블레셋 사람들의 땅에서 돌아와 자기 집과 전토를 위하여 호소하려
하여 왕에게 나아갔더라 4 그때에 왕이 하나님의 사람의 사환 게하시
와 서로 말하며 이르되 너는 엘리사가 행한 모든 큰일을 내게 설명하
라 하니 5 게하시가 곧 엘리사가 죽은 자를 다시 살린 일을 왕에게 이
야기할 때에 그 다시 살린 아이의 어머니가 자기 집과 전토를 위하여
왕에게 호소하는지라 게하시가 이르되 내 주 왕이여 이는 그 여인이
요 저는 그의 아들이니 곧 엘리사가 다시 살린 자니이다 하니라 6 왕
이 그 여인에게 물으매 여인이 설명한지라 왕이 그를 위하여 한 관리
를 임명하여 이르되 이 여인에게 속한 모든 것과 이 땅에서 떠날 때부
터 이제까지 그의 밭의 소출을 다 돌려 주라 하였더라

8:1 Now Elisha had said to the woman whose son he had restored to life,
"Arise, and depart with your household, and sojourn wherever you can,
for the Lord has called for a famine, and it will come upon the land for
seven years." 2 So the woman arose and did according to the word of
the man of God. She went with her household and sojourned in the land
of the Philistines seven years. 3 And at the end of the seven years, when

the woman returned from the land of the Philistines, she went to appeal
to the king for her house and her land. 4 Now the king was talking with
Gehazi the servant of the man of God, saying, "Tell me all the great
things that Elisha has done." 5 And while he was telling the king how
Elisha had restored the dead to life, behold, the woman whose son he
had restored to life appealed to the king for her house and her land. And
Gehazi said, "My lord, O king, here is the woman, and here is her son
whom Elisha restored to life." 6 And when the king asked the woman,
she told him. So the king appointed an official for her, saying, "Restore
all that was hers, together with all the produce of the fields from the day
that she left the land until now."

7 엘리사가 다메섹에 갔을 때에 아람 왕 벤하닷이 병들었더니 왕에게
들리기를 이르되 하나님의 사람이 여기 이르렀나이다 하니 8 왕이 하
사엘에게 이르되 너는 손에 예물을 가지고 가서 하나님의 사람을 맞
이하고 내가 이 병에서 살아나겠는지 그를 통하여 여호와께 물으라
9 하사엘이 그를 맞이하러 갈새 다메섹의 모든 좋은 물품으로 예물을
삼아 가지고 낙타 사십 마리에 싣고 나아가서 그의 앞에 서서 이르되
당신의 아들 아람 왕 벤하닷이 나를 당신에게 보내 이르되 나의 이 병
이 낫겠나이까 하더이다 하니 10 엘리사가 이르되 너는 가서 그에게
말하기를 왕이 반드시 나으리라 하라 그러나 여호와께서 그가 반드시
죽으리라고 내게 알게 하셨느니라 하고 11 하나님의 사람이 그가 부끄
러워하기까지 그의 얼굴을 쏘아보다가 우니 12 하사엘이 이르되 내 주
여 어찌하여 우시나이까 하는지라 대답하되 네가 이스라엘 자손에게
행할 모든 악을 내가 앎이라 네가 그들의 성에 불을 지르며 장정을 칼
로 죽이며 어린 아이를 메치며 아이 밴 부녀를 가르리라 하니 13 하사
엘이 이르되 당신의 개 같은 종이 무엇이기에 이런 큰일을 행하오리

이까 하더라 엘리사가 대답하되 여호와께서 네가 아람 왕이 될 것을
내게 알게 하셨느니라 하더라 14 그가 엘리사를 떠나가서 그의 주인에
게 나아가니 왕이 그에게 묻되 엘리사가 네게 무슨 말을 하더냐 하니
대답하되 그가 내게 이르기를 왕이 반드시 살아나시리이다 하더이다
하더라 15 그 이튿날에 하사엘이 이불을 물에 적시어 왕의 얼굴에 덮
으매 왕이 죽은지라 그가 대신하여 왕이 되니라

7 Now Elisha came to Damascus. Ben-hadad the king of Syria was sick.
And when it was told him, "The man of God has come here," 8 the king
said to Hazael, "Take a present with you and go to meet the man of
God, and inquire of the Lord through him, saying, 'Shall I recover from
this sickness?'" 9 So Hazael went to meet him, and took a present with
him, all kinds of goods of Damascus, forty camels' loads. When he
came and stood before him, he said, "Your son Ben-hadad king of Syria
has sent me to you, saying, 'Shall I recover from this sickness?'" 10 And
Elisha said to him, "Go, say to him, 'You shall certainly recover,' but[5]
the Lord has shown me that he shall certainly die." 11 And he fixed his
gaze and stared at him, until he was embarrassed. And the man of God
wept. 12 And Hazael said, "Why does my lord weep?" He answered,
"Because I know the evil that you will do to the people of Israel. You
will set on fire their fortresses, and you will kill their young men with
the sword and dash in pieces their little ones and rip open their pregnant
women." 13 And Hazael said, "What is your servant, who is but a dog,
that he should do this great thing?" Elisha answered, "The Lord has
shown me that you are to be king over Syria." 14 Then he departed
from Elisha and came to his master, who said to him, "What did Elisha
say to you?" And he answered, "He told me that you would certainly
recover." 15 But the next day he took the bed cloth[6] and dipped it in

water and spread it over his face, till he died. And Hazael became king in his place.

1 A *shekel* was about 2/5 ounce or 11 grams; a *kab* was about 1 quart or 1 liter *2* A *seah* was about 7 quarts or 7.3 liters *3* A *shekel* was about 2/5 ounce or 11 grams *4* *Leprosy* was a term for several skin diseases; see Leviticus 13 *5* Some manuscripts *say, 'You shall certainly not recover,' for* *6* The meaning of the Hebrew is uncertain

단락 개관

작은 일과 큰 일이 일어나는 날

열왕기하 6:1-8:15은 엘리사가 사역하는 동안 이스라엘의 상태를 상세히 기술하는 긴 삽화적 내러티브다. 때로는 구체적인 사건들이 본문에 나오는 순서대로 포함되는 이유를 (인간적 관점에서) 알기가 어려워도 이 단락의 전반적 취지를 오해할 소지는 거의 없다. 여호와께서 여전히 주관하시고, 그분이 여전히 그분의 백성을 위해 일하시고, 그분이 계속해서 그분의 말씀을 통해 일하신다는 것이다.

선지자의 제자들이 이주하는 문제와 관련된 평범한 사건들, 이후 빌려온 쇠도끼를 상실하고 되찾는 사건은 다음 사실을 강조한다. 여전히 고통받고 있는 국가, 그리고 평온하지만 변함없이 변절한 상태인 이스라엘, 그 긴 시간이 흘러가는 와중에도 여호와께서는 그의 선지자들을 통해 말씀하시고, 여전히 일하신다.

아람과의 싸움이 계속 시끄럽게 이어지고 엘리사가 그들의 습격을 저지하는데 핵심 역할을 수행한다. 엘리사가 이전에 사마리아의 기득권층과 관계를 맺었음에도 불구하고 이 시점에 '국가 선지자'의 역할을 수행하는 모습은 뜻밖이다. 아니나 다를까, 왕이 엘리사를 처리하려고 '색출체포대'

를 보내자, 여호와께서 개입해서 그분의 종을 보호하신다. 이 경우에는 엘리사가 눈에 안 보이는 하나님의 군대에 둘러싸여 있는 것이 분명해진다(참고. 왕하 2장에 나오는 엘리야). 더구나 아람 사람들은 눈이 멀어버려서 사마리아의 심장부로 끌려간 후에야 비로소 시력을 회복한다. 이스라엘이 압도적 승리를 거둘 뿐 아니라 이 적군들은 여호와의 종들에게서 관대한 대접을 받는다.

이 일방적인 싸움에 관한 기사가 6:24-29에서 계속 이어진다. 아람 왕이 습격을 실행하기보다 급소를 찌르기로 결정하고 사마리아를 포위하게 된다. 그 포위가 큰 효과를 발휘하여 이스라엘이 끔찍한 상황에 처하고 식인 행위까지 만연하게 된다. 이 시점에 이름이 밝혀지지 않은 이스라엘 왕이 엘리사와 (엘리사가 대변하는) 여호와를 모두 공격한다. 여호와께서 엘리사를 통해 포위가 곧 풀리고 만사가 형통할 것이라고 안심시킬 때, 왕의 심복이 그 선지자와 그가 섬기는 하나님을 조롱한다(7:1-2).

7:3에서 우리는 나병 환자 네 명을 소개받는데, 그들은 잃을 게 전혀 없다는 것을 알고 아람 사람에게 그들의 운을 맡기기로 결정한다. 그런데 아람 진영에 도착해보니 여호와께서 아람 군대에 혼란을 일으키신 결과 그들이 도망했다는 것을 발견하게 된다. 나병 환자들은 먼저 남겨둔 식량으로 배를 가득 채운 후 이 소식을 나눠야 한다는 것을 깨닫고 그것을 왕에게 전달한다. 처음에는 불신의 반응(그리고 수색대의 파견)이 있었으나 이후 그 소식이 확인되자 백성이 아람의 약탈품을 즐기려고 서둘러 나간다. 열왕기 저자는 이 모든 일이 여호와의 말씀과 같이 된다고(7:16) 재빨리 강조한다. 아수라장이 된 현장에서 그것을 의심하던 왕의 신하가 여호와께서 말씀하신 대로 밟혀서 죽음으로써 여호와께서 일하고 계시다는 것을 이중으로 확증한다.

뜻밖에도 우리는 8:1-6에서 다시 수넴 여자를 발견한다. 그녀는 엘리사의 촉구로 얼마 전에 이스라엘을 떠났다가 이제 돌아오는 것으로 등장한다. 이와 똑같이 뜻밖에도 이스라엘 왕이 경건한 모습을 보이며 엘리사의 사역에 큰 관심을 보이고, 게하시가 수넴 여자를 그에게 소개해서 그녀가 잃었던 땅을 되찾게 되는데, 이는 아브라함에게 주신 땅의 약속이 궁극적으로 성취될 날을 내다보게 한다.

이 길고 다면적인 단락은 아람의 벤하닷이 심한 병에 걸렸을 때 (열왕기하 1장에서 아하시야가 바알을 찾아 나섰던 것처럼) 엘리사를 소환하는 장면으로 마무리된다. 하지만 벤하닷은 이 정보를 얻기 위해 그의 종 하사엘을 보냄으로써 우리로 하여금 성취되지 않은 열왕기상 19:15의 약속으로 되돌아가게 한다. 엘리사는 마지못해 하사엘에게 그가 왕이 될 것이라고 일러준다. 이후 하사엘이 독자적으로 일을 처리하여 열왕기하 8:15에서 그의 왕을 질식시켜 죽인다. 왕권을 주장하는 아람 사람의 악한 야망을 통해서도 여호와는 그분의 목적을 이루실 것이다.

열왕기는 애초에 바벨론에 살고 있는 하나님의 백성을 위해 기록되었다는 점을 기억하는 게 필요하다. 이 책은 여호와께서 수백 년에 걸쳐 어떻게 그분의 백성을 다루셨는지에 대해 얘기하지만, 그 자체는 포로생활의 도전거리들을 다루고 있다. 그러면 바벨론에서 영위하던 삶의 현실은 어떠했는가? 많은 압박이 있었다(참고. 단 1, 3, 6장). 그러나 바벨론 사람들은 박해보다는 동화 정책을 추진하고 있었다. 다니엘서에도 포로들이 간헐적으로 통치자들과 충돌하는 모습이 나온다. 바벨론에서의 삶은 어느 면에서 유다에서 살아남는 것보다 어려움이 덜했을지 모른다. 유배는 많은 면에서 문명국가로의 이동이었다.[22] 하나님의 백성에게 닥치는 일차적 도전은 신학적인 것이었다. '그들이 여호와에 관해 알았던 모든 것이 뒤집어졌다. 패배할 수 없던 하나님이 지고 말았다. 결코 그들을 버리지 않겠다고 말씀하셨던 하나님이 그들을 포기하셨고, 늘 말씀하셨던 하나님이 갑자기 조용해지셨다. 약속의 하나님이 그 모든 약속을 깨신 것 같았다.' 그래서

22 그러나 다음 글은 포로생활에 대해 아주 다르고 덜 긍정적인 평가를 내린다. D. L. Smith-Christopher, "Ezekiel on Fanon's Couch: a Postcolonialist Dialogue with David Halperin's *Seeking Ezekiel,*" in *Peace and Justice Shall Embrace: Power and Theopolitics in the Bible; Essays in Honor of Millard Lind*, ed. T. Grimsrud and L. L. Johns (Telford, PA: Pandora, 1999), 108-144.

그들은 비교적 편안하고 아름답고 지겨운 바벨론에 몸담게 되었다.[23] 삶은 비교적 양호했으나 그들에게 하나님의 통치와 사랑은 지나간 과거의 일로 보였다. 바벨론에서는 그냥 정착하고, 바벨론의 풍습에 적응하고, 하나님에 대해 잊어버리고 싶은 유혹이 있었다. 이번 장의 사건들은 그런 유혹을 정면으로 도전한다.

단락 개요

III. 하나님의 말씀과 하나님의 선지자(엘리야와 엘리사, 왕상 17:1-왕하 12:21)

L. 물에 뜨는 쇠도끼, 아람 사람의 패배, 사마리아의 포위, 수넴 땅의 회복, 벤하닷에 대한 심판(6:1-8:15)

1. 엘리사가 잃어버린 쇠도끼를 되찾다(6:1-7)
2. 여호와께서 엘리사를 통해 이스라엘을 보호하고 엘리사도 보호하시다(6:8-23)
3. 사마리아의 포위(6:24-29)
4. 이스라엘 왕이 엘리사를 공격하다(6:30-33)
5. 엘리사가 이스라엘의 구조를 선포하다(7:1-2)
6. 여호와께서 다시 이스라엘을 구출하려고 행동하시다(7:3-20)
7. 수넴 여자가 다시 등장하다(8:1-6)
8. 하세엘, 여호와의 도구(8:7-15)

23 바벨론에서 보낸 안전한 70년은 아무리 어려워도 유배를 초래했던 그 불안정하고 충격적이었던 세월과는 매우 달랐다.

주석

6:1-4 다시 한 번 "선지자의 제자들"이 그들의 역할에 대한 상세한 설명이 없이 이 내러티브에 등장한다(참고. 2:5). 하지만 이번에는 그들 중 한 사람의 말을 통해 그들이 엘리사의 지도 아래 모종의 공동체에서 살았다는 것을 알게 된다. "보소서 우리가 당신과 함께 거주하는 이곳이 우리에게는 좁으니"(1절). 이는 엘리야의 시절과 상당한 차이가 있는 듯이 보인다. 당시에는 엘리야와 이 그룹 간에 공식적인 관계가 없는 것처럼 보였기 때문이다. 그들의 계획은 "요단으로 가서" 그 그룹을 위한 영구적인 목재 주택을 짓기 위해 다함께 일하는 것이다. 엘리사는 "가라"는 한 마디로 동의를 표시하지만 그들이 "당신도 종들과 함께 하소서"라고 부탁한다. 그래서 엘리사가 그들과 동행하고 비로소 건축 작업이 시작된다. 이것이 이 내러티브의 주된 초점은 아니지만 마치 '선지자 운동'이 이제 한창 무르익은 듯이 보인다. 이는 엘리야가 이스라엘의 미래가 자기에게, 그것도 오직 자기에게만 달려있다고 생각했던 현실과 너무나 다르다.[24]

6:5-6 건축 작업이 본격적으로 진행될 때 선지자의 제자들 중 한 명이 값비싸고 당혹스러운 사고를 당한다. "한 사람이 나무를 벨 때에 쇠도끼가 물에 떨어진지라"(요단강으로 추정된다). 이 사고의 심각성은 그 사람이 엘리사에게 "아아, 내 주여 이는 빌려온 것이니이다"라고 외치는 것으로 밝히 드러난다. 그 사람이 선지자에게 외치는 것이 흥미로운데, 이는 선지자가 그 사고에 대해 무언가를 할 수 있을 것이란 기대를 반영하는 듯하다. 6절에서 엘리사(이제는 변함없이 "하나님의 사람"으로 불리는)가 그에게 도끼가 물(그가 열왕기하 2장에서 갈랐던 그 물)에 빠진 곳을 물은 후 그는 "나뭇가지를 베어 물에 던져 쇠도끼를 떠오르게" 한다. 이후 엘리사가 그에게 "그것을 집

24 열왕기하 2장에는 선지자들의 제자들로 이뤄진 다른 그룹들이 여리고와 벧엘에 기반을 두고 있는 것과 열왕기상 20장에 이와 비슷한 그룹이 존재하는 듯 보인다는 것도 참고하라.

으라"고 말하고 그는 그렇게 한다. 사실적인 표현 양식, 세부사항의 결핍 그리고 설명의 부재가 모두 이 독특한 사건의 충격적 성격을 배가시킨다. 이 사건이 왜 이 내러티브에 포함되었을까? 우리는 이미 열왕기하에서 여호와께서 그분의 선지자 엘리사를 통해 일하고 계신다는 것을 살펴보았다. 한 사람에게 부끄러움과 상당한 비용을 면제시켜주는 이 하찮은 기적을 통해, 하나님은 그분이 엘리사와 선지자의 제자들 둘 다를 통해 일하고 계시다는 것을 분명히 하신다. 왕과 그의 궁전의 한심한 상태에도 불구하고 여호와는 아직도 그분의 백성을 버리지 않으셨다.

6:8-10 이 내러티브의 여러 지점에서 이미 전쟁으로 확대된 이스라엘과 아람의 갈등이 배경에서 계속 시끄러운 소리를 낸다(5:2에서와 같이). 그런데 명시되지 않는 어느 기간에 아람 왕은 자기가 매우 이질적인 무언가와 대립하고 있다는 것을 알게 된다. 그의 불평인즉 자기가 특정한 계획을 떠올릴 때마다 이스라엘 사람들이 그보다 한걸음 앞서는 듯 보인다는 것이다. 저자는 이것이 전적으로 선지자 엘리사의 통찰력과 주도권 때문이라고 설명한다. "하나님의 사람이 이스라엘 왕에게 보내 이르되 '왕은 삼가 아무 곳으로 지나가지 마소서 아람 사람이 그곳으로 나오나이다' 하는지라"(9절). 이는 반(半)규칙적인 일이다.[25]

6:11-12 이것이 아람 왕에게 괴로움을 유발하는 것은 놀랍지 않다. "이 일 때문에 아람 왕은 화가 머리끝까지" 났다(새번역). 그는 그의 측근들 중 누군가가 "이스라엘 왕과 내통하는" 것이 틀림없다는 성급한 결론을 내린다. 그의 궁정의 일원이 중요한 정보 한 가지를 말하기 시작한다. "우리 주 왕이여 아니로소이다 오직 이스라엘 선지자 엘리사가 왕이 침실에서 하신 말씀을 이스라엘의 왕에게 고하나이다"(12절). 그 신하가 "[왕의] 침실에서"

25 엘리사가 이런 주도권을 잡는 모습이 뜻밖이다. 여호람의 태도가 바뀐 것일까? 저자는 이 의문을 그냥 내버려둔다.

하신 말씀을 부각시킨다는 사실은 그 장면에 우스꽝스러운 분위기를 조성한다. 은밀한 계획뿐 아니라 왕의 생활의 모든 면도 여호와와 그의 선지자에게는 열린 책과 같다는 뜻이다.

6:13-14 왕이 이 사태를 끝내려고 특수임무부대를 급파하는 것은 놀랄 일이 아니다. 그래서 그의 신하들에게 "가서 엘리사가 어디 있나 보라 내가 사람을 보내어 그를 잡으리라"고 완곡하게 명령한다. 첩보기관이 돌아와서 엘리사가 도단(사마리아의 북쪽 약 19킬로미터에 위치한)에 있다고 보고하자 "왕이 이에 말과 병거와 많은 군사를 보내매 그들이 밤에 가서 그 성읍을 에워[싼다]". 이것은 비밀 작전이 아니라 그의 맥 빠지는 군사작전에 활력을 불어넣기 위한 대대적인 공격이다.

6:15-17 엘리사의 사환(그 이름이 간헐적으로 언급되지만 줄곧 게하시로 추정된다)이 아침에 일어나는 순간 대규모 아람 병력을 마주치고는 "내 주여 우리가 어찌하리이까?"하고 소리친다. 게하시가 나아만 내러티브에 마지막으로 등장한 후 이 시점에 다시 나타나는 것이 무척 놀랍다. 본문에 아무런 설명도 없지만, 독자는 하나님이(그리고 엘리사가) 이전에 탐욕을 부리던 게하시에게 은혜를 베푸셨다고 추론할 수 있을 듯하다. 하지만 초점은 완전히 그 선지자에게 맞춰진다. 이번에는 엘리사의 선견이 실패한 것처럼 보이기 때문이다. 그러나 도끼를 물에 띄우는 것과 아람 사람을 포위하는 것은 여호와와 그의 선지자가 쉽게 다루는 일이고, 엘리사가 16절에서 게하시에게 이렇게 아리송하게 말한다. "두려워하지 말라 우리와 함께한 자가 그들과 함께한 자보다 많으니라." 엘리사와 열왕기하의 전형적인 특징처럼 이 말도 느닷없이 나온다. 이 지점에서는 엘리사가 "기도하여 이르되 '여호와여 원하건대 그의 눈을 열어서 보게 하옵소서'"라고 간구한다. 그 순간 사환이 여호와의 일을 목격하게 되어 별안간 "불 말과 불 병거가 산에 가득하여 엘리사를 둘렀다"는 것을 알게 된다. 이는 열왕기하 2:11-12에서 엘리야가 하나님에 의해 하늘로 올라갈 때 엘리사가 경험한 것과 탄성

을 지른 것을 암시한다.[26]

6:18-20 (아마 집안의 움직임에 자극을 받아) 아람 사람들이 공격하자 엘리사가 다시 기도한다. 이번에는 하나님께 누군가의 눈을 열어달라는 간구가 아니라 "엘리사가 여호와께 기도하여 이르되 '원하건대 저 무리의 눈을 어둡게 하옵소서' 하매 엘리사의 말대로 그들의 눈을 어둡게"(18절) 하신다. 흥미로운 점은 '엘리사의 기도'가 이 문장에서 보통은 "여호와의 말씀"이란 어구가 차지하는 자리를 차지하고 있다는 것이다. 이번에는 여호와께서 선지자의 기도를 통해 그의 뜻이 이뤄지게 하신다. "눈을 어둡게" 하는 목적은 분명히 아람 사람들을 혼동시키는 것이다. 엘리사가 친히 주도권을 잡고 어리벙벙한 군인들에게 이렇게 말한다. "이는 그 길이 아니요 이는 그 성읍도 아니니 나를 따라 오라 내가 너희를 인도하여 너희가 찾는 사람에게로 나아가리라"(19절). 무장하지 않은 선지자가 이 현혹된 소형 군대를 사마리아의 중심부까지 데려가서 "여호와여 이 무리의 눈을 열어서 보게 하옵소서"라고 기도하는 장면은 희극적이다. 여호와께서 다시 한번 닫힌 눈을 열어주시고, "그들이 보니 자기들이 사마리아 가운데에 있[었다]". 이 내러티브는 여호와께서 그분의 사람을 통해 불운한 아람 사람들을 압도하시는 모습을 전달한다.

6:21-23 "이스라엘 왕이 그들을 보고" 그들을 죽이기 위해 엘리사의 허락을 열심히 구하는 것은 놀랄 일이 아니다. "내 아버지여, 내가 치리이까? 내가 치리이까?" 왕이 어린이처럼 매우 들떠서 말하는 모습과 놀랍게도 엘리사를 "내 아버지"라고 부르는 모습을 보면, 엘리사가 통제권을 갖고 있고 이스라엘 왕은 하나님의 백성을 지도하는 역할은 고사하고 그 호칭에 걸맞지 않은 인물이라고 강하게 느끼게 된다. 엘리사의 대답은 은혜

26 "산"에 대한 언급은 또한 열왕기상 18장에 나오는 갈멜산 사건을 상기시켜준다.

로 충만하다. "그건 안 됩니다. 칼과 활로 생포한 전쟁 포로도 아닌데 어떻게 죽일 수 있겠습니까?"(22절, 현대인의성경, 참고. 신 20:10-11).

이후 엘리사는 아람 부대에 은혜를 베풂으로써 그들이 대하고 있는 하나님이 어떤 분인지를 정확히 보여줘서 그들을 더욱 혼동시킨다. 이스라엘은 그들에게 보복하는 대신 그들에게 양식과 물을 주고 그들을 아람으로 돌려보내게 되어 있다. 이스라엘 왕은 한 마디도 없이 그대로 따른다. "왕이 위하여 음식을 많이 베풀고 그들이 먹고 마시매 놓아 보내니 그들이 그들의 주인에게로 돌아가니라." 하나님이 명령하신 은혜로운 행동이 기습하던 아람 사람의 문제를 해결해서 "이로부터 아람 군사의 부대가 다시는 이스라엘 땅에 들어오지" 않았다. 아람의 암살단은 하나님의 은혜와 능력을 접하고 나서 상당한 영향을 받게 된다. 하지만 그들의 왕은 이해하는 것이 빠르지 않다. 23절은 그것이 짧은 휴전에 불과하다는 것을 증명한다!

6:24-29 아람의 습격은 멈췄을지 몰라도 아람의 공격성이란 장기적 이슈는 계속 이어진다. 24절에서 "아람[시리아] 왕 벤하닷이 그의 온 군대를 모아 올라와서 사마리아를 에워쌌다"는 것을 알게 된다. 그의 전략은 큰 효과를 발휘해서 곧 사마리아 성읍이 곤경에 빠진다. "그들이 그 성읍을 에워쌌을 때 사마리아에 큰 기근이 있었다"(ESV 참고. 한국어 성경에는 없음)는 투박한 진술은 이것이 여호와의 불쾌함의 표현인지 여부를 묻게 한다. 그렇든 아니든 간에, "나귀 머리 하나에 은 팔십 세겔이요 비둘기 똥 사분의 일 갑에 은 다섯 세겔이라"는 사실은 심하게 박탈당한 상황과 심지어 절박한 상황에 대해 말해준다. 정결한 음식이나 불결한 음식에 대한 생각은 사라진지 오래다(참고. 레 11:1-8; 신 14:3-8). 이스라엘 백성은 매우 절박한 상황에 놓여 있다. 그들은 (a) 비둘기 똥을 먹고, (b) 비둘기 똥처럼 보이고 맛이 나는 무언가를 먹고, 또는 (c) 약간의 비둘기 똥으로 요리하기 위해 엄청난 돈을 지불한다. 25절이 무엇을 가리키든 간에 상황이 좋지 않은 것은 분명하다! 다시금 하나님의 백성이 언약의 저주의 위력을 느끼고 있는 중이다(그런데도 그들에게 큰 영향을 미치는 것 같지 않다!). 26-29절에 분명히 나타

나듯이, 이는 단지 가슴이 찢어지는 정도에 그치지 않는다. 이곳은 언약의 저주를 받은 지역이다(참고. 신 28:52-57).

26-29절에 나오는 짧은 장면이 그 상황이 얼마나 위급한지를 보여준다. 이스라엘 왕이 성벽에서 상황을 살펴보고 있을 때 한 여인이 "나의 주, 왕이여 도우소서!"하고 외친다. 이번 장의 앞부분에서 그런 외침에 반응할 능력이 있는 엘리사와 달리, 왕은 너무나 무력해서 27절에서 이렇게 말한다. "여호와께서 너를 돕지 아니하시면 내가 무엇으로 너를 도우랴?" 그는 그녀가 양식을 요청하고 있다고 생각한다. 그래서 "내가 어찌 타작마당에서 곡식을 가져다 줄 수가 있겠소, 포도주 틀에서 술을 가져다 줄 수가 있겠소?"(새번역)라고 말하는 것이다. 그는 사실상 "내가 창고로 얼른 다녀와서 당신에게 필요한 것을 줄 수 있겠소?"라고 말하는 셈이다. 이 질문은 "타작마당과 포도주 틀"이 종종 여호와의 풍부한 공급을 거론한다는 사실로 인해 고조된다(수 18:27; 신 15:14; 16:13).

뒤늦게 왕이 그녀에게 구체적인 상황에 대해 묻자, 그녀의 대답은 놀랍고도 충격적이다. "이 여인이 내게 이르기를 '네 아들을 내놓아라 우리가 오늘 먹고 내일은 내 아들을 먹자' 하매 우리가 드디어 내 아들을 삶아 먹었더니 이튿날에 내가 그 여인에게 이르되 '네 아들을 내놓아라 우리가 먹으리라' 하나 그가 그의 아들을 숨겼나이다." 모든 차원에서, 이는 이스라엘 사회가 붕괴된 것을 말해준다. 식인행위는 배신과 짝을 이룬다.[27] 하나님의 백성이 어떻게 이보다 더 몰락할 수 있을지 알기가 어렵다. 이는 실로 끔찍한 일이다. 여호람이 이런 상황에 대처하지 못하는 것은 놀랄 일이 아니다.

6:30-33 우리는 왕에게 어느 정도 공감할 수 있다. 그는 그의 옷을 찢고, 그가 높은 성벽 위에 있었기 때문에 "백성이 본즉 그의 속살에 굵은 베를

27 레위기 26:29과 신명기 28:56-57에 따르면, 이는 이스라엘에 임한 언약의 저주의 증거이다. 이것은 열왕기상 3:16-28에서 솔로몬이 직면했던 딜레마를 상기시킬 수 있다.

입었더라"고 묘사될 수 있다. 그는 이미 애도하는 중이지만 떨어지고 있는 사기 때문에 왕의 체통을 지키고 있는 듯이 보인다.[28] 왕이 이 충격적인 현실을 마주하고 처음 보이는 반응은 하나님의 선지자를 공격하는 일이다. "사밧의 아들 엘리사의 머리가 오늘 그 몸에 붙어 있으면 하나님이 내게 벌 위에 벌을 내리실지로다." 이런 분노 표출은 신학적으로 잘못된 것인데도 약간 고무적이란 이상한 느낌이 든다. 그가 괴로워하는 것은 옳아도 엘리사를 비난하는 것은 잘못이다. 이스라엘의 상태가 워낙 열악해서 '여호와를 비난하는 것'조차 그분을 무시하고 다른 신들에게 달려가는 것보다 한 단계 나아진 것이다. 그러나 깜짝 놀랄 소식은, 비록 하나님의 백성이 그의 언약적 저주 아래 있어도 하나님이 그들을 버리지 않았다는 것이다!

엘리사는 성벽 안에 있으면서 다른 모든 사람들과 함께 포위로 인한 역경을 경험하고 있는 듯하다. "엘리사가 그의 집에 앉아 있고 장로들이 그와 함께 앉아 있을" 때 왕이 보낸 전령이 올 것을 예상하고 있다.[29] "그 사자가 이르기 전에 엘리사가 장로들에게 이르되 '너희는 이 살인한 자의 아들이 내 머리를 베려고 사람을 보내는 것을 보느냐?'"라고 한다. 선지자와 왕의 관계가 긍정적으로 바뀌는 듯 했으나 오래가지 못하는 것 같다. 엘리사는 지시는 간단하면서도 효과적이다. "너희는 보다가 사자가 오거든 문을 닫고 문 안에 들이지 말라." 그를 배제시키는 이유는 그가 누구의 권위로 오는지가 너무나 분명하기 때문이다("그의 주인의 발소리가 그의 뒤에서 나지 아니하느냐?"). 아니나 다를까, 그가 말하는 순간에 그 전령이 왕의 말을 갖고 도착하거나 왕이 몸소 그 모습을 드러낸다. "이 재앙이 여호와께로부터 나왔으니 어찌 더 여호와를 기다리리요?" 한 차원에서는 왕이 옳다. 이 가운데 어느 것도 여호와의 통제를 벗어나는 것은 없다. 그러나 그의 질문에 대해 이렇게 답변할 수 있다. 여호와는 그의 영광과 그의 백성의 유익을

28 그의 아버지, 아합이 베옷을 착용한 모습을 기록한 열왕기상 21:27을 보라.

29 엘리사와 장로들의 관계에 대해 좀 더 자세한 정보가 있으면 좋으련만 감질나게도 아무것도 없다. 포로시대에 한 선지자와 장로들 간의 비슷한 만남에 대해서는 에스겔 8:1; 14:1; 20:1을 보라.

위해 모든 역사를 주관하시는 신실한 하나님이시기 때문에 이스라엘의 모든 왕이 포착하지 못한 교훈을 가르치고 계시다고.

잠시 멈추고 엘리사가 이 단락에서 많은 주목을 받고 있다는 것을 지적할 필요가 있다. 아람 왕이 그의 신하들이 알고 있는 바, 즉 엘리사가 이스라엘에 대한 그의 침략을 좌절시키는 초자연적인 정보 출처라는 것을 알게 될 때는 엘리사를 공격한다. 나중에 사마리아 왕이 마침내 그의 성읍에서 일어나는 참혹한 상황을 직면할 때는 먼저 여호와께 화를 내고(27절) 이어서 그 분노를 엘리사에게 퍼붓는다. 엘리사는 출구도 없이 군대에 둘러싸인다. 그리고 무슨 일이 일어나는가? '하나님께서 그분의 대변인을 보호하신다.' 첫 번째 사건에서는 엘리사가 그의 사환이 영적 현실을 보기 시작하도록 기도하고, 그는 실제로 보게 된다(16-17절). 그 언어는 앞서 열왕기하 2장에서 엘리야가 하나님께 올라갈 때 사용되었던 것을 반영한다. 이는 엘리사가 엘리야처럼 여호와의 군대의 일부라는 것을 의미할 것이다. 어쨌든 두려워할 필요가 없는 것은 하나님이 엘리사를 홀로 내버려두지 않으실 것이기 때문이다. 이 대목 내내 여호와는 그분의 선지자를 보호하신다. 큰 소식은, 이 여호와 하나님, 곧 우리 하나님이 그분의 백성을 버리지 않는다는 것이다. 그 옛날 모세가 "그의 영원하신 팔이 네 아래에 있도다"(신 33:27)라고 그토록 생생하게 말한 것처럼, 하나님은 그를 섬기는 사람들을 버리지 않으실 것이다.

응답

이번 장 끝에 이르면 아무도 아직 알지 못해도, 아람 사람들은 여호와가 패배할 수 없는 하나님이란 사실을 인식하게 되었다. 열왕기하 6:8-10에서 그들의 모든 움직임을 이스라엘이 다 예상하기에 그들이 계획한 모든 일이 잘못되기 시작한다. 이는 아람 왕에게 굉장히 짜증나는 일이었을 것이다. 아람 왕(아마 벤하닷 2세)과 이스라엘 왕(아마 여호람)은 이 내러티브의 어느 지점에서도 그 이름이 밝혀지지 않는다. '이 내러티브는 그들에 관한 내용이 아니다.' 여호와께서 배후에서 조종을 하고 계시는 만큼 그분께 스포트라이트가 확실히 비치고 있다. 달리 말해, 그분이 이런 고대의 실세들을 갖고 놀고 계시다는 뜻이다. 사실 하나님과 세상의 왕들은 비교할 수조차 없다. 하나님은 벤하닷 2세 같은 하찮은 왕, 아니, 그 어떤 왕에게도 패배하지 않을 분이며, 패배할 수 없는 분이다. 그리고 그 점은 우리에게 큰 안심을 안겨준다. 하나님은 우리를 떨어뜨리지 않을 것이다. 비록 우리가 죽는다 해도, 하나님께서 단 한 순간도 우리를 내버려두지 않으실 것을 우리는 안다. 이는 하이델베르크 교리문답의 첫째 질문과 답변이 잘 요약해준다.

> 질문 1: 삶과 죽음에서 당신의 유일한 위안은 무엇인가?
> 답변: 몸과 영혼을 가진 나는 삶과 죽음에서 나의 것이 아니라 나의 신실한 구원자 예수 그리스도께 속해 있다. 그분은 그의 고귀한 피로 나의 모든 죄에 대해 완전히 만족시키셨고, 나를 마귀의 모든 세력에서 구출하셨다. 그리고 나를 보존하시기에 나의 하늘 아버지의 뜻이 없으면 내 머리에서 머리카락 하나라도 떨어질 수 없다. 그렇다, 모든 것이 나의 구원에 종속되는 것이 틀림없고, 따라서 그의 성령으로 그분은 나에게 영생의 확신을 주시고 이후로 내가 성실하게 그분을 위해 기꺼이 살고 또 그럴 준비가 되게 하신다.[30]

우리가 하나님의 것이라면 우리는 완전히, 영원히 안전하다. 우리 하나님은 우리를 버리지 않으실 것이다. 비록 모든 것이 다 허물어질지라도, 비록 우리가 결국 바벨론에 있게 될지라도, 비록 우리가 고난을 받을지라도, 비록 우리가 죽음을 맞이할지라도, 여호와는 우리를 버리지 않으실 것이

30 *The Heidelberg Catechism* (Grand Rapids, MI: Reformation Heritage, 2016), 4.

다. "두려워하지 말라 우리와 함께 한 자가 그들과 함께 한 자보다 많으니라"(왕하 6:16).

주석

7:1-2 5장 이후 처음으로 엘리사가 하나님의 말씀을 선포하는데, 이번에는 그 말씀의 신적 기원을 두 번 확증하고 있다. "여호와의 말씀을 들을지어다. 여호와께서 이르시되 '내일 이맘때에 사마리아 성문에서 고운 밀가루 한 스아를 한 세겔로 매매하고 보리 두 스아를 한 세겔로 매매하리라' 하셨느니라."[31] 그렇다, 이스라엘의 상황이 점점 더 나빠지고 있다. 왕이 여호와의 선지자에게 그 문제를 꺼내고 있지만 엘리사는 상황이 곧 더 나아질 것이라고(물가가 여전히 올라갔으나 감당할 만하다고) 말한다. 우리는 찌꺼기에 대한 엄청난 값에서 놀랍도록 빨리 풍족한 시기로(또는 저주에서 복으로) 이동했다. 이 순간에 왕의 측근 중 한 명("왕을 부축하고 있던 시종무관", 새번역)이 큰 소리로 이 발언을 조롱했다. "여호와께서 하늘에 창을 내신들 어찌 이런 일이 있으리요?" 이는 관문 중 하나가 활짝 열려서 복이 (양식의 형태로) 아래편에서 굶주리며 기다리는 사람들에게 왕창 부어지는 그림이다. 이 직접적인 도전(그리고 하나님의 말씀을 믿길 거부하는 것)에 직면하여 엘리사는 이렇게 응답한다. "네가 네 눈으로 보리라, 그러나 그것을 먹지는 못하리라." 이 심판의 말은 여호와께서 그의 약속을 이루시는 날에 그 시종무관이 죽을 것이란 의미를 지니고 있다.

7:3-5 3절에서 장면이 바뀌어 그 성읍과 그들을 둘러싸고 있는 아람 병력 간의 중간 지대에 앉아있는 이름 모를 나병 환자 네 명이 소개된다. 그

31 단, 우리의 저자가, 어떤 공식이 그 말씀을 소개하기 위해 사용되는지 여부와 상관없이, 선지자들의 말과 여호와의 말씀이 동일하다는 사실을 입증하기 위해 어느 정도 애썼다는 점을 기억할 필요가 있다.

들은 "우리가 어찌하여 여기 앉아서 죽기를 기다리랴?"라고 말한다. 그들은 두 개의 선택 사이에 끼어있다. (a) "성읍에는 굶주림이 있으니 우리가 거기서 죽을 것이요 만일 우리가 여기서 머무르면 역시 우리가 죽을 것이라"는 것을 알면서도 (그들이 예전에 추방을 받은) 성읍에 들어가는 것, 또는 (b) 아마 그들을 죽일 포위하는 군대에 접근하는 것이다. 나병 환자가 되는 것보다 더 나쁜 것이 있다면, 그것은 매우 배고픈 나병 환자가 되는 것이다! 그래서 그들은 양식을 찾으려고 성읍에 들어갈 수 없기 때문에 아람 군대에 그들의 운을 맡기기로 결심한다. "[그들이] 아람 진으로 가려 하여 해 질 무렵에 일어났다." 그들이 발견하는 것은 전혀 예상하지 못했던 장면이다. "아람 진영 끝에 이르러서 본즉 그곳에 한 사람도 없었다." 이스라엘 사람들이 모르는 가운데 포위가 풀어졌고, 아람 병력이 도망했다.

7:6-7 저자가 이 재빠른 후퇴의 배경을 설명한다. 이전에는 주님이 엘리사와 그의 사환에게 그분의 병력을 '보여주셨고' 아람 사람들의 '눈을 멀게' 하셨는데, 이번에는 "주께서 아람 군대로 병거 소리와 말소리와 큰 군대의 소리를 '듣게' 하셨다." 아람 사람들이 끌어낸 잘못된 결론은 "이스라엘 왕이 우리를 치려 하여 헷 사람의 왕들과 애굽 왕들에게 값을 주고 그들을 우리에게 오게 하였다"는 것이다.[32] 그 결과 그들은 "해질 무렵에 일어나서 도망하되 모든 것을 진영에 그대로 둔 채 "목숨을 위하여 도망하였다." 나병 환자들이 진영에 들어갔을 때는 도망한지 불과 몇 분이 흘렀을 때였던 것으로 보인다.

7:8-10 굶주리던 나병 환자들은 그들의 복을 도무지 믿기 어려울 수 있고, 그들은 "한 장막에 들어가서 먹고 마시고 거기서 은과 금과 의복을 가지고 가서 감추었다." 여호와께서 그분의 새끼손가락 하나 까딱 안한 채

32 "나병 환자들"과 "애굽 사람들"을 가리키는 히브리어 단어들은 매우 비슷하게 들리므로 저자가 언어 유희를 통해 아람 사람들을 조롱하고 있는 것일 수도 있다.

아람 사람들을 물리치셨다! 아람 사람들은 신적인 음향 효과로 패배한 것이다.

나병 환자들은 수백 미터 떨어진 곳의 비참한 상황에 양심의 가책을 받고 서로 "우리가 이렇게 해서는 아니되겠도다 오늘은 아름다운 소식이 있는 날이[다]"라고 말하고 돌아갈 채비를 갖추고 있다. 그들은 또한 "이것을 전하지 않고 내일 아침 해 뜰 때까지 기다린다면, 벌이 오히려 우리에게 내릴 것"(새번역)임을 알게 된다. 그들은 그런 중대한 소식을 전하는 일이 지체되면 왕이 좋지 않게 볼 것이라고 (아마 옳게) 생각한다. 특히 그들이 그동안 개인적 약탈을 일삼아왔다는 것이 밝혀진다면 더욱 그럴 것이라고 본다. 그래서 그들은 성문으로 돌아가기로 결심하고 문지기들을 통해 그 메시지를 왕에게 전한다. "우리가 아람 진에 이르러서 보니 거기에 한 사람도 없고 사람의 소리도 없고 오직 말과 나귀만 매여 있고 장막들이 그대로 있더이다." 나귀 머리가 비교적 특식이 되었다는 사실을 감안하면, 그들이 그 짐승들을 남겨놓았다는 사실이 특별한 반향을 일으켰음이 틀림없다!

7:11-15 포위의 가혹한 현실과 왕이 이전에 아람을 다뤄본 경험을 감안하면, 그가 함정을 두려워하는 것은 놀랍지 않다. "그들이 우리가 주린 것을 알고 있으므로 그 진영을 떠나서 들에 매복하고 스스로 이르기를 '그들이 성읍에서 나오거든 우리가 사로잡고 성읍에 들어가겠다' 한 것이니라." 여호와에 대한 생각이 전혀 없는 가운데, 왕궁의 일원이 그 이야기를 확인하기 위해 다섯 명을 말에 태워 보내자는 현명한 제안을 한다. "이 성 안에 아직 남아 있는 다섯 필의 말은, 이 성 안에 남아 있는 이스라엘 모든 사람의 운명과 마찬가지로 어차피 굶어 죽고야 말 것"(새번역)이란 사실은 이것이 정말로 이스라엘을 위한 마지막 모험임을 의미한다. 왕은 다섯이 너무 많다고 생각해서 둘만 보내기로 하고 "가서 정탐하라"고 지시한다. 그들은 나병환자들이 말한 것이 사실임을 확인하게 된다. "그들이…요단에 이른즉 아람 사람이 급히 도망하느라고 버린 의복과 병기가 길에 가득하였더라." 그리고 그 소식이 왕에게 전해진다.

7:16-20 포위가 끝나자 "백성들이 나가서 아람 사람의 진영을 노략한다." 여기에는 여호와 또는 그의 선지자의 역할을 인정하는 말이 전혀 없지만, 저자는 우리를 7:1-2로 데려가서 그 연관성을 금방 지적한다. "이에 고운 밀가루 한 스아에 한 세겔이 되고 보리 두 스아가 한 세겔이 되니 여호와의 말씀과 같이 되었고." 누군가에게 이것이 하나님이 그분의 백성을 구출한 또 다른 드라마틱한 사건이었음을 확인해주는 증거가 필요하다면, 여호와의 말씀을 의심했던 군인의 운명이 기록된 17절이 그것을 제공해준다. 그래서 왕은 자신을 부축한 그 시종무관을 성문 관리로 임명하였다. 그러나 "백성이 성문에서 그를 밟아 죽였는데, 왕이 그의 부축을 받으며 하나님의 사람을 죽이려고 왔을 때에, 하나님의 사람이 예언한 그대로 그가 죽은 것이다"(새번역). 이후 18-20절은 예언과 성취를 사실상 정확히 말한 그대로 반복한다. 이는 이 사건들이 그분의 선지자를 통한 하나님의 말씀에 따라 펼쳐진다는 사실을 다시 한 번 강조하는 효과가 있다. 메시지는 분명하다. 개인과 국가 모두 하나님의 말씀을 무시하려면 목숨을 걸어야 한다는 것이다.

응답

이 모든 사건이 바벨론에서 포로생활을 하는 열왕기의 첫 독자들에게는 무슨 의미가 있었을지 성찰해볼 만하다. 그들이 바벨론 강가에 앉았을 때(시 137편)는 온 세상에 마치 하나님이 패배한 것처럼 보였다. 느부갓네살과 그의 신들이 그들과 그들의 하나님을 무찌른 것처럼 보였다. 그러나 여호와는 "다시 생각하라"고 말씀하신다. 이스라엘이 거기에 있는 것은 그들의 언약적 불성실함의 결과로 하나님이 그들을 바벨론 사람들에게 넘겨주었기 때문이지 그분이 패배했기 때문이 아니다. 그들은 여전히 천하무적의 하나님께 속해 있다. 그리고 그것이 우리가 들을 필요가 있는 메시지다.

예전에 '기독교' 사회였다가 갈수록 더 세속화되고 있는 곳에서 사는 사람들과 기독교가 언제나 소수파인 상황에 몸담은 사람들은 우리가 천하무적의 하나님께 속해 있다는 것을 알고 또 기억할 필요가 있다. 세속주의에 패배하지 않은 하나님, 성경적 도덕의 하락에 겁을 먹지 않는 하나님, 도덕적 상대주의의 발흥에 깜짝 놀라지 않는 하나님, 다른 종교들의 존재나 적대감에 결코 좌절되지 않는 하나님이시다. 우리는 어리석음, 불성실함, 비일관성 또는 노골적인 박해에 패배할 수 없었고 또 그럴 수 없는 하나님께 속해 있다. 우리는 심지어 죽음도 이길 수 없는 하나님을 모시고 있다.

고린도전서 15:54-57에서 바울은 사망을 이기신 하나님의 승리가 온 우주에 밝히 드러날 날을 기대한다.

> 이 썩을 것이 썩지 아니함을 입고 이 죽을 것이 죽지 아니함을 입을 때에는 사망을 삼키고 이기리라고 기록된 말씀이 이루어지리라. 사망아 너의 승리가 어디 있느냐? 사망아 네가 쏘는 것이 어디 있느냐? 사망이 쏘는 것은 죄요 죄의 권능은 율법이라. 우리 주 예수 그리스도로 말미암아 우리에게 승리를 주시는 하나님께 감사하노니.

우리 하나님은 이미 최후의 적까지 무찌르셨다. 더 이상 도전자가 없다! 그러면 우리가 하나님이 때때로 죽으신 듯 보이는 장소에서 지내야 할 때는 어떻게 살아가야 할까? 바울은 고린도전서 15:58에서 이렇게 권면한다. "그러므로 내 사랑하는 형제들아 견실하며 흔들리지 말고 항상 주의 일에 더욱 힘쓰는 자들이 되라 이는 너희 수고가 주 안에서 헛되지 않은 줄 앎이라." 우리 중 일부가 들을 필요가 있는 것은 이처럼 안심시키는 단순하되 심오한 말이 아닐까 생각한다. 우리 하나님은 질 수 없는 분이고, 이를 예수님의 죽음과 부활을 통해 온 우주에 입증하셨고, 우리로 다시금 변함없고 흔들리지 않게 하고 우리를 하나님 나라의 사역에 헌신하게 하는 분이란 말이다. 우리 하나님은 패배할 수 없기 때문이다. 이 하나님 안에서 용기를 내라!

주석

8:1-15 개요

여호람과 게하시가 이 시점까지 저지른 행위에도 불구하고, 여호와의 멋진 타이밍 감각이 유발한 이 사건에서는 그들이 칭찬받을 만큼 경건한 방식으로 행한다. 이 짧은 대목에서 여호와는 한 여자의 유산을 지키되 무슨 일이 있든지 그분의 약속을 잊지 않고 백성에게 하신 약속을 이루는 분임을 분명하게 드러내신다.

이는 이 단락을 마무리하는 소름끼치는 사건에 의해 확증된다. 열왕기상 19장에서 하나님은 엘리야에게 하사엘에게 기름을 붓는 사명을 주신 바 있다. 하지만 이제는 하나님께서 그분의 계획을 추진하기 위해 외국 왕들을 통해서도 계속 일하신다는 것을 보여주신다. 열왕기하 8:7-10에서 우리는 벤하닷이 (추정컨대 나아만의 영향을 받아) 하사엘을 통해 엘리사에게 (이스라엘 왕들과 달리) 공손하게 접근하는 모습을 본다. 엘리사는 메신저인 하사엘의 내면을 통찰한다. 그는 왕을 죽이려고 하는 사람을 보는 것이다. 그러나 이 내러티브의 초점은 분명하다. 땅을 상실하고, 정치적 음모가 판을 치는 중에도 하나님은 여전히 일하고 계신다는 것이다.

8:1-2 열왕기하 4장에 나왔던 수넴 여인이 재등장하고, 뒤죽박죽이었던 내러티브 여정은 계속해서 이어진다. 국제적 음모로 가득했던 여러 장이 지난 후, 우리는 갑자기 다락방을 가진 수넴 여인에게 돌아간다. 엘리사와의 이전 만남에서는 장차 복귀할 것임을 시사하는 내용이 없었으나, 기근 (이는 4:38에 나오는 기근으로 추정되고 그것이 "칠 년 동안" 지속되었음을 알게 된다)이 오기 전에 엘리사가 그 여인에게 임박한 언약의 기근에 대해 미리 경고하면서 "너는 일어나서 네 가족과 함께 거주할 만한 곳으로 가서 거주하라 여호와께서 기근을 부르셨으니 그대로 이 땅에 칠 년 동안 임하리라"고 말했다는 것을 알게 된다. 하나님의 호의 덕분에 그녀는 굶주림을 모면할 수 있었고, 이런 사건들을 연대기적으로 놓고 보면 아람의 침략도 피할 수 있

었다. 그래서 그 가족은 칠 년의 기간 동안 "블레셋 사람들의 [비옥한] 땅에서" 망명생활을 했다. 이어지는 구절들은 땅을 빼앗긴 여인이 정당한 유산을 받도록 하나님께서 어떻게 보증하신지를 서술한다.

8:3-6 3절에 따르면, 여인이 돌아왔을 때 그녀의 땅을 빼앗겼다는 것을 알게 된다고 한다. 본문은 이것이 기회주의적인 가족 구성원의 짓인지, 왕족의 착취 또는 도둑질의 결과인지 그 원인에 대해서는 침묵한다. 이스라엘 백성들은 하나님의 궁극적 토지 소유권을 두고 진지하게 여기거나, 모든 이스라엘 사람이 그들의 몫을 하나님께 선물로 받았다는 데에 관심이 별로 없는 것이 분명하다. 이스라엘의 도덕성 및 영적 온도는 계속 떨어지고 있다.

그 여인은 이스라엘로 돌아와서 이런 상황을 발견하고는 "자기 집과 전토를 위하여 호소하려 하여 왕에게 나아갔다." 그녀는 4:13에서 말한 이스라엘에서의 집을 더 이상 갖고 있지 않다. 왜 "왕이 하나님의 사람의 사환 게하시와 서로 말하며 이르되 '너는 엘리사가 행한 모든 큰일을 내게 설명하라'"고 말하는지 그 이유에 대한 설명은 없다. 왕의 관심, 게하시의 복권 그리고 게하시가 어떻게 왕궁에서 이런 대화를 나누게 되었는지 등은 모두 감질나도록 불분명하게 내버려둔다. 하지만 하나님의 타이밍에 맞게, 추정컨대 참회한 게하시가 마침 다음과 같이 말하는 대목에 이른다. "게하시가 곧 엘리사가 죽은 자를 다시 살린 일을 왕에게 이야기할 때에 그 다시 살린 아이의 어머니가 자기 집과 전토를 위하여 왕에게 호소하는지라. 게하시가 이르되 '내 주 왕이여 이는 그 여인이요 저는 그의 아들이니 곧 엘리사가 다시 살린 자니이다' 하니라."

그 결과 왕이 정의가 실현되게 하겠다고 보증한다. "왕이 그를 위하여 한 관리를 임명하여 이르되 '이 여인에게 속한 모든 것과 이 땅에서 떠날 때부터 이제까지 그의 밭의 소출을 다 돌려주라' 하였더라." 이 모든 지면이 거시적 이슈들에 할애된 것을 감안하면, 저자는 독자들에게, 여호와께서 그분의 백성의 필요와 그분이 하신 약속을 망각하지 않으셨다고 안심시키고, 이는 이 단락의 마지막 패널로 말끔하게 이어진다.

8:7-10 뜻밖에도 7절에서 엘리사는 "아람 왕 벤하닷이 병들어 있는" 다메섹으로 간다. 선지자가 외국의 수도를 방문하는 일은 설명과 전례가 없는 것이고, 외국의 왕 벤하닷이 그의 신하 하사엘에게 "너는 손에 예물을 가지고 가서 하나님의 사람을 맞이하고 내가 이 병에서 살아나겠는지 그를 통하여 여호와께 물으라"고 지시하며 여호와께 접근하는 일도 마찬가지다. 다시 한번, 이것은 아하시야가 바알을 찾아간 일을 상기시켜준다. 당시에는 아람 왕이 이스라엘 사람을 부끄럽게 했다. 9절에서 하사엘이 "다메섹의 모든 좋은 물품으로 예물을 삼아 가지고 낙타 사십 마리에 싣고" 엘리사에게 접근하는 모습[33]은 나아만이 열왕기하 5장에서 보여줬던 모습과 같다. 엘리사가 즉시 "너는 가서 그에게 말하기를 '왕이 반드시 나으리라' 하라"고 응답하는 것을 보면 단도직입적인 만남인 것 같다. 하지만 하나님의 사람은 "여호와께서 그가 반드시 죽으리라고 내게 알게 하셨느니라"고 말을 잇는다.

이 사건의(잊어버리기 쉬운) 배경은 열왕기상 19:15-17에 나온다.

> 여호와께서 그에게 이르시되 너는 네 길을 돌이켜 광야를 통하여 다메섹에 가서 이르거든 하사엘에게 기름을 부어 아람의 왕이 되게 하고 너는 또 님시의 아들 예후에게 기름을 부어 이스라엘의 왕이 되게 하고 또 아벨므홀라 사밧의 아들 엘리사에게 기름을 부어 너를 대신하여 선지자가 되게 하라. 하사엘의 칼을 피하는 자를 예후가 죽일 것이요 예후의 칼을 피하는 자를 엘리사가 죽이리라.

엘리야가 문자적으로가 아니라 은유적으로 '기름 부은' 엘리사를 제외하고

33 아람 왕이 엘리사를 긍정적으로 보는 것은 왕궁에서 나아만이 미친 영향 때문이라고 생각해도 무방할 듯하다.

이 명령을 수행하기 위해 아무 노력도 기울이지 않은 것(그리고 고려하지도 않은 것)은 엘리야 사역의 수수께끼다. 하지만 엘리야(와 엘리사?)는 이에 대해 잊어버렸거나 그것을 후계자에게 남겨두기로 했을지 모르지만, 여호와는 잊어버리지 않으셨다. 지금은 이 명령을 수행하기 시작할 순간이다.

8:11-15 엘리사는 그가 하사엘에게 무엇을 위탁하고 있는지 정확히 알고 있어서 "하나님의 사람은, 하사엘이 부끄러워 민망할 정도로 얼굴을 쳐다보다가, 마침내 울음을 터뜨렸다"(새번역). 곧 일어날 일은 실시간으로 아람과 이스라엘 모두에게 내려지는 심판의 끔찍한 결과다. 하사엘은 "내 주여 어찌하여 우시나이까?"하고 묻는다. 엘리사의 응답은 하사엘의 통치가 초래할 현실의 상세한 내용이다. "네가 이스라엘 자손에게 행할 모든 악을 내가 앎이라." 하사엘이 그의 정치적 야망 때문에 벤하닷을 살해하겠지만 그것이 하나님의 백성에게 초래할 결과는 무시무시할 것이다. "네가 그들의 성에 불을 지르며 장정을 칼로 죽이며 어린아이를 메치며 아이 밴 부녀를 가르리라"(12절).

13절에 나오는 하사엘의 반응은 그 사람의 척도이다. "당신의 개 같은 종이 무엇이기에 이런 큰일을 행하오리이까?" 잔인성이 이제 완전히 새로운 차원으로 상승되려고 한다. 이 단계에 이르러 엘리사는 우리가 열왕기상 19장을 통해 이미 알고 있었던 것을 확증한다. "여호와께서 네가 아람 왕이 될 것을 내게 알게 하셨느니라." 이 단락은 엘리사가 예상했듯이 하사엘이 벤하닷을 오도하는 장면으로 마무리되고, 이후 "그 이튿날에 하사엘이 이불을 물에 적시어 왕의 얼굴에 덮으매 왕이 죽은지라 그가 대신하여 왕이 되니라"라고 한다. 여호와께서 품으신 구원과 심판의 뜻은 반드시 이뤄질 터인데, 그분을 사랑하고 따르는 이들과 오직 권력에만 욕심이 있는 이들을 통해서 그렇게 되리라.

응답

열왕기하 6-8장에서, 우리 하나님 여호와는 점차 흔적도 없이 주변 문화 속으로 빠져가는 위험에 처한 백성에게 말씀하신다. 그분은 바벨론에서 살아남으려고 애쓰는 사람들이 직면하는 이슈들을 온유하게 그러나 확고히 다루신다. 여호와께서 우리에게 그가 어떤 분인지를 상기시키신다. 성경에서 항상 그렇듯이, 깊은 영적 문제에 대한 하나님의 해결책은 그분이 복음을 통해 다시 우리와 대면하시듯 그 자신을 우리에게 보여주시는 것이다.

이 모든 사건 속에 뿌리박혀 있는 것은 하나님께서 우리를 버리지 않으실 것이란 사실의 선포이다. 바벨론에서, 브리즈번에서, 그 어디에서도 마찬가지다. 그리고 만일 우리가 주 예수 그리스도께 속해 있다면, 그 약속은 무한히 더욱더 확실하게 적용된다. 이는 우리가 경건한 무모함으로 살도록 우리를 풀어준다. 나는 우리 세대가 장차 '경건한 무모함'(godly recklessness)으로 기억될 것인지 완전히 확신할 수 없다. 사실 나는 60살이 안 된 사람들은 '예수님을 위해 합리적인'이란 표어 또는 더 나쁘게는 '예수님을 위해 냉담한'이란 표어 아래 살다가 죽을 위험에 처해 있다고 생각한다. 그렇다, 우리는 앞서 간 사람들보다 더 잘하는 일들이 있다. 배우자와 부모로서 더 진지하게 우리의 책임을 감당하고, 아마 우리 앞의 사람들보다 성경을 더 잘 다루고 있을 것이라 생각한다. 그런데 우리가 하나님을 철저히 믿음으로써 많은 것을 이루고 있는지, 무슨 대가를 치르든지 복음을 우리 세계로 들고 가는 대담무쌍한 결단이 있는지 의문이다. 우리가 하나님이 우리를 위하시고 우리를 버리지 않을 것임을 확신한다면, 무모할 정도로 경건해지도록 나아가야 하지 않을까? 열왕기하 6:16에 말하듯이, "두려워하지 말라 우리와 함께한 자가 그들과 함께한 자보다 많으니라"고 확신한다면 말이다.

우리 하나님은 끊임없이 그분 자신과 그분의 영광을 위해 말씀하시고 행동하시는 하나님이다. 이 때문에 우리가 어디에 있든지, 무슨 일을 겪고 있든지 간에, 우리는 그분의 말씀을 들어야 한다. 신약에 이르면, 여호와의 말씀을 듣는 것이 곧 예수님의 말씀을 듣는 것과 똑같다는 진리가 분명해진다. 요한복음 10:25-30에서 예수님은 당신과 나 같은 사람들에게 얼마나 많은 것이 이 진리에 달려있는지를 분명히 하신다.

> 내가 〔내가 행할 일을〕 너희에게 말하였으되 믿지 아니하는도다. 내가 내 아버지의 이름으로 행하는 일들이 나를 증거하는 것이거늘 너희가 내 양이 아니므로 믿지 아니하는도다. 내 양은 내 음성을 들으며 나는 그들을 알며 그들은 나를 따르느니라. 내가 그들에게 영생을 주노니 영원히 멸망하지 아니할 것이요 또 그들을 내 손에서 빼앗을 자가 없느니라. 그들을 주신 내 아버지는 만물보다 크시매 아무도 아버지 손에서 빼앗을 수 없느니라. 나와 아버지는 하나이니라.

생명, 안전 그리고 친밀함은 모두 하나님의 말씀을 그대로 믿는데 달려있다. 듣기를 거부하면 궁극적 형벌을 초래하게 한다. 그리고 이는 우리가 하나님에 관해 알 필요가 있는 마지막 진리로 데려간다. 그분은 약속을 항상 지키시는 하나님이라는 것이다.

롤러코스터를 타는 듯한 열왕기하 6-8장에서는 하나님께서 나라들을 지도하시고, 선지자들을 보호하시고, 과부들에게 보상하시고, 왕들을 정죄하시는 장면을 목격했다. 이분은 패배할 수 없는 하나님, 자기 백성을 버리지 않으실 하나님, 무시되면 안 되는 하나님 그리고 약속을 지키시는 하나님이다. 그래서 바울은 로마서 8:31-39에서 이렇게 말한다.

> 그런즉 이 일에 대하여 우리가 무슨 말 하리요? 만일 하나님이 우리를 위하시면 누가 우리를 대적하리요? 자기 아들을 아끼지 아니하시고 우리 모든 사람을 위하여 내주신 이가 어찌 그 아들과 함께 모든 것을 우리에게 주시지 아니하겠느냐? 누가 능히 하나님께서 택하신 자들을 고발하리요? 의롭다 하신 이는 하나님이시니 누가

정죄하리요? 죽으실 뿐 아니라 다시 살아나신 이는 그리스도 예수시니 그는 하나님 우편에 계신 자요 우리를 위하여 간구하시는 자시니라. 누가 우리를 그리스도의 사랑에서 끊으리요? 환난이나 곤고나 박해나 기근이나 적신이나 위험이나 칼이랴? 기록된 바 "우리가 종일 주를 위하여 죽임을 당하게 되며 도살당할 양 같이 여김을 받았나이다" 함과 같으니라. 그러나 이 모든 일에 우리를 사랑하시는 이로 말미암아 우리가 넉넉히 이기느니라. 내가 확신하노니 사망이나 생명이나 천사들이나 권세자들이나 현재 일이나 장래 일이나 능력이나 높음이나 깊음이나 다른 어떤 피조물이라도 우리를 우리 주 그리스도 예수 안에 있는 하나님의 사랑에서 끊을 수 없으리라.

8장

우리가 이 구슬들이 한 번에 꿰어지는 장면을 보는 것은 궁극적으로 주 예수님의 죽음과 부활에서다. 완전한 사람이 십자가에 달려서 언약의 저주의 힘을 다 받아내고 그의 죽음으로 하나님의 진노를 직면하는 모습을 우리가 응시할 때이다. 바로 이 사람이 며칠 뒤에 무덤에서 걸어 나오는 모습을 우리가 볼 때이다. 하나님이 그의 피로 새 언약을 세우기 위해 무슨 일이든 행하실 것이고, 그분의 택한 백성을 그냥 내버려두지 않을 것임을 우리가 깨달을 때이다. 하나님이 친히 우리를 위해 죽으시는 그분의 헤아릴 수 없는 뜻을 우리가 목격하고, 생명에 이르는 유일한 길은 십자가에 죽었다가 살아나신 구원자를 바라보고 그분을 믿는 것뿐임을 우리가 발견할 때이다. 하나님의 모든 약속이 예수 그리스도 안에서 울려 퍼지는 "예"와 "아멘"에 구현되어 있다는 것을 우리가 파악할 때이다. 그래야 비로소 이 장들이 왜 그토록 중요한지를 깨닫게 된다. 이분은 단지 사마리아의 하나님에 그치지 않는다. 또는 바벨론의 하나님에 불과하지 않다. 이분은 우리의 하나님, 온 땅의 주님이시다. 이분은 우리가 주 예수님을 위해 무모하게, 확신을 품고 그리고 신실하게 살기 위해 필요한 그 하나님이시다.

2 Kings
열왕기하
8:16-11:3

8:16 이스라엘의 왕 아합의 아들 요람 제오년에 여호사밧이 유다의 왕
이었을 때에 유다의 왕 여호사밧의 아들 여호람이 왕이 되니라 17 여
호람이 왕이 될 때에 나이가 삼십이 세라 예루살렘에서 팔 년 동안 통
치하니라 18 그가 이스라엘 왕들의 길을 가서 아합의 집과 같이 하였
으니 이는 아합의 딸이 그의 아내가 되었음이라 그가 여호와 보시기
에 악을 행하였으나 19 여호와께서 그의 종 다윗을 위하여 유다 멸하
기를 즐겨하지 아니하셨으니 이는 그와 그의 자손에게 항상 등불을
주겠다고 말씀하셨음이더라

8:16 In the fifth year of Joram the son of Ahab, king of Israel, when
Jehoshaphat was king of Judah,[1] Jehoram the son of Jehoshaphat,
king of Judah, began to reign. 17 He was thirty-two years old when he
became king, and he reigned eight years in Jerusalem. 18 And he walked
in the way of the kings of Israel, as the house of Ahab had done, for the
daughter of Ahab was his wife. And he did what was evil in the sight of
the Lord. 19 Yet the Lord was not willing to destroy Judah, for the sake

of David his servant, since he promised to give a lamp to him and to his sons forever.

20 여호람 때에 에돔이 유다의 손에서 배반하여 자기 위에 왕을 세운
고로 21 여호람이 모든 병거를 거느리고 사일로 갔더니 밤에 일어나
자기를 에워싼 에돔 사람과 그 병거의 장관들을 치니 이에 백성이 도
망하여 각각 그들의 장막들로 돌아갔더라 22 이와 같이 에돔이 유다의
수하에서 배반하였더니 오늘까지 그러하였으며 그때에 립나도 배반
하였더라 23 여호람의 남은 사적과 그가 행한 모든 일은 유다 왕 역대
지략에 기록되지 아니하였느냐 24 여호람이 그의 조상들과 함께 자매
그의 조상들과 함께 다윗 성에 장사되고 그의 아들 아하시야가 대신
하여 왕이 되니라

20 In his days Edom revolted from the rule of Judah and set up a king of
their own. 21 Then Joram[2] passed over to Zair with all his chariots and
rose by night, and he and his chariot commanders struck the Edomites
who had surrounded him, but his army fled home. 22 So Edom revolted
from the rule of Judah to this day. Then Libnah revolted at the same
time. 23 Now the rest of the acts of Joram, and all that he did, are they
not written in the Book of the Chronicles of the Kings of Judah? 24 So
Joram slept with his fathers and was buried with his fathers in the city
of David, and Ahaziah his son reigned in his place.

25 이스라엘의 왕 아합의 아들 요람 제십이년에 유다 왕 여호람의 아
들 아하시야가 왕이 되니 26 아하시야가 왕이 될 때에 나이가 이십이
세라 예루살렘에서 일 년을 통치하니라 그의 어머니의 이름은 아달랴
라 이스라엘 왕 오므리의 손녀이더라 27 아하시야가 아합의 집 길로
행하여 아합의 집과 같이 여호와 보시기에 악을 행하였으니 그는 아

8장

합의 집의 사위가 되었음이러라
25 In the twelfth year of Joram the son of Ahab, king of Israel, Ahaziah
the son of Jehoram, king of Judah, began to reign. 26 Ahaziah was
twenty-two years old when he began to reign, and he reigned one
year in Jerusalem. His mother's name was Athaliah; she was a
granddaughter of Omri king of Israel. 27 He also walked in the way of
the house of Ahab and did what was evil in the sight of the Lord, as the
house of Ahab had done, for he was son-in-law to the house of Ahab.

28 그가 아합의 아들 요람과 함께 길르앗 라못으로 가서 아람 왕 하사
엘과 더불어 싸우더니 아람 사람들이 요람에게 부상을 입힌지라 29 요
람 왕이 아람 왕 하사엘과 싸울 때에 라마에서 아람 사람에게 당한 부
상을 치료하려 하여 이스르엘로 돌아왔더라 유다의 왕 여호람의 아들
아하시야가 아합의 아들 요람을 보기 위하여 내려갔으니 이는 그에게
병이 생겼음이더라
28 He went with Joram the son of Ahab to make war against Hazael
king of Syria at Ramoth-gilead, and the Syrians wounded Joram.
29 And King Joram returned to be healed in Jezreel of the wounds that
the Syrians had given him at Ramah, when he fought against Hazael
king of Syria. And Ahaziah the son of Jehoram king of Judah went
down to see Joram the son of Ahab in Jezreel, because he was sick.

9:1 선지자 엘리사가 선지자의 제자 중 하나를 불러 이르되 너는 허리
를 동이고 이 기름병을 손에 가지고 길르앗 라못으로 가라 2 거기에
이르거든 님시의 손자 여호사밧의 아들 예후를 찾아 들어가서 그의
형제 중에서 일어나게 하고 그를 데리고 골방으로 들어가 3 기름병을
가지고 그의 머리에 부으며 이르기를 여호와의 말씀이 내가 네게 기

름을 부어 이스라엘 왕으로 삼노라 하셨느니라 하고 곧 문을 열고 도
망하되 지체하지 말지니라 하니
9:1 Then Elisha the prophet called one of the sons of the prophets and
said to him, "Tie up your garments, and take this flask of oil in your
hand, and go to Ramoth-gilead. 2 And when you arrive, look there for
Jehu the son of Jehoshaphat, son of Nimshi. And go in and have him
rise from among his fellows, and lead him to an inner chamber. 3 Then
take the flask of oil and pour it on his head and say, 'Thus says the
Lord, I anoint you king over Israel.' Then open the door and flee; do
not linger."

4 그 청년 곧 그 선지자의 청년이 길르앗 라못으로 가니라 5 그가 이르
러 보니 군대 장관들이 앉아 있는지라 소년이 이르되 장관이여 내가
당신에게 할 말이 있나이다 예후가 이르되 우리 모든 사람 중에 누구
에게 하려느냐 하니 이르되 장관이여 당신에게니이다 하는지라 6 예
후가 일어나 집으로 들어가니 청년이 그의 머리에 기름을 부으며 그
에게 이르되 이스라엘 하나님 여호와의 말씀이 내가 네게 기름을 부
어 여호와의 백성 곧 이스라엘의 왕으로 삼노니 7 너는 네 주 아합의
집을 치라 내가 나의 종 곧 선지자들의 피와 여호와의 종들의 피를 이
세벨에게 갚아 주리라 8 아합의 온 집이 멸망하리니 이스라엘 중에 매
인자나 놓인 자나 아합에게 속한 모든 남자는 내가 다 멸절하되 9 아
합의 집을 느밧의 아들 여로보암의 집과 같게 하며 또 아히야의 아들
바아사의 집과 같게 할지라 10 이스르엘 지방에서 개들이 이세벨을 먹
으리니 그를 장사할 사람이 없으리라 하셨느니라 하고 곧 문을 열고
도망하니라
4 So the young man, the servant of the prophet, went to Ramoth-gilead.
5 And when he came, behold, the commanders of the army were in

9장

council. And he said, "I have a word for you, O commander." And Jehu
said, "To which of us all?" And he said, "To you, O commander." 6 So
he arose and went into the house. And the young man poured the oil on
his head, saying to him, "Thus says the Lord, the God of Israel, I anoint
you king over the people of the Lord, over Israel. 7 And you shall strike
down the house of Ahab your master, so that I may avenge on Jezebel
the blood of my servants the prophets, and the blood of all the servants
of the Lord. 8 For the whole house of Ahab shall perish, and I will cut
off from Ahab every male, bond or free, in Israel. 9 And I will make the
house of Ahab like the house of Jeroboam the son of Nebat, and like
the house of Baasha the son of Ahijah. 10 And the dogs shall eat Jezebel
in the territory of Jezreel, and none shall bury her." Then he opened the
door and fled.

11 예후가 나와서 그의 주인의 신복들에게 이르니 한 사람이 그에게
묻되 평안하냐 그 미친 자가 무슨 까닭으로 그대에게 왔더냐 대답하
되 그대들이 그 사람과 그가 말한 것을 알리라 하더라 12 무리가 이
르되 당치 아니한 말이라 청하건대 그대는 우리에게 이르라 하니 대
답하되 그가 이리 이리 내게 말하여 이르기를 여호와의 말씀이 내가
네게 기름을 부어 이스라엘 왕으로 삼는다 하셨다 하더라 하는지라
13 무리가 각각 자기의 옷을 급히 가져다가 섬돌 위 곧 예후의 밑에 깔
고 나팔을 불며 이르되 예후는 왕이라 하니라

11 When Jehu came out to the servants of his master, they said to him, "Is
all well? Why did this mad fellow come to you?" And he said to them,
"You know the fellow and his talk." 12 And they said, "That is not true;
tell us now." And he said, "Thus and so he spoke to me, saying, 'Thus
says the Lord, I anoint you king over Israel.'" 13 Then in haste every

man of them took his garment and put it under him on the bare[3] steps, and they blew the trumpet and proclaimed, "Jehu is king."

14 이에 님시의 손자 여호사밧의 아들 예후가 요람을 배반하였으니
곧 요람이 온 이스라엘과 더불어 아람의 왕 하사엘과 맞서서 길르앗
라못을 지키다가 15 아람의 왕 하사엘과 더불어 싸울 때에 아람 사람
에게 부상한 것을 치료하려 하여 이스르엘로 돌아왔던 때라 예후가
이르되 너희 뜻에 합당하거든 한 사람이라도 이 성에서 도망하여 이
스르엘에 알리러 가지 못하게 하라 하니라 16 예후가 병거를 타고 이
스르엘로 가니 요람 왕이 거기에 누워 있었음이라 유다의 왕 아하시
야는 요람을 보러 내려왔더라
14 Thus Jehu the son of Jehoshaphat the son of Nimshi conspired
against Joram. (Now Joram with all Israel had been on guard at
Ramoth-gilead against Hazael king of Syria, 15 but King Joram had
returned to be healed in Jezreel of the wounds that the Syrians had
given him, when he fought with Hazael king of Syria.) So Jehu said, "If
this is your decision, then let no one slip out of the city to go and tell the
news in Jezreel." 16 Then Jehu mounted his chariot and went to Jezreel,
for Joram lay there. And Ahaziah king of Judah had come down to visit
Joram.

17 이스르엘 망대에 파수꾼 하나가 서 있더니 예후의 무리가 오는 것
을 보고 이르되 내가 한 무리를 보나이다 하니 요람이 이르되 한 사람
을 말에 태워 보내어 맞이하여 평안하냐 묻게 하라 하는지라 18 한 사
람이 말을 타고 가서 만나 이르되 왕의 말씀이 평안하냐 하시더이다
하매 예후가 이르되 평안이 네게 상관이 있느냐 내 뒤로 물러나라 하
니라 파수꾼이 전하여 이르되 사자가 그들에게 갔으나 돌아오지 아니

하나이다 하는지라 19 다시 한 사람을 말에 태워 보내었더니 그들에
게 가서 이르되 왕의 말씀이 평안하냐 하시더이다 하매 예후가 이르
되 평안이 네게 상관이 있느냐 내 뒤를 따르라 하더라 20 파수꾼이 또
전하여 이르되 그도 그들에게까지 갔으나 돌아오지 아니하고 그 병거
모는 것이 님시의 손자 예후가 모는 것 같이 미치게 모나이다 하니
17 Now the watchman was standing on the tower in Jezreel, and he saw the company of Jehu as he came and said, "I see a company." And Joram said, "Take a horseman and send to meet them, and let him say, 'Is it peace?'"
18 So a man on horseback went to meet him and said, "Thus says the king, 'Is it peace?'" And Jehu said, "What do you have to do with peace? Turn around and ride behind me." And the watchman reported, saying, "The messenger reached them, but he is not coming back."
19 Then he sent out a second horseman, who came to them and said, "Thus the king has said, 'Is it peace?'" And Jehu answered, "What do you have to do with peace? Turn around and ride behind me."
20 Again the watchman reported, "He reached them, but he is not coming back. And the driving is like the driving of Jehu the son of Nimshi, for he drives furiously."

21 요람이 이르되 메우라 하매 그의 병거를 메운지라 이스라엘 왕 요
람과 유다 왕 아하시야가 각각 그의 병거를 타고 가서 예후를 맞을새
이스르엘 사람 나봇의 토지에서 만나매 22 요람이 예후를 보고 이르
되 예후야 평안하냐 하니 대답하되 네 어머니 이세벨의 음행과 술수
가 이렇게 많으니 어찌 평안이 있으랴 하더라 23 요람이 곧 손을 돌이
켜 도망하며 아하시야에게 이르되 아하시야여 반역이로다 하니 24 예
후가 힘을 다하여 활을 당겨 요람의 두 팔 사이를 쏘니 화살이 그의
염통을 꿰뚫고 나오매 그가 병거 가운데에 엎드러진지라 25 예후가 그

의 장관 빗갈에게 이르되 그 시체를 가져다가 이스르엘 사람 나봇의
밭에 던지라 네가 기억하려니와 이전에 너와 내가 함께 타고 그의 아
버지 아합을 좇았을 때에 여호와께서 이같이 그의 일을 예언하셨느니
라 26 여호와께서 말씀하시기를 내가 어제 나봇의 피와 그의 아들들의
피를 분명히 보았노라 여호와께서 또 말씀하시기를 이 토지에서 네게
갚으리라 하셨으니 그런즉 여호와의 말씀대로 그의 시체를 가져다가
이 밭에 던질지니라 하는지라

9장

21 Joram said, "Make ready." And they made ready his chariot. Then
Joram king of Israel and Ahaziah king of Judah set out, each in his
chariot, and went to meet Jehu, and met him at the property of Naboth
the Jezreelite. 22 And when Joram saw Jehu, he said, "Is it peace,
Jehu?" He answered, "What peace can there be, so long as the whorings
and the sorceries of your mother Jezebel are so many?" 23 Then Joram
reined about and fled, saying to Ahaziah, "Treachery, O Ahaziah!"
24 And Jehu drew his bow with his full strength, and shot Joram
between the shoulders, so that the arrow pierced his heart, and he sank
in his chariot. 25 Jehu said to Bidkar his aide, "Take him up and throw
him on the plot of ground belonging to Naboth the Jezreelite. For
remember, when you and I rode side by side behind Ahab his father,
how the Lord made this pronouncement against him: 26 'As surely as I
saw yesterday the blood of Naboth and the blood of his sons—declares
the Lord—I will repay you on this plot of ground.' Now therefore take
him up and throw him on the plot of ground, in accordance with the
word of the Lord."

27 유다의 왕 아하시야가 이를 보고 정원의 정자 길로 도망하니 예후
가 그 뒤를 쫓아가며 이르되 그도 병거 가운데서 죽이라 하매 이블르

암 가까운 구르 비탈에서 치니 그가 므깃도까지 도망하여 거기서 죽
은지라 28 그의 신복들이 그를 병거에 싣고 예루살렘에 이르러 다윗
성에서 그들의 조상들과 함께 그의 묘실에 장사하니라
27 When Ahaziah the king of Judah saw this, he fled in the direction of Beth-haggan. And Jehu pursued him and said, "Shoot him also." And they shot him[4] in the chariot at the ascent of Gur, which is by Ibleam. And he fled to Megiddo and died there.
28 His servants carried him in a chariot to Jerusalem, and buried him in his tomb with his fathers in the city of David.

29 아합의 아들 요람의 제십일년에 아하시야가 유다 왕이 되었었더라
29 In the eleventh year of Joram the son of Ahab, Ahaziah began to reign over Judah.

30 예후가 이스르엘에 오니 이세벨이 듣고 눈을 그리고 머리를 꾸미
고 창에서 바라보다가 31 예후가 문에 들어오매 이르되 주인을 죽인
너 시므리여 평안하냐 하니 32 예후가 얼굴을 들어 창을 향하고 이르
되 내 편이 될 자가 누구냐 누구냐 하니 두어 내시가 예후를 내다보는
지라 33 이르되 그를 내려던지라 하니 내려던지매 그의 피가 담과 말
에게 튀더라 예후가 그의 시체를 밟으니라 34 예후가 들어가서 먹고
마시고 이르되 가서 이 저주 받은 여자를 찾아 장사하라 그는 왕의 딸
이니라 하매 35 가서 장사하려 한즉 그 두골과 발과 그의 손 외에는 찾
지 못한지라 36 돌아와서 전하니 예후가 이르되 이는 여호와께서 그
종 디셉 사람 엘리야를 통하여 말씀하신 바라 이르시기를 이스르엘
토지에서 개들이 이세벨의 살을 먹을지라 37 그 시체가 이스르엘 토지
에서 거름같이 밭에 있으리니 이것이 이세벨이라고 가리켜 말하지 못
하게 되리라 하셨느니라 하였더라

30 When Jehu came to Jezreel, Jezebel heard of it. And she painted
her eyes and adorned her head and looked out of the window. 31 And
as Jehu entered the gate, she said, "Is it peace, you Zimri, murderer
of your master?" 32 And he lifted up his face to the window and said,
"Who is on my side? Who?" Two or three eunuchs looked out at him.
33 He said, "Throw her down." So they threw her down. And some of
her blood spattered on the wall and on the horses, and they trampled
on her. 34 Then he went in and ate and drank. And he said, "See now to
this cursed woman and bury her, for she is a king's daughter." 35 But
when they went to bury her, they found no more of her than the skull
and the feet and the palms of her hands. 36 When they came back and
told him, he said, "This is the word of the Lord, which he spoke by his
servant Elijah the Tishbite: 'In the territory of Jezreel the dogs shall eat
the flesh of Jezebel, 37 and the corpse of Jezebel shall be as dung on the
face of the field in the territory of Jezreel, so that no one can say, This
is Jezebel.'"

9장

10:1 아합의 아들 칠십 명이 사마리아에 있는지라 예후가 편지들을 써
서 사마리아에 보내서 이스르엘 귀족들 곧 장로들과 아합의 여러 아
들을 교육하는 자들에게 전하니 일렀으되 2 너희 주의 아들들이 너희
와 함께 있고 또 병거와 말과 견고한 성과 무기가 너희에게 있으니 이
편지가 너희에게 이르거든 3 너희 주의 아들들 중에서 가장 어질고 정
직한 자를 택하여 그의 아버지의 왕좌에 두고 너희 주의 집을 위하여
싸우라 하였더라 4 그들이 심히 두려워하여 이르되 두 왕이 그를 당하
지 못하였거든 우리가 어찌 당하리요 하고 5 그 왕궁을 책임지는 자와
그 성읍을 책임지는 자와 장로들과 왕자를 교육하는 자들이 예후에
게 말을 전하여 이르되 우리는 당신의 종이라 당신이 말하는 모든 것

을 우리가 행하고 어떤 사람이든지 왕으로 세우지 아니하리니 당신이
보기에 좋은 대로 행하라 한지라 6 예후가 다시 그들에게 편지를 부치
니 일렀으되 만일 너희가 내 편이 되어 내 말을 너희가 들으려거든 너
희 주의 아들된 사람들의 머리를 가지고 내일 이맘때에 이스르엘에
이르러 내게 나아오라 하였더라 왕자 칠십 명이 그 성읍의 귀족들, 곧
그들을 양육하는 자들과 함께 있는 중에 7 편지가 그들에게 이르매 그
들이 왕자 칠십 명을 붙잡아 죽이고 그들의 머리를 광주리에 담아 이
스르엘 예후에게로 보내니라 8 사자가 와서 예후에게 전하여 이르되
그 무리가 왕자들의 머리를 가지고 왔나이다 이르되 두 무더기로 쌓
아 내일 아침까지 문 어귀에 두라 하고 9 이튿날 아침에 그가 나가 서
서 뭇 백성에게 이르되 너희는 의롭도다 나는 내 주를 배반하여 죽였
거니와 이 여러 사람을 죽인 자는 누구냐 10 그런즉 이제 너희는 알라
곧 여호와께서 아합의 집에 대하여 하신 말씀은 하나도 땅에 떨어지
지 아니하리라 여호와께서 그의 종 엘리야를 통하여 하신 말씀을 이
제 이루셨도다 하니라 11 예후가 아합의 집에 속한 이스르엘에 남아
있는 자를 다 죽이고 또 그의 귀족들과 신뢰 받는 자들과 제사장들을
죽이되 그에게 속한 자를 하나도 생존자를 남기지 아니하였더라

10:2 Now Ahab had seventy sons in Samaria. So Jehu wrote letters
and sent them to Samaria, to the rulers of the city,[5] to the elders, and
to the guardians of the sons[6] of Ahab, saying, 2 "Now then, as soon
as this letter comes to you, seeing your master's sons are with you,
and there are with you chariots and horses, fortified cities also, and
weapons, 3 select the best and fittest of your master's sons and set him
on his father's throne and fight for your master's house." 4 But they
were exceedingly afraid and said, "Behold, the two kings could not
stand before him. How then can we stand?" 5 So he who was over the
palace, and he who was over the city, together with the elders and the

guardians, sent to Jehu, saying, "We are your servants, and we will do
all that you tell us. We will not make anyone king. Do whatever is good
in your eyes." 6 Then he wrote to them a second letter, saying, "If you
are on my side, and if you are ready to obey me, take the heads of your
master's sons and come to me at Jezreel tomorrow at this time." Now
the king's sons, seventy persons, were with the great men of the city,
who were bringing them up. 7 And as soon as the letter came to them,
they took the king's sons and slaughtered them, seventy persons, and
put their heads in baskets and sent them to him at Jezreel. 8 When the
messenger came and told him, "They have brought the heads of the
king's sons," he said, "Lay them in two heaps at the entrance of the gate
until the morning." 9 Then in the morning, when he went out, he stood
and said to all the people, "You are innocent. It was I who conspired
against my master and killed him, but who struck down all these?
10 Know then that there shall fall to the earth nothing of the word of the
Lord, which the Lord spoke concerning the house of Ahab, for the Lord
has done what he said by his servant Elijah." 11 So Jehu struck down all
who remained of the house of Ahab in Jezreel, all his great men and his
close friends and his priests, until he left him none remaining.

12 예후가 일어나서 사마리아로 가더니 도중에 목자가 양털 깎는 집
에 이르러 13 예후가 유다의 왕 아하시야의 형제들을 만나 묻되 너희
는 누구냐 하니 대답하되 우리는 아하시야의 형제라 이제 왕자들과
태후의 아들들에게 문안하러 내려가노라 하는지라 14 이르되 사로잡
으라 하매 곧 사로잡아 목자가 양털 깎는 집 웅덩이 곁에서 죽이니 사
십이 명이 하나도 남지 아니하였더라
12 Then he set out and went to Samaria. On the way, when he was at

10장

Beth-eked of the Shepherds, 13 Jehu met the relatives of Ahaziah king
of Judah, and he said, "Who are you?" And they answered, "We are the
relatives of Ahaziah, and we came down to visit the royal princes and
the sons of the queen mother." 14 He said, "Take them alive." And they
took them alive and slaughtered them at the pit of Beth-eked, forty-two
persons, and he spared none of them.

15 예후가 거기에서 떠나가다가 자기를 맞이하러 오는 레갑의 아들
여호나답을 만난지라 그의 안부를 묻고 그에게 이르되 내 마음이 네
마음을 향하여 진실함과 같이 네 마음도 진실하냐 하니 여호나답이
대답하되 그러하니이다 이르되 그러면 나와 손을 잡자 손을 잡으니
예후가 끌어 병거에 올리며 16 이르되 나와 함께 가서 여호와를 위한
나의 열심을 보라 하고 이에 자기 병거에 태우고 17 사마리아에 이르
러 거기에 남아 있는바 아합에게 속한 자들을 죽여 진멸하였으니 여
호와께서 엘리야에게 이르신 말씀과 같이 되었더라
15 And when he departed from there, he met Jehonadab the son of
Rechab coming to meet him. And he greeted him and said to him,
"Is your heart true to my heart as mine is to yours?" And Jehonadab
answered, "It is." Jehu said,[7] "If it is, give me your hand." So he gave
him his hand. And Jehu took him up with him into the chariot. 16 And
he said, "Come with me, and see my zeal for the Lord." So he[8] had
him ride in his chariot. 17 And when he came to Samaria, he struck
down all who remained to Ahab in Samaria, till he had wiped them out,
according to the word of the Lord that he spoke to Elijah.

18 예후가 뭇 백성을 모으고 그들에게 이르되 아합은 바알을 조금 섬
겼으나 예후는 많이 섬기리라 19 그러므로 내가 이제 큰 제사를 바알

에게 드리고자 하노니 바알의 모든 선지자와 모든 섬기는 자와 모든
제사장들을 한 사람도 빠뜨리지 말고 불러 내게로 나아오게 하라 모
든 오지 아니하는 자는 살려 두지 아니하리라 하니 이는 예후가 바알
섬기는 자를 멸하려 하여 계책을 씀이라 20 예후가 바알을 위하는 대
회를 거룩히 열라 하매 드디어 공포되었더라 21 예후가 온 이스라엘에
사람을 두루 보냈더니 바알을 섬기는 모든 사람이 하나도 빠진 자가
없이 다 이르렀고 무리가 바알의 신당에 들어가매 바알의 신당 이쪽
부터 저쪽까지 가득하였더라 22 예후가 예복 맡은 자에게 이르되 예복
을 내다가 바알을 섬기는 모든 자에게 주라 하매 그들에게로 예복을
가져온지라 23 예후가 레갑의 아들 여호나답과 더불어 바알의 신당에
들어가서 바알을 섬기는 자들에게 이르되 너희는 살펴보아 바알을 섬
기는 자들만 여기 있게 하고 여호와의 종은 하나도 여기 너희 중에 있
지 못하게 하라 하고 24 무리가 번제와 다른 제사를 드리려고 들어간
때에

18 Then Jehu assembled all the people and said to them, "Ahab served
Baal a little, but Jehu will serve him much. 19 Now therefore call to me
all the prophets of Baal, all his worshipers and all his priests. Let none
be missing, for I have a great sacrifice to offer to Baal. Whoever is
missing shall not live." But Jehu did it with cunning in order to destroy
the worshipers of Baal. 20 And Jehu ordered, "Sanctify a solemn
assembly for Baal." So they proclaimed it. 21 And Jehu sent throughout
all Israel, and all the worshipers of Baal came, so that there was not a
man left who did not come. And they entered the house of Baal, and
the house of Baal was filled from one end to the other. 22 He said to him
who was in charge of the wardrobe, "Bring out the vestments for all the
worshipers of Baal." So he brought out the vestments for them. 23 Then
Jehu went into the house of Baal with Jehonadab the son of Rechab,

10장

and he said to the worshipers of Baal, "Search, and see that there is no
servant of the Lord here among you, but only the worshipers of Baal."
24 Then they[9] went in to offer sacrifices and burnt offerings.

예후가 팔십 명을 밖에 두며 이르되 내가 너희 손에 넘겨주는 사람을
한 사람이라도 도망하게 하는 자는 자기의 생명으로 그 사람의 생명
을 대신하리라 하니라 25 번제 드리기를 다하매 예후가 호위병과 지휘
관들에게 이르되 들어가서 한 사람도 나가지 못하게 하고 죽이라 하
매 호위병과 지휘관들이 칼로 그들을 죽여 밖에 던지고 26 바알의 신
당 있는 성으로 가서 바알의 신당에서 목상들을 가져다가 불사르고
27 바알의 목상을 헐며 바알의 신당을 헐어서 변소를 만들었더니 오
늘까지 이르니라
Now Jehu had stationed eighty men outside and said, "The man who
allows any of those whom I give into your hands to escape shall forfeit
his life." 25 So as soon as he had made an end of offering the burnt
offering, Jehu said to the guard and to the officers, "Go in and strike
them down; let not a man escape." So when they put them to the sword,
the guard and the officers cast them out and went into the inner room
of the house of Baal, 26 and they brought out the pillar that was in the
house of Baal and burned it. 27 And they demolished the pillar of Baal,
and demolished the house of Baal, and made it a latrine to this day.

28 예후가 이와 같이 이스라엘 중에서 바알을 멸하였으나 29 이스라엘
에게 범죄하게 한 느밧의 아들 여로보암의 죄 곧 벧엘과 단에 있는 금
송아지를 섬기는 죄에서는 떠나지 아니하였더라 30 여호와께서 예후
에게 이르시되 네가 나보기에 정직한 일을 행하되 잘 행하여 내 마음
에 있는 대로 아합 집에 다 행하였은즉 네 자손이 이스라엘 왕위를 이

어 사대를 지내리라 하시니라 31 그러나 예후가 전심으로 이스라엘 하
나님 여호와의 율법을 지켜 행하지 아니하며 여로보암이 이스라엘에
게 범하게 한 그 죄에서 떠나지 아니하였더라
28 Thus Jehu wiped out Baal from Israel. 29 But Jehu did not turn aside
from the sins of Jeroboam the son of Nebat, which he made Israel to
sin—that is, the golden calves that were in Bethel and in Dan. 30 And
the Lord said to Jehu, "Because you have done well in carrying out
what is right in my eyes, and have done to the house of Ahab according
to all that was in my heart, your sons of the fourth generation shall sit
on the throne of Israel." 31 But Jehu was not careful to walk in the law
of the Lord, the God of Israel, with all his heart. He did not turn from
the sins of Jeroboam, which he made Israel to sin.

32 이때에 여호와께서 이스라엘에서 땅을 잘라 내기 시작하시매 하사
엘이 이스라엘의 모든 영토에서 공격하되 33 요단 동쪽 길르앗 온 땅
곧 갓 사람과 르우벤 사람과 므낫세 사람의 땅 아르논 골짜기에 있는
아로엘에서부터 길르앗과 바산까지 하였더라 34 예후의 남은 사적과
행한 모든 일과 업적은 이스라엘 왕 역대지략에 기록되지 아니하였느
냐 35 예후가 그의 조상들과 함께 자매 사마리아에 장사되고 그의 아
들 여호아하스가 그를 대신하여 왕이 되니라 36 예후가 사마리아에서
이스라엘을 다스린 햇수는 스물여덟 해이더라
32 In those days the Lord began to cut off parts of Israel. Hazael
defeated them throughout the territory of Israel: 33 from the Jordan
eastward, all the land of Gilead, the Gadites, and the Reubenites, and
the Manassites, from Aroer, which is by the Valley of the Arnon, that
is, Gilead and Bashan. 34 Now the rest of the acts of Jehu and all that he
did, and all his might, are they not written in the Book of the Chronicles

of the Kings of Israel? 35 So Jehu slept with his fathers, and they buried
him in Samaria. And Jehoahaz his son reigned in his place. 36 The time
that Jehu reigned over Israel in Samaria was twenty-eight years.

11:1 아하시야의 어머니 아달랴가 그의 아들이 죽은 것을 보고 일어나
왕의 자손을 모두 멸절하였으나 2 요람 왕의 딸 아하시야의 누이 여호
세바가 아하시야의 아들 요아스를 왕자들이 죽임을 당하는 중에서 빼
내어 그와 그의 유모를 침실에 숨겨 아달랴를 피하여 죽임을 당하지
아니하게 한지라 3 요아스가 그와 함께 여호와의 성전에 육 년을 숨어
있는 동안에 아달랴가 나라를 다스렸더라

11:1 Now when Athaliah the mother of Ahaziah saw that her son was
dead, she arose and destroyed all the royal family. 2 But Jehosheba,
the daughter of King Joram, sister of Ahaziah, took Joash the son of
Ahaziah and stole him away from among the king's sons who were
being put to death, and she put[10] him and his nurse in a bedroom. Thus
they[11] hid him from Athaliah, so that he was not put to death. 3 And
he remained with her six years, hidden in the house of the Lord, while
Athaliah reigned over the land.

1 Septuagint, Syriac lack *when Jehoshaphat was king of Judah* *2* *Joram* is an alternate spelling of *Jehoram* (the son of Jehoshaphat) as in verse 16; also verses 23, 24 *3* The meaning of the Hebrew word is uncertain *4* Syriac, Vulgate (compare Septuagint); Hebrew lacks *and they shot him* *5* Septuagint, Vulgate; Hebrew *rulers of Jezreel* *6* Hebrew lacks *of the sons* *7* Septuagint; Hebrew lacks *Jehu said* *8* Septuagint, Syriac, Targum; Hebrew *they* *9* Septuagint *he* (compare verse 25) *10* Compare 2 Chronicles 22:11; Hebrew lacks *and she put* *11* Septuagint, Syriac, Vulgate (compare 2 Chronicles 22:11) *she*

단락 개관

끔찍한 역사와 느슨한 종말

성경에는 공포 영화에 비할 수 있는 부분이 몇몇 있는데, 이 대목이 그것들 중 하나다. (이스라엘의 내러티브와 유다의 내러티브를 다시 동기화하기 위해) 유다로 잠시 되돌아가는 것은 대체로 유다의 다음 두 왕들이 약간 앞선 이스라엘의 왕들과 이름을 공유한다는 매우 헷갈리는 사실 때문임을 주목할 만하다. 저자가 보기에, 이는 유다가 이스라엘 왕들을 사로잡았던 우상숭배 바이러스에 철저히 '전염되었다'는 것을 분명히 입증한다. 유다의 여호람은 놀랍도록 그의 이름과 같은 사람이다. 그가 아합의 딸과 혼인했다는 사실은 그의 마음이 어디에 있는지를 나타내고, 그는 이스라엘의 왕 대다수처럼 "여호와 보시기에 악을"(8:18) 행한 것으로 평가된다. 그는 통치 기간에 에돔과 립나를 잃었다.

그의 아들 아하시야는 그의 어머니 아달랴의 영향을 크게 받은 것으로 보이고 계속해서 유다를 우상숭배의 길로 이끌어간다. (이스라엘과) 그의 가족관계는 그의 통치에 영향을 미치고, 저자에 따르면 그것이 권력을 잡은 기간과 관련해 유일하게 주목할 만한 점이다. 이 짧은 막간의 이야기는 당시 상황에서 보든지 훗날 포로시대의 관점에서 보든지 이스라엘과 유다는 본질적으로 구별할 수 없다는 것을 매우 분명히 밝힌다. 이 점이 분명해진 후 우리는 예후를 소개받는데, 그는 열왕기상 19:17에서 여호와께서 엘리야에게 주신 말씀에 처음 언급된 암살자다.

열왕기하 9장이 시작될 때 엘리사가 "선지자의 제자 중 하나"에게 길르앗 라못에 사는 "님시의 손자 여호사밧의 아들"로 지명된 군인을 찾아서 기름을 붓고 이스라엘의 왕으로 삼으라고 지시한다. 이후 그 제자는 최대한 빨리 예후를 떠나게 되어 있다. 이 "선지자의 제자"는 그에게 기름을 붓고 하나님이 이미 예후와 그가 형벌을 가할 사람들에 관해 말씀하신 것을 요약한다. 바로 아합의 자손들과 그의 왕비 이세벨이다. 그 제자는 메시지를 전한 후 도망하고, 예후가 그가 받은 메시지에 관한 질문에 답하도록 내버려두는데, 예후는 한 마디로 자기가 왕으로 기름부음을 받았다고 밝힌다(9:12).

예후는 지체 없이 그의 임무를 수행하기 시작해 아합의 아들, 요람(여호람)을 찾아 나선다. 예후가 길르앗 라못에서 권력을 장악하는 동안 왕은 최근 아람 사람들과의 싸움 이후 이스르엘에서 건강을 회복하는 중이었다. 유명할 정도로 무모한 병거 전사인 예후는 그의 즉위 소식을 숨기고 이스르엘을 향해 떠난다. 그가 왕의 관저로 접근할 때 그의 미친 운전으로 그 정체가 드러나고, 요람은 무언가가 잘못되었다는 것을 감지한 후 그의 의도를 확인하려고 메신저들을 보낸다. 메신저들이 돌아가서 보고하기보다 예후와 함께 머물기를 선택한다는 사실이 왕의 염려를 심화시킨다. 결국 요람은 유다의 아하시야와 함께 그를 만나러 나가기로 결심하는데, 그곳은 불길하게도 예전에 나봇이 소유했던 토지였다. 요람은 자기가 위험에 처한 것을 알고 도망하면서 아하시야에게도 그렇게 하도록 경고한다. 예후가 도망하는 이스라엘 왕의 등을 향해 화살을 쏘고, 유다의 왕까지 처형하도록 명령한다(9:27). 예후가 나봇의 죽음에 대해 보복했으나, 독자는 과연 이것이 정의로운 행동인지 갸우뚱하게 된다.

살해 목록의 다음 차례는 이세벨이었다. 예후가 9:30-37에서 그녀를 찾아 나서서 내시들에게 그녀를 창문 밖으로 던지도록 설득하고, 이후 왕비의 시체가 땅에 놓여 있을 때 그는 차분하게 저녁식사를 하려고 간다. 예후에게 이 모든 것은 예언의 성취이다. 우리가 그의 신학을 책잡을 수는 없어도 그의 인간성은 다소 부족한 것처럼 보인다.

10:1-7에서는 예후가 그의 주의를 "아합의 아들들"에게 돌린다. 처음에는 그가 왕의 직계 자손 70명을 이스르엘에서 열리는 모임으로 유인해서 모두 죽인다(10:7). 이 내러티브는 차갑고 냉정하다. 그는 그들의 머리를 두 무더기로 높이 쌓은 후(10:8) 모든 백성을 모으고 아합과 그의 정권과 연관된 사람은 누구나 처형한다(10:11). 예후는 경의를 표하기 위해 유다에서 온 사절단을 우연히 만난 후 그들을 모두 살해한다(10:14). 이후 그는 레갑

의 아들, 여호나답을 만나 여호와를 섬긴 그의 업적을 개관하여 그에게 좋은 인상을 주려고 한 후 숙청 작업을 계속하기 위해 사마리아로 되돌아간다(10:17).

18절은 예후가 여호나답과 부하 80명과 함께 바알 숭배를 이스라엘에서 제거하기 위해 어떻게 간단한 계책을 고안하는지 개관한다. 늘 그렇듯이 그의 계획은 섬세하진 않아도 매우 효과적이다. 그는 특별한 '바알 축제'를 열고, 모든 바알 숭배자들이 내부에 있을 때, 문을 잠그고 그들을 학살한다. 심지어 신전에서 아합의 바알 목상까지 제거한다. 그의 목적은 훌륭하지만 방법은 간담을 서늘하게 한다.

10:28-36에 나오는 요약에는 예후의 통치 방식에 대한 문제점들이 나타난다. 그는 바알 숭배를 제거했으나 계속해서 나밧의 아들 여로보암이 닦은 길로 내려간다는 의미에서는 '충실한 이스라엘 사람'이다. 그는 분명히 타락한 의제를 갖고 있다. 예후의 믿음은 그 중심이 스스로 밝힌 것처럼 여호와께 있지 않고 열 지파의 첫 번째 왕이 세운 쌍둥이 금송아지들에게 있다.

이 길고 어두운 단락은 유다에서 일어난 아합의 딸 아달랴의 즉위와 끔찍한 통치에 관한 짧은 묘사로 결말에 이른다. 유다에서 아하시야의 살해로 인해 생긴 공백에 아달랴가 권력을 차지하고 그녀의 인척들을 하나씩 제거하기 시작하는 상상도 할 수 없는 짓을 행한다. 이로 인해 다윗의 혈통이 멸절의 위기에 처한다. 만일 여호세바[34]가 없다면 왕족 전체가 파멸될 것이다. 그러나 어린 요아스가 숨겨져서 6년 동안 안전하게 지켜진 덕분에 마침내 어둠 가운데 한 줄기의 빛이 비친다. 이제는 분명히 더 나은 것이 오고 있다!

34 기억하기 쉽도록 데이비스(Davis)는 그녀를 "크리스마스를 구한 여자"로 묘사한다. *The Power and the Fury*, 171.

단락 개요

III. 하나님의 말씀과 하나님의 선지자(엘리야와 엘리사, 왕상 17:1-왕하 12:21)

M. 유다의 여호람과 아하시야, 이스라엘의 예후의 유혈 통치, 유다에서 대비 아달랴의 발흥(8:16-11:3)

1. 그동안 유다에서는…(8:16-29)
   a. 유다의 여호람의 생애와 시대(8:16-24)
   b. 유다의 아하시야의 생애와 시대(8:25-29)
2. 예후, 이스라엘의 기름부음 받은 왕(9:1-13)
3. 예후, 이스라엘의 요람(여호람)과 유다의 아하시야를 죽이다(9:14-29)
4. 예후, 이세벨을 죽이다(9:30-37)
5. 예후, 아합의 자손들을 죽이다(10:1-17)
6. 예후, 바알의 선지자들을 죽이다(10:18-27)
7. 예후의 생애와 시대(10:28-36)
8. 아합의 딸, 아달랴가 다윗 혈통을 근절하려고 하다(11:1-3)

주석

8:16-29 개요

이 단락은 대다수 사람들이 열왕기하를 너무나 헷갈리는 책으로 생각하는 이유들 중 하나다. 지금까지 우리의 시점은 열왕기하에서 이스라엘, 곧 아하시야 왕에 이어 (요람으로도 알려진) 여호람 왕이 등장하는 이스라엘에 있었다. 그런데 이제 8:16에 이르면, 사전 경고도 없이 별안간 남쪽 나라, 곧 여호람(혹은 요람) 왕에 이어 아하시야 왕이 등장하는 유다로 옮겨진다! 똑같은 이름을 가진 두 쌍의 왕들이 동시에 두 개의 다른 나라에 등장하는 것이다. 이는 말끔한 교차배열법을 만들 수 있을지 몰라도 이 장들을 매우 혼란스럽게 만들기도 한다. 그래서 독자는 온갖 질문을 던지게 된다. 왜 유다로 전환할까? 아기 이름에 대한 상상력이 왜 이렇게 부족할까? 왜 갑작스럽게 경건한 유다의 다윗 혈통 왕들이 무신론적인 이스라엘 오므리 왕조에서 나온 왕족 이름을 사용하기 시작할까? 이 모든 질문에 대한 답변은 8:18에서 찾을 수 있는데 그것은 나쁜 혼인과 함께 시작된다.

8:16-18 이스라엘의 왕 여호람(3:1)과 더불어, 우리는 이제 "유다의 왕 여호사밧의 아들 여호람"과 다퉈야 한다.[35] 이름의 공유가 유다 왕들이 접촉한 이스라엘적인 모든 것에 대한 애정의 직접적인 결과라고 서술되지는 않아도 그런 함의가 있는 것은 분명하다. 이제 처음으로 유다의 왕이 사마리아에서 통치하는 자들에게 자주 사용되던 말로 표현된다. "그가 이스라엘 왕들의 길을 가서 아합의 집과 같이 하였으니." 이렇게 된 이유가 있는데, 이는 여러 장에 걸쳐 그 배경에 숨어있던 것이다. 이스라엘과 유다가 갈수록 더 가까워지고 있는 현상이 자세히 나오긴 했으나 설명되진 않았는데 이제 비로소 그 이유가 밝혀진다. "아합의 딸이 그의 아내가 되었음이라." 이 단순한 사실은 유다 나라의 영적 타락을 가리키고 있다.

여호사밧은(다윗 혈통의 왕인) 우리가 이미 살펴본 대로 무척 경건했지만 실제적인 지혜가 부족한 사람이었다. 열왕기상 22장으로 돌아가면, 그는 아합과 뒤얽히게 되어 우상을 숭배하는 왕과 전투에 참여하고, 또한 아합이 그의 임박한 죽음에 관한 예언을 알게 된 후 옷을 바꿔 입자는 아합의 제안에 동의하게 된다. 이제 여호사밧이 아합에게 헌신하고 그의 목숨과 나라의 위험을 기꺼이 무릅쓰게 된 이유가 분명해진다. 여호사밧은 혼

35 이어지는 주석에서는 이 두 사람을 구별하기 위해 이 지점부터 이스라엘의 왕 여호람을 대체로 축약된 형태인 요람으로 언급한다.

인으로 아합과 인척관계가 되었기 때문에 아합과 조약 관계를 맺은 상태인 것이다. 본문은 이 관계에 이르는 사건들을 다 기록하진 않아도 추정컨대 북쪽 왕조의 힘이 그에 비해 약한 남쪽의 유다에 영향을 미쳤던 것 같고, 경건한 왕은 나쁜 아합과 운명을 같이할 수밖에 없었다. 여호사밧은 아들 겸 상속자를 귀엽고 작은 아달랴와 혼인시켰고, 아달랴는 그의 엄마 이세벨을 유쾌하게 보이게 할 정도의 인물임이 드러난다. 이 혼인은(그리고 이 여자는) 즉각적인 효과를 거둔다. 유다의 왕들이 이스라엘의 이름들을 채용할 뿐 아니라 유다가 이스라엘처럼 행하기 시작하는 것이다! 즉각적인 우상숭배는 그 땅에 대한 장악력을 느슨하게 만든다. 구약에서 땅의 상실은 언제나 하나님의 불쾌함을 경고하는 표시다.

그리고 여호람이 떠난 후에도 상황이 더 나아지지 않는다. 중매결혼 이후 유다는 이스라엘의 죄와 보조를 맞추게 되고 여호람이 죽은 후에도 오랫동안 그렇게 행한다. 조만간에 유혈사태와 무차별 폭력이 있게 될 터이고, 표면적으로 하나님의 언약 계획 전체가 암초로 향하는 것처럼 보인다.

8:19-24 다음 진술은 고무적인 만큼 놀라운 것으로 19절에서 여호와의 유다에 대한 헌신이 예루살렘의 영적 온도보다 훨씬 더 견고하다는 점을 상기시켜준다. "여호와께서 그의 종 다윗을 위하여 유다 멸하기를 즐겨하지 아니하셨으니 이는 그와 그의 자손에게 항상 등불을 주겠다고 말씀하셨음이더라." 하나님의 목적은 다윗의 자손과 불가분의 관계에 있고(참고. 삼하 7장), 이 때문에 유다와 그 다윗 혈통의 왕은 징계는 받을지 몰라도(삼하 7:14) 파멸될 수는 없고 또 파멸되지 않을 것이다. 이는 바벨론과 그 이후의 완성된 역사를 읽는 독자들에게 큰 위안을 주었을 것이 틀림없다.[36] 하지만 여호와의 변함없는 헌신에도 불구하고, 유다의 여호람의 통치는 내리막길을 걷는 시기였다. "여호람 때에 에돔이 유다의 손에서 배반하여

36 열왕기상 11:36; 15:4에 나오는 "다윗의 등불"에 관한 비슷한 진술도 보라.

자기 위에 왕을 세운 고로…그때에 립나도 배반하였더라"(20-22절). 여호람이 이 반역을 진압하려고 노력했음에도 불구하고(21절), 에돔은 여러 세대에 걸친 속국 관계에서 벗어난다(참고. 왕상 22:47; 왕하 3:8). 예루살렘의 남서쪽에 위치한 레위 성읍(수 21:13)인 립나도 에돔을 따라한다. 유다는 이스라엘의 길로 행하기 시작하는 듯하다.

8장

8:25-27 유다의 여호람에 이어 그의 아들, "유다 왕 여호람의 아들 아하시야"가 왕위를 계승한다. 헷갈리게도, 여호람은 그의 아들에게 이스라엘에 있는 그의 동명이인의 형의 이름을 붙여주었다(참고. 왕하 1:2). 이 아하시야는 그의 이스라엘 사람 동명이인처럼 통치 기간이 무척 짧아서 일 년밖에 되지 않는다. 그의 통치를 요약한 문장은 관례로 돌아가서 (이전 구절들에 나오는 왕의 아내에게 초점을 맞추지 않고) 그의 어머니의 이름을 거론한다. 그런데 여기서는 아달랴가 아합의 딸로 묘사되지 않고 "이스라엘 왕 오므리의 손녀"로 묘사된다. 이는 아마 다윗 왕조와 이스라엘 역사에서 가장 지배적인 혈통인 오므리 왕조를 대조시키기 위해서일 것이다. 아하시야에 대한 판결은 그의 아버지에 대한 것과 동일하다. "아하시야가 아합의 집 길로 행하여 아합의 집과 같이 여호와 보시기에 악을 행하였으니 그는 아합의 집의 사위가 되었음이러라." "아합의 집"에 대한 세 번의 언급은 유다의 타락과 두 나라가 이제 기본적으로 동일하다는 사실을 더욱더 강조한다.[37]

8:28-29 8장은 우상숭배적인 조약 파트너들(처남과 매부)이 함께 "길르앗 라못으로 가서 아람 왕 하사엘과 더불어 싸우고" 거기서 "아람 사람들이 요람에게 부상을 입히는" 것으로 끝난다. 이 세부사항은 이어지는 내러티브를 진행하는데 중요한 역할을 할 것이다. 그런데 이 유다 왕의 통치에 관해 할 말이 다음 내용밖에 없다는 것, 즉 "하사엘과 싸울 때에 라마에

37 포로시대의 독자들에게 이것은 바벨론에서의 유다의 생존은 여호와의 은혜의 표징이라는 사실, 특히 이스라엘이 앗수르에게 멸망된 것에 비춰보면 그렇다는 사실을 부각시켰을 것이다.

서 아람 사람에게 당한 부상을 치료하려 하여 이스르엘로 돌아온" 아합의 아들 요람을 방문하러 그가 갔다는 것이 전부라는 것은 그 왕에 대한 슬픈 고발장이다. 이 때문에 오므리 집안의 왕과 맺은 가까운 관계가 유종의 미를 거둘 수 없다는 느낌이 든다. 이세벨과 아합의 집안에 대해 말하자면, 지금은 심판의 날이다.

9:1-3 9장은 엘리사의 깜짝 등장으로 시작된다. 이 선지자는 늘 그렇듯이 거의 예상치 못한 때에 이 내러티브에 다시 합류한다. 열왕기상 19:16-17에서 여호와께서 엘리야에게 말씀하신지 오랜 시간이 흐른 후 엘리사가 그 예언의 마지막 부분을 실행한다. 이제는 여호와의 적들에게 복수하기 위해 무명씨인 예후에게 기름을 부을 때다. 엘리사가 "선지자의 제자 중 하나를 불러 이르되 너는 허리를 동이고 이 기름병을 손에 가지고 길르앗 라못으로 가라"라고 명한다. 선지자의 제자들은 자진해서 엘리사에게 속하게 된 미확정된 그룹이다. 기름부음을 받을 자는 "님시의 손자 여호사밧의 아들 예후"이다. 이 명령은 아람과 영속적인 충돌이 일어나는 작전 중심지에서 긴급하게 수행되어야 한다. 예후가 미지의 인물이란 점을 주목하라. 말하는 그 제자의 이름조차 밝혀지지 않은 것은 이번에도 이것이 하나님이 그분의 말씀을 통해 행하시는 일이기 때문이다. 메신저는 예후를 한쪽으로 데려가서 기름을 부을 때 "여호와의 말씀이 내가 네게 기름을 부어 이스라엘 왕으로 삼노라"고 말해야 한다.[38] 엘리사가 이 젊은이에게 "곧 문을 열고 도망하되 지체하지 말지니라"고 지시한다는 사실은 기름부음을 받을 자의 본성에 대해 약간의 우려를 불러일으킨다!

9:4-10 그 젊은이가 지시받은 대로 길르앗 라못으로 갔는데, 거기서는 "군대의 장군들이 둘러앉아 회의를 하고 있었다"(새번역). 젊은 선지자가

38 이는 사무엘상 9:17-10:1에서 은밀하게 사울에게 기름을 붓는 장면과 상당한 유사점이 있다.

그 모임을 중단시키더니 예후에게 나오라고 한다. 그의 임무의 은밀한 면은 예후의 불확실한 태도로 부각되어 있고, 그 메신저가 종종 신적 소환에 반응할 때 사용되는 언어로 이것이 오직 예후만을 위한 말인 것을 밝힐 때 "예후가 일어나 집으로 들어[간다]". 이후 젊은이는 엘리사와 하나님의 권위로 말하고 또 행동한다. 그는 예후의 머리에 기름을 붓고 나서 목숨을 구하려고 달아난다. 절박한 시대에는 즉흥적인 즉위식이 어울린다. 예후를 왕으로 세울 때 사용된 공식은 정상적인 것이 아니고(우리는 반역의 나라에 있다) 누구나 다음에 일어날 일을 알고 있다. 젊은이는 예후에게 기름을 부어 "여호와의 백성 곧 이스라엘의 왕"으로 삼을 뿐 아니라 구체적인 지시까지 하고, 그 모두가(그리고 그 이상이) 이어지는 구절들에서 이뤄진다. "너는 네 주 아합의 집을 치라. 내가 나의 종 곧 선지자들의 피와 여호와의 종들의 피를 이세벨에게 갚아 주리라."

선지자의 제자는 이어서 더 상세한 사항을 제공한다. "아합의 온 집이 멸망하리니 이스라엘 중에 매인 자나 놓인 자나 아합에게 속한 모든 남자는 내가 다 멸절하되" 이는 이후의 유혈 사태가 펼쳐질 무대를 마련해 준다. 이스라엘에는 평화가 없을 것이다. 지금은 복수의 시간이다. 여호와께서 그분의 백성의 원수를 갚으시려고 한다. 이후 젊은이가 열왕기상 21:22-23을 인용하면서 아합과 이세벨에 대한 여호와의 판결을 되풀이한다. "'[내가] 아합의 집을 느밧의 아들 여로보암의 집과 같게 하며 또 아히야의 아들 바아사의 집과 같게 할지라. 이스르엘 지방에서 개들이 이세벨을 먹으리니 그를 장사할 사람이 없으리라' 하셨느니라 하고 곧 문을 열고 도망하니라"(왕하 9:9-10).

첫 눈에는 다음 사실이 이상하게 보인다. 먼저, 열왕기상 19장에서 엘리야에게 주어진 지시와 열왕기상 21장에서 아합과 이세벨에게 약속된 심판이 이뤄지는데 그토록 긴 시간이 걸린다는 것과 다음으로, 그것들이 성취될 때에도 예상과는 약간 다른 모양을 취한다는 것이다(예. 예후에게 기름을 붓는 사람이 엘리야나 엘리사가 아니라 선지자의 제자들 중 하나라는 사실). 하지만 "하나님은 그분의 약속을 지키시는가?"와 "하나님의 백성에게 미래는 있는가?"

와 같은 질문들을 다루는 두 권짜리 저작의 맥락에서 보면, 지체된 성취의 주제가 큰 반향을 불러일으키고 이런 예후의 내러티브들이 왜 그토록 상세하게 기록되었는지 그 이유를 어느 정도 설명해준다.

9:11-13 젊은이가 지시를 그대로 따랐던 것처럼, 예후 역시 그의 임무를 너무 빨리 드러내지 않으려고 무척 신중하다. 그의 동료들이 "그 미친 자가 무슨 까닭으로 그대에게 왔더냐?"[39]고 묻자 예후는 거듭해서 대답을 회피한다. "장군들께서도 그 사람이 누구고, 그가 쓸데없이 떠들고 간 말이 무엇인지 짐작하고 있을 것이라 믿소"(새번역). 그러나 결국에는 예후가 그 사람이 자신에게 메시지를 전달했다고 시인한다. "여호와의 말씀이 내가 네게 기름을 부어 이스라엘 왕으로 삼는다 하셨다 하더라"(12절). 이 순간에 그의 종들이 사적인 즉위식을 거행한다. "무리가 각각 자기의 옷을 급히 가져다가 섬돌 위 곧 예후의 밑에 깔고 나팔을 불며 이르되 '예후는 왕이라' 하니라"(13절). 이것은 당분간 사적인 일로 남는다.

9:14-15 예후는 그의 임무를 성공시킬 확률을 높이려면 신속히 공격해야 한다는 것을 안다. 그는 길르앗 라못의 신하들의 뒷받침을 받아서 이스르엘을 향해 출발하는데, 그곳에서는 섭리의 결과로 요람과 아하시야가 기다리는 중이다. 이 지점에 나오는 삽입구는 (열왕기의 저자에게 이례적인 방식으로) 8:28-29의 세부사항을 요약하면서 어째서 이스라엘의 요람과 유다의 아하시야가 이스르엘에 함께 있게 되었는지 그 이유를 설명한다. 예후가 그의 반란을 당분간 길르앗 라못 밖으로 알리지 말라고 지시하고 또 그가 아합의 아들을 찾기 위해 (70킬로미터 떨어진) 이스르엘로 출발함에 따라 두 편의 내러티브가 이제 수렴된다.

39 "미친 자"란 용어가 사용된 다른 경우는 예레미야 29:26과 호세아 9:7이다.

9:16-21 "예후가 병거를 타고 이스라엘로 갔다"라는 사실이 이 내러티브에서 중요한데, 이는 예후가 무모한 운전 스타일로 잘 알려져 있었기 때문이다. "이스르엘 망대에 파수꾼 하나가 서서" 그의 접근을 포착해서 요람에게 알리고,[40] 후자가 사실상 "어떤 평화의 소식이 있느냐?"고 거듭해서 묻는 순간(참고. 17-19절) 긴장이 고조되지만, 평화는 메뉴에 없다. 요람이 안절부절 못해서 한 '기마병'을 보내 즉시 다가오는 사람들에게 "평안하냐?"고 물어보라고 명령하는 것은 이해할 만하다(그들이 전쟁 중이고 그가 최근에 부상당한 것을 감안하면). 그의 부대원 중 한 명이 그 메시지를 전달하려고 보내진다. 예후는 모호하지 않은 반응을 보인다. "평화의 소식인지 아닌지가 너와 무슨 상관이 있느냐?"(새번역). 그가 메신저에게 주는 명령은 "내 뒤로 물러나라"는 것이며, 그렇지 않으면 (암묵적으로), 예후의 도착을 기다리는 자들과 같은 운명에 처하라는 것이다. 이는 틀림없이 요람 일행에게 혼동을 일으킬 것이다. 그들은 난폭한 반응 또는 좋은 소식을 전하기 위한 재빠른 방향 전환을 기대했을 것이기 때문이다. 이 때문에 "왕이 두 번째 기마병을 보[냈는데도]"(19절, 새번역) 똑같은 일이 일어난다.

이 시점에 파수꾼은 "그 병거 모는 것이 님시의 손자 예후가 모는 것 같이 미치게 몬다"는 것을 알아챈다. 예언으로 영감을 받은 예후는 9:11의 미친 자처럼 말하지 않으면서도 병거는 미친 자처럼 몰고 있다! 그때 요람과 아하시야가 그를 만나러 나가기로 결정한다. 요람의 반응은 예후의 야망과 관련된 이전 역사가 있음을 암시할 수 있다. "병거를 준비하라"(21절, 새번역)는 명령은 단순히 전선에서 보낸 급보를 받는 것을 묘사하는 언어가 아니기 때문이다. 두 왕은 그냥 소식을 기다리지 않고 "이스라엘 왕 요람과 유다 왕 아하시야가 각각 그의 병거를 타고 가서 예후를 맞을새 이스르엘 사람 나봇의 토지에서 만[난다]"(21절, 참고. 왕상 21:1-16)는 사실이 불행한 운명이 다가오고 있다는 느낌을 상당히 고조시킨다.

40 약간 답답한 내러티브 양식이 일부러 긴장을 고조시킨다. 그래서 그는 "예후의 군대가 오는 것을 보고 '웬 군대가 오고 있습니다' 하고 외쳤다"(9:17, 새번역).

9:22-26 요람이 예후를 만나자 그가 메신저들을 보낼 때 안겨주었던 그 질문을 던진다. "예후야 평안하냐?" 예후는 뜻밖에도 신학적 응답을 한다. "네 어머니 이세벨의 음행과 술수가 이렇게 많으니 어찌 평안이 있으랴?" 이는 예후 내러티브들에 나오는 가장 모호한 부분이다. 한편으로, 그는 이스라엘에서 바알 숭배를 근절하는 일에 큰 열정을 품고 있다. 그러나 다른 한편으로, 그는 여호와의 길에 대한 관심이나 이해가 별로 없는 모습을 보인다. 요람은 예후의 위협적인 말을 듣는 순간 "그의 손에 쥔 말고삐를 급히 돌려 도망하면서, 아하시야에게 소리쳤다. '아하시야 임금님, 반역이오'"(23절, 새번역). 이스라엘의 왕이 그의 우상숭배로 인해 징벌을 받는 순간에 유다의 왕이 함께 있는 것은 후대에 강력한 경고를 주는 장면이다. 말하자면, 훗날 주전 722년에 형제 이스라엘이 앗수르에게 파멸되는 모습을 목격한 유다가 어떻게 반응했어야 했는지를 보여주는 대목이다.

24절에서 예후의 행동은 잔인하고 또한 결정적이다. "예후가 힘을 다하여 활을 당겨 요람의 두 팔 사이를 쏘니 화살이 그의 염통을 꿰뚫고 나오매 그가 병거 가운데에 엎드러진지라." 예후는 양심이 별로 없는 듯하다.[41] 이 점은 예후의 장관 빗갈에게 한 지시로 확증된다. "그 시체를 가져다가 이스르엘 사람 나봇의 밭에 던지라"(25절). 이 심판에는 적절한 대칭적 요소가 있지만, 예후가 자기가 방금 왕을 살해했다는 사실에 전혀 영향을 받지 않는 모습은 우려스럽다.

이 지점에서 예후의 배경과 의식구조에 대한 첫 통찰을 얻게 된다. 그는 오므리 왕조를 대대로 섬겨온 것으로 판명된다. "네가 기억하려니와 이전에 너와 내가 함께 타고 그의 아버지 아합을 좇았을 때." 예후는 사실 이스라엘 왕궁의 내부자이다. 이어서 그는 "여호와께서 이같이 그의 일을 예언하셨느니라"고 상기시키며 다음과 같이 열왕기상 21:19을 대충 풀어서 말한다. "여호와께서 말씀하시기를 '내가 어제 나봇의 피와 그의 아들들의

41 이는 도망하는 전투원이긴 해도 누군가의 등에 화살을 쏘는 것은 불온한 행위로 남아있다(사무엘하 18장에서 압살롬이 요압의 손에 죽은 모습을 상기시킨다).

피를 분명히 보았노라' 여호와께서 또 말씀하시기를 '이 토지에서 네게 갚으리라' 하셨으니"(26절). 이후 예후는 자기가 왕의 시체를 나봇이 포도원 자리에 던지는 행위는 "여호와의 말씀대로" 하는 것이라고 주장한다. 예후는 자기가 명령받은 것을 행하되 즐겁게 그런 짓을 한다는 느낌이 들지만, 이 결함 있는 사람이 또한 (불완전하게) 하나님의 뜻을 실행하고 있다는 주장도 있다.

9:27-29 이 긴장은 예후가 아하시야까지 죽일 때 더욱 뚜렷해진다. 예후가 아하시야도 끝장내는 것은, 아하시야가 이스라엘의 왕처럼 행동한다면 그 역시 후자처럼 취급되어야 마땅하기 때문이다. 유다의 아하시야가 "벳하간으로 가는 길로 도망하였으나, 예후가 그의 뒤를 추적하며 '저 자도 죽여라' 하고 외[쳤다]"(새번역). 이제까지 예후가 유다에서 온 사람에게 불리한 짓을 한다는 언급은 없으나 지금은 제멋대로 일을 처리한다. "이블르암 부근 구르 오르막길에서 예후의 부하들이, 병거에 타고 있는 아하시야를 찔러 상처를 입혔다. 그는 므깃도까지 도망하여, 그곳에서 죽었다"(새번역). 이는 충격적이고 무정한 행동이고 하나님의 재가 없이 일어나는 일이다. 이미 예후는 하나님의 사명을 수행하면서도 독자적으로 그 자신의 의제를 추구하기도 한다. 후자에 대해서는 그가 책임을 져야 할 것이다. 그래서 아하시야의 "신복들이 그를 병거에 싣고 예루살렘에 이르러 다윗 성에서 그들의 조상들과 함께 그의 묘실에 장사[한다]"(28절). 이례적이게도 29절에는 아하시야의 통치가 끝나는 해가 아니라 통치를 시작한 해가 서술되어 있다(그 둘이 같은 해에 일어났을 가능성이 많지만). 이는 아하시야가 통치를 시작하자마자 얼마나 무정하게 중도하차하게 되는지를 강조하는 장치일 것이다.

응답

열왕기하의 이 단락은 여호사밧과 같은 경건한 사람들도 죄로 물든 엉망진창의 세계에 휘말릴 수 있다는 사실을 너무나 분명히 보여준다. 우리 중 최상급으로 손꼽히는 사람도 때때로 한심한 선택을 내린다. 슬프게도, 이것은 타락 이후 인간의 모습을 보여준다. 때로는 하나님의 백성(비교적 괜찮은 유다이든 부패한 이스라엘이든)이 온 인류의 축소판이라는 것을 기억할 필요가 있다. 그들의 실패는 곧 우리의 실패다. 그들의 우상숭배는 곧 우리의 우상숭배다. 그들의 끔찍한 결정은 곧 우리의 끔찍한 결정이다. 우리 모두 동일한 재료로 만든 존재들이기 때문이다. 우리는 모두 아담의 아들이고 하와의 딸이다. 그래서 C. S. 루이스는 "그것은 가장 가난한 거지의 머리를 세울 정도로 영예로운 것이고 또 가장 위대한 황제의 어깨를 숙일 정도로 부끄러운 것이다"[42]라고 말한 것이다. 우리가 여호람과 아달랴의 혼인과 그로부터 나오는 모든 것에 관한 이야기를 읽을 때는 정신을 바짝 차려야 한다.

때때로 우리는 교만해서 나쁜 선택을 한다. 우리는 다른 사람들보다 더 잘 안다고 생각한다. 우리는 좀 더 성숙하다고 생각한다. 우리는 불순한 동기, 또는 이기적 의제, 또는 조작적이고 자기중심적인 놀이를 초월했다고 생각한다. 때때로 우리는 부주의해서 나쁜 선택을 한다. 우리는 아예 생각을 하지 않는다. 우리는 그냥 흐름에 따라 굴러가고, 하나님이나 성경 또는 다른 그리스도인들의 지혜와 같은 사소한 것들(?)에 영향을 받지 않는다. 우리가 더 잘 안다고 생각하는 것이 문제라기보다는 우리가 아예 생각하지 않는 것이 문제다.

그리고 때때로 우리는 순진해서 나쁜 선택을 한다. 우리는 자신의 죄악된 본성을 과소평가할 뿐 아니라 다른 사람의 죄악된 본성도 과소평가한다. 그리고 우리는 확실히 '악한 자'(the Evil One)의 실재를 과소평가한다. 우

42 C. S. Lewis, *Prince Caspian, the Return to Narnia* (London: G. Bles, 1951), 172.

리가 얼마나 어리석든지 간에 만사가 어쨌든 형통할 것으로 생각한다.

본문은 여호사밧이 자기가 가장 잘 안다고 생각하는지, 또는 아예 생각을 안 하는지, 또는 편의상 이스라엘과 조약을 맺지 않을 수 없는지에 대해 말해주지 않는다. 그러나 그가 적어도 인간적 관점에서 보면 하나님 나라의 프로젝트를 망치다시피하는 선택을 한다는 점은 분명히 한다. 그리고 그는 경건한 사람이다! 우리는 그런 불경건한 선택을 내리는 대신 야고보서 1:5-6의 정신으로 좋은 의사결정에 관한 한 우리의 약함과 부족함을 시인하고 그리스도께 달려가야 한다.

9장

> 너희 중에 누구든지 지혜가 부족하거든 모든 사람에게 후히 주시고 꾸짖지 아니하시는 하나님께 구하라 그리하면 주시리라. 오직 믿음으로 구하고 조금도 의심하지 말라 의심하는 자는 마치 바람에 밀려 요동하는 바다 물결 같으니.

그 누구보다 하나님이 가장 잘 아신다. 그리고 그분은 우리에게 그분의 지혜를 주시기로 약속하셨고, 우리가 그의 말씀에 의거하여 겸손하고 신중하고 현실적인 약속을 하도록 도우신다.

더 나아가, 하나님이 그분의 백성 가운데서 우상숭배의 문제를 처리하고, 그분의 나라를 세우고, 그분의 영광을 드러내는 일에 완전히 헌신하셨다는 사실을 오해하는 일은 있을 수 없다. 하나님의 영광은 구원과 심판 둘 다를 통해 드러나는데, 이 장들에서 전면에 나오는 것은 심판이다. 이 장들을 읽으면서 하나님이 그분의 평판을 방어하고 그분의 구원 프로젝트를 보호할 목적으로 이스라엘과 유다의 왕들을 심판하고 계시다는 사실을 도무지 놓칠 수 없다. 이 내러티브에 충격적인 세부사항들이 포함된 것은 다음 두 가지를 확실히 보여주기 위해서다. 하나는 우리가 죄를 심각하게 여기고 심판의 실재를 직면해야 한다는 것이다. 다른 하나는 우리 하나님이 심판을 불러오기 위해 필요한 일(그것이 무엇이든지 간에, 참고. 왕하 9:30-10:27에 대한 응답)을 행하실 것임을 우리가 확실히 알아야 한다는 것이다.

주석

9:30-35 예후가 방금 그녀의 아들을 죽인 사실을 감안하면, '예후가 이스르엘에 이르렀을 때에, 이세벨이 이 소식을 들었다'는 것은 놀랄 일이 아니다. 이 최고의 우상숭배자가 그 가족의 천벌을 기다리며 "눈을 그리고 머리를 꾸미고 창에서 바라보는" 모습은 참으로 차분하기 그지없다.[43] 그녀는 예후가 그녀에게 오고 있다는 것을 안다. 그래서 그녀는 무엇을 하는가? 그녀는 고개를 높이 든 채 멋을 내기로 결심하는데, 이는 고대 '창가의 여자'[44]의 고전적 본보기다.

예후가 도착하자 이세벨은 요람이 그랬듯이 그에게 평안한지를 묻는데 이번에는 가시가 달려있다. "제 주인을 살해한 시므리 같은 자야, 그게 평화냐?"(31절, 새번역). 예후가 접근할 때, 그녀는 그를 "시므리"로 조롱한다. 시므리는 이스라엘을 단 한 주간 통치하다가 이세벨의 시아버지에게 전복된 찬탈자였다(참고. 왕상 16:8-20). 예후는 그녀가 싸우려고 한다는 것을 알자 도움을 요청한다. "내 편이 될 자가 누구냐? 누구냐?" "두어 내시가 예후를 내다보[면서]" 예상치 못한 이야기가 계속 이어진다. "내시"란 호칭은 고대 근동에서 먼저 거세된 이들을 일컫는데 널리 사용되었고(그런 남자들은 종종 왕실의 여자들을 섬기기에 믿음직하다고 여겨졌다. 참고. 에 2:3, 14-15), 더 나아가 다양한 왕실 관리들을 가리키기도 했다. 그들의 상태는 선천적이거나 강요된 것이었다. 어느 쪽이든, 그들이 예후와 그의 피에 굶주린 모습과 손잡을 가능성은 희박해 보인다(참고. 에 2:21에는 달리 나오지만).[45] 하지만 예후가 그들에게 "그를 내려 던지라"고 명령하자 그들이 그대로 행한다.

43 프로반(Provan)은 그녀가 창녀처럼 단장한 것은 고도로 성적인 이스라엘 종교인 바알숭배의 "어머니"에 걸맞다고 한다(*1 & 2 Kings*, 210).

44 예. Don Seeman, "The Watcher at the Window: Cultural Poetics of a Biblical Motif," *Proof* 24 (2004): 1-50.

45 예. *ISBE* 2:200-202에 나오는 훌륭한 요약의 글.

여호와와 그분의 백성을 대적하던 원형적 원수의 죽음에 관한 기사에서 세부적 내용이 아낌없이 묘사된다. "[그녀의] 피가 벽과 말에게까지 튀었다. 예후가 탄 말이 그 여자의 주검을 밟고 지나갔다"[46](33절, 새번역). 34절에서 "예후가 들어가서 먹고 마신" 것을 보면 그의 냉정함이 흘러넘쳐 냉담함이 된 것 같다. 이세벨이 거기에 누워있는 동안 예후가 점심을 먹는다. 결국 그는 가엾게 여겨서 명령을 내린다. "이 저주 받은 여자를 찾아 장사하라 그는 왕의 딸이니라." 하지만 너무 늦은 것으로 드러난다. 장례 담당자들이 시체를 수습하러 갔을 때 "그 두골과 발과 그의 손 외에는 찾지 못[했기]" 때문이다. 이는 지독한 내용이지만, 저자는 그것이 우리에게 좋다고 생각하는 것이 분명하다.

9장

9:36-37 다시금, 자기가 맡은 역할에서 오싹한 즐거움을 느끼는 듯한 예후의 잔인함은 이 모든 일의 궁극적 원인에 대한 신학적으로 정확한 평가와 확연한 대조를 이룬다. 36-37절에서 그는 이렇게 말한다.

> 이는 여호와께서 그 종 디셉 사람 엘리야를 통하여 말씀하신 바라 이르시기를 이스르엘 토지에서 개들이 이세벨의 살을 먹을지라. 그 시체가 이스르엘 토지에서 거름같이 밭에 있으리니 '이것이 이세벨이라'고 가리켜 말하지 못하게 되리라 하셨느니라.

다시 한번, 인용문이 그리 정확하지는 않으나 이전에 받은 신탁의 핵심을 포착한다. 하지만 이번 장은 그것이 지독한 폭력을 담고 있다는 경고의 표시를 달고 있는 것이 확실하다. 이 내러티브의 사실적 어조는 또한 예후가 냉정하면서도 계산적으로 행동하고 있다는 인상을 주기도 한다.

46 피가 어디로 튀는지에 대해 열왕기상 21:23과 긴장이 있다고 생각한다면, 성벽과 나봇의 토지가 인접한 경우에는 그 긴장이 완화될 수 있다.

10:1-7 이 지점까지 아합의 가족에 관한 세부사항은 거의 제공되지 않았으나 이제 우리는 "아합의 아들 칠십 명이 사마리아에" 있다는 것을 알게 된다. 이는 아마 그의 집안 전체를 아우를 것이다. 이들이 아내들과 첩들에게서 태어났는지 또는 "아들들"이 "자손들"이란 넓은 의미로 사용되는지에 관해서는 명료하게 밝히는 바가 없다. 명명백백한 사실은 예후가 그의 임무를 수행하기로 작정했다는 것이다. 예외는 일체 없을 것이다. 그는 아직도 후견인의 돌봄을 받는 어린이들을 포함해 그들 모두를 죽일 것이다. 그는 열왕기상 21장에 나오는 이세벨의 전략을 흉내 내면서 편지를 써서 "사마리아에 보내서 이스르엘 귀족들 곧 장로들과 아합의 여러 아들을 교육하는 자들에게" 전한다. 예후는 이 지도자들에게 (그들과 아합의 언약에 충실하고 또 오므리 집안의 최고 인물을 새로운 왕으로 뽑아서 단결함으로써) 그에게 반대하라고 은근히 도전한다. 달리 말하면, 그는 그들에게 그 자신과 싸우도록 제안하는 것이다. 예후가 사마이라인들에게 "병거와 말과 견고한 성과 무기"를 모으도록 부추기는 것을 보면 그는 자신만만한 것이 분명하다. 그러나 그들은 무엇이 걸려있는지를, 그리고 그들이 예후의 임박한 공격을 막아낼 희망이 별로 없다는 것을 잘 알고 있다(왕하 10:4). 그래서 그들이 (현명하게 또 신속하게) 예후 편에 서기로 선택한다. "우리는 당신의 종이라 당신이 말하는 모든 것을 우리가 행하고 어떤 사람이든지 왕으로 세우지 아니하리니 당신이 보기에 좋은 대로 행하라"(5절).

이 지점에서 예후가 두 번째 편지를 보낼 때 그의 잔인한 계획의 2부가 펼쳐진다. "만일 너희가 내 편이 되어 내 말을 너희가 들으려거든 너희 주의 아들된 사람들의 머리를 가지고 내일 이맘때에 이스르엘에 이르러 내게 나아오라"(6절). 여기서 "머리"란 단어는 문자 그대로 몸의 머리를 의미하거나 은유적으로 지도자들을 의미할 수 있다. 이 애매모호함은 의도적인 것이다. 그들이 그의 진정한 의도를 분별할 때는 그가 깜짝 놀라는 반응을 보이며 관련 사실을 부인하는 게 가능하기 때문이다. 그러나 사마리아인들은 그 말의 뜻을 포착해서 그의 소름끼치는 지시를 세세하게 따른다. "편지가 그들에게 이르매 그들이 왕자 칠십 명을 붙잡아 죽이고 그들의 머리를 광주리에 담아 이스르엘 예후에게로 보내니라"(7절). 예후가 냉담하게 또 효율적으로 저지르는 살인 행각이 계속 이어진다.

10:8-11 예후는 8절의 섬뜩한 말로 왕의 아들들을 무더기로 쌓은 후 그는 이 모든 살육과 관계가 없는 체한다. 그는 아합 왕조의 피투성이 머리들을 그곳 이스르엘에 "두 무더기로 쌓아 내일 아침까지 문어귀에 두라"고 아주 고의적으로 지시한다. 이후 예후는 뛰어난 정치적 수완을 발휘하여 그의 임무를 열정적으로 수행하려는 결단의 냉혹한 증거 앞에 서서 어떻게든 은혜롭고 참회하는 듯한 모습을 보이려고 한다. 예후는 여호와께서 말씀하신 것보다 더 나아갈까? 아마도. 그러나 그는 그것이 심각한 오해처럼 보이게 하려고 애쓴다. 그래서 사마리아에서 온 사람들에게 이렇게 말한다. "너희는 의롭도다. 나는 내 주를 배반하여 죽였거니와 이 여러 사람을 죽인 자는 누구냐?"(9절).

그 함의는 10절에서 강조된 것처럼 이것이 단지 하나님의 행동이었을 뿐이라는 것이다. "이제 너희는 알라 곧 여호와께서 아합의 집에 대하여 하신 말씀은 하나도 땅에 떨어지지 아니하리라 여호와께서 그의 종 엘리야를 통하여 하신 말씀을 이제 이루셨도다." 대량 학살에 대한 예후의 심드렁한 접근은 우려스럽고 그가 본래의 임무를 훨씬 넘는 지경까지 나갈 것임을 시사한다. 이런 우려는 11절의 기록, 즉 그가 아합의 집안뿐 아니라 "그의 귀족들과 신뢰 받는 자들과 제사장들을 죽이되 그에게 속한 자를 하나도 생존자를 남기지" 않을 때까지 그들을 처리한다는 기록에 의해 확증된다.

10:12-14 예후가 마침내 몸소 사마리아로 가는 길에 본래 하나님의 재가를 받은 임무로 시작되던 일이 이제는 살인 행각으로 변질된다. '벳에켓 하로임'("목자가 양털 깎는 집")에서 예후는 유다의 왕족에 속한 이들, "왕자들과 태후의 아들들에게 문안하러 내려가[는]" "아하시야의 형제들[친척들]"을 만난다. 예후가 보기에 연좌는 죽일 만한 충분한 이유가 되므로 그들이

10장

"곧 사로잡아 목자가 양털 깎는 집 웅덩이 곁에서 죽이니 사십이 명이 하나도 남지 아니하였[다]"(14절). 이 불온한 사건은 여호와의 말씀을 향한 예후의 열심이 흘러넘쳐 이제 강한 살인 충동으로 변했다는 느낌을 더욱 더 불러일으킨다.

10:15-17 놀랍게도 이 시점에 예후가 "레갑의 아들 여호나답"을 만난다. 여호나답과 레갑 가문은 훗날 여호와를 향한 일편단심의 헌신으로 알려져 있다(렘 35장). 예후가 여호나답에게 "내 마음이 네 마음을 향하여 진실함과 같이 네 마음도 진실하냐?"하고 묻는다. 여호나답은 "그러하니이다"하고 대답한다. 이후 예후가 "그러면 나와 손을 잡자"라고 말한다. 이는 예후가 선을 넘긴 하지만 선한 양심으로 "나와 함께 가서 여호와를 위한 나의 열심을 보라"(왕하 10:16)고 말할 수 있는 자로서 그렇게 한다는 사실을 강조한다. 이 긴장은 "[그가] 사마리아에 이르러 거기에 남아 있는 바 아합에게 속한 자들을 죽여 진멸하였으니 여호와께서 엘리야에게 이르신 말씀과 같이 되었더라"(17절)라는 진술에 유지되어 있다.

10:18-27 사실 예후가 사마리아에서 행할 임무는 10:17을 표면적으로 읽을 때보다 더 교묘한 성격을 지니고 있다. 그는 아합의 왕조뿐 아니라 우상숭배의 유산을 다룰 때에도 은밀한 흉계를 보여준다. 예후는 그의 일을 즐길 뿐 아니라 그 일에 재능이 뛰어난 듯이 보인다. 18-27절에 나오는 '신당을 화장실로' 프로그램은 멋지게 수행되고, "아합은 바알을 조금 섬겼으나 예후는 많이 섬기리라"라는 그의 주장은 이어지는 사건을 위해 분위기를 조성해준다. 19절에서 예후는 바알 선지자 그룹의 멤버들을 전부 소환한다("그러므로 내가 이제 큰 제사를 바알에게 드리고자 하노니…한 사람도 빠뜨리지 말고 불러 내게로 나아오게 하라 모든 오지 아니하는 자는 살려 두지 아니하리라"). 혹시 독자들도 그의 속임수에 넘어갈까봐 저자는 "예후가 바알 섬기는 자를 멸하려 하여 계책을 씀이라"고 분명히 밝힌다.

당시 이스라엘의 상태는 여호와가 아니라 "바알을 위하는 대회를 거룩히 열라"는 공표에 즉시 따를 정도였고, 예후의 거짓 열정 때문에 "바알을 섬기는 모든 사람이 하나도 빠진 자가 없이 다 이르렀[다]". 21절에서 그 무리가 모여 "바알의 신당에 들어가매 바알의 신당 이쪽부터 저쪽까지 가득하[게]" 됨에 따라 무대가 마련된다. 예후는 그의 간헐적인 잔인함에도 불구하고 여호와와 그분의 백성에게 너무나 충성한 나머지 22절에서 바알 의례를 거행하도록 한 후 오직 바알 숭배자들만 그 자리에 있도록 확실히 한다("너희는 살펴보아 바알을 섬기는 자들만 여기 있게 하고 여호와의 종은 하나도 여기 너희 중에 있지 못하게 하라").

모든 것이 한창 무르익을 때 예후는 그의 계획을 실행한다. "예후가 팔십 명을 밖에 두며 이르되 '내가 너희 손에 넘겨주는 사람을 한 사람이라도 도망하게 하는 자는 자기의 생명으로 그 사람의 생명을 대신하리라' 하니라"(24절).[47] 바알 숭배자들이 처형될 뿐 아니라 "바알의 신당 있는 성으로 가서 바알의 신당에서 목상들을 가져다가 불사르[기도]"(26절) 한다. 이후 바울의 목상과 신당이 모두 파괴되어 "변소를 만들었더니 오늘까지"(27절) 이른다.

응답

소름끼치는 예후의 내러티브가 펼쳐질 때, 하나님의 백성을 혼란스럽게 하는 것은 사실상 하나님을 혼란스럽게 하는 것임이 매우 분명해지고, 조만간 누군가가 값을 치러야 할 것이다. 우리는 하나님이 놀랄 만큼 그분의 백성에 대해 열정적인 분임을 잊기 쉽다. 예수님은 친히 마태복음 18:5-6에서 이렇게 말씀하신다.

47 이들이 당파를 바꾼 신전 관리들인지, 또는 예후의 기동 타격대의 일부인지는 분명치 않다. 모든 걸 감안하면 후자일 가능성이 더 많다.

또 누구든지 내 이름으로 이런 어린아이 하나를 영접하면 곧 나를 영접함이니 누구든지 나를 믿는 이 작은 자 중 하나를 실족하게 하면 차라리 연자 맷돌이 그 목에 달려서 깊은 바다에 빠뜨려지는 것이 나으니라.

요한계시록 18장에서 천사는 하나님의 백성을 대적하는 바벨론의 운명을 묘사할 때 이 말씀을 인용한다.

화 있도다 화 있도다 큰 성이여…하늘과 성도들과 사도들과 선지자들아, 그로 말미암아 즐거워하라 하나님이 너희를 위하여 그에게 심판을 행하셨음이라. 이에 한 힘 센 천사가 큰 맷돌 같은 돌을 들어 바다에 던져 이르되 큰 성 바벨론이 이같이 비참하게 던져져 결코 다시 보이지 아니하리로다…선지자들과 성도들과 및 땅 위에서 죽임을 당한 모든 자의 피가 그 성 중에서 발견되었느니라 하더라. 이 일 후에 내가 들으니 하늘에 허다한 무리의 큰 음성 같은 것이 있어 이르되 할렐루야 구원과 영광과 능력이 우리 하나님께 있도다. 그의 심판은 참되고 의로운지라 음행으로 땅을 더럽게 한 큰 음녀를 심판하사 자기 종들의 피를 그 음녀의 손에 갚으셨도다 하고 (계 18:16, 20-21, 24; 19:1-2).

우리는 두려워할 필요가 없다. 우리는 보복할 필요가 없고 공포에 질릴 필요가 없다. 누구도 하나님이 내리시는 벌을 받을 각오 없이는 그분의 백성을 건드릴 수 없다. 그리고 언젠가 우리 하나님은 사랑하는 이들의 죽음에 보복하실 것이다. 정의가 실현되리라. 이는 하나의 침울한 실재지만 심판을 통한 구원의 좋은 소식이기도 하다.

주석

10:28-36 예후의 통치에 관한 요약은 이전에 등장한 내러티브의 애매모호한 성격을 반영한다. 한편, "예후가 이와 같이 이스라엘 중에서 바알을 멸하였[다]". 그는 여호와의 충성파로서 그의 방법은 좋지 않았을지언정 그의 의도는 좋았다. 예후는 하나님이 원하시는 대로 그분을 예배하지 못하면서도 이 모든 사건이 여호와의 말씀에 따른 것이란 사실을 거듭해서 말한다.

29절에 따르면, 그는 아합 아래서 우상숭배로 흘러가는 물결을 역류시키긴 했으나 "느밧의 아들 여로보암의 죄…에서는 떠나지 아니하였다"고 한다. 그는 "벧엘과 단에 있는 금송아지를 섬기는 죄"를 지음에 따라 분열왕국의 초창기부터 이스라엘을 따라다녔던 북쪽 특유의 이단에 굴복하고 말았다. 하나님은 예후에게 혼합된 판결을 내리신다. 한편으로, 예후의 신실한 섬김은 왕조의 형태로 보상을 받는다. "네가 나보기에 정직한 일을 행하되 잘 행하여 내 마음에 있는 대로 아합 집에 다 행하였은즉 네 자손이 이스라엘 왕위를 이어 사대를 지내리라"(30절). 하지만 개인적 경건 영역에서 예후의 실패(31절에 따르면 "예후가 전심으로 이스라엘 하나님 여호와의 율법을 지켜 행하지 아니하며")가 그의 왕국의 점진적인 침식을 초래한다.

예후는 하나님께 쓰임을 받으나 소독되지 않은 도구와 같았다. 이 원리는 성경 전체에서 줄곧 볼 수 있고, 우리가 그것을 다시 보려면 다음에 나오는 32절까지만 읽으면 된다. 하사엘, 곧 열왕기상 19장에 따르면 엘리야의 기름부음을 받을 왕이 과잉행동을 일삼는 여호와의 종에게 하나님의 징계를 가져오는 자로 임명된다. 하나님은 사악한 암살자들과 무자비한 독재자들을 사용하시되 그들의 잔인함을 억제하시기도 한다.

이때에 여호와께서 이스라엘에서 땅을 잘라 내기 시작하시매 하사엘이 이스라엘의 모든 영토에서 공격하되 요단 동쪽 길르앗 온 땅 곧 갓 사람과 르우벤 사람과 므낫세 사람의 땅 아르논 골짜기에 있는 아로엘에서부터 길르앗과 바산까지 하였더라(왕하 10:32-33).

바알 숭배에 빠지는 일은 저지했으나 예후의 긴 통치("예후가 사마리아에서 이스라엘을 다스린 햇수는 스물여덟 해이더라")가 그 나라의 중심에 있는 이슈들을 다루지는 못했다.

11:1-3 이 짧은 단락은 예후 이야기의 각주인 동시에 요아스의 통치로 넘어가는 암담한 대목이다. 예후는 아합의 혈통을 제거하는데 거의 성공했다. 하지만 그의 주목을 피한 사람이 하나 있다. "아하시야의 어머니 아달랴"는 여전히 유다에서 왕족의 중심에 안전하게 자리 잡고 있다. 그녀가 예후의 손에 "그의 아들이 죽었다"는 소식을 듣자 "일어나 왕의 자손[문자적으로, '그 나라의 씨']을 모두 멸절하였[다]". 이 광란의 이유는 나오지 않는다. 단, 독자는 그녀가 (그녀 자신의 혈통을 포함해) 다윗 혈통에 대한 부글부글 끓는 증오를 품어왔다고 추측할 수 있을 뿐이다.

여호와는 그 악한 침입자의 행동조차 그냥 덮어두셨다. 그러나 "요람 왕의 딸 아하시야의 누이 여호세바가 아하시야의 아들 요아스를 왕자들이 죽임을 당하는 중에서 빼내어 그와 그의 유모를 침실에 숨[겼다]". 미지의 인물이 될 뻔한 여호세바(아달랴의 딸일 수도 있고 아닐 수도 있는)가 곤경을 면하게 하려고 앞으로 나와서 어린 요아스를 미친 할머니로부터 구출한다. (다윗 혈통을 보존하는) 이 단순한 행동의 의미심장함이 2절 끝에 강조되어 있다. 요아스로 하여금 "아달랴를 피하여 죽임을 당하지 아니하게 한지라." 어떻게든 여호세바는 '아달랴가 나라를 다스리는' 암담한 기간 동안 "여호와의 성전에서 육 년"에 걸쳐 그 아이를 은닉할 수 있었다. 놀랍게도 아합의 혈통 중 하나가 이스라엘이 아니라 유다에서 다스리고 있는 것이다. 하지만 하나님 나라 백성의 어두운 기간 말엽에 이 아이 안에서 희망의 희미한 빛을 볼 수 있다.

응답

예후와 그의 비타협적인 방법이 왜 그토록 많은 방송을 타는 걸까? 그 이유는 단순하다. 열왕기의 저자가 포로생활을 하는 첫 청중에게 알리고 싶은 것이 있어서다. 하나님은 그분의 영광을 드러내고 그분의 계획을 추진하기 위해 악한 독재자들과 외국의 초강대국들, 우상숭배를 하는 이스라엘 사람들과 분별력 있는 유대인들을 통해 일하시는데, 그들이 그것을 알든 모르든(또는 그 일부가 되길 원하든 원치 않든) 간에 그렇게 행하신다는 것이다. 저자는 우리에게 하나님이 평범한 사람들을 통해 일하실 때는 언제나 '소독되지 않은 도구들'을 사용하신다는 것을 꼭 알리려고 한다. 우리 모두는 자기 잇속만 차리는 기회주의적인 예후가 될 소지가 있다! 사실 우리를 그냥 내버려두면 누구나 그런 예후와 같은 존재들이다! 하나님이 죄 많은 사람들을 통해 일하시는 방법은 단 하나 뿐이다. 그분의 은혜로 일하시는 것이다. 예수님이 친히 지적하시듯이, 우리는 결코 무익한 종들 이상의 존재가 아니다.

우리가 이 원리를 깨닫는다면, 즉 우리가 성령 충만한 예후일지 몰라도 예후만큼 죄 많은 인물이 될 소지가 있다는 것을 인식한다면, 인생은 훨씬 더 단순해질 것이다. 그런 깨달음은 우리가 스스로를 바라보는 방식을 바꿀 것이다. 우리 자신의 동기에 대해 훨씬 더 의심하게 하고, 우리 자신의 능력에 대해 덜 자신하게 하고, 우리가 '잘못될 수' 있는 가능성을 훨씬 빨리 시인할 뿐 아니라 우리가 (의롭게 된 존재일지언정) 여전히 죄인이라서 잘못된다는 것을 시인하게 할 것이다. 그런 경우, 우리는 우리의 동기가 순수했다고 주장하기보다는 우리의 동기가 혼합되어 있다는 원리에 기초해서 움직일 테고, 최선의 순간에도 우리는 자칫하면 한심한 죄에 빠질 수 있음을 명심할 것이다. 우리는 과연 이렇게 자신을 바라보고 있는가? 우리가 이 내러티브를 읽을 때, 예후를 바라볼 때, 스스로를 정직하게 직면해서 주춤하게 되는가? 확실하지 않다면 이렇게 자문해보라. 우리가 마지막으로 누군가에게 잘못했다고 주도적으로 사과한 적이 언제인가? 기억할 수 없다면 우리가 아직 예후의 사례가 주는 교훈을 배우지 못한 것이다.

죄가 많은 중에도 의롭게 되었다는 이 원리는 또한 우리가 다른 사람을 바라보는 방식도 바꿀 것이다. 이는 자기 스스로에게 넋을 잃는 것을 방지할 뿐 아니라 다른 사람을 우상화시키는 일도 멈추게 할 것이다. 누군가가 소독되지 않은 도구로 드러날 때 우리는 슬플 테지만 충격을 받거나 놀라지 않을 것이다. 우리 역시 동일한 재료로 만들어졌기 때문이다.

이는 열왕기하에 나오는 가장 긴 내러티브다. 이 이야기는 무엇에 관한 내용인가? 인간의 죄 많은 모습이다. 우리는 언제나 자칫하면 인생을 망칠 수 있다. 이 내러티브는 또한 조만간에 죄 많은 인간이 하나님의 심판을 직면해야 할 것이란 사실에 관심을 갖는다. 그리고 크게 존경받는 사람들, 하나님이 쓰시는 사람들도 결코 소독되지 않은 도구 이상의 존재가 아니라는 사실에 관한 내용이다. 그리고 이 모든 것을 다함께 묶어주는 것은 무엇인가? 그것은 다윗의 자손인 예수 그리스도를 보내심으로써 우리 같은 사람들을 바로잡아 주고 이런 엉망진창을 정리하겠다는 여호와 우리 하나님의 절대적인 약속과 결단이다. 그분은 결함 있는 영웅이 아니라 하나님의 완전한 아들, 온 땅의 심판자, 살고 죽고 다시 살아나서 우리에게 평화를 가져올 분이다.

한 친구가 최근에 필자의 아내에게 이런 말을 한 적이 있다. 방금 열왕기하를 다 읽고 나서 너무나 어두운 내용이라서 우울해졌다는 것이다. 필자 역시 놓치기 쉬운 다음 두 가지 특징이 없다면 그 말에 동의할 수밖에 없었을 것이다. 첫째는 8:19에 나온다. "여호와께서 그의 종 다윗을 위하여 유다 멸하기를 즐겨하지 아니하셨으니 이는 그와 그의 자손에게 항상 등불을 주겠다고 말씀하셨음이더라." 여호와는 무슨 일이 일어나든지 간에 장차 영원히 다스릴 다윗 같은 왕에 대한 약속은 지켜질 것이라고 말씀하셨다. 장차 아하시야나 여호람과는 다른 왕이 올 것이다. 그 왕은 일체 올바른 선택만 내릴 왕, 심판하러 오시되 보복을 하거나 피에 굶주리지 않은 왕이다. 자기 잇속을 차리거나 악하지 않고 순결하며 선한, 하나님의 손에 붙잡힌 도구다.

그 왕은 어디서 올까? 그는 다윗의 혈통에서만 올 수 있다. 문제는 다윗의 혈통이 심각한 위협을 받고 있다는 것이다(11:1-3). 현재 이스라엘에서 내려온 정신병 환자가 유다의 왕좌에 앉아서 계속해서 살인 행각을 벌이고 있다. 그녀는 광란에 빠져서 그녀의 집안에 등을 돌린 채 그들을 모두 죽인다. 하지만 여호세바 덕분에 작은 아이 하나가 살아남는다. 이는 교회를 구하는 여자, 언약을 구하는 여자다. 우리가 여기에 있는 것은 그녀 덕분이다. 그리고 그 혈통에서 구원자가 태어날 이 작은 소년 요아스 덕분이다.

2 Kings
열왕기하
11:4-12:21

11:4 일곱째 해에 여호야다가 사람을 보내 가리 사람의 백부장들과 호
위병의 백부장들을 불러 데리고 여호와의 성전으로 들어가서 그들
과 언약을 맺고 그들에게 여호와의 성전에서 맹세하게 한 후에 왕자
를 그들에게 보이고 5 명령하여 이르되 너희가 행할 것이 이러하니 안
식일에 들어온 너희 중 삼분의 일은 왕궁을 주의하여 지키고 6 삼분의
일은 수르 문에 있고 삼분의 일은 호위대 뒤에 있는 문에 있어서 이와
같이 왕궁을 주의하여 지키고 7 안식일에 나가는 너희 중 두 대는 여
호와의 성전을 주의하여 지켜 왕을 호위하되 8 너희는 각각 손에 무기
를 잡고 왕을 호위하며 너희 대열을 침범하는 모든 자는 죽이고 왕이
출입할 때에 시위할지니라 하니

11:4 But in the seventh year Jehoiada sent and brought the captains of
the Carites and of the guards, and had them come to him in the house of
the Lord. And he made a covenant with them and put them under oath
in the house of the Lord, and he showed them the king's son. 5 And he
commanded them, "This is the thing that you shall do: one third of you,

those who come off duty on the Sabbath and guard the king's house
6 (another third being at the gate Sur and a third at the gate behind the
guards) shall guard the palace.[1] 7 And the two divisions of you, which
come on duty in force on the Sabbath and guard the house of the Lord
on behalf of the king, 8 shall surround the king, each with his weapons
in his hand. And whoever approaches the ranks is to be put to death. Be
with the king when he goes out and when he comes in."

11장

9 백부장들이 이에 제사장 여호야다의 모든 명령대로 행하여 각기 관
할하는 바 안식일에 들어오는 자와 안식일에 나가는 자를 거느리고
제사장 여호야다에게 나아오매 10 제사장이 여호와의 성전에 있는 다
윗 왕의 창과 방패를 백부장들에게 주니 11 호위병이 각각 손에 무기
를 잡고 왕을 호위하되 성전 오른쪽에서부터 왼쪽까지 제단과 성전
곁에 서고 12 여호야다가 왕자를 인도하여 내어 왕관을 씌우며 율법책
을 주고 기름을 부어 왕으로 삼으매 무리가 박수하며 왕의 만세를 부
르니라

9 The captains did according to all that Jehoiada the priest commanded,
and they each brought his men who were to go off duty on the Sabbath,
with those who were to come on duty on the Sabbath, and came to
Jehoiada the priest. 10 And the priest gave to the captains the spears
and shields that had been King David's, which were in the house of the
Lord. 11 And the guards stood, every man with his weapons in his hand,
from the south side of the house to the north side of the house, around
the altar and the house on behalf of the king. 12 Then he brought out the
king's son and put the crown on him and gave him the testimony. And
they proclaimed him king and anointed him, and they clapped their
hands and said, "Long live the king!"

13 아달랴가 호위병과 백성의 소리를 듣고 여호와의 성전에 들어가
백성에게 이르러 14 보매 왕이 규례대로 단 위에 섰고 장관들과 나팔
수가 왕의 곁에 모셔 섰으며 온 백성이 즐거워하여 나팔을 부는지라
아달랴가 옷을 찢으며 외치되 반역이로다 반역이로다 하매 15 제사장
여호야다가 군대를 거느린 백부장들에게 명령하여 이르되 그를 대열
밖으로 몰아내라 그를 따르는 자는 모두 칼로 죽이라 하니 제사장의
이 말은 여호와의 성전에서는 그를 죽이지 말라 함이라 16 이에 그의
길을 열어 주매 그가 왕궁의 말이 다니는 길로 가다가 거기서 죽임을
당하였더라

13 When Athaliah heard the noise of the guard and of the people, she
went into the house of the Lord to the people. 14 And when she looked,
there was the king standing by the pillar, according to the custom, and
the captains and the trumpeters beside the king, and all the people of
the land rejoicing and blowing trumpets. And Athaliah tore her clothes
and cried, "Treason! Treason!" 15 Then Jehoiada the priest commanded
the captains who were set over the army, "Bring her out between the
ranks, and put to death with the sword anyone who follows her." For
the priest said, "Let her not be put to death in the house of the Lord."
16 So they laid hands on her; and she went through the horses' entrance
to the king's house, and there she was put to death.

17 여호야다가 왕과 백성에게 여호와와 언약을 맺어 여호와의 백성이
되게 하고 왕과 백성 사이에도 언약을 세우게 하매 18 온 백성이 바알
의 신당으로 가서 그 신당을 허물고 그 제단들과 우상들을 철저히 깨
뜨리고 그 제단 앞에서 바알의 제사장 맛단을 죽이니라 제사장이 관리
들을 세워 여호와의 성전을 수직하게 하고 19 또 백부장들과 가리 사
람과 호위병과 온 백성을 거느리고 왕을 인도하여 여호와의 성전에서

내려와 호위병의 문 길을 통하여 왕궁에 이르매 그가 왕의 왕좌에 앉으니 20 온 백성이 즐거워하고 온 성이 평온하더라 아달랴를 무리가 왕궁에서 칼로 죽였더라 21 요아스가 왕이 될 때에 나이가 칠 세였더라

17 And Jehoiada made a covenant between the Lord and the king and people, that they should be the Lord's people, and also between the king and the people. 18 Then all the people of the land went to the house of Baal and tore it down; his altars and his images they broke in pieces, and they killed Mattan the priest of Baal before the altars. And the priest posted watchmen over the house of the Lord. 19 And he took the captains, the Carites, the guards, and all the people of the land, and they brought the king down from the house of the Lord, marching through the gate of the guards to the king's house. And he took his seat on the throne of the kings. 20 So all the people of the land rejoiced, and the city was quiet after Athaliah had been put to death with the sword at the king's house. 21[2] Jehoash[3] was seven years old when he began to reign.

12:1 예후의 제칠년에 요아스가 왕이 되어 예루살렘에서 사십 년간 통치하니라 그의 어머니의 이름은 시비아라 브엘세바 사람이더라 2 요아스는 제사장 여호야다가 그를 교훈하는 모든 날 동안에는 여호와 보시기에 정직히 행하였으되 3 다만 산당들을 제거하지 아니하였으므로 백성이 여전히 산당에서 제사하며 분향하였더라

12:1 In the seventh year of Jehu, Jehoash[4] began to reign, and he reigned forty years in Jerusalem. His mother's name was Zibiah of Beersheba. 2 And Jehoash did what was right in the eyes of the Lord all his days, because Jehoiada the priest instructed him. 3 Nevertheless, the high places were not taken away; the people continued to sacrifice and make offerings on the high places.

4 요아스가 제사장들에게 이르되 여호와의 성전에 거룩하게 하여 드
리는 모든 은 곧 사람이 통용하는 은이나 각 사람의 몸값으로 드리는
은이나 자원하여 여호와의 성전에 드리는 모든 은을 5 제사장들이 각
각 아는 자에게서 받아들여 성전의 어느 곳이든지 파손된 것을 보거
든 그것으로 수리하라 하였으나 6 요아스 왕 제이십삼년에 이르도록
제사장들이 성전의 파손한 데를 수리하지 아니하였는지라 7 요아스
왕이 대제사장 여호야다와 제사장들을 불러 이르되 너희가 어찌하여
성전의 파손한 데를 수리하지 아니하였느냐 이제부터는 너희가 아는
사람에게서 은을 받지 말고 그들이 성전의 파손한 데를 위하여 드리
게 하라 8 제사장들이 다시는 백성에게 은을 받지도 아니하고 성전 파
손한 것을 수리하지도 아니하기로 동의하니라

4 Jehoash said to the priests, "All the money of the holy things that is
brought into the house of the Lord, the money for which each man is
assessed—the money from the assessment of persons—and the money
that a man's heart prompts him to bring into the house of the Lord,
5 let the priests take, each from his donor, and let them repair the house
wherever any need of repairs is discovered." 6 But by the twenty-third
year of King Jehoash, the priests had made no repairs on the house.
7 Therefore King Jehoash summoned Jehoiada the priest and the other
priests and said to them, "Why are you not repairing the house? Now
therefore take no more money from your donors, but hand it over for
the repair of the house." 8 So the priests agreed that they should take no
more money from the people, and that they should not repair the house.

9 제사장 여호야다가 한 궤를 가져다가 그것의 뚜껑에 구멍을 뚫어 여
호와의 전문 어귀 오른쪽 곧 제단 옆에 두매 여호와의 성전에 가져 오
는 모든 은을 다 문을 지키는 제사장들이 그 궤에 넣더라 10 이에 그

궤 가운데 은이 많은 것을 보면 왕의 서기와 대제사장이 올라와서 여
호와의 성전에 있는 대로 그 은을 계산하여 봉하고 11 그 달아본 은을
일하는 자 곧 여호와의 성전을 맡은 자의 손에 넘기면 그들은 또 여호
와의 성전을 수리하는 목수와 건축하는 자들에게 주고 12 또 미장이
와 석수에게 주고 또 여호와의 성전 파손한 데를 수리할 재목과 다듬
은 돌을 사게 하며 그 성전을 수리할 모든 물건을 위하여 쓰게 하였으
되 13 여호와의 성전에 드린 그 은으로 그 성전의 은 대접이나 불집게
나 주발이나 나팔이나 아무 금 그릇이나 은 그릇도 만들지 아니하고
14 그 은을 일하는 자에게 주어 그것으로 여호와의 성전을 수리하게
하였으며 15 또 그 은을 받아 일꾼에게 주는 사람들과 회계하지 아니
하였으니 이는 그들이 성실히 일을 하였음이라 16 속건제의 은과 속죄
제의 은은 여호와의 성전에 드리지 아니하고 제사장에게 돌렸더라
9 Then Jehoiada the priest took a chest and bored a hole in the lid of
it and set it beside the altar on the right side as one entered the house
of the Lord. And the priests who guarded the threshold put in it all the
money that was brought into the house of the Lord. 10 And whenever
they saw that there was much money in the chest, the king's secretary
and the high priest came up and they bagged and counted the money
that was found in the house of the Lord. 11 Then they would give the
money that was weighed out into the hands of the workmen who had
the oversight of the house of the Lord. And they paid it out to the
carpenters and the builders who worked on the house of the Lord,
12 and to the masons and the stonecutters, as well as to buy timber and
quarried stone for making repairs on the house of the Lord, and for
any outlay for the repairs of the house. 13 But there were not made for
the house of the Lord basins of silver, snuffers, bowls, trumpets, or
any vessels of gold, or of silver, from the money that was brought into

the house of the Lord, 14 for that was given to the workmen who were
repairing the house of the Lord with it. 15 And they did not ask for an
accounting from the men into whose hand they delivered the money to
pay out to the workmen, for they dealt honestly. 16 The money from the
guilt offerings and the money from the sin offerings was not brought
into the house of the Lord; it belonged to the priests.

17 그때에 아람 왕 하사엘이 올라와서 가드를 쳐서 점령하고 예루살
렘을 향하여 올라오고자 하므로 18 유다의 왕 요아스가 그의 조상들
유다 왕 여호사밧과 여호람과 아하시야가 구별하여 드린 모든 성물과
자기가 구별하여 드린 성물과 여호와의 성전 곳간과 왕궁에 있는 금
을 다 가져다가 아람 왕 하사엘에게 보냈더니 하사엘이 예루살렘에서
떠나갔더라
17 At that time Hazael king of Syria went up and fought against Gath
and took it. But when Hazael set his face to go up against Jerusalem,
18 Jehoash king of Judah took all the sacred gifts that Jehoshaphat and
Jehoram and Ahaziah his fathers, the kings of Judah, had dedicated, and
his own sacred gifts, and all the gold that was found in the treasuries of
the house of the Lord and of the king's house, and sent these to Hazael
king of Syria. Then Hazael went away from Jerusalem.

19 요아스의 남은 사적과 그가 행한 모든 일은 유다 왕 역대지략에 기
록되지 아니하였느냐 20 요아스의 신복들이 일어나 반역하여 실라로
내려가는 길 가의 밀로 궁에서 그를 죽였고 21 그를 쳐서 죽인 신복은
시므앗의 아들 요사갈과 소멜의 아들 여호사바드였더라 그는 다윗 성
에 그의 조상들과 함께 장사되고 그의 아들 아마샤가 그를 대신하여
왕이 되니라

19 Now the rest of the acts of Joash and all that he did, are they not
written in the Book of the Chronicles of the Kings of Judah? 20 His
servants arose and made a conspiracy and struck down Joash in the
house of Millo, on the way that goes down to Silla. 21 It was Jozacar the
son of Shimeath and Jehozabad the son of Shomer, his servants, who
struck him down, so that he died. And they buried him with his fathers
in the city of David, and Amaziah his son reigned in his place.

1 The meaning of the Hebrew word is uncertain *2* Ch 12:1 in Hebrew *3 Jehoash* is an alternate spelling of *Joash* (son of Ahaziah) as in verse 2 *4 Jehoash* is an alternate spelling of *Joash* (son of Ahaziah) as in 11:2; also verses 2, 4, 6, 7, 18

12장

단락 개관

좋은 사람들 중 하나

예후 내러티브들의 참혹한 사건들 이후 유다와 요아스/여호아스의 통치에 관한 "좋은 소식 이야기"로 되돌아가면 안도의 숨을 쉬게 된다.[48]

흥미롭게도 이번 장의 첫 움직임에서는 왕의 이름이 거론되지 않는다. 이 장은 그의 할머니에게 발견되지 않은 채 일곱 살 된 소년을 왕좌에 올리기 위해 모든 것을 편성하는 제사장 여호야다의 민첩한 행동에 초점을 맞추고 있다. 이 내러티브에서 긴장이 점차 고조되다가 마침내 모든 것이 제자리를 잡고 아달랴에게는 매우 유감스럽게도 '왕의 만세'가 온 성읍에 울려 퍼지게 된다.

48 요아스는 왕좌에 오른 후 더 긴 이름인 "여호아스"로 알려지게 된다. 그의 죽음에 관한 기사에 이르러서야 다시 한 번 요아스로 불리는데, 이는 아마 그가 여호세바의 손에 구출된 그 작은 소년임을 강조하기 위해서일 것이다.

열왕기하 11:13-20은 이전에 알려지지 않은 이 왕족 아이에 대한 아달랴의 반응에 대해, 보다 구체적으로는 여호야다가 주도한 쿠데타에 대해 서술하고, 이는 빠르게 대비의 처형과 유다에서의 여호와 신앙의 회복으로 이끌어준다. 이후 일곱 살 된 요아스의 통치가 시작된다(이는 40년 간 지속될 것이다).

그의 대체로 선한 통치는 성경적 종교의 회복을 특징으로 삼고, 이는 제사장들 가운데서의 건강한 관행의 회복과 성전의 수리로 나타난다.

단락 개요

III. 하나님의 말씀과 하나님의 선지자(엘리야와 엘리사, 왕상 17:1-왕하 12:21)
- N. 유다의 왕 요아스의 통치(11:4-12:21)
  1. 소년에서 소년 왕으로…(11:4-12)
  2. 아달랴의 최후(11:13-20)
  3. 요아스의 통치(11:21-12:3)
  4. 요아스와 성전의 수리(12:4-16)
  5. 요아스와 하사엘(12:17-18)
  6. 요아스의 죽음(12:19-21)

주석

11:4 여호야다가 왜 이런 행동을 취하는지에 대한 암시는 전혀 없으나, "일곱째 해에 여호야다가 사람을 보내 가리 사람의 백부장들과 호위병의 백부장들을 불러 데리고 여호와의 성전으로 들어[갔다]." 이곳은 아달랴의 성경적 종교에 대한 적대감에도 불구하고 모일 수 있는 비교적 안전한 장소이다. 이는 또한 11:1-3의 사건들이 펼쳐질 때 요아스가 자그마한 영아였다는 것을 시사하기도 한다. 여호야다는 모인 자들에게 그의 계획을 소개하고 그들로 비밀을 지키기로 맹세하게 한 후("그들과 언약을 맺고 그들에게 여호와의 성전에서 맹세하게 했다") 그들에게 왕의 아들을 보여준다. 이 표현은 다윗의 혈통이 계속 이어진다는 사실을 의도적으로 강조한다. 이 소년은 그의 아버지와 그보다 앞섰던 그의 혈통에 속한 이들의 왕좌를 계승할 상속자이다.

11장

11:5-12 여호야다의 계획은 매우 신중하게 고안되었다.[49] 새로 충원된 '군대'를 셋으로 나누어 왕궁을 봉쇄하고 새로 왕관을 쓴 왕을 안전하게 지키는 일을 반드시 책임지게 한다. 삼분의 일(실은 근무 중인 자들)은 왕궁을 지키고, "삼분의 일은 수르 문에 있고 삼분의 일은 호위대 뒤에 있는 문에 있게" 한다.[50] "안식일에 나가는 너희 중 두 대[분견대]는 여호와의 성전을 주의하여 지켜 왕을 호위하되 [그들은] 각각 손에 무기를 잡고 왕을 호위해야" 한다. 하나님 백성의 삶의 이 시점에 성전을 그토록 철통같이 지킬 필요가 있다는 것이 흥미롭다.[51] 하지만 우리 저자는 아달랴의 변덕스러운 정권보

49 하지만 그 계획의 히브리어 구문과 정확한 세부사항 둘 다 확실히 말하기가 어렵다는 것을 주목해야 한다.

50 프로반은 병력의 삼분의 일은 왕궁으로 보내지 않고 '파멸의 집'(즉, 바알의 신당)으로 보낸다고 어느 정도 설득력 있게 주장한다. 그럴 수도 있다. 여호야다의 세부적인 계획이 무엇이든 간에 그 목표와 결과는 여전히 동일하다. Provan, *1 & 2 Kings*, 221-222.

51 성전은 추정컨대 궁전 복합체의 일부로서 언제나 지켜야 했을 것이고, 이는 레위 지파의 책임에 속했을 것이다. 여기서 그들은 어디에도 보이지 않는다. 이 본문은 또한 이 병력의 규모가 예외적이란 것을 시사한다.

다 새로운 왕에 더 관심이 있다. 8절에서 여호야다가 "너희 대열을 침범하는 모든 자는 죽이[라]"고 지시하는 것을 보면 현안이 무엇인지가 분명해진다. 이것은 (아달랴의 이전 전략을 감안하면) 공허한 위협이 아니고, 따라서 이 부대들은 "임금님께서 나가고 드실 때에는 반드시 경호하도록"(새번역) 해야 한다.

여호야다가 이 성전 경호원들의 지원을 받는 것이 얼마나 어려운지를 우리가 알 수는 없어도, 그의 전략은 손쉽게 채택할 수 있는 것이 명백하다. 10절에서 여호야다가 직접 그의 민병대를 골동품 무기로 무장시키고 ("제사장이 여호와의 성전에 있는 다윗 왕의 창과 방패를 백부장들에게 주니", 참고. 삼하 8:7) 그들을 근무 위치로 보낸다. 이제 무대가 마련되었고, 이 시점에 여호야다가 "왕세자를 데리고 나와서, 그에게 왕관을 씌우고, 왕의 직무를 규정한 규례서를 주[었다]"(12절, 새번역). "왕관"은 왕의 머리쓰개를 가리키는 표준 단어가 아니다. 그 대신 왕은 '나실인'(Nazirite)과 어원이 같은 '네제르'(*nezer*)를 쓴다. 대제사장의 머리 관(참고. 출 29:6; 39:30; 레 8:9)처럼 이 왕관은 성별의 상징이다. 그것은 요아스가 왕이라고 선포하기보다는 그가 '하나님의' 왕이라고 확증하고 있다. "규례서"(testimony, 참고. 출 25:16; 시 132:12)는 언약의 "말" 열 편(즉, 십계명)을 가리킬 수도 있고, 신명기 17:14-20에 나오는 하나님 백성의 왕을 위한 규정들을 가리킬 가능성이 더 많다. 후자는 아마 책 한 권에 담겨 있었을 것이다.

모인 공모자들은 "여호야다가…기름을 부어 왕으로 삼으매 무리가 박수하며 '왕의 만세'를 부[른다]." 칠 년이란 긴 기간이 흐른 후 다윗 혈통의 인물이 다시 유다의 왕좌에 앉게 된다. 이 대목의 어디에서도 새로운 왕의 이름이 언급되지 않는 것은 그 일차적 초점이 다윗의 자손으로서, 하나님의 기름부음을 받는 자로서의 왕에게 있음을 강조한다.

11:13-14 여호야다의 책략이 성공하고, 아달랴가 무슨 일이 벌어지는지를 미처 알기 전에 소년 왕이 왕관을 받는다. 떠들썩한 소리를 듣고 "그녀가 여호와의 성전에 들어가 백성에게" 이른다. 그때 "왕이 규례대로 단 위

에" 서 있기 때문에 비로소 무슨 일이 일어났는지가 분명해진다. 아달랴는 무슨 일이 벌어졌는지 금방 파악했을 것이다. 어쩌면 그녀는 어린 요아스가 그녀의 학살을 피했다는 것을 알고 있을 수도(또는 적어도 의심할 수도) 있다. "장관들과 나팔수가 왕의 곁에 모셔 섰으며 온 백성이 즐거워하여 나팔을" 분다는 사실은 그녀가 의심했던 최악의 시나리오를 확증해줄 뿐이다. 그녀의 권력이 찬탈되었고, 그녀는 "옷을 찢으며 '반역이다! 반역이다!" 하고 외쳤다. 아이러니하게도, 상황이 역전될 때 가장 큰 소리로 분노를 터뜨리는 자들은 가장 노골적으로 규칙을 무시하는 이들이다.

11:15-16 여호야다가 지체 없이 여왕을 붙잡고 군대 장교들에게 "그를 대열 밖으로 몰아내라 그를 따르는 자는 모두 칼로 죽이라"고 명령한다. 여호야다는 아달랴를 제거할 뿐 아니라 그녀의 영향을 유다에서 몰아내기로 작정했다. 하지만 그는 또한 그녀가 성전에서 처형되지 말아야 한다고 주장한다. 여호야다는 이런 문제를 여호와의 집 안으로 끌어들이길 꺼려했고, 그래서 제사장은 이 원형적 우상숭배자를 하나님의 존전에서 옮기기로 한다. "그의 길을 열어 주매 그가 왕궁의 말이 다니는 길로 가다가 거기서 죽임을 당하였더라"(16절). 이 아합의 딸은 결국 유다 왕궁의 뒷문에서 거꾸러진다. 아달랴가 얼마나 정통성이 없는 인물이었는지는 그녀에 대한 소개도 없고 마지막 헌사도 없다는 점이 말해준다. 열왕기의 저자에게는 마치 그녀가 전혀 통치하지 않은 것처럼 보인다.

11:17-20 여호야다가 "왕과 백성에게 여호와와 언약을 맺어 여호와의 백성이 되게 하고 왕과 백성 사이에도 언약을 세우게" 함에 따라 그 제사장이 발휘한 놀라운 영향력이 계속 이어진다. 여호야다의 쿠데타가 악한 여왕 아달랴에게 종말을 고하고 이후 성경 전체에서 가장 주목할 만한 '언약의 순간'으로 이끌어간다. 이는 두 가지 면에서 구약에서 유일무이하다. (a) 제사장이 그런 언약을 세우게 하고 또 중재했다는 것이다. (b) 별개의 절(節)들(또는 별개의 언약들)이 유다와 여호와의 관계, 그들과 왕의 관계를 각

각 다룬다는 것(삼하 5:3; 왕하 23:3에 나오듯이)이다. 이 언약은 시내산 언약, 신명기(참고. 신 27:1-10) 그리고 다윗 언약의 요소들을 반영한다. 이는 여러 면에서 무해한 듯이 보이지만 사실은 그렇지 않다. 사실 성경의 흐름에 비춰보면, 이 작은 언약 세우기 행사는 매우 놀랍고 우리가 구약에 나오는 거의 모든 언약 자료를 어떻게 읽어야 하는지 그 문을 활짝 열어준다.

내가 알기로는, 이 대목이 구약에서 아브라함과의 언약과 다윗과의 언약이 단일한 의례로 묶어지는 유일한 곳이다. 아달랴 이후에 백성들은 "나는 너희의 하나님이 되고 너희는 내 백성이 되리라"고 말씀하시는 하나님 앞에서 그들의 헌신을 재확인한다. 백성과 왕이 모두 이 언약을 맺는다. 그리고 이후 또 다른 언약을 맺는다. 거기서는 왕이 신명기 17장에 나오는 왕의 모습, 하나님이 다윗의 집에서 불러내기로 약속하신 그런 왕이 되기로 약속한다. 단 한 번의 성명으로 그분의 백성을 향한 하나님의 계획이 본궤도로 돌아간다. 백성의 회개가 즉각적 행동으로 옮겨짐에 따라 이것은 즉시 결과를 낳는 전심 어린 국민적 재헌신이다.

우리는 열왕기하 11:18에서 이 언약의 즉각적 영향을 볼 수 있다. "온 백성이 바알의 신당으로 가서 그 신당을 허물[었다]." 바알 숭배에 대한 그들의 거부반응이 완결된다. 저자가 좀 더 상세한 내용을 덧붙인다. "그 제단들과 우상들을 철저히 깨뜨리고 그 제단 앞에서 바알의 제사장 맛단을 죽이니라." 바알 숭배자들의 보복 공격을 예방하기 위해(이는 아달랴의 유다에서 빚어진 사태에 대한 뚜렷한 비평이다) 여호야다는 "주님의 성전에 경비병들을 세웠다"(새번역).

아달랴의 유산을 제거하려는 시도가 있은 후, 왕이 성전에서 왕궁에 이르는 장엄한 행렬이 개최되고 "왕의 왕좌에 앉[게]" 된다. 사무엘하 7장의 약속이 제자리로 돌아오고, 그 땅에 평화가 어느 정도 회복된다. "그 땅의 모든 백성이 기뻐하였다. 아달랴가 왕궁에서 칼에 맞아 살해된 뒤로, 도성은 평온을 되찾았다"(20절, 새번역). 다윗의 땅에 대한 아합 집안의 영향력이 마침내 꺾인 것이다.

이전 장들에서는 사건들에 대한 기사가 "주님의 말씀에 따라" 또는 "주님이 말씀하신 대로"와 같은 어구로 마침표를 찍었다. 그러나 여기서는 그 말씀에 대한 언급이 없고 침묵만 있을 뿐이다. 하나님은 그분의 요점을 확증하셨던 듯하다. 즉, 그분의 말씀을 통해 말하시고 행동하신다는 뜻이다. 그분은 우리 세계의 사건들을 조용히 그러나 결정적으로 정리하시는 분이다. 그 모든 것을 통제하시는 섭리의 하나님이다. 이는 12장이 분명히 보여주듯이 이상하게도 그의 백성이 배우길 어려워하는 교훈이다. 지금은 신실함, 좌절, 그리고 어리석음이 다함께 섞여있는 시기이다.

11장

11:21-12:3 왕의 이름이 마침내 언급될 때는 '여호아스'(ESV 참고)란 변형이 사용된다.[52] 그의 긴 통치는 이 내러티브에서 많은 지면을 차지하지 않아도 여호와께서 보시기에는 유다 역사에서 보다 성공적인 통치 중 하나이다. "요아스는…여호와 보시기에 정직히 행하였으되"(12:2). 독자는 12:1-2의 공식적 표현에 싸여있는 신실함을 놓치면 안 된다. 요아스는 일곱 살부터 40대 후반에 암살될 때까지 예루살렘에서 다스린다. 달리 말하면, 40년 동안 하나님이 다윗 혈통의 왕이 왕좌에 앉아있도록 확실히 하신다는 뜻이다. 아달랴를 기억할 수 있는 사람이면 누구나 이것을 사소한 일로 생각하지 않을 것이다! 그들이 왕을 볼 때마다, 그들이 그의 이름을 들을 때마다 조용한 목소리로 "감사합니다, 주님!"하고 읊조릴 수 있었다. 이는 분명히 여호와의 신실함을 보여주는 증거다. 평생에 걸친 여호야다의 경건함이 "제사장 여호야다가 그를 교훈[했다]"는 사실 덕분으로 여겨지는 것을 보면 다시 한번 여호야다의 놀라운(그리고 한결같이 긍정적인) 영향력이 부각되어 있다.

하지만 신실함이 요아스의 생애 이야기의 전부가 아니다. 그의 통치가 비타협적인 출발을 했음에도 불구하고 "다만 산당들을 제거하지 아니하였으므로 백성이 여전히 산당에서 제사하며 분향하였[다]"(3절, 왕상 15:9 이하

52 이는 요아스가 채용하는 왕의 이름일지도 모른다.

에 나오는 아사의 통치와 왕상 22:41 이하에 나오는 여호사밧의 통치 당시와 같이). 백성이 어떻게 바알 숭배를 그토록 빨리 제거하면서도 산당을 버리는데 그토록 느린지는 알아내기 어렵다. 어쩌면 바알 숭배는 확실히 생경한 수입품인데 비해 산당은 '토속적인' 예배 장소로 여겨서 관용하기 때문일지 모른다.

응답

하나님은 그분의 백성의 삶과 그분의 나라 프로젝트를 본궤도로 돌려놓기 위해 예상치 않은 구출자들을 사용하시는 패턴을 계속 이어가신다. 이번에는 여호야다라 불리는 경건하고 용기 있는 제사장이다. 우리는 여호야다란 인물에 관해 사실상 전혀 모른다. 그의 중요성은 하나님이 그를 사용해 아달랴를 제거하고 경건한 요아스를 왕좌에 올려서 그분의 계획을 추진하신다는 사실에 있다. 그런즉 여호야다는 하나님이 우리에게 요구하시는 겸손하고 하나님 중심적인 섬김의 모델이다. 제자도의 패턴은 언제나 "그는 흥하여야 하겠고 나는 쇠하여야 하리라"(요 3:30)이기 때문이다.

우리가 요아스 왕을 처음 만날 때는 하나님의 백성이 마침내 영구적인 변화를 일으킬 군주, 유다의 운명을 되돌려서 백성을 일관되고 뿌리 깊은 경건함으로 인도할 군주를 갖게 될 것이라는 희망의 빛이 있다. 참으로 진정한 회개와 변화로 이끌어주는 극적인 재헌신의 순간이 있다. 그 자체는 굉장히 고무적이고 교훈적이다.

회개는 값비싼 돌이킴이다. 진정한 회개는 변화를 가져온다. 그리고 이는 종종 기존의 패턴, 헌신, 동맹 그리고 온갖 것들이 깨어져야 함을 의미한다. 날마다 하나님이 복음의 말씀을 통해 우리에게 상기시켜주시는 것, 매주 우리가 다함께 모여서 떡을 먹고 포도주를 마실 때 생각나게 하시는 내용은 바로 그분의 백성인 우리에게 언약의 약속을 하셨다는 것이고 그리스도께서 친히 그분의 피를 통해 우리를 새 언약관계로 인도하셨다는 것이다. 이 모든 일이 일어날 때 우리는 믿음과 회개로 그리스도께서 우리에게 주신 것을 붙잡음으로써 반응해야 한다. 이는 종종 어떤 것을 박살내는 것, 우상을 부서뜨리는 것, 이방 예배를 폐기처분하는 것을 의미한다. 우리가 다음과 같은 이유로 "나는 당장 그것을 멈출 필요가 있어"하고 마지막으로 말했던 적이 언제인가? 그것이 그릇되기 때문에, 또는 당장 그것이 유익하지 않기 때문에, 또는 나에게 불건전한 영향을 미치기 때문에 말이다! 우리는 바로 그런 신실함의 길을 걷도록 부름 받았다.

어린 요아스는 그의 스승 여호야다의 말을 듣고, 그의 본보기를 따르고, 그가 말하는 것을 실행하는 좋은 태도를 가지고 있었다. 그는 여호와가 보시기에 옳은 일을 행한다. 요아스는 신실하다. 나의 비문에 이런 말이 새겨진다면 만족스럽겠다는 생각을 해본다. '예수님에게 신실한 자.' 사실 새로운 창조세계에서는 이것이 받을 만한 유일한 칭찬일 것이다. 우리가 큰 교회의 목사였다거나 뛰어난 신학교의 교수였다거나 27개의 교회를 개척했다는 것이 아니라. 중요한 이슈는 우리가 과연 신실했는지 여부일 것이다. 종종 신실함이 우리에게 지루하고 평범하게 보일지 몰라도 그것이 가장 중요한 것이다.

그러나 이후에 등장하는 이야기는 읽기에 굉장히 짜증나고 온갖 의문을 제기하게 한다. 요아스는 자기가 무슨 일을 하고 있다고 생각했는가? 그는 왜 단 한 번에 산당을 처리하지 않았는가? 그는 왜 갑자기 멈추었는가? 이 내러티브는 우리에게 큰 도전을 준다. 우리 대다수가 이런 모습이기 때문이다. 우리는 함께하기에 짜증나는 인물이다. 우리는 거의 해내지만 완수하지는 못한다.

이것이 엄연한 현실이다. 우리는 깨어진 세상에서 깨어진 사람들을 섬기는 좌절감을 안고 살아간다. 사람들은 항상 그들이 마땅히 할 바를 행하지는 않는다. 심지어 그래야 한다는 것을 알면서도 그렇다. 우리도 마찬가지다. 우리 자신에게 그리고 남들에게 짜증을 내기가 쉽다. 하나님은 우리에게 열왕기하 12:4-16 같은 지루한 대목을 통해 좌절에 대비하라고 일러주신다.

주석

12:4-5 요아스는 통치하던 전반기의 어느 시점에 파손된 듯이 보이는 성전의 재정을 개혁하려고 결심한다. 그는 제사장들에게 이렇게 지시한다. "여호와의 성전에 거룩하게 하여 드리는 모든 은…여호와의 성전에 드리는 모든 은을 제사장들이 각각 아는 자에게서 받아들여 성전의 어느 곳이든지 파손된 것을 보거든 그것으로 수리하라." 초창기부터 사람들은 성전의 유지에 필요한 기금을 마련할 책임이 있었으나(출 30:13) 어떤 이유로든 성전이 제대로 관리되지 않았다. 부정직한 행위나 기금의 남용을 암시하는 대목은 없다. 사실 제사장들이 계속 성전 세금을 거두긴 했으나 그 돈으로 아무것도 하지 않은 것 같다. 마침내(지체에 대한 설명은 없다), 여호아스가 성전 개혁을 단행한다. 하지만 그의 주도적 대책이 순조롭게 진행되지 않는다.

12:6-8 분명한 점은 어린 왕의 이상주의가 순진한 것으로 치부되었다는 것이다. "요아스 왕 제이십삼년에 이르도록 제사장들이 성전의 파손한 데를 수리하지 아니하였는지라"(16절). 서른 살이 된 요아스는 그의 이전 언명을 실행하기 위해 어떤 조치도 취해지지 않았다는 사실을 발견한다. 이는 그의 정권이 잘 돌아가지 않는다는 것을 보여준다. 이 시점에 요아스가 그의 멘토, 여호야다를 소환해서 누군가가 성전의 유지 관리에 대해 책임을 떠맡도록 요구하여 상황이 약간 나아진다. 달리 말하면, 기본 과업은 완수되었으나 성전의 개선에 필요한 돈이 남지 않은 것이다. 결국은 요아스가 "대제사장 여호야다와 제사장들을 불러" 그들이 성전 수리 공정에 대한 책임을 맡고 그것을 당장 시작해야 한다고 주장한다. 8절에서 그 문제가 해결된다. "제사장들은 이 일에 동의하여, 제사장들이 백성으로부터 돈을 받지 않기로 하였다"(새번역). 그리고 그들은 또한 이제까지 그들이 수행하지 못한 과업을 다른 이들에게 넘겨주기로 하였다.

12:9-12 재정을 정리하는 방식은 약간 뜻밖이다. "제사장 여호야다가 한

궤를 가져다가 그것의 뚜껑에 구멍을 뚫어 여호와의 전 문 어귀 오른쪽 곧 제단 옆에 두매." 이 궤짝이 성전에서 바쳐진 모든 돈을 받고, 그 궤짝이 가득 찰 때는 10절에 따르면, "왕의 서기와 대제사장이 올라와서 여호와의 성전에 있는 대로 그 은을 계산하여 봉[했다]". 이제 제사장들은 관리 책임을 일체 면했으므로 돈은 직접 "일하는 자 곧 여호와의 성전을 맡은 자의 손에 넘[겨졌다]". 그들은 하도급업자들에게("여호와의 성전을 수리하는 목수와 건축하는 자들에게…또 미장이와 석수에게") 돈을 지불하거나 그 돈을 "여호와의 성전 파손한 데를 수리할 재목과 다듬은 돌을 사게 하며 그 성전을 수리할 모든 물건을 위하여 쓰게" 했다. 이런 실질적인 단계들은 유다의 여호아스의 통치가 신중하고 경건한 성격을 지녔음을 가리키는 중요한 지표이다.

12:13-16 이 대목은 11:21-12:3의 어조를 반영하는 단서를 더한다. 성전 복합체의 전반적인 수리 상태는 개선되지만 "여호와의 성전에 드린 그 은으로 그 성전의 은 대접이나 불집게나 주발이나 나팔이나 아무 금 그릇이나 은그릇도 만들지 아니[했다]"(13절). 토라의 규정들에도 불구하고, 이런 기구들을 대체하는 데는 경비가 제공되지 않았다. "그 은을 일하는 자에게 주어 그것으로 여호와의 성전을 수리하게 하였기" 때문이다. 부정직함의 문제는 없으나(15절) 우선순위가 잘못된 것처럼 보인다. 이와 비슷하게 제사장들도 기회를 놓치지 않는다. "속건제의 은과 속죄제의 은은 여호와의 성전에 드리지 아니하고 제사장에게 돌렸더라"(16절). 여호아스의 통치는 긍정적인 변화를 도모하고 유다의 영적 온도가 높아지게 하지만 여호와에 대한 전심 어린 헌신에는 미치지 못한다.

12:17-18 성전 기구들을 우선시하지 않은 태도는 아람 사람들이 다시 침략할 때도 적나라하게 드러난다. "그때에 아람 왕 하사엘이 올라와서 가드를 쳐서 점령하고" 예루살렘이 그의 여정에서 그 다음 목표였다. 그의 주목을 피하기 위해 다음과 같이 행한다.

> 유다의 왕 요아스가 그의 조상들 유다 왕 여호사밧과 여호람과 아하시야가 구별하여 드린 모든 성물과 자기가 구별하여 드린 성물과 여호와의 성전 곳간과 왕궁에 있는 금을 다 가져다가 아람 왕 하사엘에게 보냈더니(18절).

이 뇌물의 중대한 성격은 왕에게 그의 완전한 호칭을 부여하는 것으로 나타난다. 요아스는 그의 조상들의 신실함을 손상시킬 뿐 아니라 그 나라의 삶에서 유다의 왕들에게 극적 효과를 초래했던 끔찍한 패턴에 빠지기도 한다.

우리는 17-18절의 암담한 영향을 놓치면 안 된다. 요아스는 기본적으로 경건하지만 그 조차도 그의 백성을 주님의 길로 인도함에 있어서 비극적인 실책을 범한다. 그는 유다의 왕들의 통치에서 보이는 재앙적 패턴이 되고 있는 실수를 반복한다. 르호보암은 성전 기구들을 이집트에 잃어버렸다(왕상 14:25-28). 아사는 그 기구들을 벤하닷을 매수하는데 사용했다(왕상 15:18). 훗날 아하스는 성전 보물을 앗수르 사람들에게 보낼 것이고(왕하 16:8), 결국에는 히스기야가 그의 보물을 바벨론 사람들에게 자랑할 것이다(왕하 20:12-13). 각 경우에 이런 어리석은 행동은 국가적 재난의 전조가 된다. 이는 왕의 믿음이 얼마나 부족한지를 보여주기 때문이다. 요아스의 경우, 그가 그의 신하들에게 암살을 당하는 만큼 그것이 열왕기하 12장의 결말에 나오는 용두사미로 향하는 길을 닦아준다.

12:19-21 요아스(이 짧은 이름은 11장의 초반 이래 처음으로 사용된다, ESV 참고)의 통치에 관한 마지막 요약은 주로 그의 죽음에 대한 슬픈 기사 때문에 주목할 만하다. 20-21절이 이렇게 기록하고 있다. "요아스의 신복들이 일어나 반역하여 실라로 내려가는 길 가의 밀로 궁에서 그를 죽였고 그를 쳐서 죽인 신복은 시므앗의 아들 요사갈과 소멜의 아들 여호사바드였더라." 대다수 왕들보다 그의 백성을 위해 더 많은 일을 했던 왕, 여호와를 경배하도록 그 나라를 회복시켰던 왕이 다윗의 성읍 근처, 그 자신의 수도에서 그

자신의 사람들에게 암살된다.[53] 다윗의 자손, 요아스는 "다윗 성에 그의 조상들과 함께 장사되고 그의 아들 아마샤가 그를 대신하여 왕이" 된다.

응답

12장

요아스의 통치를 한 마디로 요약한다면 '실망'이다. 요아스는 기본적으로 경건한 왕으로서 성공적인 통치를 했고 성경적 개혁에 헌신한 인물이다. 다만 그가 충분히 성공하지는 못한다. 왕은 그의 성전에 있고 성경이 그의 손에 있다. 그리고 하나님의 백성은 그에게 돌아가는 중이다. 그런데 왕이 암살될 때 그 모든 것이 용두사미로 끝난다. 그러나 이것이 타락한 세상에서 삶의 현실이다. 이 장들의 느린 속도는 이전 사건들의 유혈 사태와 혼란과 상당한 대조를 이룬다. 때로는 하나님이 혁명을 통해 일하시고 다른 때에는 정체상태를 통해 일하신다.

이번 장의 사건들은 하나같이 느리고 좌절감을 안겨준다. 그리고 바로 이것이 교회의 모습이다. 우리가 지금 이것을 이해한다면 훗날의 온갖 마음고생을 모면할 수 있을 것이다! 우리 지역에서 복음이 증진될 것을 기대할 수 있을까? 그렇다, 기대할 수 있다. 우리는 그 과정에서 좌절감을 맛보게 될까? 물론 그것도 예상할 수 있다. 그래서 바울이 로마서 8:19-25에서 이렇게 말하는 것이다.

> 피조물이 고대하는 바는 하나님의 아들들이 나타나는 것이니 피조물이 허무한 데 굴복하는 것은 자기 뜻이 아니요 오직 굴복하게 하시는 이로 말미암음이라. 그 바라는 것은 피조물도 썩어짐의 종노

53 역대하 24:24은 요아스가 사실상 늙었을 때 불성실함에 굴복한다고 설명한다. 열왕기는 그가 사무엘하 7장에 약속된 다윗 혈통의 왕과 거리가 멀다는 것을 보여주는 것으로 만족한다. Mordechai Cogan and Hayim Tadmor, *II Kings*, AB (New York: Doubleday, 1988), 141.

릇 한 데서 해방되어 하나님의 자녀들의 영광의 자유에 이르는 것이니라. 피조물이 다 이제까지 함께 탄식하며 함께 고통을 겪고 있는 것을 우리가 아느니라. 그뿐 아니라 또한 우리 곧 성령의 처음 익은 열매를 받은 우리까지도 속으로 탄식하여 양자 될 것 곧 우리 몸의 속량을 기다리느니라. 우리가 소망으로 구원을 얻었으매 보이는 소망이 소망이 아니니 보는 것을 누가 바라리요? 만일 우리가 보지 못하는 것을 바라면 참음으로 기다릴지니라.

우리는 스스로 좌절감에 대비해야 한다.

신실함의 문제는 그것이 성경에서 가장 높이 평가되는 자질인데도 대다수 그리스도인들 가운데서 가장 과소평가 된다는 것이다. 그 이유는 신실함이 흥분을 불러일으키는 자질이 아니기 때문이다. 신실함은 상당히 지루하고 지겹게 보인다. 이는 우리가 죄인으로서 타고난 모습이다. 전쟁을 경험한 적이 없는 사람들에게는 평화가 당연시되곤 한다. 설교가 형편없는 교회에 속한 적이 없는 사람들에게는 성경적 설교가 당연시된다. 교회 회의에서 퇴장이나 욕설이나 신체적 공격을 경험한 적이 없는 사람들에게는 회의가 은혜롭게 끝나는 것이 당연한 일이다! 그러나 우리의 눈이 멀어서 하나님의 한결같은 신실함과 그 아름다움과 고귀함을 보지 못하면 안 된다.

물론 우리가 우리 자신과 다른 사람에게서 신실함을 찾다가 좌절감을 느끼는 경우가 있다. 때로는 매우 신실한 사람도 아주 어리석게 될 수 있다. 그러나 우리가 인생을 논할 때는 "하나님이 우리에게 신실함을 요구하시나 우리는 좌절감과 어리석음에 빠지고 만다"고 말하는 것으로 끝나진 않는다. 그것이 인생 이야기의 끝이 아니다. 이 장들에 나오는 사건들이 어디로 향하고 있는지 우리는 안다.

우리는 열왕기하가 또 다른 왕, 장차 오실 왕을 말씀하고 있다는 사실을 알고 있다. 장차 성전을 청소하셔서 영구적이고 근본적인 개혁을 이루실 왕, 장차 죽고 부활하셔서 우리 같은 사람들이 하나님과 만날 수 있는 장소라고 선언함으로써 새로운 성전을 세우실 왕, 궁극적인 개혁을 완수하기 위해 그 모든 길을 가실 왕이다. 그가 우리를 대신해 죽음을 향해 갈 때 "여기까지만 더 이상은 아니"라고 말하지 않고 "아버지, 당신의 뜻이 이뤄지기를"이라고 말할 왕이다. 요아스의 자손은 이 조상의 타협에 참여하지 않을 테고, 모든 면에서 우리와 비슷해도 죄악된 길을 걷지 않고 죄악된 생각으로 흔들리지 않을 것임을 우리는 안다. 그는 결코 어리석은 선택을 내리지 않을 것이다. 그는 결코 자랑하지 않을 테고 그가 행할 것이라고 말한 바를 다른 사람에게 강요하지 않을 것이다.

궁극적으로 이 장들은 왕이신 예수님의 아름다움과 능력을 그림자 형태로 개관한다. 그분은 지금도 살아계시고 일을 완수하시며 이제는 능력과 아름다움과 이타적인 모습으로 다스리는 분이다. 그분은 우리의 모든 실망과 실패와 좌절과 어리석음에 대한 해답이 되는 분이다. 모든 것을 바로잡을 수 있고 또 바로잡을 분은 요아스가 아니라 예수님이다. 이분이 바로 우리의 주 예수이시다. 그분께 붙어있으라!

열왕기하 13:1-25:30 개관

열왕기하 13-25장에 나오는 열왕기의 마지막 움직임을 지배하는 것은 이스라엘 왕국과 유다 왕국의 몰락이다. 이스라엘의 궤도는 빠르게 또 한결같이 추락하고 있다. 유다가 취한 행로는 높은 점이 몇 개 있으나(예. 왕하 22장에 나오는 요시야의 통치) 비슷한 곳에서 끝난다.

유다에서 아마샤와 아사랴의 통치 직후에 사마리아의 여로보암 2세의 재앙적 통치의 대한 짧은 기사 및 비슷한 불경건한 왕들(14-15장의 스가랴, 살룸, 므나헴, 브가히야, 베가)의 행렬이 등장한다. 앗수르의 위협이 커짐에 따라 유다의 요담이 15:32에서 소개될 때 이스라엘 이야기가 잠시 멈추고, 이후 유다가 이스라엘을 따라 멸망의 길로 걸을 때 아하스의 혼합주의적 통치가 부각된다. 17장에서는 호세아의 통치 기간에 일어난 앗수르에 의한 이스라엘의 멸망이 보도되고 설명된 후 초점이 다시 유다로 돌아간다. 히스기야 왕의 국가적 및 개인적 도전거리들이 18-20장을 차지한다. 앗수르가 위협할 때, 그가 심각한 질병에 걸린 사건을 다루고 이어서 바벨론 사절단을 환영함에 따라 미래의 재난을 위한 길을 닦는 모습을 보여준다. 그의 아들 므낫세의 형편없는 통치(21:1-18)가 유다의 운명을 결정하고, 경건한 요시야의 통치(22:1-23:30)마저 그 운명을 역전시킬 수 없다. 여호아하스, 여호야김, 여호야긴 그리고 시드기야 왕에 관한 잇따른 기사들은 유다가 포로상태에 빠지는 그림을 그려준다. 25장은 바벨론의 유다 정복과 다윗 혈통의 왕 여호야긴이 바벨론에서 살아남는 모습을 연대기적으로 기록하고, 후자는 열왕기의 끝에 나오는 유일한 희망의 단편이다.

2 Kings

열왕기하

13:1-14:29

13장

13:1 유다의 왕 아하시야의 아들 요아스의 제이십삼년에 예후의 아들
여호아하스가 사마리아에서 이스라엘 왕이 되어 십칠 년간 다스리며
2 여호와 보시기에 악을 행하여 이스라엘에게 범죄하게 한 느밧의 아
들 여로보암의 죄를 따라가고 거기서 떠나지 아니하였으므로 3 여호
와께서 이스라엘에게 노하사 늘 아람 왕 하사엘의 손과 그의 아들 벤
하닷의 손에 넘기셨더니 4 아람 왕이 이스라엘을 학대하므로 여호아
하스가 여호와께 간구하매 여호와께서 들으셨으니 이는 그들이 학대
받음을 보셨음이라 5 여호와께서 이에 구원자를 이스라엘에게 주시매
이스라엘 자손이 아람 사람의 손에서 벗어나 전과 같이 자기 장막에
거하였으나 6 그들이 이스라엘에게 범죄하게 한 여로보암 집의 죄에
서 떠나지 아니하고 그 안에서 따라 행하며 또 사마리아에 아세라 목
상을 그냥 두었더라 7 아람 왕이 여호아하스의 백성을 멸절하여 타작
마당의 티끌같이 되게 하고 마병 오십 명과 병거 열 대와 보병 만 명
외에는 여호아하스에게 남겨 두지 아니하였더라 8 여호아하스의 남은
사적과 행한 모든 일과 그의 업적은 이스라엘 왕 역대지략에 기록되
지 아니하였느냐 9 여호아하스가 그의 조상들과 함께 자매 사마리아

에 장사되고 그 아들 요아스가 대신하여 왕이 되니라

13:1 In the twenty-third year of Joash the son of Ahaziah, king of Judah, Jehoahaz the son of Jehu began to reign over Israel in Samaria, and he reigned seventeen years. 2 He did what was evil in the sight of the Lord and followed the sins of Jeroboam the son of Nebat, which he made Israel to sin; he did not depart from them. 3 And the anger of the Lord was kindled against Israel, and he gave them continually into the hand of Hazael king of Syria and into the hand of Ben-hadad the son of Hazael. 4 Then Jehoahaz sought the favor of the Lord, and the Lord listened to him, for he saw the oppression of Israel, how the king of Syria oppressed them. 5 (Therefore the Lord gave Israel a savior, so that they escaped from the hand of the Syrians, and the people of Israel lived in their homes as formerly. 6 Nevertheless, they did not depart from the sins of the house of Jeroboam, which he made Israel to sin, but walked[1] in them; and the Asherah also remained in Samaria.) 7 For there was not left to Jehoahaz an army of more than fifty horsemen and ten chariots and ten thousand footmen, for the king of Syria had destroyed them and made them like the dust at threshing. 8 Now the rest of the acts of Jehoahaz and all that he did, and his might, are they not written in the Book of the Chronicles of the Kings of Israel? 9 So Jehoahaz slept with his fathers, and they buried him in Samaria, and Joash his son reigned in his place.

10 유다의 왕 요아스의 제삼십칠년에 여호아하스의 아들 요아스가 사마리아에서 이스라엘 왕이 되어 십육 년간 다스리며 11 여호와께서 보시기에 악을 행하여 이스라엘에게 범죄하게 한 느밧의 아들 여로보암의 모든 죄에서 떠나지 아니하고 그 가운데 행하였더라 12 요아스의

남은 사적과 행한 모든 일과 유다 왕 아마샤와 싸운 그의 업적은 이스
라엘 왕 역대지략에 기록되지 아니하였느냐 13 요아스가 그의 조상들
과 함께 자매 이스라엘 왕들과 함께 사마리아에 장사되고 여로보암이
그 자리에 앉으니라

10 In the thirty-seventh year of Joash king of Judah, Jehoash[2] the son of
Jehoahaz began to reign over Israel in Samaria, and he reigned sixteen
years. 11 He also did what was evil in the sight of the Lord. He did not
depart from all the sins of Jeroboam the son of Nebat, which he made
Israel to sin, but he walked in them. 12 Now the rest of the acts of Joash
and all that he did, and the might with which he fought against Amaziah
king of Judah, are they not written in the Book of the Chronicles of the
Kings of Israel? 13 So Joash slept with his fathers, and Jeroboam sat on
his throne. And Joash was buried in Samaria with the kings of Israel.

14 엘리사가 죽을 병이 들매 이스라엘의 왕 요아스가 그에게로 내려
와 자기의 얼굴에 눈물을 흘리며 이르되 내 아버지여 내 아버지여 이
스라엘의 병거와 마병이여 하매 15 엘리사가 그에게 이르되 활과 화살
들을 가져오소서 하는지라 활과 화살들을 그에게 가져오매 16 또 이스
라엘 왕에게 이르되 왕의 손으로 활을 잡으소서 하매 그가 손으로 잡
으니 엘리사가 자기 손을 왕의 손 위에 얹고 17 이르되 동쪽 창을 여소
서 하여 곧 열매 엘리사가 이르되 쏘소서 하는지라 곧 쏘매 엘리사가
이르되 이는 여호와를 위한 구원의 화살 곧 아람에 대한 구원의 화살
이니 왕이 아람 사람을 멸절하도록 아벡에서 치리이다 하니라 18 또
이르되 화살들을 집으소서 곧 집으매 엘리사가 또 이스라엘 왕에게
이르되 땅을 치소서 하는지라 이에 세 번 치고 그친지라 19 하나님의
사람이 노하여 이르되 왕이 대여섯 번을 칠 것이니이다 그리하였더면
왕이 아람을 진멸하기까지 쳤으리이다 그런즉 이제는 왕이 아람을 세

13장

번만 치리이다 하니라

14 Now when Elisha had fallen sick with the illness of which he was
to die, Joash king of Israel went down to him and wept before him,
crying, "My father, my father! The chariots of Israel and its horsemen!"
15 And Elisha said to him, "Take a bow and arrows." So he took a bow
and arrows. 16 Then he said to the king of Israel, "Draw the bow,"
and he drew it. And Elisha laid his hands on the king's hands. 17 And
he said, "Open the window eastward," and he opened it. Then Elisha
said, "Shoot," and he shot. And he said, "The Lord's arrow of victory,
the arrow of victory over Syria! For you shall fight the Syrians in
Aphek until you have made an end of them." 18 And he said, "Take the
arrows," and he took them. And he said to the king of Israel, "Strike
the ground with them." And he struck three times and stopped. 19 Then
the man of God was angry with him and said, "You should have struck
five or six times; then you would have struck down Syria until you
had made an end of it, but now you will strike down Syria only three
times."

20 엘리사가 죽으니 그를 장사하였고 해가 바뀌매 모압 도적 떼들이
그 땅에 온지라 21 마침 사람을 장사하는 자들이 그 도적 떼를 보고 그
의 시체를 엘리사의 묘실에 들이던지매 시체가 엘리사의 뼈에 닿자
곧 회생하여 일어섰더라

20 So Elisha died, and they buried him. Now bands of Moabites used
to invade the land in the spring of the year. 21 And as a man was being
buried, behold, a marauding band was seen and the man was thrown
into the grave of Elisha, and as soon as the man touched the bones of
Elisha, he revived and stood on his feet.

22 여호아하스 왕의 시대에 아람 왕 하사엘이 항상 이스라엘을 학대
하였으나 23 여호와께서 아브라함과 이삭과 야곱과 더불어 세우신 언
약 때문에 이스라엘에게 은혜를 베풀며 그들을 불쌍히 여기시며 돌보
사 멸하기를 즐겨하지 아니하시고 이때까지 자기 앞에서 쫓아내지 아
니하셨더라
22 Now Hazael king of Syria oppressed Israel all the days of Jehoahaz.
23 But the Lord was gracious to them and had compassion on them, and
he turned toward them, because of his covenant with Abraham, Isaac,
and Jacob, and would not destroy them, nor has he cast them from his
presence until now.

13장

24 아람의 왕 하사엘이 죽고 그의 아들 벤하닷이 대신하여 왕이 되매
25 여호아하스의 아들 요아스가 하사엘의 아들 벤하닷의 손에서 성읍
을 다시 빼앗으니 이 성읍들은 자기 부친 여호아하스가 전쟁 중에 빼
앗겼던 것이라 요아스가 벤하닷을 세 번 쳐서 무찌르고 이스라엘 성
읍들을 회복하였더라
24 When Hazael king of Syria died, Ben-hadad his son became king in
his place. 25 Then Jehoash the son of Jehoahaz took again from Ben-
hadad the son of Hazael the cities that he had taken from Jehoahaz his
father in war. Three times Joash defeated him and recovered the cities
of Israel.

14:1 이스라엘의 왕 여호아하스의 아들 요아스 제이년에 유다의 왕 요
아스의 아들 아마샤가 왕이 되니 2 그가 왕이 된 때에 나이 이십오 세
라 예루살렘에서 이십구 년간 다스리니라 그의 어머니의 이름은 여호
앗단이요 예루살렘 사람이더라 3 아마샤가 여호와 보시기에 정직히
행하였으나 그의 조상 다윗과는 같지 아니하였으며 그의 아버지 요아

스가 행한 대로 다 행하였어도 4 오직 산당들을 제거하지 아니하였으
므로 백성이 여전히 산당에서 제사를 드리며 분향하였더라 5 나라가
그의 손에 굳게 서매 그의 부왕을 죽인 신복들을 죽였으나 6 왕을 죽
인 자의 자녀들은 죽이지 아니하였으니 이는 모세의 율법 책에 기록
된 대로 함이라 곧 여호와께서 명령하여 이르시기를 자녀로 말미암아
아버지를 죽이지 말 것이요 아버지로 말미암아 자녀를 죽이지 말 것
이라 오직 사람마다 자기의 죄로 말미암아 죽을 것이니라 하셨더라
14:1 In the second year of Joash the son of Joahaz, king of Israel,
Amaziah the son of Joash, king of Judah, began to reign. 2 He was
twenty-five years old when he began to reign, and he reigned twenty-
nine years in Jerusalem. His mother's name was Jehoaddin of
Jerusalem. 3 And he did what was right in the eyes of the Lord, yet not
like David his father. He did in all things as Joash his father had done.
4 But the high places were not removed; the people still sacrificed and
made offerings on the high places. 5 And as soon as the royal power
was firmly in his hand, he struck down his servants who had struck
down the king his father. 6 But he did not put to death the children of
the murderers, according to what is written in the Book of the Law of
Moses, where the Lord commanded, "Fathers shall not be put to death
because of their children, nor shall children be put to death because of
their fathers. But each one shall die for his own sin."

7 아마샤가 소금 골짜기에서 에돔 사람 만 명을 죽이고 또 전쟁을 하
여 셀라를 취하고 이름을 욕드엘이라 하였더니 오늘까지 그러하니라
7 He struck down ten thousand Edomites in the Valley of Salt and took
Sela by storm, and called it Joktheel, which is its name to this day.

8 아마샤가 예후의 손자 여호아하스의 아들 이스라엘의 왕 요아스에
게 사자를 보내 이르되 오라 우리가 서로 대면하자 한지라 9 이스라엘
의 왕 요아스가 유다의 왕 아마샤에게 사람을 보내 이르되 레바논 가
시나무가 레바논 백향목에게 전갈을 보내어 이르기를 네 딸을 내 아
들에게 주어 아내로 삼게 하라 하였더니 레바논 들짐승이 지나가다
가 그 가시나무를 짓밟았느니라 10 네가 에돔을 쳐서 파하였으므로 마
음이 교만하였으니 스스로 영광을 삼아 왕궁에나 네 집으로 돌아가라
어찌하여 화를 자취하여 너와 유다가 함께 망하고자 하느냐 하나

8 Then Amaziah sent messengers to Jehoash[3] the son of Jehoahaz, son
of Jehu, king of Israel, saying, "Come, let us look one another in the
face." 9 And Jehoash king of Israel sent word to Amaziah king of Judah,
"A thistle on Lebanon sent to a cedar on Lebanon, saying, 'Give your
daughter to my son for a wife,' and a wild beast of Lebanon passed by
and trampled down the thistle. 10 You have indeed struck down Edom,
and your heart has lifted you up. Be content with your glory, and stay
at home, for why should you provoke trouble so that you fall, you and
Judah with you?"

14장

11 아마샤가 듣지 아니하므로 이스라엘의 왕 요아스가 올라와서 그와
유다의 왕 아마샤가 유다의 벧세메스에서 대면하였더니 12 유다가 이
스라엘 앞에서 패하여 각기 장막으로 도망한지라 13 이스라엘 왕 요아
스가 벧세메스에서 아하시야의 손자 요아스의 아들 유다 왕 아마샤를
사로잡고 예루살렘에 이르러 예루살렘 성벽을 에브라임 문에서부터
성 모퉁이 문까지 사백 [1)]규빗을 헐고 14 또 여호와의 성전과 왕궁 곳
간에 있는 금 은과 모든 기명을 탈취하고 또 사람을 볼모로 잡고서 사
마리아로 돌아갔더라

11 But Amaziah would not listen. So Jehoash king of Israel went up,

and he and Amaziah king of Judah faced one another in battle at Beth-
shemesh, which belongs to Judah. 12 And Judah was defeated by Israel,
and every man fled to his home. 13 And Jehoash king of Israel captured
Amaziah king of Judah, the son of Jehoash, son of Ahaziah, at Beth-
shemesh, and came to Jerusalem and broke down the wall of Jerusalem
for four hundred cubits,[4] from the Ephraim Gate to the Corner Gate.
14 And he seized all the gold and silver, and all the vessels that were
found in the house of the Lord and in the treasuries of the king's house,
also hostages, and he returned to Samaria.

15 요아스의 남은 사적과 그의 업적과 또 유다의 왕 아마샤와 싸운 일
은 이스라엘 왕 역대지략에 기록되지 아니하였느냐 16 요아스가 그의
조상들과 함께 자매 이스라엘 왕들과 사마리아에 함께 장사되고 그의
아들 여로보암이 대신하여 왕이 되니라
15 Now the rest of the acts of Jehoash that he did, and his might, and
how he fought with Amaziah king of Judah, are they not written in the
Book of the Chronicles of the Kings of Israel? 16 And Jehoash slept
with his fathers and was buried in Samaria with the kings of Israel, and
Jeroboam his son reigned in his place.

17 이스라엘의 왕 여호아하스의 아들 요아스가 죽은 후에도 유다의
왕 요아스의 아들 아마샤가 십오 년간을 생존하였더라 18 아마샤의 남
은 행적은 유다 왕 역대지략에 기록되지 아니하였느냐 19 예루살렘에
서 무리가 그를 반역한 고로 그가 라기스로 도망하였더니 반역한 무
리가 사람을 라기스로 따라 보내 그를 거기서 죽이게 하고 20 그 시체
를 말에 실어다가 예루살렘에서 그의 조상들과 함께 다윗 성에 장사
하니라 21 유다 온 백성이 아사랴를 그의 아버지 아마샤를 대신하여

왕으로 삼으니 그때에 그의 나이가 십육 세라 22 아마샤가 그의 조상
들과 함께 잔 후에 아사랴가 엘랏을 건축하여 유다에 복귀시켰더라
17 Amaziah the son of Joash, king of Judah, lived fifteen years after the
death of Jehoash son of Jehoahaz, king of Israel. 18 Now the rest of the
deeds of Amaziah, are they not written in the Book of the Chronicles
of the Kings of Judah? 19 And they made a conspiracy against him in
Jerusalem, and he fled to Lachish. But they sent after him to Lachish
and put him to death there. 20 And they brought him on horses; and he
was buried in Jerusalem with his fathers in the city of David. 21 And all
the people of Judah took Azariah, who was sixteen years old, and made
him king instead of his father Amaziah. 22 He built Elath and restored it
to Judah, after the king slept with his fathers.

23 유다의 왕 요아스의 아들 아마샤 제십오년에 이스라엘의 왕 요아
스의 아들 여로보암이 사마리아에서 왕이 되어 사십일 년간 다스렸으
며 24 여호와 보시기에 악을 행하여 이스라엘에게 범죄하게 한 느밧의
아들 여로보암의 모든 죄에서 떠나지 아니하였더라 25 이스라엘의 하
나님 여호와께서 그의 종 가드헤벨 아밋대의 아들 선지자 요나를 통
하여 하신 말씀과 같이 여로보암이 이스라엘 영토를 회복하되 하맛
어귀에서부터 아라바바다까지 하였으니 26 이는 여호와께서 이스라
엘의 고난이 심하여 매인 자도 없고 놓인 자도 없고 이스라엘을 도울
자도 없음을 보셨고 27 여호와께서 또 이스라엘의 이름을 천하에서 없
이 하겠다고도 아니하셨으므로 요아스의 아들 여로보암의 손으로 구
원하심이었더라
23 In the fifteenth year of Amaziah the son of Joash, king of Judah,
Jeroboam the son of Joash, king of Israel, began to reign in Samaria,
and he reigned forty-one years. 24 And he did what was evil in the

14장

sight of the Lord. He did not depart from all the sins of Jeroboam the
son of Nebat, which he made Israel to sin. 25 He restored the border of
Israel from Lebo-hamath as far as the Sea of the Arabah, according to
the word of the Lord, the God of Israel, which he spoke by his servant
Jonah the son of Amittai, the prophet, who was from Gath-hepher.
26 For the Lord saw that the affliction of Israel was very bitter, for there
was none left, bond or free, and there was none to help Israel. 27 But the
Lord had not said that he would blot out the name of Israel from under
heaven, so he saved them by the hand of Jeroboam the son of Joash.

28 여로보암의 남은 사적과 모든 행한 일과 싸운 업적과 다메섹을 회
복한 일과 이전에 유다에 속하였던 하맛을 이스라엘에 돌린 일은 이
스라엘 왕 역대지략에 기록되지 아니하였느냐 29 여로보암이 그의 조
상 이스라엘 왕들과 함께 자고 그의 아들 스가랴가 대신하여 왕이 되
니라
28 Now the rest of the acts of Jeroboam and all that he did, and his
might, how he fought, and how he restored Damascus and Hamath to
Judah in Israel, are they not written in the Book of the Chronicles of
the Kings of Israel? 29 And Jeroboam slept with his fathers, the kings of
Israel, and Zechariah his son reigned in his place.

1) 히, 암마

1 Septuagint, Syriac, Targum, Vulgate; Hebrew *he walked* *2 Jehoash* is an alternate spelling of *Joash* (son of Jehoahaz) as in verses 9, 12–14; also verse 25 *3 Jehoash* is an alternate spelling of *Joash* (son of Jehoahaz) as in 13:9, 12–14; also verses 9, 11–16 *4* A *cubit* was about 18 inches or 45 centimeters

단락 개관

사물은 변하면 변할수록 더욱 똑같은 상태로 남는다…

열왕기에는 확실한 운율이 있다. 이스라엘과 유다 모두 재난을 향해 달리다가 먼저 앗수르에게 그리고 나중에 바벨론에게 멸망당하는 만큼 이 긴 책은 진행될수록 속도가 빨라진다. 열왕기하 13장과 14장은 속도를 올리는데 기여한다. 이 장들을 별도로 고려하면 약간의 장점이 있긴 하지만 사실은 두 장이 함께 매끄럽게 흘러간다. 요점인즉, 예후의 유혈 사태 이후 백성들의 삶이 빠르게 정상으로 되돌아가고, 불경건함(또는 미지근한 경건함)의 단조로운 리듬이 금방 재개된다.

여호아하스는 이스라엘의 최악의 왕은 아니나 신실함의 귀감도 아니고 그 나라의 내리막길의 다음 단계를 주재한다(13:1-9). 요아스(여호아스)는 이스라엘과 유다의 차별성을 흐리게 하는데 기여하고(이 짧은 기간 동안 북왕국과 남왕국의 왕들의 이름들이 똑같다), 주목할 만한 것이 별로 없다(13:10-13).

이 시점에 이제는 임종을 앞둔 엘리사가 다시 등장한다. 이 내러티브가 이 지점에 포함된 것은 여호와께서 그의 선지자들을 통해 직접 개입했음에도 불구하고 아무것도 변하지 않았다는 점을 분명히 하기 위해서다. 이 내러티브는 또한 엘리야의 생애와 사역의 종말을 상기시키되 엘리사의 후계자가 없어서 하나님의 침묵에 관한 의문을 품게 한다. 엘리사와 요아스가 주고받는 대화는 어떤 가능성을 보여주는 듯 하지만 더 이상 전개되지 않는 모습을 부각시킨다. 이후 이 내용이 아람과 주고받는 싸움에 대한 결과임이 강조되고, 그 싸움은 또한 요아스의 믿음이 부족한 결과로 종결되지만 결코 해결되지는 않는다.

유다의 아마샤가 14:1-6에서 소개될 때는 그가 요아스와 똑같은 부류인 것이 눈에 띈다. 아마샤는 최악은 아니라도 심각한 결함을 가진 인물로 나온다. 그는 여호와께 기본적 헌신은 있으나 용감한 개혁자도 아니고 도덕심이 강한 사람도 아니다. 하지만 그는 싸움꾼(과 성급한 사람)이라 에돔에 중대한 손실을 입힌 후 이스라엘에 싸움을 걸었다가 파국적 패배를 당한다. 그때 이스라엘이 예루살렘 성전을 약탈한다. 이후 아마샤는 암살되나 유망한 열여섯 살 된 아들 아사랴를 남겨두어 그 어지러운 상태를 정리하게 된다.

그때 여로보암 2세가 등장할 무대가 마련된다. 그는 (인간적으로 말하면) 이스라엘의 가장 위대한 왕들 중 하나로서 42년 간 통치하고 이스라엘의 국경을 최대한 확장한다. 하지만 그의 통치 아래 그 나라의 영적 상태에 관한 침묵은 불길한 기운을 풍긴다.

역사는 흘러가지만 아무것도 해결되지 않고 변하는 것도 별로 없고, 하나님의 백성은 더없이 행복해도 여전히 회개하지 않은 채 남는다.

단락 개요

IV. 쇠퇴와 몰락- 이스라엘의 종말과 유다의 유배(13:1-25:30)

A. 이스라엘에서 여호아하스와 요아스의 통치, 엘리사의 죽음, 유다에서 아마샤의 통치와 이스라엘에서 여로보암 2세의 통치(13:1-14:29)

1. 이스라엘의 여호아하스의 생애와 시대(13:1-9)
2. 이스라엘의 요아스(여호아스)의 생애와 시대(13:10-13)
3. 엘리사의 죽음(13:14-21)
4. 이스라엘과 아람(13:22-25)
5. 유다의 아마샤의 생애와 시대(14:1-6)
6. 내전과 아마샤의 몰락(14:7-22)
7. 이스라엘의 여로보암 2세의 생애와 시대(14:23-29)

주석

13:1-14:29 개요

이 단락에 나오는 왕들의 행렬이 처음에는 인상적이지도, 감동적이지도 않다. 그러나 희망을 품을 이유가 있다. 그 이유는 매우 간단한데 우리가 열왕기하에서 거듭 살펴보았던 것이다. '하나님이 계속해서 그분의 말씀을 통해 일하고 계시다'는 것이다. 이 단락 전체는 열왕기하 10:30에 기록된 약속, 하나님이 예후에게 말씀하신 것의 지배를 받는다.

> 네가 나보기에 정직한 일을 행하되 잘 행하여 내 마음에 있는 대로 아합 집에 다 행하였은즉 네 자손이 이스라엘 왕위를 이어 사대를 지내리라.

13장

이제 우리는 이 네 세대에 이름을 붙일 수 있다. 예후, 여호아하스, 요아스(여호아스), 여로보암 2세이다. 그리고 이들 각각의 통치는 여호와의 말씀의 감독을 받는다.

13:1-2 왕좌에 앉은 예후의 첫 자손은 여호아하스다. 그는 내리막길을 걷는 배은망덕한 왕이다. 우리가 그에 관해 알 필요가 있는 것은 그 정도다. 여호아하스의 통치는 실체가 없진 않아도(그는 17년 간 다스린다) 우리 저자의 눈에는 상투적인 요약문에 반영되어 있듯이 "늘 똑같은" 모습이다. "[그는] 여호와 보시기에 악을 행하여 이스라엘에게 범죄하게 한 느밧의 아들 여로보암의 죄를 따라가고 거기서 떠나지 아니하였[다]"(2절). 그는 완고하고 변함없고 헌신적인 우상숭배자이고, 그게 나눌 이야기의 전부다. 이 요약의 반복적 성격은 점진적으로 이스라엘에 압력을 가하고 있고, 독자로서는 '이런 상태가 얼마나 더 계속될 수 있을까?'라고 묻지 않을 수 없다.

13:3-4 이 시대는 이스라엘 사람이 되는 것이 좋지 못한 시기라고 말하

는 게 공평하다. 사실 당시는 사사기의 시대와 놀랄 만큼 비슷하다. 거듭해서 앗수르와 아람은 서로 싸우지 않을 때는 돌아가며 이스라엘을 약탈한다. 이는 하나님께서 그분의 백성에게 얼마나 분노하시는지를 표현하는 방식이다. "여호와께서 이스라엘에게 노하사 늘 아람 왕 하사엘의 손과 그의 아들 벤하닷의 손에 넘기셨[다]"(3절). 우리가 이미 살펴본 것처럼, 역사의 이 기간에 끝없이 발생하는 아람과 이스라엘 간의 들끓는 긴장은 북쪽 왕국의 영적 상태에 대한 믿을 만한 지표의 역할을 한다.

하지만 다음 절에 기록된 사건의 전환은 예상치 못한 것이다. "여호아하스가 여호와께 간구하매 여호와께서 들으셨으니 이는 그들이 학대받음을 보셨음이라"(4절). 한편으로, 여호아하스는 완전히 불경건하지는 않고, 다른 한편으로, 여호와는 아직 그분의 백성을 포기하지 않으셨다.

여호아하스 아래서 이스라엘은 거듭하여 반역을 일삼는다. 그러나 여호와는 분노를 표현하고 심판을 하시면서도 놀랍게도 우상숭배를 하는 왕의 기도를 들어주신다. 왜냐하면 "[그분이] 이스라엘이 아람 왕의 억압으로 고난을 받고 있음을 보셨기 때문이다"(4절, 새번역). 그런데 그분은 왜 이 송아지 숭배자의 기도를 들어주실까? 하나님의 행동은 그분의 연민에 뿌리박고 있다. 우리 하나님은 사랑의 하나님이시다.

13:5-6 하지만 이 사건들에 관한 논평은 이제까지의 이스라엘 역사를 요약하고 그들의 이야기가 어떻게 끝날 것인지를 가리키는 신호의 역할을 한다. "여호와께서 이에 구원자를 이스라엘에게 주시매 이스라엘 자손이 아람 사람의 손에서 벗어[났다]"(5절). 그러나 감사나 기쁨의 표현은 나오지 않고 이스라엘 백성이 "예전처럼 그들의 장막에서 편안하게 살았다"(5절, 새번역)는 불길한 기록이 나온다. 저자는 독자들로 하여금 언젠가 하나님이 개입하지 않고 그의 백성이 그들의 집까지 잃어버릴 날이 오고 있음을 예상하게 만드는 듯하다. 6절에 나오는 정죄의 고발은 이 내러티브가 어느 방향으로 나아가는지를 확실히 보여준다. 하나님의 개입은 뜻밖이지만 사태를 조금도 바꾸지 못하는 만큼 인간적 관점에서 보면 그리 중요하지 않

는 것처럼 보인다. 백성은 이스라엘로 죄를 짓도록 만든 여로보암의 집의 죄에서 떠나지 않고, 아세라 목상 역시 사마리아에 여전히 남아있다. 왕들이 오고 갈지언정 이스라엘은 본질적으로 똑같이 남는다.

5절은 놀랍도록 아리송하다. 여호아하스의 통치가 혼란스런 기복을 겪는 가운데 "여호와께서 구원자를 이스라엘에게 주셨[다]". 이 무명의 구원자가 누군지를 놓고 끝없는 학문적 논의가 이어진다. 사실 이름들이 가득한 본문인데 이 지점에서 저자가 일부러 이 구원자의 이름을 생략하기로 한 것이 놀라울 뿐이다. 어쩌면 사사기의 실패와 구출의 끝없는 순환을 상기시키는 대목에서 저자가 단순한 논지를 펴고 있을지도 모른다. 논지인즉 하나님이 여전히 그분의 백성을 구출하는데 헌신하고 계시다는 것과 그분이 종종 뜻밖의(이 경우에는 미확인된) 구원자들을 통해 일하고 계시다는 것이다. 사사기에서 그렇듯이, 하나님의 백성은 거듭해서 곤경에 빠진다. 그리고 하나님은 그분의 백성의 기도를 들으시고 또 응답하신다. 그러나 하나님의 구원이 변화를 일으키지 못한다. 백성에게도, 여호아하스 왕에게도 그렇다. 그들은 여전히 금송아지와 아세라 목상을 숭배한다. 여호와의 자비는 분명히 변화를 만들지 못한다. 그분의 따뜻한 사랑이 그들의 마음을 조금도 부드럽게 만들지 못한다. 그리고 그 나라가 재난에 빠지는 모습은 계속 이어진다.

13장

13:7-9 여호와께서 한결같은 친절을 베풀었음에도 불구하고 이스라엘에서 심경의 변화가 없었다는 사실이 7-9절에 기록된 몰락의 근본 원인으로 지적되어 있다. 여호아하스는 여호와의 이름을 부르는 지혜가 있고 여호와께서 은혜롭게 이스라엘을 구출하셨음에도 불구하고, 그는 이스라엘의 힘이 몰락하는 현상을 주재한다. 아람 왕이 "여호아하스의 백성을 멸절하여 타작마당의 티끌 같이 되게" 해서 그의 군대는 겨우 기마병 오십 명과 병거 열 대와 보병 만 명밖에 남지 않았기 때문이다. 이스라엘은 미래의 멸망을 향해 '약화되고 있는' 중이다.

13:10-13 비슷하게 들리고 비슷하게 행동하는 남쪽과 북쪽의 왕들이 뒤섞이는 모습은 저자의 내러티브 전략의 일부이다. 국경의 북쪽과 남쪽 모두 미지근한 마음으로 향하는 비슷한 추세가 무척 우려스럽다. 남쪽 왕들이 이스라엘 사람처럼 보이는 것은 좋은 징조가 아니고, 마찬가지로 북쪽 왕들이 유다 사람처럼 보이는 것도 그 나라의 궤도에 전혀 변화를 일으키지 못한다. 유다의 요아스(여호아스)는 이미 살펴보았듯이 기본적으로 경건하나 심각한 결함을 갖고 있다. 하지만 그의 북쪽 상대역은 '16년'을 다스리는 동안 그의 전임자들과 동일한 부류임을 보여준다. "여호와께서 보시기에 악을 행하여 이스라엘에게 범죄하게 한 느밧의 아들 여로보암의 모든 죄에서 떠나지 아니하고 그 가운데 행하였더라"(11절). 이스라엘 왕 요아스의 통치는 12절과 13절에서 대동소이한 것으로 치부되고 "여로보암이 그 자리에 앉[는다]". 요아스는 끈기가 전혀 없는 평범한 왕이다. 그의 이름조차 독창성이 없고, 10-13절에 나오는 그의 통치 기사가 지겨운 것은 저자의 의도다. 그는 그저 왔다가 갔으며 중간에 유다 왕 아마샤와 싸웠다는 언급이 전부일 뿐이다.

13:14 뜻밖에도 엘리사가 이 내러티브에 다시 등장한다. 앞서 예후의 유혈 숙청을 소개하는 내러티브인 9:1 이후 이 늙어가는 선지자에 대한 언급이 없었다. 그리고 이제 우리는 "엘리사가 죽을 병이" 들었다는 것을 알게 된다. 이는 엘리사의 마지막 무대이다. 이 늙은 선지자는 죽어가고 있지만 누가 결정권을 갖고 있는지는 너무나 분명하다. 바로 여호와께서 통제권을 쥐고 계시고, 이번 장의 나머지 부분에서 사건들을 통제하는 것은 그분의 선지자를 통한 여호와의 말씀이다. 그리고 한 사람이 여호와의 말씀에 어떻게 반응하는지가 다른 무엇보다 더 중요한 것으로 판명된다. 하나님은 그분의 말씀을 통해 일하신다.

놀라운 모습은 "이스라엘의 왕 요아스가 그에게로 내려와 자기의 얼굴에 눈물을 흘[렸다]"는 것이다. 이제껏 이스라엘 사람인 요아스가 여호와의 말씀을 사랑하는 자임을 암시하는 대목이 전혀 없었는데도 그는 하나님을 위한 맹렬한 대변인의 임박한 죽음에 크게 좌절하는 듯하다. 그래서 요아스는 2:12에서 엘리사의 멘토인 엘리야가 떠날 때 엘리사가 한 말을 그대로 반복한다. "내 아버지여, 내 아버지여! 이스라엘의 병거와 마병이여!" 우리는 엘리사가 요아스를 보게 되어 기뻐하는지 여부를 모르고, 왕이 엘리야에 관한 엘리사의 말을 반복할 때 과연 그의 마음이 진실한지 알 수 없다. 엘리사가 엘리야의 선지자적 권위를 인정했던 것처럼, 그리고 여호와께서 이 선지자를 통해 '그의 적들과 싸워 오셨다'는 사실을 감안해서, 요아스는 일단 엘리사가 이 속세의 번뇌를 떠나면 그의 백성이 무방비상태로 내버려질 것이라고 말하는 듯하다(그의 아버지가 이스라엘의 모든 병거를 상실했다는 사실은 지금 상황에서 그리 유익하지 않았다). 요아스의 말은 엘리사를 계승할 선지자가 없다는 사실을 부각시킨다. 이 선지자는 동지이자 전심 어린 후계자의 환호를 받기보다는 두 마음을 품은 이스라엘 왕으로부터 추도사를 받는다.

13:15-17 이제 펼쳐지는 사건들은 13:4에서 여호아하스가 여호와께 간구하는 모습과 유사한 장면을 제공하는 듯하다. 단, 이 경우에는 하나님께서 (그분의 선지자를 통해) 주권을 잡지만 말이다. 엘리사는 왕에게 "활과 화살들을 가져오라"고 말할 만큼 원기를 되찾고, 왕은 그렇게 한다. 엘리사가 몇 차례의 지시를 하고 왕이 그대로 따르는 장면이 이어지는 동안 내러티브의 속도가 느려지면서 긴장이 고조된다. "'왕의 손으로 활을 잡으소서' 하매 그가 손으로 잡으니…'동쪽 창을 여소서' 하여 곧 열매…'쏘소서' 하는지라 곧 쏘매." 더 나아가, "엘리사가 자기 손을 왕의 손 위에 얹었다"는 사실은 이 순간의 강도를 강조한다. 저자는 이때가 그의 백성의 역사에서 중요한 순간이라는 것을 신중하게 전한다. 화살이 열린 창문을 가로질러 솟아오를 때, 죽어가던 사람이 기운을 내서 "여호와를 위한 구원의 화살 곧 아람에 대한 구원의 화살!"이라고 소리친다. 그 나라의 삶에 변화가 일어난다는 증거가 없음에도 불구하고, 하나님은 계속해서 그분의 백성을 보호하고 구출하신다(이것이 얼마나 지속될 수 있을지 의문이지만). 이후 엘리사가

그의 말에 담긴 뜻을 정확하게 설명한다. "왕이 아람 사람을 멸절하도록 아벡에서 치리이다." 아벡은 아람과의 영속적인 국경 분쟁의 진원지다. 아벡을 지킨다는 것은 아람을 저지한다는 뜻이다.

13:18-19 늙은 선지자는 말을 끝내지 않고 또 다른 명령을 더한다. "'화살들을 집으소서' 곧 집으매." 이후 엘리사가 요아스(여기서 "이스라엘 왕"으로 불리는 것은 다음에 일어나는 일이 북쪽 왕국의 기본 문제를 부각시킬 것이란 사실을 강조하기 위해서다)에게 이렇게 지시한다. "'땅을 치소서' 하는지라 이에 세 번 치고 그친지라." 요아스가 땅을 세 번 치고 그만두는 순간 이 에피소드에서 줄곧 쌓여오던 명령과 순종의 신중한 리듬이 깨어지고 만다. 하나님의 사람이 그에게 화를 내면서 "왕이 대여섯 번을 칠 것이니이다"라고 말하는 장면은 약간 뜻밖의 대목이다. 우리는 이 지점에서 왕을 가엾게 여기고 싶은 마음이 든다. 땅을 세 번 치는 것이 우리에게는 꽤 그럴 듯하게 보여서다. 그러나 18절에서 '그쳤다'는 말이 강조된 것과 엘리사의 반응을 보면, 선지자는 왕이 땅을 산산이 부수든지 화살을 산산조각 낼 때까지 계속 치기를 바라는 것이 분명하다. 어느 쪽이든, 세 번 치는 것은 하나님이 요구하시는 바에 훨씬 못 미친다. 그리고 화살 사건에 관한 세부사항은 요아스를 상당히 잘 요약해준다. 그는 여호와의 말씀을 듣지만 그 말씀에 따라 정확히 행하지 않는다.

엘리사의 반응에 따르면, 요아스는 엘리사가 행동을 계속하도록 요구하고 있다는 사실을 알아챘어야 했다. 더 중요한 점은 이 모든 사건이 이스라엘에 대한 징표로 구성되었음을 그가 알았어야 했다는 것이다. 말하자면, 요아스로 하여금 이스라엘이 순종에 관한 한 언제나 기대에 못 미친다는 점을 파악할 수 있게 하려는 것이었다. 여호와는 그분의 선지자를 통해 장차 이스라엘이 심판받을 날이 오고 있음을 보여주신다. 신실한 이스라엘이 "아람 사람을 멸절시킬" 가능성이 언제나 있었지만, 변함없는 현실은 과거에나 미래나 이스라엘이 기대에 못 미칠 것이라는 것이다(그래서 "왕이 아람을 세 번만 치리이다"). 못 미친다는 것은 재난을 불러올 것이고, 이는 그 왕국의 패배를 의미한다.

13:20-21 엘리야와 달리 엘리사는 조용하게 죽고 그의 임종은 사실적으로 기록되어 있다. "엘리사가 죽으니 그를 장사하였고." 하지만 이 죽음이 통절한 것은 그 결과 여호와의 말씀이 침묵을 지키는 듯 보이기 때문이다. 비록 이후에 덧붙여진 내용이 이 선지자의 놀라운 사역을 상기시켜주지만 말이다. 이스라엘이 위험한 형편에 놓였다는 것은 "모압의 도적 떼가 해마다 이스라엘 땅을 침범하였다"(새번역)는 보도에 반영되어 있으나, 한 낯선 사건은 모든 것을 다 잃은 것은 아니라는 점과 여호와께서 그분의 선지자를 통해 "말씀하시는" 것을 멈추지 않았다는 점을 상기시켜준다. 도적 떼가 장례가 거행되는 동안에 닥치고, 장례를 거행하던 무리가 너무 급해서 시체를 "엘리사의 묘실에 들이던지매 시체가 엘리사의 뼈에 닿자 곧 회생하여 일어섰[다]". 그 선지자는 죽은 뒤에도 계속해서 생명을 되찾는 일에 쓰임 받고 있다.

13장

13:22-25 이 지점에서는 초점이 분명히 여호와의 백성의 변함없는 궤도에 맞춰져 있고, 이번 장의 끝에 이르면 (약간 뜻밖에) 여호아하스의 통치로 되돌아간다. "여호아하스 왕의 시대에 아람 왕 하사엘이 항상 이스라엘을 학대하였[다]." 우리는 이미 하나님께서 어떻게 이스라엘을 구출하셨는지에 대해 들었다(13:5). 하지만 이 단계에 이르러 이런 사건들에 대한 신학적 분석의 드문 본보기를 읽게 된다. "여호와께서 아브라함과 이삭과 야곱과 더불어 세우신 언약 때문에 이스라엘에게 은혜를 베풀며 그들을 불쌍히 여기시며 돌보사 멸하기를 즐겨하지 아니하시고 이때까지 자기 앞에서 쫓아내지 아니하셨더라"(23절). 갑작스럽게 "스트라이크 세 번이면 너는 아웃이다"라는 사건의 취지가 명백해진다. "이때까지"란 표현은 참으로 불길한 말이다. 여호와께 부르짖고 구출된 후 우상숭배와 변절을 일삼는 패턴은 영원히 계속되지 않을 것이다. "여호아하스의 아들 요아스가 하사엘의 아들 벤하닷의 손에서 성읍을 다시 빼앗으니 이 성읍들은 자기 부

친 여호아하스가 전쟁 중에 빼앗겼던 것이라"는 말로 그 패턴이 멈추고 있을지 모르지만(24-25절) 시계가 똑딱거리고 있다. "요아스가 벤하닷을 세 번 쳐서 무찌르고 이스라엘 성읍들을 회복하였더라." 이전의 내러티브는 시간이 거의 다 되었다는 것을 분명히 했다.

아브라함과 이삭과 야곱에 대한 언급을 그냥 넘어가지 않는 것이 중요하다. 사사기에서 열왕기하에 이르는 내러티브에서 이 3인조를 명시적으로 언급하는 곳은 두 군데밖에 없는데, 이 구절이 둘 중 하나다. 엘리야가 열왕기상 18:36에서 기도할 때 세 족장을 언급하고, 이곳 열왕기하 13:23에서 이 아름다운 진술, 곧 "여호와께서 아브라함과 이삭과 야곱과 더불어 세우신 언약 때문에 이스라엘에게 은혜를 베풀며 그들을 불쌍히 여기시며 돌보사 멸하기를 즐겨하지 아니하시고 이때까지 자기 앞에서 쫓아내지 아니하셨더라"는 글을 읽게 된다. 여호아하스는 어리석은 우상숭배자로 살아왔다. 요아스도 어리석은 우상숭배자로 지내왔다. 그들은 아람 사람들을 통해 표현된 언약의 저주를 경험해왔다. 모든 희망이 꺾인 것처럼 보이지만 어둠 속에 깜박이는 빛이 있는 것은 여호와께서 아브라함과 이삭과 야곱에게 하신 약속 때문이다. 이는 연민이 많은 하나님의 놀라운 은혜이다.

14:1-6 이 지점에서 초점이 한시적으로 유다로 되돌아간다. 남쪽의 요아스에 이어 그의 아들 아마샤가 왕좌에 올라 "예루살렘에서 이십구 년간 다스[렸다]"(2절). 그는 이스라엘이 늘 보여주는 불경건한 모습에서 한숨 돌리게 해준다. 아마샤는 그의 아버지처럼 본질적으로 경건하지만 다윗의 이상적 모습과는 다소 거리가 있는 모습을 보인다. "아마샤가 여호와 보시기에 정직히 행하였으나 그의 조상 다윗과는 같지 아니하였으며"(3절). 그 대신 그의 유산은 아버지의 그것과 동일하다. 아마샤 정권의 특별한 단점은 다시금 "오직 산당들을 제거하지 아니하였으므로 백성이 여전히 산당에서 제사를 드리며 분향하였[다]"(4절)는 사실을 포함한다. 하지만 5-6절의 추가사항은 한 걸음 더 나아간다. 예배의 순수함을 세우려는 노력이 부족한 것에 더하여 이스라엘의 왕들을 상기시키는 방식으로 "나라가 그의

손에 굳게 서매 그의 부왕을 죽인 신복들을 죽였[다]"(5절).

하지만 예후가 보여준 점점 더 강도가 심해지는 폭력의 순환과는 대조적으로, 이를테면 아마샤는 "왕을 죽인 자의 자녀들은 죽이지 아니하였[다]". 그 명시적인 이유는 칭찬할 만하다. 아마샤는 "모세의 율법 책에 기록된 대로" 행하는데 관심이 있고, 그것이 이 경우에는 "자녀로 말미암아 아버지를 죽이지 말 것이요 아버지로 말미암아 자녀를 죽이지 말 것이라 오직 사람마다 자기의 죄로 말미암아 죽을 것이니라"(참고. 신 24:16)는 명령이다. 하지만 '이스라엘식 경향'으로 부를 만한 것이 왕에게 뿌리박고 있어서 이스라엘 왕과 유다 왕의 성품과 경건함 사이의 간격이 매우 좁아지고 있다는 느낌이 든다. 전반적으로 보면 아마샤는 평균적인 왕에 불과하다.

14:7-22 개요

아마샤는 뛰어난 점이 없고 미지근한 것뿐이라는 느낌이 다음 단락에서 확증된다. 그의 이야기 역시 예측 가능한 것밖에 없다. 아마샤는 신명기 말씀에 뿌리를 둔 출발을 탁월하게 하였고, 유다의 국내 정치를 깨끗이 정리한 후 시선을 대외 정책으로 돌린다. 그는 에돔 사람들을 잘 처리한 후 괴이한 이유로 요아스와 싸우기로 결심했고, 모든 상황이 매우 빠르게 흘러가기 시작한다. 유다는 유배의 첫 맛을 보게 된다. 그리고 설상가상으로, 18절에서 아마샤가 암살된다.

14:7-12 우리가 "아마샤가 소금 골짜기에서 에돔 사람 만 명을 죽이고 또 전쟁을 하여 셀라를 취하고 이름을 욕드엘이라 하였더니 오늘까지 그러하니라"(17절)는 말을 들을 때, 아마샤가 그의 아버지를 살해한 자들을 제거한 것이 그의 난폭한 행동의 끝일 것이라는 느낌이 금방 사라진다. 이 논평의 축약된 성격은 그 초점이 살인 행위 자체에 있음을 확실히 하고, 아마샤는 전통적인 적들에 대한 하나님 백성의 위대한 승리를 기뻐하기보다는 통제 불능일지 모른다는 느낌을 불러일으킨다. 이는 금방 8절에서 확증된다. 아마샤가 "예후의 손자요 여호아하스의 아들인 이스라엘의 요

아스 왕에게 전령을 보내어, 서로 직접 만나 힘을 겨루어 보자고 제안하였다"(새번역). 할아버지와 아버지의 이름을 모두 포함시킨 것("예후의 손자요 여호아하스의 아들")은 유다의 왕이 하나님 백성의 다른 절반과 이런 적대적 행위에 관여하는 것이 큰 문젯거리라는 것을 강조하는 듯하다.

요아스(여호아스)의 응답은 아리송하다. "레바논 가시나무가 레바논 백향목에게 전갈을 보내어 이르기를 '네 딸을 내 아들에게 주어 아내로 삼게 하라' 하였더니 레바논 들짐승이 지나가다가 그 가시나무를 짓밟았느니라"(9절). 첫째, 요아스는 "가시나무"를 "백향목"에 비견하면서 이스라엘과 비교해 유다의 군사력을 폄하하고 있다. 둘째, 요아스는 그의 도전을 변변찮은 구혼자로부터 온 혼인의 요청으로 패러디하면서 그들이 동등하다는 개념까지 묵살한다. 이후 "레바논 들짐승이 지나가다가 그 가시나무를 짓밟음"에 따라 그의 짧은 비유가 갑자기 멈춘다. 그의 마지막 요점은 이런 무력 과시가 유다를 위해 잘 끝나지 않을 것이란 지적이다. 그런즉 요아스의 반응은 사실상 "아마샤, 당신은 나의 수준에 걸맞지 않소. 당신은 가시나무이고, 당신은 진압되기 전에 당신이 가시나무란 사실을 직면해야 하오"라는 것이다. 10절에서 요아스가 최대한 명료한 말로 그의 반응을 이렇게 요약한다. "네가 에돔을 쳐서 파하였으므로 마음이 교만하였으니 스스로 영광을 삼아 왕궁에나 네 집으로 돌아가라. 어찌하여 화를 자취하여 너와 유다가 함께 망하고자 하느냐?" 이 상호작용의 어조는 어느 왕국도 돋보이게 하지 않는 운동장 싸움을 상기시킨다.

아니나 다를까 "아마샤가 듣지 않고", 내전이 벌어진다. "이스라엘의 왕 요아스가 올라와서 그와 유다의 왕 아마샤가 유다의 벧세메스에서 대면하였더니"(11절). "유다가 이스라엘 앞에서 패하여 각기 장막으로 도망[함]"에 따라 아마샤는 유다의 미래를 위태롭게 했다. 유다는 이스라엘처럼 되었을 뿐 아니라 이스라엘에 합병될 위험에 처한다.

14:13-16 이스라엘의 요아스에 의한 대량 학살은 13절에 자세히 묘사되어 있다. 그는 "벧세메스에서 아하시야의 손자 요아스의 아들 유다 왕 아

마샤를 사로잡[았을]"(결국 모든 왕이 기본적으로 똑같다는 사실을 강조하는, 유다 왕에 대한 공식화된 언급을 주목하라) 뿐 아니라 "예루살렘에 이르러 예루살렘 성벽을 에브라임 문에서부터 성 모퉁이 문까지 사백 규빗을 헐[기도]" 했다. 바벨론 사람들이 그 성읍을 파괴하러 오기 오래 전에 이스라엘에서 온 그들의 형제들이 똑같은 과업을 떠맡는다는 것은 참으로 놀라운 일이다. 요컨대, 유다와 아하시야가 파멸된다. 14절에 따르면 북쪽 왕은 또한 "여호와의 성전…에 있는 금 은과 모든 기명을 탈취[했다]". 성전을 약탈당하는 것은 이 나라의 서글픈 상태를 가리킨다. 이스라엘 사람들은 또한 "볼모"를 잡아감으로써 복수의 율법을 위반할 뿐 아니라 '왕궁 곳간에 있는 보물'까지 약탈한다. 바로 이때 요하스의 죽음이 통상적인 방식으로 기록되어 있고(15-16절), "그의 아들 여로보암이 대신하여 왕이 되니라."

14장

14:17-22 유다에서는 "유다의 왕 요아스의 아들 아마샤가 십오 년간을 생존하였[다]". 그가 15년을 '생존했다'는 사실은 그가 장수하지 못할 것이란 사실을 일깨워준다! 그리고 그의 사망에 관한 세부사항은 19절에 나와 있다. "예루살렘에서 무리가 그를 반역한 고로 그가 라기스로 도망하였더니 반역한 무리가 사람을 라기스로 따라 보내 그를 거기서 죽이게" 했다. 유다에서 일어나는 패턴이 급격히 이스라엘에서 발생하는 내분으로 전락했다. 아마샤가 죽은 후 "유다 온 백성이 아사랴를 그의 아버지 아마샤를 대신하여 왕으로 삼으니 그때에 그의 나이가 십육 세"(21절)였다. 이 지점에서 유일하게 인용된 아사랴의 업적은 "엘랏을 건축하여 유다에 복귀시켰더라"는 것이다. 이는 그의 유일한 활동 범위는 아닐지 몰라도 그의 통치 기간에 유다의 영적 온도가 높지 않았다는 것을 암시하는 듯하다.

14:23-29 그동안 국경의 북쪽에서는 "이스라엘의 왕 요아스의 아들 여로보암이 사마리아에서 왕이 되어 사십일 년간 다스렸[다]". 여로보암 2세는 이스라엘 역사에서 정치적으로 가장 중요한 인물 중 하나이지만 열왕기에서는 푸대접을 받는다. 여로보암 2세는 큰 왕이다. 어쩌면 위대한 왕

일 것이다. 그러나 오므리처럼 그는 여호와의 눈에는 전혀 중요하지 않은, 위대한 왕이다. 예후 이후 세 번째 왕인 여로보암 2세는 이스라엘의 국경을 회복하는 큰 업적을 세운다. 사실 그들은 이제 솔로몬의 영토를 되찾은 것이다. 그런데 이 업적은 낯익은 정죄로 가려지고 만다. 그는 국경을 확장하고 이스라엘과 유다의 어느 왕에 못지않게 장기간 다스린다. 그는 고대 근동의 중요한 통치자로 비문에 새겨지는 소수의 인물 중 하나다. 그러나 하나님이 보시기에 어떠한가? 그는 일곱 구절을 허락받지만 이 대다수는 그에 관한 내용이 아니다. 그는 중요하지 않게 여겨진, 위대한 왕이다. 그리고 할 말은 이것밖에 없다! 이스라엘의 종말이 다가오는 중이고, 여로보암의 통치가 이룬 모든 일은 심판에 이르는 길목에서 잠깐 멈추는 순간일 뿐이다.

24절에 나오는 그 왕에 대한 판결은 늘 그렇듯이 통명스럽다. "여호와 보시기에 악을 행하여 이스라엘에게 범죄하게 한 느밧의 아들 여로보암의 모든 죄에서 떠나지 아니하였더라." 물론 25절에 따르면 "여로보암이 이스라엘 영토를 회복하되 하맛 어귀에서부터 아라바 바다까지" 하였다. 매우 흥미로운 점은 이 확장 기간이 하나님의 친절한 주권 덕분으로 묘사되어 있다는 것이다. 말하자면, '이스라엘의 하나님, 여호와의 말씀을 따라' 그렇게 되었다고 한다. "이스라엘의 하나님"이란 표현은 뜻밖에도 열왕기상 15-16장(참고. 왕상 15:30; 16:13, 26, 33, 그리고 왕하 10:31도 보라), 즉 북쪽 왕국의 왕들을 거듭해서 정죄하는 대목의 리듬을 상기시켜준다. 이보다 더 놀라운 점은 이스라엘을 향한 여호와의 긍정적인 말씀이 "그의 종 가드헤벨 아밋대의 아들 선지자 요나를 통하여" 전달된다는 사실이다. 이 사람은 요나서에 등장해서 마지못해 니느웨에 하나님의 말씀을 전하는 바로 그 선지자인 것 같다.

이스라엘의 국경이 확장될 것이라고 예언하는 선지자가 다른 나라에 은혜의 메시지를 전하는 일을 꺼려하는 것은 놀랄 일이 아니다! 하지만 예상치 못한 것은 하나님께서 그분의 백성에게, 심지어 하나님이 없는 이스라엘에게 은혜를 베풀기로 작정하시는 모습이다. "이는 여호와께서 이스라엘의 고난이 심하여 매인 자도 없고 놓인 자도 없고 이스라엘을 도울 자도 없음을 보셨기" 때문이다. 이 출애굽 유형의 언어는 하나님이 이집트에서 그러셨듯이 그분의 값없는 은혜로 그분의 백성을 구출하기 위해 일하시는 모습을 상기시켜준다. 25절에서 요나를 슬쩍 언급하는 것은 우발적인 것이 아니다. 그렇다, 여호보암이 이스라엘의 국경을 회복했을지 모르지만, 그것은 오직 하나님이 아밋대의 아들 요나의 사역을 통해 그 칙령을 내리셨기 때문이다. 당시는 하나님 백성의 역사에서 암담한 기간이다. 이스라엘은 우상숭배로 심하게 감염되어 있다. 유다는 많은 것을 약속하지만 지키지 못한다. 그래도 하나님은 '그분의 말씀을 통해 여전히 일하고 계신다.'

이 지점에서 저자는 매우 유익한 구원-역사적 성찰을 덧붙인다. 독자의 눈에는 이스라엘에 대한 여호와의 인내가 곧 바닥날 것이 불가피해 보인다. 하지만 저자는 우리가 아직 그 시점에 도달하지 않았다는 것을 분명히 한다. "주님께서는 이스라엘의 이름을 하늘 아래에서 지워 없애겠다고 말씀하시지 않았기 때문에, 여호아스의 아들 여로보암을 시켜서 그들을 구원하신 것이다"(27절, 새번역). 그들의 멸망이 다가오고 있으나 아직은 아니다. 여호와께서 여로보암을 사용해서 그분의 백성을 구원하시는 것은 우리 하나님이 연민의 하나님이기 때문이다.

여로보암의 통치에 대한 요약에 따르면, 그는 열정적이고 호전적인 지도자임이 분명하다. "여로보암의 남은 사적과 모든 행한 일과 싸운 업적과 다메섹을 회복한 일과 이전에 유다에 속하였던 하맛을 이스라엘에 돌린 일은 이스라엘 왕 역대지략에 기록되지 아니하였느냐"(28절). 다메섹과 하맛을 상실한 사건에 관한 정보는 없으나, 하나님께서 그 성읍들의 회복을 편성하신다는 사실을 조용히 기념하고 있다. 이것이 "그의 아들 스가랴가 대신하여 왕이 되기" 전에 주목받는 여로보암 통치의 유일한 세부사항이다.

응답

우리는 어떻게 그리스도인답게 살 수 있을까? 우리를 아침에 침대에서 나오게 해서 깨어진 세상의 기쁨과 슬픔을 다시 직면하게 하는 것은 무엇인가? 하루가 끝날 때 우리가 염려에 짓눌리지 않은 채 잠자리에 들 수 있게 해주는 것은 무엇인가? 성경에 따르면, 우리 같은 사람들을 위해 유익을 창출할 수 있는 유일한 것, 우리가 혼잡한 인생을 헤쳐 나가도록 자원을 공급할 수 있는 유일한 것은 바로 '복음'이다. 말하자면, 우리 하나님이 과거에 죄와 죽음을 이길 능력이 있음을 입증하셨을 뿐 아니라 미래에도 결정적으로 또 최종적으로 그렇게 하실 것이라는 크나큰 소식이다. 복음은 하나님께서 이미 이루신 일에 대해 감사할 이유와 그분이 장차 이루실 일에 대해 확신할 수 있는 이유를 멋지게 묶어놓은 것이다. 복음은 우리에게 하나님의 지난 은혜와 그분의 장래 은혜에 대해 감사할 수 있는 이유를 제공한다. 그리고 이 때문에 열왕기하 13-14장은 복음의 모양을 가진, 성경의 일부가 될 수 있는 것이다.

이 장들은 네 왕의 이야기를 중심으로 돌아간다. 셋은 북쪽 이스라엘이고 하나는 남쪽 유다의 왕이다. 이 네 왕들은 잡동사니다. 내리막길을 걷는 배은망덕한 왕, 끈기가 없는 평범한 왕, 버틸 힘이 없는 괜찮은 왕 그리고 중요하지 않은 위대한 왕이다. 여기에는 우리를 미소 짓게 할 만한 내용이 없다. 그저 어둡고 우울한 장들을 가로지르는, 여호와를 신뢰할 만한 다섯 가지 이유들이 없다면 이 대목은 우리를 우울증에 빠지게 할 것이다. 이 엉망진창 같은 세상의 한복판에서 희망을 품을 만한 이유는 다음과 같다.

첫째, '하나님은 계속해서 그분의 말씀을 통해 일하신다.' 엘리사는 그의 생애와 사역의 종말에 이르렀을지 모르지만 하나님은 계속해서 그분의 말씀을 통해 일하신다. 선지자 이사야는 이 사건들 직후에 다음과 같은 유명한 글을 썼다.

이는 비와 눈이 하늘로부터 내려서 그리로 되돌아가지 아니하고 땅을 적셔서 소출이 나게 하며 싹이 나게 하여 파종하는 자에게는 종자를 주며 먹는 자에게는 양식을 줌과 같이 내 입에서 나가는 말도 이와 같이 헛되이 내게로 되돌아오지 아니하고 나의 기뻐하는 뜻을 이루며 내가 보낸 일에 형통함이니라. 너희는 기쁨으로 나아가며 평안히 인도함을 받을 것이요 산들과 언덕들이 너희 앞에서 노래를 발하고 들의 모든 나무가 손뼉을 칠 것이며 잣나무는 가시나무를 대신하여 나며 화석류는 찔레를 대신하여 날 것이라 이것이 여호와의 기념이 되며 영영한 표징이 되어 끊어지지 아니하리라(사 55:10-13).

하나님은 우리 세계에서 어떻게 일하고 계실까? 그의 말씀을 통해서다. 하나님의 살아있는 말씀, 곧 예수 그리스도 안에서 더 온전히 확증되고 더 확실하게 된 그 말씀을 통해서다(벧후 1:19). 우리가 성경을 읽고 가르칠 때, 우리가 복음의 메시지, 살아있는 말씀이신 예수 그리스도에 관한 기록된 말씀을 설명하고 풀어줄 때, 하나님은 우리 세계에서 그분의 사역을 증진시키신다. 우리 하나님은 만물을 새롭게 하기 위해, 그리고 우리에게는 기쁨을 또 그분께는 영광을 가져오기 위해 계속 일하고 계시다.

둘째, '하나님은 그분의 백성을 구출하기로 결단하신다.' 우리가 살펴본 것처럼, 열왕기하 13:5은 성경 역사의 가장 어두운 기간 중 하나가 한창 진행되는 중에 하나님께서 그분의 백성을 구출하기 위해 일하셨다는 것을 명백히 상기시켜준다. 이는 언젠가 "때가 차면" 하나님이 "그 아들을 보내사 여자에게서 나게 하시고 율법 아래에 나게 하신 것은 율법 아래에 있는 자들을 속량하시고 우리로 아들의 명분을 얻게 하려 하[실]"(갈 4:4-5) 것을 상기시킨다. 그 동안에는 하나님이 13장에 나오는 무명의 영웅을 통해, 그리고 14:27에서 심지어 악한 여로보암을 통해서도 거듭거듭 그분의 백성을 구출하신다.

셋째, '하나님은 그분의 언약에 완전히 헌신하신다.' 우리 하나님은 언약을 맺으시고 언약을 지키시는 하나님이시다. 우리는 이 진리를 예수님의 말씀을 통해 더욱 명료하게 보고 또 듣는다. 그분이 죽기 전날 밤에 그의 손에 들린 잔이 그의 핏속의 새 언약이라고 말씀하셨기 때문이다. 그리고 아브라함과 이삭과 야곱에게 주신 약속이 예수님을 통해 우리에게 연장된 만큼 그의 죽음이 이 언약의 새로운 단계를 출범시켰기 때문이다. 이 약속은 예후에게 주신 네 세대의 약속을 능가한다! 하나님의 언약에 대한 헌신은 우리에게 희망을 품을 이유를 제공한다.

넷째, '하나님은 부활의 하나님이시다.' 엘리사의 멘토였던 엘리야가 1장에서 극적인 방식으로 하나님에 의해 들림을 받았다는 사실을 감안하면, 엘리사의 떠남이 하나님의 능력의 현현을 수반하는 것은 놀랄 일이 아니다. 그 선지자는 죽었어도 하나님의 말씀은 여전히 능력이 있고, 하나님의 백성은 여전히 희망이 있는 것처럼 보인다. 이는 약 880년이 흐른 뒤 또 다른 죽음 이후에 일어났던 일보다 더 낯설지 않다.

> 이에 성소 휘장이 위로부터 아래까지 찢어져 둘이 되고 땅이 진동하며 바위가 터지고 무덤들이 열리며 자던 성도의 몸이 많이 일어나되 예수의 부활 후에 그들이 무덤에서 나와서 거룩한 성에 들어가 많은 사람에게 보이니라(마 27:51-53).

하나님께서 우리에게 그분이 부활의 하나님이심을 얼핏 보여주시는 듯하다. 그분은 장차 죽음을 이기실 하나님, 또는 우리의 관점에서 보면 '이미 죽음을 이기신' 하나님인즉 이는 우리 같은 죽을 인생에게 큰 안도로 다가오고 다시금 희망을 품을 이유를 제공한다.

다섯째, '하나님은 은혜의 하나님이시다.' 열왕기하의 이 장들은 과연 암담한가? 어느 면에서는 그렇다. 이 장들은 매우 현실적이다. 그러나 이 대목은 또한 복음으로 빚어져 있고 희망을 품을 이유로 가득 차 있다. 우리가 예수님을 위해 진력할 만한 이유를 제공한다. 이 장들은 우리에게 다음 두 가지를 가리키고 있다. 먼저 하나님의 놀라운 역사, 즉 하나님께서 그분의 말씀을 통해 일하시고, 그분의 백성을 구출하시고, 그분의 언약적 약속을 지키시고, 그분의 은혜로 죽은 자를 살리시는 모습을 가리킨다. 아울러 하나님이 우리 안에서 그리고 우리를 통해 일하시는 것이 끝나지 않았고 우리의 희망, 신뢰, 확신을 그분 안에 둘 만한 이유가 있다는 것을 상기시켜준다.

우리는 머리를 들고 시선을 자신과 우리의 작은 관심사에서 돌려서 다시금 하나님의 능력과 장엄하심, 인자하심에 맞출 필요가 있다. 그분이 우리를 위해 이루신 일을 되돌아보고 우리의 희망을 다시 그분께 두면서 앞을 내다볼 필요가 있다. 사도 베드로의 말을 들어보자.

> 우리 주 예수 그리스도의 아버지 하나님을 찬송하리로다. 그의 많으신 긍휼대로 예수 그리스도를 죽은 자 가운데서 부활하게 하심으로 말미암아 우리를 거듭나게 하사 산 소망이 있게 하시며 썩지 않고 더럽지 않고 쇠하지 아니하는 유업을 잇게 하시나니 곧 너희를 위하여 하늘에 간직하신 것이라. 너희는 말세에 나타내기로 예비하신 구원을 얻기 위하여 믿음으로 말미암아 하나님의 능력으로 보호하심을 받았느니라. 그러므로 너희가 이제 여러 가지 시험으로 말미암아 잠깐 근심하게 되지 않을 수 없으나 오히려 크게 기뻐하는도다. 너희 믿음의 확실함은 불로 연단하여도 없어질 금보다 더 귀하여 예수 그리스도께서 나타나실 때에 칭찬과 영광과 존귀를 얻게 할 것이니라. 예수를 너희가 보지 못하였으나 사랑하는도다. 이제도 보지 못하나 믿고 말할 수 없는 영광스러운 즐거움으로 기뻐하니 믿음의 결국 곧 영혼의 구원을 받음이라(벧전 1:3-9).

때로는 사태를 너무 복잡하게 만들기가 쉽다. 그러나 다음 진리를 잊지 말자. 근본적으로 우리가 희망을 품을 수 있는 것은 우리 하나님이 사랑이시고 그분의 사랑을 주 예수 그리스도 안에서 우리에게 퍼부으셨다는 단순하고도 불가해한 사실 때문이다.

2 Kings
열왕기하
15:1-38

1 이스라엘 왕 여로보암 제이십칠년에 유다 왕 아마샤의 아들 아사랴
가 왕이 되니 2 그가 왕이 될 때에 나이가 십육 세라 예루살렘에서 오
십이 년간 다스리니라 그의 어머니의 이름은 여골리야라 예루살렘 사
람이더라 3 아사랴가 그의 아버지 아마샤의 모든 행위대로 여호와 보
시기에 정직히 행하였으나 4 오직 산당은 제거하지 아니하였으므로
백성이 여전히 그 산당에서 제사를 드리며 분향하였고 5 여호와께서
왕을 치셨으므로 그가 죽는 날까지 나병환자가 되어 별궁에 거하고
왕자 요담이 왕궁을 다스리며 그 땅의 백성을 치리하였더라 6 아사랴
의 남은 사적과 행한 모든 일은 유다 왕 역대지략에 기록되지 아니하
였느냐 7 아사랴가 그의 조상들과 함께 자매 다윗 성에 그의 조상들과
함께 장사되고 그의 아들 요담이 대신하여 왕이 되니라

1 In the twenty-seventh year of Jeroboam king of Israel, Azariah the son
of Amaziah, king of Judah, began to reign. 2 He was sixteen years old
when he began to reign, and he reigned fifty-two years in Jerusalem.
His mother's name was Jecoliah of Jerusalem. 3 And he did what was
right in the eyes of the Lord, according to all that his father Amaziah

had done. 4 Nevertheless, the high places were not taken away. The
people still sacrificed and made offerings on the high places. 5 And the
Lord touched the king, so that he was a leper[1] to the day of his death,
and he lived in a separate house.[2] And Jotham the king's son was over
the household, governing the people of the land. 6 Now the rest of the
acts of Azariah, and all that he did, are they not written in the Book
of the Chronicles of the Kings of Judah? 7 And Azariah slept with his
fathers, and they buried him with his fathers in the city of David, and
Jotham his son reigned in his place.

8 유다의 왕 아사랴의 제삼십팔년에 여로보암의 아들 스가랴가 사마
리아에서 여섯 달 동안 이스라엘을 다스리며 9 그의 조상들의 행위대
로 여호와 보시기에 악을 행하여 이스라엘로 범죄하게 한 느밧의 아
들 여로보암의 죄에서 떠나지 아니한지라 10 야베스의 아들 살룸이 그
를 반역하여 백성 앞에서 쳐죽이고 대신하여 왕이 되니라 11 스가랴의
남은 사적은 이스라엘 왕 역대지략에 기록되니라 12 여호와께서 예후
에게 말씀하여 이르시기를 네 자손이 사 대 동안 이스라엘 왕위에 있
으리라 하신 그 말씀대로 과연 그렇게 되니라
8 In the thirty-eighth year of Azariah king of Judah, Zechariah the
son of Jeroboam reigned over Israel in Samaria six months. 9 And he
did what was evil in the sight of the Lord, as his fathers had done. He
did not depart from the sins of Jeroboam the son of Nebat, which he
made Israel to sin. 10 Shallum the son of Jabesh conspired against him
and struck him down at Ibleam and put him to death and reigned in
his place. 11 Now the rest of the deeds of Zechariah, behold, they are
written in the Book of the Chronicles of the Kings of Israel. 12 (This
was the promise of the Lord that he gave to Jehu, "Your sons shall

sit on the throne of Israel to the fourth generation." And so it came to
pass.)

13 유다 왕 웃시야 제삼십구년에 야베스의 아들 살룸이 사마리아에서
왕이 되어 한 달 동안 다스리니라 14 가디의 아들 므나헴이 디르사에
서부터 사마리아로 올라가서 야베스의 아들 살룸을 거기에서 쳐죽이
고 대신하여 왕이 되니라 15 살룸의 남은 사적과 그가 반역한 일은 이
스라엘 왕 역대지략에 기록되니라 그때에 므나헴이 디르사에서 와서
딥사와 그 가운데에 있는 모든 사람과 그 사방을 쳤으니 이는 그들이
성문을 열지 아니하였음이라 그러므로 그들이 그곳을 치고 그 가운데
에 아이 밴 부녀를 갈랐더라
13 Shallum the son of Jabesh began to reign in the thirty-ninth year of
Uzziah[3] king of Judah, and he reigned one month in Samaria. 14 Then
Menahem the son of Gadi came up from Tirzah and came to Samaria,
and he struck down Shallum the son of Jabesh in Samaria and put
him to death and reigned in his place. 15 Now the rest of the deeds of
Shallum, and the conspiracy that he made, behold, they are written
in the Book of the Chronicles of the Kings of Israel. 16 At that time
Menahem sacked Tiphsah and all who were in it and its territory from
Tirzah on, because they did not open it to him. Therefore he sacked it,
and he ripped open all the women in it who were pregnant.

17 유다 왕 아사랴 제삼십구년에 가디의 아들 므나헴이 이스라엘 왕
이 되어 사마리아에서 십 년간 다스리며 18 여호와 보시기에 악을 행
하여 이스라엘로 범죄하게 한 느밧의 아들 여로보암의 죄에서 평생
떠나지 아니하였더라 19 앗수르 왕 불이 와서 그 땅을 치려 하매 므나
헴이 은 천 달란트를 불에게 주어서 그로 자기를 도와 주게 함으로 나

라를 자기 손에 굳게 세우고자 하여 20 그 은을 이스라엘 모든 큰 부자
에게서 강탈하여 각 사람에게 은 오십 세겔씩 내게 하여 앗수르 왕에
게 주었더니 이에 앗수르 왕이 되돌아가 그 땅에 머물지 아니하였더
라 21 므나헴의 남은 사적과 그가 행한 모든 일은 이스라엘 왕 역대지
략에 기록되지 아니하였느냐 22 므나헴이 그의 조상들과 함께 자고 그
의 아들 브가히야가 대신하여 왕이 되니라

17 In the thirty-ninth year of Azariah king of Judah, Menahem the son
of Gadi began to reign over Israel, and he reigned ten years in Samaria.
18 And he did what was evil in the sight of the Lord. He did not depart
all his days from all the sins of Jeroboam the son of Nebat, which he
made Israel to sin. 19 Pul[4] the king of Assyria came against the land,
and Menahem gave Pul a thousand talents[5] of silver, that he might help
him to confirm his hold on the royal power. 20 Menahem exacted the
money from Israel, that is, from all the wealthy men, fifty shekels[6] of
silver from every man, to give to the king of Assyria. So the king of
Assyria turned back and did not stay there in the land. 21 Now the rest
of the deeds of Menahem and all that he did, are they not written in the
Book of the Chronicles of the Kings of Israel? 22 And Menahem slept
with his fathers, and Pekahiah his son reigned in his place.

23 유다의 왕 아사랴 제오십년에 므나헴의 아들 브가히야가 사마리아
에서 이스라엘 왕이 되어 이 년간 다스리며 24 여호와께서 보시기에
악을 행하여 이스라엘로 범죄하게 한 느밧의 아들 여로보암의 죄에서
떠나지 아니한지라 25 그 장관 르말랴의 아들 베가가 반역하여 사마리
아 왕궁 호위소에서 왕과 아르곱과 아리에를 죽이되 길르앗 사람 오
십 명과 더불어 죽이고 대신하여 왕이 되었더라 26 브가히야의 남은
사적과 그가 행한 모든 일은 이스라엘 왕 역대지략에 기록되니라

15장

23 In the fiftieth year of Azariah king of Judah, Pekahiah the son of
Menahem began to reign over Israel in Samaria, and he reigned two
years. 24 And he did what was evil in the sight of the Lord. He did not
turn away from the sins of Jeroboam the son of Nebat, which he made
Israel to sin. 25 And Pekah the son of Remaliah, his captain, conspired
against him with fifty men of the people of Gilead, and struck him
down in Samaria, in the citadel of the king's house with Argob and
Arieh; he put him to death and reigned in his place. 26 Now the rest of
the deeds of Pekahiah and all that he did, behold, they are written in the
Book of the Chronicles of the Kings of Israel.

27 유다의 왕 아사랴 제오십이년에 르말랴의 아들 베가가 이스라엘
왕이 되어 사마리아에서 이십 년간 다스리며 28 여호와께서 보시기에
악을 행하여 이스라엘로 범죄하게 한 느밧의 아들 여로보암의 죄에서
떠나지 아니하였더라

27 In the fifty-second year of Azariah king of Judah, Pekah the son of
Remaliah began to reign over Israel in Samaria, and he reigned twenty
years. 28 And he did what was evil in the sight of the Lord. He did not
depart from the sins of Jeroboam the son of Nebat, which he made
Israel to sin.

29 이스라엘 왕 베가 때에 앗수르 왕 디글랏 빌레셀이 와서 이욘과 아
벨벳 마아가와 야노아와 게데스와 하솔과 길르앗과 갈릴리와 납달리
온 땅을 점령하고 그 백성을 사로잡아 앗수르로 옮겼더라 30 웃시야의
아들 요담 제이십년에 엘라의 아들 호세아가 반역하여 르말랴의 아들
베가를 쳐서 죽이고 대신하여 왕이 되니라 31 베가의 남은 사적과 그
가 행한 모든 일은 이스라엘 왕 역대지략에 기록되니라

29 In the days of Pekah king of Israel, Tiglath-pileser king of Assyria
came and captured Ijon, Abel-beth-maacah, Janoah, Kedesh, Hazor,
Gilead, and Galilee, all the land of Naphtali, and he carried the people
captive to Assyria. 30 Then Hoshea the son of Elah made a conspiracy
against Pekah the son of Remaliah and struck him down and put him
to death and reigned in his place, in the twentieth year of Jotham the
son of Uzziah. 31 Now the rest of the acts of Pekah and all that he did,
behold, they are written in the Book of the Chronicles of the Kings of
Israel.

32 이스라엘의 왕 르말랴의 아들 베가 제이년에 유다 왕 웃시야의 아
들 요담이 왕이 되니 33 나이가 이십오 세라 예루살렘에서 십육 년간
다스리니라 그의 어머니의 이름은 여루사라 사독의 딸이더라 34 요담
이 그의 아버지 웃시야의 모든 행위대로 여호와께서 보시기에 정직
히 행하였으나 35 오직 산당을 제거하지 아니하였으므로 백성이 여전
히 그 산당에서 제사를 드리며 분향하였더라 요담이 여호와의 성전의
윗문을 건축하니라 36 요담의 남은 사적과 그가 행한 모든 일은 유다
왕 역대지략에 기록되지 아니하였느냐 37 그때에 여호와께서 비로소
아람 왕 르신과 르말랴의 아들 베가를 보내어 유다를 치게 하셨더라
38 요담이 그의 조상들과 함께 자매 그의 조상 다윗 성에 조상들과 함
께 장사되고 그 아들 아하스가 대신하여 왕이 되니라
32 In the second year of Pekah the son of Remaliah, king of Israel,
Jotham the son of Uzziah, king of Judah, began to reign. 33 He was
twenty-five years old when he began to reign, and he reigned sixteen
years in Jerusalem. His mother's name was Jerusha the daughter of
Zadok. 34 And he did what was right in the eyes of the Lord, according
to all that his father Uzziah had done. 35 Nevertheless, the high places

15장

were not removed. The people still sacrificed and made offerings on the high places. He built the upper gate of the house of the Lord. 36 Now the rest of the acts of Jotham and all that he did, are they not written in the Book of the Chronicles of the Kings of Judah? 37 In those days the Lord began to send Rezin the king of Syria and Pekah the son of Remaliah against Judah. 38 Jotham slept with his fathers and was buried with his fathers in the city of David his father, and Ahaz his son reigned in his place.

1 Leprosy was a term for several skin diseases; see Leviticus 13 *2* The meaning of the Hebrew word is uncertain *3* Another name for *Azariah 4* Another name for *Tiglath-pileser III* (compare verse 29) *5* A *talent* was about 75 pounds or 34 kilograms *6* A *shekel* was about 2/5 ounce or 11 grams

단락 개요

(불)명예의 명단

열왕기하 15장에서는 일곱 명의 왕들이 연달아 다뤄짐에 따라 내러티브의 속도가 상당히 빨라진다. 이번 장은 유다의 두 왕[아사랴(웃시야)와 요담]으로 시작되고 또 끝난다. 두 왕의 통치 모두 주목할 것이 없다. 본질적으로 경건한 두 왕이 그들의 전임자들의 패턴을 좇아 산당에서의 예배를 멈추게 하는데 실패하기 때문이다. 아사랴가 나병환자이고 요담이 유다 국경을 따라 외국 세력이 발흥하는 모습을 목격한다는 사실은 그 나라의 장래에 대한 불길한 징표이다.

그 중간에 나오는 다섯 명의 이스라엘 왕들은 현격하게 다르다. 열왕기상 15-16장을 상기시키는 리듬을 따라 한 왕이 유혈 사태를 통해 다른 왕으로 금방 바뀐다. 스가랴는 잔인한 므나헴에게 암살당하는 것 말고는 행하는 일이 별로 없고, 후자는 통치권을 유지하기 위해 맴도는 앗수르 사람들을 매수하려고 백성에게 세금을 부과한다. 므나헴의 아들 브가히야는 그의 부관인 베가에게 살해되고, 후자는 먹구름을 몰려올 때 앗수르 왕에게 백성과 땅을 모두 상실한다. 호세아가 마침내 베가를 암살하고 그의 자리를 차지한다. 이 본문의 주요 부분을 지배하는 긴 실패의 이야기는 이스라엘에서 변하는 것이 거의 없다는 사실을 강조하고, 그 나라는 분명히 예상보다 오래 버티고 있다.

단락 개요

IV. 쇠퇴와 몰락- 이스라엘의 종말과 유다의 유배(13:1-25:30)
- B. 유다에서 아사랴의 통치, 이스라엘에서 스가랴, 살룸, 므나헴, 브가히야, 베가의 통치, 유다에서 요담의 통치(15:1-38)
  1. 유다의 아사랴의 생애와 시대(15:1-7)
  2. 이스라엘의 스가랴의 생애와 시대(15:8-12)
  3. 이스라엘의 살룸의 생애와 시대(15:13-16)
  4. 이스라엘의 므나헴의 생애와 시대(15:17-22)
  5. 이스라엘의 브가히야의 생애와 시대(15:23-26)
  6. 이스라엘의 베가의 생애와 시대(15:27-31)
  7. 유다의 요담의 생애와 시대(15:23-38)

주석

15:1-38 개요

이 장은 두 명의 괜찮은 유다 왕들(웃시야로도 알려진 아사랴와 요담)과 함께 시작하고 또 끝나며, 중간에는 그 절망의 정도가 다양한 다섯 명의 이스라엘 왕들에 관한 내러티브가 나온다.

유다의 왕들 대다수가 그렇듯이, 아사랴와 요담은 기본적으로 정통파라서 이방의 우상숭배의 유혹에 저항한다. 하지만 두 왕 모두 전심 어린 칭찬을 받지 못한다. 아사랴(웃시야)의 52년 통치는 미지근함을 그 특징으로 한다. (역대하 26장은 웃시야가 어리석은 교만 때문에 성전에서 제사장 행세를 하다가 나병에 걸린다는 사실을 알려준다.) 정치적 견지에서는 당시가 매우 중요한 시기(어쩌면 황금시대)였으나 신학적으로 말하면 아사랴의 유산은 부족한 점이 있었다. 그리고 요담이 등장한다. 그의 통치는 잠깐 다뤄질 뿐이다. 요담은 (그의 아버지처럼) 기본적으로 경건함에도 불구하고 중요한 개혁을 단행하지 못하고 산당에서 계속 예배하도록 허락한다. 유다는 이스라엘처럼 무너지진 않을지 몰라도 영적인 진보를 이룰 조짐은 거의 보이지 않는다. 사실 반역, 경고 그리고 징벌로 이어지는 이스라엘의 패턴이 남쪽 왕국의 삶에서도 서서히 펼쳐지기 시작한다. 따라서 서서히 진행되는 사양길을 붙잡는 조치를 취하지 않는다면 결국 유다 역시 하나님의 심판 아래 쓰러지는 일이 불가피할 것이다.

30년이 흐르는 동안 이스라엘에서는 다섯 왕이, 유다에서는 두 왕이 통치했고, 이스라엘의 왕 중에 선한 왕은 하나도 없었다. 그들 중 네 명은 암살되었다. 그 이유는 대체로 앗수르를 달래야 할지, 대적해야 할지를 둘러싼 의견 차이 때문인 것으로 보인다. 그러나 앗수르를 짜증나게 하는 것, 그들과 동맹을 맺는 것 또는 왕의 암살이 진정한 문제가 아니다. 이런 사항들에 대해서는 우리가 본문이 말하는 바를 거듭해서 읽기만 하면 된다. 이스라엘 왕의 통치는 하나같이 똑같은 방식으로 낙제점을 받는다. 단, 살룸은 한 달밖에 통치하지 못하고 살해되어 아무것도 할 시간이 없었기에 그를 제외하고. 그들 중 누구도 느밧의 아들 여로보암, 곧 베델과 단에 쌍둥이 금송아지를 세우고 "너희가 다시는 예루살렘에 올라갈 것이 없도다 이스라엘아 이는 너희를 애굽 땅에서 인도하여 올린 너희의 신들이라"(왕상 12:28)고 선언한 인물의 죄에서 "떠나지" 않는다. 이스라엘 사람은 상습적인 우상숭배자다. 이 내러티브가 펼쳐질 때 우상숭배야말로 그들이 이번 장에서 직면하는 모든 이슈의 저변에 깔린 영구적인 문제라는 것이 분명해진다.

15:1-7 그의 상대역인 이스라엘의 여로보암처럼, "유다 왕, 아마샤의 아들 아사랴"[54]는 십대에 왕좌에 올라가서 장기적인(그리고 번창하는) 통치를 누린다. "[그는] 예루살렘에서 오십이 년간 다스리니라." 하지만 이는 열왕기하에 나오는 평가의 초점이 아니다. 그의 아버지처럼 "그는 여호와 보시기에 정직히 행하였으나"(3절), 4절은 낯익지만 매우 염려스러운 사항을 더한다. "오직 산당은 제거하지 아니하였으므로 백성이 여전히 그 산당에서 제사를 드리며 분향하였고." 아사랴는 (이어지는 내러티브에 반영되어 있듯이) 나쁜 왕이 아니라도 위기를 막기 위해 조치를 취했어야 하는데, 그는 그런 일을 할 인물이 아니다. 그의 통치에 관한 그 밖의 세부사항은 하나님의 눈에는 그가 부족한 인물로 드러난다는 것을 보여준다. 5절은 (자세한 내용이 없이) "여호와께서 왕을 치셨으므로 그가 죽는 날까지 나병환자가 되어 별궁에 거[했다]"[55]라고 한다. 이 질병으로 인해 아사랴는 사실상 행정적인 의무에서 물러나고 "왕자 요담이 왕궁을 다스리며 그 땅의 백성을 치리하였[다]".[56] 그의 통치는 전통적 방식으로 요약되어 있다. 다윗 혈통의 왕이

15장

54 아사랴란 이름과 웃시야란 이름은 매우 비슷한 어원에서 나오고 둘 다 '힘' 또는 '승리' 같은 뜻을 지니고 있다. 어느 하나를 다른 것보다 선호할 만한 근거는 없다.

55 이 질병의 성격에 대해서는 5:1-3에 관한 주석을 참고하라. 이 심판의 배경을 설명하는 역대하 26:16-20의 긴 기사가 여기서 생략된 것은 아마 문학적 이유에서일 것이다. 유다 왕들에 관한 두 편의 짧은 기사가 이번 장의 중앙 부분을 차지하는 이스라엘 왕들의 행렬을 앞뒤로 장식하고 있어서다.

여전히 왕좌에 앉아있으나 유다에서 하나님 백성의 진보에 관해서는 더 할 말이 없다.

15:8-12 유다에서의 삶이 평범하고 약간 실망스럽다면, 이에 상응하는 이스라엘의 혼란은 급격히 무정부상태로 치닫는다. "여로보암의 아들 스가랴"가 단지 "여섯 달 동안" 이스라엘을 다스리지만, 이는 그의 정권을 위해 불경건한 패턴을 반복하기에 충분하고도 남는 시간이다. "그의 조상들의 행위대로 여호와 보시기에 악을 행하여 이스라엘로 범죄하게 한 느밧의 아들 여로보암의 죄에서 떠나지 아니한지라"(9절). 설상가상으로, 군주에 반역하는 옛 이스라엘의 경향이 다시 떠오른다. "야베스의 아들 살룸이 그를 반역하여 백성 앞에서 쳐 죽이고 대신하여 왕이 되니라"(10절). 그래서 이제는 이스라엘 왕들을 위한 규범이 될 일종의 생략된 사망기사와 함께, 예후의 왕조가 종말에 이른다. 그것도 하필이면 그 왕조가 시작된 장소에서 그렇게 된다(참고. 9:27). 12절에서 저자는 이 모든 "행동"이 "주님의 말씀"의 통제 아래 여전히 펼쳐지고 있다는 것을 상기시켜준다. "여호와께서 예후에게 말씀하여 이르시기를 '네 자손이 사 대 동안 이스라엘 왕위에 있으리라' 하신 그 말씀대로 과연 그렇게 되니라."

스가랴는 예후가 왕좌에 앉은 이래 네 번째 세대이고, 이후 하나님께서 말씀하신 대로 그 왕조가 종말에 이른다. 예후가 하나님이 그에게 말씀하신 것을 행하여 우상숭배를 하는 아합과 그의 씨족에게 복수했기 때문에 여호와께서 그의 왕조가 네 세대 동안 그들을 대체할 것이라고 말씀하셨다. 추정컨대 그 세대들 중 어느 하나라도 여호와를 예배하는 것이 그들이 갈 길이란 자명한 교훈을 배웠더라면, 그들의 통치가 연장될 수도 있었을 것이다. 그러나 그들은 그걸 배우지 못했다. 하나님의 판결대로 '된 것이다'.

56 "그 땅의 백성"이란 어구는 11:14, 20; 21:24; 23:30, 35; 25:19에 나온다. 이는 단순히 일반 국민을 언급할 수도 있지만 열왕기하가 진행될수록 좀 더 구체적인 의미를 지니는 듯하다. 어쩌면 많은 투자를 한, 강력한 유다의 지도자 그룹을 지칭할 것이다. Cogan and Tadmor, *II Kings*, 167을 보라.

이 마지막 어구는 창세기에 거듭 나오는 '그대로 되었다'는 것이며 하나님의 말씀은 언제나 '그대로 된다'는 것을 상기시켜준다. 그 말씀은 항상 효과가 있다. 그런데도 이스라엘 사람은 그 말씀에 주의를 기울이지 않는다.

15:13-16 찬탈자인 "야베스의 아들 살룸"은 단 "한 달 동안"(이보다 짧은 재임 기간은 시므리의 경우뿐이다) 왕좌를 고수할 뿐이다. "가디의 아들 므나헴이 디르사에서부터 사마리아로 올라가서 야베스의 아들 살룸을 거기에서 쳐 죽이고 대신하여 왕이" 되었기 때문이다. 디르사는 여로보암 1세 때부터 오므리의 때까지 이스라엘의 수도였으나(참고. 왕상 14:17; 15:33; 16:8, 15, 23), 이제는 사마리아가 행동의 중심지다. 사마리아에 대한 강조는 그런 행동이 이제 북쪽의 왕들의 전형적이 모습임을 시사하는 듯하다. 뜻밖에도 아사랴가 아니라 "웃시야"를 언급하는 것은 독자들의 시선을 다른 자료로 돌리려는 의도적인 시도인 듯한데, 이는 이사야의 예언일 가능성이 가장 많다. '살룸의 행적'에 대해서는 그의 반역 외에는 할 말이 없다.

16절에서 우리는 살룸의 대적인 므나헴이 특별히 잔인하다는 것을 알게 된다. 그는 "디르사에서 와서 딥사와 그 가운데에 있는 모든 사람과 그 사방을" 공격할 때 "그들이 [그에게] 성문을 열지 아니하였[다]"는 이유로 그 주민을 가나안 사람처럼 취급한다. 열왕기상 4:24에 따르면, 딥사는 솔로몬 왕국의 최북단에 있었기에 그곳 주민들이 앗수르와 동맹을 맺었을지도 모른다. 열왕기는 이런 행동 배후에 놓인 정치(또는 그에 따른 정권 교체)에 대해 관심이 없다는 점이 눈에 띈다. 주안점은 그의 복수가 끔찍하다는 것에 있다. "그러므로 그들이 그곳을 치고 그 가운데에 아이 밴 부녀를 갈랐더라"(참고. 8:12에 나오는 아람의 하사엘이 장차 취할 행동). 므나헴은 임신한 여자들에 대한 매우 혐오스러운 범죄로 그의 욕구불만을 표출한다. 더 이상의 세부사항은 없지만, 이 왕이 하나님의 법도와 거리가 무척 멀다는 것만은 분명하다.

15:17-22 사악한 므나헴의 통치가 "사마리아에서 십 년"까지 연장된다.

스가랴를 비롯한 그의 전임자들의 전형적인 모습대로 그는 "여호와 보시기에 악을 행하여 이스라엘로 범죄하게 한 느밧의 아들 여로보암의 죄에서 평생 떠나지 아니하였[다]"(18절). 그의 통치의 다른 특징은 이스라엘의 종말(주전 722년)이 다가옴에 따라 불길한 소리로 들린다. "앗수르 왕 불"(디글랏 빌레셀의 다른 이름)이 그 땅을 위협할 때, "므나헴은 불에게 은 천 달란트를 주었다. 이렇게 한 것은, 그의 도움을 받아서 자기 왕국의 통치권을 굳게 하려 함이었다"(19절, 새번역). 이 엄청난 뇌물(약 3,400킬로그램)은 사실상 이스라엘을 속국으로 전락시키고 하나님보다 앗수르에게 신세를 지게 한다.[57] 므나헴은 이 돈을 부유세로 마련한다. 말하자면, 그 돈을 "이스라엘 모든 큰 부자에게서 강탈하여 각 사람에게 은 오십 세겔씩 내게 하여 앗수르 왕에게 주었다." 요컨대, 이 행동은 바라던 효과를 내게 된다. "이에 앗수르 왕이 되돌아가 그 땅에 머물지 아니하였더라." 우리는 이것이 이스라엘의 장기적 운명에 미칠 손실에 대해 생각하지 않을 수 없다. 21-22절은 므나헴의 통치를 낯익은 방식으로 요약하고 또 그를 계승하는 "그의 아들 브가히야"를 소개한다.

15:23-26 아사랴(웃시야)의 긴 통치가 막을 내리기 시작할 때, "므나헴의 아들 브가히야가 사마리아에서 이스라엘 왕이 되어 이 년간 다스[린다]". 이스라엘의 왕들이 세우고 유지해온 우울한 리듬이 계속 이어진다. 그 역시 "여호와께서 보시기에 악을 행하여 이스라엘로 범죄하게 한 느밧의 아들 여로보암의 죄에서 떠나지 아니[하기]" 때문이다. 살룸의 경우와 같이 브가히야의 통치의 유일한 특징은 그의 사망에 있다. 이 경우에는 '그때 그의 군대 지휘관 중 한 사람인 르말랴의 아들 베가가 길르앗 사람 50명과 함께 반역을 일으켰다'. 길르앗 사람들이 개입한 것을 감안하면, 이 암살은 단도직입적인 쿠데타에 가깝다. 그들이 "사마리아 궁중 요새에서 왕과 아

57 이 지불은 당대의 앗수르 기록물에 기록되어 있다(*ANET*, 283).

르곱과 아리에를 살해했다"(이상 현대인의성경)라고 하는데, 후자는 왕의 아들들인 듯하다. 그리고 베가가 왕좌를 차지한다.

15:27-31 "르말랴의 아들 베가가 이스라엘 왕이 되어 사마리아에서 이십 년간 다스림"에 따라 마침내 반역을 조장하는 시기는 막을 내린다. 하지만 베가가 그 나라에 안정을 가져오는 한편, 28절의 후렴은 너무나 친숙하다. "[그는] 여호와께서 보시기에 악을 행하여 이스라엘로 범죄하게 한 느밧의 아들 여로보암의 죄에서 떠나지 아니하였더라." 므나헴의 통치 기간에 그랬듯이, 그의 통치가 낳은 유산은 앗수르와의 작은 충돌을 포함한다. 이번에는 외국 세력이 단지 위협만 한 후 물러가지 않고 "앗수르 왕 디글랏 빌레셀이 와서 이욘과 아벨벳마아가와 야노아와 게데스와 하솔과 길르앗과 갈릴리와 납달리 온 땅을 점령하고 그 백성을 사로잡아 앗수르로 옮겼[다]"(29절). 경고 문구가 이스라엘 백성이 보도록 벽 위에 적혀 있는데도 그들이 정신을 차린다는 조짐이 없다. 하지만 베가의 통치 이후 오랜 이스라엘의 습관이 다시 표면에 떠오르고 "엘라의 아들 호세아가 반역하여 르말랴의 아들 베가를 쳐서 죽이고 대신하여 왕이" 된다. 이 정권 교체가 이스라엘 왕들에 관한 잇따른 기사를 종결시키고, 내러티브는 다시 유다의 왕위 계승으로 되돌아간다.

이 대목은 내리막길과 불순종으로 점철된 유감스러운 이야기였다. 스가랴는 우상숭배 외에는 한 일이 별로 없고 육 개월 만에 왕좌를 상실한다. 므나헴은 앗수르 사람들을 매수하려고 한다(이는 불가피한 일을 지연시킬 뿐이다). 브가히야는 우상을 숭배하는 것 말고는 주목할 만한 일을 전혀 하지 않은 채 암살되고 만다. 베가는 앗수르에게 그 땅의 일부를 잃어버리고 호세아에게 살해당한다. 이는 줄곧 내리막길만 걷는 경우이다. 그러나 이 모든 비극을 거치는 중에도 여호와는 침묵하지 않으신다. 그분은 계속해서 그분의 백성에게 말씀하시면서 그들에게 정신을 차리라고 촉구하신다(참고. 호 7:1-7; 암 4:6-12). 문제는 이스라엘이 듣지 않는다는 것이다. 그 모든 것은 북쪽 왕국의 근본적인 죄로 귀결된다. 바로 노골적이고 끈질긴 우상숭배다. 북쪽 왕국은 우상숭배 안에서 태어나서 우상숭배 안에서 살다가 우상숭배 안에서 죽는다. 그들은 결코 토대를 바로잡지 못한다. 그것은 치명적이다.

15:32-38 "유다 왕 웃시야의 아들 요담이 왕이 되니 나이가 이십오 세라 예루살렘에서 십육 년간 다스리니라." 34절은 요담이 이스라엘의 왕들과는 현격한 대조를 이루며 "그의 아버지 웃시야의 모든 행위대로 여호와께서 보시기에 정직히 행했다"고 한다. 하지만 흔히 그렇듯이 "오직 산당을 제거하지 아니하였으므로 백성이 여전히 그 산당에서 제사를 드리며 분향하였더라"는 단서가 붙는다. 주목할 만한 요담의 업적은 그가 "여호와의 성전의 윗문을 건축[한]" 것이다. 그런데 그의 통치는 아람-이스라엘 동맹의 발흥으로 얼룩진다. "그때에 여호와께서 비로소 아람 왕 르신과 르말랴의 아들 베가를 보내어 유다를 치게 하[심]"에 따라 이스라엘과 유다는 일촉즉발의 위험한 상황에 처하게 된다.

응답

열왕기하 15장을 읽다보면 마치 두 집 주변을 산책하는 듯한 느낌이 든다. 한 집은 모든 것이 무너지고 있는 상황이다. 다른 집은 균열이 보이기 시작해서 금방 조치를 취하지 않으면 거주자들이 심각한 문제에 봉착할 상황이다. 열왕기하 15장은 유다와 이스라엘 두 나라의 상태를 폭로하는 충격적인 이야기다. 이번 장은 이스라엘의 우상숭배와 유다의 이중성을 보여주고 있다.

첫 날부터 이스라엘의 문제는 노골적인 우상숭배다. 유다에서는 상황이 그토록 나쁘지는 않다. 적어도 표면적으로는 그렇다. 거기에는 소수의 멍청한 왕들도 있으나 대다수는 적어도 여호와를 숭배하는 자들이다. 그들의 문제는 미지근한 마음 상태, 그리고 타협이다. 또는 호통을 치길 꺼려하고 산당을 제거하지 않는 것이다. 그들은 바른 말을 하지만 끝까지 이행하지 않는다. 어쩌면 이런 모습이 우리가 흔히 겪는 문제일 것이다. 이스라엘은 결국 앗수르에게 대량 학살을 당하고 완전히 멸망하여 다시 일어서지 못한다. 어느 면에서 유다가 겪은 심판, 곧 언약의 저주는 그만큼 큰 재앙은 아니다. 그러나 그들 역시 실시간으로 하나님의 진노를 직면한다. 그것은 70년 동안 유배를 당하는 것이다. 그들의 땅과 성전, 왕을 잃어버린다. 이는 사소한 일이 아니다. 여기서 우리가 기억할 것이 있다. 열왕기하는 유다 사람들로 하여금 역사의 파국적 패턴을 추적하게 하며 다시는 그 길을 걷지 않기로 결단하도록 집필되었다는 사실이다.

그러면 이 모든 사건이 우리와는 무슨 관계가 있는가? 이는 까다로운 질문이다. 지금은 예수님이 이미 오신 상황인데, 우리는 이 모든 경고에 대해 어떻게 반응해야 할까? 우리는 주전 8세기에 사는 이스라엘 사람도 아니고 주전 6세기에 사는 유다인 포로도 아니다. 우리는 느밧의 아들 여로보암의 죄를 반복하거나 산당을 제거하지 못할 가능성도 별로 없다. 그러나 신약의 저자들은 이런 경고 대목들을 되풀이해서 말한다. 물론 여호와를 경배하라는 요구가 이제는 그리스도를 위해 살라는 명령으로 선명해진다. 신약에서 우상숭배는 신상에 절하는 것이나 신전에 올라가는 것보다는 그리스도가 아닌 누군가 또는 어떤 것에서 안전보장과 만족을 찾는 것과 더 관계가 있다. 그러나 기본 논리는 여전히 똑같다. 근본적인 우상숭배의 특징적인 표시인 노골적인 우상숭배와 미지근한 마음 상태 모두 매우 위험하다. 그래서 우리는 이스라엘과 유다에 대한 이런 구약의 경고를 매우 진지하게 여길 필요가 있다.

예컨대, 히브리서는 이런 구약의 경고들을 취해서 우리에게 적용한다. 물론 우리가 그리스도께 속해 있다는 사실과 그분이 새 언약, 더 나은 언약을 세우셨다는 사실에 의해 작성된 경고들이다. "그러므로 우리는 들은 것에 더욱 유념함으로 우리가 흘러 떠내려가지 않도록 함이 마땅하니라… 우리가 이같이 큰 구원을 등한히 여기면 어찌 그 보응을 피하리요?"(히 2:1-3, 참고. 히 3:7-14; 4:1-2; 10:15-27, 35-39; 12:3-17, 25-29). 그런즉 우리는

15장

경고를 들어야 마땅하다! 그렇다, 예수님이 이미 오셨고 우리는 그분께 연합되었다. 그분은 더 나은 언약의 보증인이다. 그러므로 이스라엘과 유다에 대한 이런 경고는 우리를 위한 것이다. 지금 우리는 노골적인 우상숭배나 불순종에 묶여 있는가? 우리 가운데 이런 사람들도 있을 것이다. 또는 그 길로 가려고 줄다리기를 하고 있을 것이다. 섹스나 돈이나 권력의 유혹 중 어느 것이든 간에, 우리 가운데 일부는 그런 유혹을 느낄 것이다. 그러나 우리 중 다수는 집이 무너지고 있진 않아도 소수의 균열이 나타나기 시작하고 있음을 인식할 것이다. 자기탐닉이 심해지는 것, 게으름이 커지는 것, 교만이나 이기심이 솟아나는 것, 독단적인 모습이 늘어나는 것 또는 그리스도 안에서 하나님을 즐거워하는 일이 줄어들고 반(反)문화적으로 사유하고픈 열망이 식는 것, 복음을 타문화권에 전파하려는 결의가 약해지는 것이다.

여기서 우리는 조심할 필요가 있다. 우리 중 누구도 마음과 뜻과 목숨과 힘을 다해 완벽하게 하나님을 사랑할 수 없다. 우리는 항상 우상숭배에 빠질 수 있는 그런 존재다. 그래서 우리는 연약한 가운데 복음을 통해 스스로 그리스도께 의지하는, 유연한 양심을 가진 사람들을 불안하게 만들어서는 안 된다. 열왕기의 저자는 그들의 단점을 인식하는 예수님의 전심 어린 추종자들을 염두에 두고 있지 않다. 오히려 이번 장은 만사가 형통하다고 생각하며 그들의 미지근한 종교에 만족하는 이들을 위해 기록되었다. 이 글은 스스로를 그리스도인이라 부르나 최대의 기쁨과 만족을 다른 곳에서 찾는 사람들에게 전해지는 것이다. 다른 곳이란 그들 자신, 그들의 자유, 또는 그들의 안락함, 또는 그들의 통제력 등을 말한다. 만일 우리가 주 예수님이 아닌 다른 것, 예컨대 돈이나 게임, 우리의 일이나 업적 등을 거론할 때 눈이 번쩍 뜨인다면, 우리는 그 경고를 들어야 한다. 우리는 그리스도께 달려가서 그분을 붙잡고 울어야 한다. 그분만이 우리의 피난처요, 힘이요, 구원자이기 때문이다. 다른 어디서도 구원을 찾을 수 없기 때문이다.

2 Kings

열왕기하

16:1-20

16장

1 르말랴의 아들 베가 제십칠년에 유다의 왕 요담의 아들 아하스가 왕
이 되니 2 아하스가 왕이 될 때에 나이가 이십 세라 예루살렘에서 십
육 년간 다스렸으나 그의 조상 다윗과 같지 아니하여 그의 하나님 여
호와께서 보시기에 정직히 행하지 아니하고 3 이스라엘의 여러 왕의
길로 행하며 또 여호와께서 이스라엘 자손 앞에서 쫓아내신 이방 사
람의 가증한 일을 따라 자기 아들을 불 가운데로 지나가게 하며 4 또
산당들과 작은 산 위와 모든 푸른 나무 아래에서 제사를 드리며 분향
하였더라

1 In the seventeenth year of Pekah the son of Remaliah, Ahaz the son
of Jotham, king of Judah, began to reign. 2 Ahaz was twenty years old
when he began to reign, and he reigned sixteen years in Jerusalem. And
he did not do what was right in the eyes of the Lord his God, as his
father David had done, 3 but he walked in the way of the kings of Israel.
He even burned his son as an offering,[1] according to the despicable
practices of the nations whom the Lord drove out before the people of
Israel. 4 And he sacrificed and made offerings on the high places and on

the hills and under every green tree.

5 이때에 아람의 왕 르신과 이스라엘의 왕 르말랴의 아들 베가가 예루
살렘에 올라와서 싸우려 하여 아하스를 에워쌌으나 능히 이기지 못하
니라 6 당시에 아람의 왕 르신이 엘랏을 회복하여 아람에 돌리고 유다
사람을 엘랏에서 쫓아내었고 아람 사람이 엘랏에 이르러 거기에 거주
하여 오늘까지 이르렀더라 7 아하스가 앗수르 왕 디글랏 빌레셀에게
사자를 보내 이르되 나는 왕의 신복이요 왕의 아들이라 이제 아람 왕
과 이스라엘 왕이 나를 치니 청하건대 올라와 그 손에서 나를 구원하
소서 하고 8 아하스가 여호와의 성전과 왕궁 곳간에 있는 은금을 내어
다가 앗수르 왕에게 예물로 보냈더니 9 앗수르 왕이 그 청을 듣고 곧
올라와서 다메섹을 쳐서 점령하여 그 백성을 사로잡아 기르로 옮기고
또 르신을 죽였더라

5 Then Rezin king of Syria and Pekah the son of Remaliah, king of
Israel, came up to wage war on Jerusalem, and they besieged Ahaz
but could not conquer him. 6 At that time Rezin the king of Syria
recovered Elath for Syria and drove the men of Judah from Elath, and
the Edomites came to Elath, where they dwell to this day. 7 So Ahaz
sent messengers to Tiglath-pileser king of Assyria, saying, "I am your
servant and your son. Come up and rescue me from the hand of the
king of Syria and from the hand of the king of Israel, who are attacking
me." 8 Ahaz also took the silver and gold that was found in the house
of the Lord and in the treasures of the king's house and sent a present
to the king of Assyria. 9 And the king of Assyria listened to him. The
king of Assyria marched up against Damascus and took it, carrying its
people captive to Kir, and he killed Rezin.

10 아하스 왕이 앗수르의 왕 디글랏 빌레셀을 만나러 다메섹에 갔다
가 거기 있는 제단을 보고 아하스 왕이 그 제단의 모든 구조와 제도의
양식을 그려 제사장 우리야에게 보냈더니 11 아하스 왕이 다메섹에서
돌아오기 전에 제사장 우리야가 아하스 왕이 다메섹에서 보낸 대로
모두 행하여 제사장 우리야가 제단을 만든지라 12 왕이 다메섹에서 돌
아와 제단을 보고 제단 앞에 나아가 그 위에 제사를 드리되 13 자기의
번제물과 소제물을 불사르고 또 전제물을 붓고 수은제 짐승의 피를
제단에 뿌리고 14 또 여호와의 앞 곧 성전 앞에 있던 놋제단을 새 제
단과 여호와의 성전 사이에서 옮겨다가 그 제단 북쪽에 그것을 두니
라 15 아하스 왕이 제사장 우리야에게 명령하여 이르되 아침 번제물과
저녁 소제물과 왕의 번제물과 그 소제물과 모든 국민의 번제물과 그
소제물과 전제물을 다 이 큰 제단 위에 불사르고 또 번제물의 피와 다
른 제물의 피를 다 그 위에 뿌리라 오직 놋제단은 내가 주께 여쭐 일
에만 쓰게 하라 하매 16 제사장 우리야가 아하스 왕의 모든 명령대로
행하였더라

10 When King Ahaz went to Damascus to meet Tiglath-pileser king of
Assyria, he saw the altar that was at Damascus. And King Ahaz sent
to Uriah the priest a model of the altar, and its pattern, exact in all its
details. 11 And Uriah the priest built the altar; in accordance with all
that King Ahaz had sent from Damascus, so Uriah the priest made it,
before King Ahaz arrived from Damascus. 12 And when the king came
from Damascus, the king viewed the altar. Then the king drew near to
the altar and went up on it 13 and burned his burnt offering and his grain
offering and poured his drink offering and threw the blood of his peace
offerings on the altar. 14 And the bronze altar that was before the Lord
he removed from the front of the house, from the place between his
altar and the house of the Lord, and put it on the north side of his altar.

15 And King Ahaz commanded Uriah the priest, saying, "On the great
altar burn the morning burnt offering and the evening grain offering and
the king's burnt offering and his grain offering, with the burnt offering
of all the people of the land, and their grain offering and their drink
offering. And throw on it all the blood of the burnt offering and all the
blood of the sacrifice, but the bronze altar shall be for me to inquire
by." 16 Uriah the priest did all this, as King Ahaz commanded.

17 아하스 왕이 물두멍 받침의 옆판을 떼내고 물두멍을 그 자리에서
옮기고 또 놋바다를 놋소 위에서 내려다가 돌판 위에 그것을 두며
18 또 안식일에 쓰기 위하여 성전에 건축한 낭실과 왕이 밖에서 들어
가는 낭실을 앗수르 왕을 두려워하여 여호와의 성전에 옮겨 세웠더라
19 아하스가 행한 그 남은 사적은 유다 왕 역대지략에 기록되지 아니
하였느냐 20 아하스가 그의 조상들과 함께 자매 다윗 성에 그 열조와
함께 장사되고 그의 아들 히스기야가 대신하여 왕이 되니라
17 And King Ahaz cut off the frames of the stands and removed the
basin from them, and he took down the sea[2] from off the bronze oxen
that were under it and put it on a stone pedestal. 18 And the covered
way for the Sabbath that had been built inside the house and the outer
entrance for the king he caused to go around the house of the Lord,
because of the king of Assyria. 19 Now the rest of the acts of Ahaz that
he did, are they not written in the Book of the Chronicles of the Kings
of Judah? 20 And Ahaz slept with his fathers and was buried with his
fathers in the city of David, and Hezekiah his son reigned in his place.

1 Or *made his son pass through the fire* *2* Compare 1 Kings 7:23

단락 개관

유다의 국가에서 썩은 것

이 비극의 장에서 요담의 아들, 아하스가 "이스라엘의 여러 왕의 길로 행하는" 바람에 유다의 심장부에 생긴 균열이 넓어진다. 그의 우상숭배는 자기 아들을 희생시키는 데까지 뻗었고 유다 역사에서 새로운 최저점에 이른다. 그의 통치는 아람과 이스라엘의 새로운 동맹에서 나오는 상당한 압력을 받으면서 수행되고, 이로 인해 그는 앗수르를 보호자로 끌어들이는 재앙적 단계를 밟게 된다. 아하스가 새로 정복된 다메섹을 방문함에 따라 이 대책이 당장의 압력은 완화시키나 재난의 씨앗을 심게 된다. 그는 다메섹에 있는 신전을 목격한 후 예루살렘 성전을 우상숭배적 노선을 따라 개조하기로 결심한다. 새로운 제단이 설치되고 성전 기구들이 새로운 장식에 맞춰지게 된다. 이후 아하스가 새로운 예배 센터를 주문하는데, 이는 그의 개인적 취향과 욕구를 중심으로 삼는 듯하다.

단락 개요

IV. 쇠퇴와 몰락- 이스라엘의 종말과 유다의 유배(13:1-25:30)
- C. 유다에서 아하스의 통치(16:1-20)
  - 1. 아하스의 생애와 시대(16:1-4)
  - 2. 아하스 대 아람-이스라엘 축(16:5-6)
  - 3. 아하스와 앗수르의 해결책(16:7-10)
  - 4. 아하스와 다메섹에 이르는 길(16:11-20)

주석

16:1-4 우리 저자는 15장에서 유다와 이스라엘의 따분한 왕들을 연이어 다룬 후 다시 속도를 늦추어 16장에서 한 사람, 곧 유다의 한 왕에 초점을 맞춘다. 그에 대한 판결은 좋지 않다. 사실 '좋지 않다'는 것도 절제된 표현이다. 아하스는 특별히 나쁜 인물이다. 그는 므낫세와 함께 유다의 역대 최악의 왕에 속한다.

"유다의 왕, 요담의 아들 아하스"의 16년간의 통치가 단 두 줄로 처리된다. 그는 "그의 조상 다윗과 같지 아니하여 그의 하나님 여호와께서 보시기에 정직히 행하지 아니하고 이스라엘의 여러 왕의 길로 행했다." 아달랴의 남편이었던 여호람(참고. 왕하 8:18) 이래 이처럼 정죄를 받은 유다 왕은 없었다. 그런데 아하스는 경계선을 더 멀리 밀어낸다. 그는 조상인 다윗의 경건한 전례를 따르는데 실패하고(16:2) 오히려 이스라엘 왕들을 열정적으로 본받는다(3절). 3-4절은 "자기의 아들을 불에 태워 제물로 바쳤다. 이것은, 주님께서 이스라엘 자손이 보는 앞에서 쫓아내신 이방 민족의 역겨운 풍속을 본받은 행위였다"(새번역)라는 충격적 사건을 기록한다. 아하스는 아동 인신제사를 실행하는데, 실제로 그의 자녀들에게 그렇게 행한다(3절). 그는 한 마디로 열정적이고 헌신적인 우상숭배자다(4절). 그의 전임자들 중 다수는 일관성이 없고 연약해서 산당을 제거하지 못했다. 반면에 아하스는 다르다. 그는 우상숭배를 매우 진지하게 여겨서 그의 백성을 단순한 이유 하나로 지옥 같은 길로 끌고 내려갔다. 그것은 아하스가 세상적인 인물이란 이유였다. 그리고 더 큰 문제는 유다의 백성이 함께 웃으며 그 왕의 발걸음을 따라간다는 것이다.

아하스의 통치를 구별시키는 것은 다음 두 가지다. 하나는 이스라엘이 유다를 이단으로 오염시켰다는 것이고 다른 하나는 이스라엘이 유다를 밀어붙여서 모세가 신명기에서 그토록 열정적으로 경고했던 아람의(가나안의) 행습을 도입하게 했다는 것이다. 여기에 나오는 히브리어("그가 자기 아들을 불 가운데로 지나가게 했다")의 성격을 둘러싼 논의가 이따금 있지만, 여러 본문들(예. 왕상 11:7; 왕하 23:10; 레 18:21; 렘 32:35; 겔 16:20-21; 20:26-31)을 감안하면 이는 분명히 아동 인신제사의 실례를 언급한다. 아하스는 단지 산당을 제거하는데 실패할 뿐 아니라 열정적인 우상숭배자이기도 하다. 그는 "산당들과 작은 산 위와 모든 푸른 나무 아래에서 제사를 드리며 분향하였[다]". 이는 하나님 백성의 영적 상태가 내리막길을 걷는 모습이다. 이제는 약속의 땅에 사는 하나님의 백성을 그 주변 나라들과 구별시키는 것이 전혀 없다. 그리고 이는 유다 왕의 삶과 태도에서 가장 생생하게 드러난다.

16:5-6 15:37에 암시되어 있듯이, 이스라엘과 아람은 유다를 공격할 목적으로 동맹을 맺는다. "이때에 아람의 왕 르신과 이스라엘의 왕 르말랴의 아들 베가가 예루살렘에 올라와서 싸우려 하여 아하스를 에워쌌으나 능히 이기지 못하니라"(5절).[58] 예루살렘을 정복하려던 첫 침략의 실패는 아하스로 하여금 이 위협에 직면해 여호와를 신뢰하게 되는 계기가 되어야 했었다. 하지만 우리가 살펴볼 것처럼 그렇게 되지 않았다.

16장

상황은 갈수록 더 복잡해진다. "당시에 아람의 왕 르신이 엘랏을 회복하여 아람에 돌리고 유다 사람을 엘랏에서 쫓아내었다." 항구 도시인 엘랏은 얼마 전에 유다가 되찾았는데(14:22) 빠르게 상실하게 된다. 점차 커지는 아람의 적대감이 이제는 이스라엘뿐 아니라 유다에까지 영향을 미친 결과 "아람 사람이 엘랏에 이르러 거기에 거주하여 오늘까지 이르렀[다]". 아브라함에게 주어진 땅의 일부가 영구히 상실되었고, 이제는 하나님의 백성 위에 파멸의 분위기가 감돌고 있다는 느낌이 든다.

16:7-9 이 시점에서 아하스는 근본적으로 불경건한 결정을 내린다. 주님을 신뢰하기보다는 "앗수르 왕 디글랏 빌레셀에게 사자를 보내 이르되 '나는 왕의 신복이요 왕의 아들이라 이제 아람 왕과 이스라엘 왕이 나를 치니

58 이 사건들에 관한 추가적인 관점을 보려면 이사야 7-8장을 참고하라.

청하건대 올라와 그 손에서 나를 구원하소서'"라며 도움을 구한다. 유다는 우상숭배에 빠졌을 뿐 아니라 이제 외국 왕에게 신세를 지기까지 한다. 열왕기하 16장은 아하스가 '세상을 신뢰한다'는 점을 매우 분명히 한다. 상황이 정치적으로 복잡해질 때 그는 무슨 행동을 취하는가? 그는 곧장 앗수르에게 달려간다. 실제로 그는 디글랏 빌레셀 3세와 언약을 맺는다. 시리아와 이스라엘이 경제적으로 또 군사적으로 유다를 압박하기 시작하고, 아하스는 앗수르의 '변함없는 사랑'을 확신하며 그들의 품으로 달려간다!

이사야 7-12장이 유다의 이야기에 딱 들어오는 곳은 바로 이곳 열왕기하 16:6과 7절의 사이다. 이사야 설교의 상당 부분은 바로 이 순간에 아하스 왕을 위해 개인적으로 작성한 것이다. 여호와께서 이사야의 두 아들인 스알야숩과 마헬살랄하스바스의 징표를 보내시는 대상은 바로 아하스다. 처녀가 잉태하여 아들을 낳을 것이요 그의 이름이 임마누엘('하나님이 우리와 함께 계시다')이라는 소식을 받는 사람도 아하스다. 태어날 자녀가 "기묘자라, 모사라, 전능하신 하나님이라, 영존하시는 아버지라, 평강의 왕이라"(사 9:6)고 불릴 것이란 약속을 받는 사람도 아하스다. 여호와는 아하스에게 앗수르를 신뢰하지 말고 하나님을 꼭 붙잡으면 하나님의 백성에게 모든 것이 잘 될 것이라고 분명하게 말씀하신다. 그분은 "만일 너희가 굳게 믿지 아니하면 너희는 굳게 서지 못하리라"(사 7:9)고 말씀하셨다. 그러면 아하스는 어떻게 처신하는가? '그는 앗수르를 신뢰한다.' 7-9절에는 "앗수르 왕"이 계속해서 반복된다. 아하스는 앗수르 왕을 신뢰하는 것이다. 아하스가 디글랏 빌레셀에게 굽신거리는데, 그렇게 하는 것은 곧 다윗의 언약을 파기하는 짓이다.

아하스는 새로운 절친, "앗수르 왕"과의 관계를 돈독히 하기 위해 성전(과 그의 왕궁)을 탈취한다. "아하스가 여호와의 성전과 왕궁 곳간에 있는 은금을 내어다가 앗수르 왕에게 예물[또는 '뇌물']로" 보냈다. 그의 행동이 효과적인 것으로 입증될지 몰라도, 이는 그 행동이 왜곡되었음을 보여주는 생생한 장면이다. "앗수르 왕이 그 청을 들었다." 그 결과 앗수르 왕이 "곧 올라와서 다메섹을 쳐서 점령하여 그 백성을 사로잡아 기르로 옮기고 또 르신을 죽였[다]"(9절). 아모스 9:7에 따르면, 기르는 아람 사람의 고향이었은즉 이는 일종의 반(反)탈출에 해당한다. 앗수르가 동쪽에서 이동해 다메섹을 점령하고 아람 왕 르신을 죽이자 유다에 대한 압력이 풀어진다.

16:10-20 개요

이 단락은 구약 전체에서 참으로 기괴한 종교 개혁의 이야기를 들려준다. 아하스는 일종의 종교적 회심을 경험한다. 그런데 문제는 이 회심이 다메섹의 신들로 향한다는 것이다. 그 결과, 아하스가 휴가 기간에 목격한 것을 기초로 어마어마한 반(反)개혁을 통해 예루살렘 성전이 재배열되고 유다의 예배가 거꾸로 뒤집힌다.

16:10-11 앗수르가 아람에 승리를 거둔 후 "아하스 왕이 앗수르의 왕 디글랏 빌레셀을 만나러 다메섹에" 갔다. 이 정상회담은 지대한 영향을 미칠 뜻밖의 결과를 초래한다. 방문 기간 중 어느 시점에 아하스가 "다메섹에 있는 제단을 보[았다]". 이것은 그가 방문한 목적이나 이유가 아닌데도, 이 우상숭배의 제단이 그의 상상력을 사로잡은 것이 분명하다. 왕이 "그 제단의 모든 구조와 제도의 양식을 그려 제사장 우리야에게 보내기로" 결심하기 때문이다. 이는 신명기의 기본적인 사고방식, 즉 오직 여호와만 그분이 경배를 받는 방식을 규정할 수 있다는 것에서 이탈하는 심각한 문제다. 하지만 왕과 우리야 모두 주저하는 모습이 전혀 없다. "제사장 우리야가 아하스 왕이 다메섹에서 보낸 대로 모두 행하여 제사장 우리야가 제단을 만든지라." 다음 진술이 거의 똑같다는 사실("우리야 제사장은 아하스 왕이 다마스쿠스로부터 돌아오기 전에 제단 건축을 모두 완성하였다", 새번역)은 이 비극적 행동의 중요성을 부각시킨다. 이 새로운 제단은 전례가 없고 역사가 없으며 근거가 없는데도 불구하고 이제 하나님의 성전 중심부에 우뚝 서 있다.

16:12-13 아하스는 예루살렘으로 돌아온 후 우리야의 작품을 승인하는 듯 보이고, 곧바로 "제단 앞에 나아가 그 위에 제사를 드리되 자기의 번제

물과 소제물을 불사르고 또 전제물을 붓고 수은제 짐승의 피를 제단에 뿌[렸다]". 제사장들의 참여에 관해 침묵하는 것을 감안하면, 저자는 아하스가 이전의 계시를 완전히 무시하고 자기 마음대로 하는 인물임을 보여주려는 듯하다. 이 왕은 일부러 하나님의 가르침에 반대하기보다는 그 가르침을 완전히(가차없이) 무시하고 있다. 그는 전혀 다른 북소리에 맞춰 행진하는 중이다.

16:14-20 아하스는 그 자신의 제단을 성전에 도입한 만큼 다른 모든 것을 바꿀 필요가 있다고 결심하고 "여호와의 앞 곧 성전 앞에 있던 놋 제단을 새 제단과 여호와의 성전 사이에서 옮겨다가 그 제단 북쪽에 그것을 두[었다]". 그가 우리야에게 한 지시는 그의 새로운 기구를 수용하기 위해 정상적인 성전 의례를 재정리하라는 것이다. 15절에 따르면, 이제부터 모든 제물은 다메섹 양식 제단에서 바쳐질 것이고, 하나님이 위탁하신 본래의 놋 제단은 왕의 개인적 점술의 영역으로 축소된다("내가 주께 여쭐 일에만 쓰게 하라"). 우리야가 왕에게 (반항은 고사하고) 의문을 제기하는 모습이 전혀 없다.

이런 변경에 만족하지 못한 "아하스 왕이 물두멍 받침의 옆판을 떼 내고 물두멍을 그 자리에서 옮기고 또 놋 바다를 놋 소위에서 내려다가 돌판 위에 그것을 두[었다]"(17절). 이런 변경은 우상숭배나 미학의 영향을 받아 추진되었을 것이며, 전자일 가능성이 더 많다(대하 28:23도 이를 지지한다). 그리고 18절에서도 ("주님의 성전 안에 만들어 둔 왕의 안식일 전용 통로와 주님의 성전 바깥에 만든 전용 출입구"에 대한) 외적인 변경이 "앗수르 왕에게 경의를 표하려고"(이상 새번역) 추진된다. 이 마지막 어구가 "앗수르 왕을 기쁘게 하려고" 또는 "방문을 주선하려고" 또는 "앗수르 왕의 지시에 따라" 중 어떤 뜻인지는 분명치 않다. 아하스의 통치가 요약되고 그 왕좌가 "그의 아들 히스기야"에게 넘어갈 때, 유다 백성의 중심에 우상숭배의 독이 존재하고 있음은 분명하다.

도무지 상상할 수 없고 또 전례가 없는 이 탈선의 함의는 더 최악의 경우를 찾을 수 없을 만큼 심각하다. 그처럼 오만한 방식으로 하나님의 언약적인 계시를 내버리는 경우는 성경에서 발견하기 어렵다. 수백 년의 행습이 고려되지도 않은 채 순식간에 전복되고 만다. 외국인 아내나 왕으로부터 오는 압력도 없다. 유다에서 권력 투쟁이 있다는 증거도 없다. 아울러 디글랏 빌레셀이 예루살렘에서 일어나는 일에 신경을 많이 쓰는 것 같지도 않다. 앗수르 사람들이 개종시키는 일이나 그들의 종교적 행습을 수출하는 일에 관심이 있다는 증거도 없다. 이 모든 것은 아하스에게 달려있다. 왕은 어떤 설명도 없이 다메섹 양식의 제단을 수입하기로 결정한다. 출애굽기의 언어를 패러디한 표현으로, 순응하는 제사장인 우리야가 아하스의 지시에 따른다고 한다. 예전에 브살렐과 오홀리압이 모세가 그들에게 넘겨준 하나님의 청사진에 따라 작업했던 것과 같다. 아하스는 새로운 제단을 수입할 뿐 아니라 아무런 신학적 근거도 없이 성소의 레이아웃을 변경했다. 거의 천년에 걸친 경건한 행습이 완전히 뒤집히고 만 것이다.

응답

아하스는 흥미로운 인물이다. 특히 그는 신념이 부족한 사람처럼 보인다. 한편으로는 매우 실용적이다. 그는 이기심이나 권력욕, 하나님을 높이려는 욕구에 의해 움직이기보다는 그저 '대세를 따라간다'. 그의 '세상적 본성'은 앗수르의 압력을 받을 때 나타난다. 아하스의 전략은 틀림없이 단기적 이익을 얻는 것이다(16:9). 대세를 따르면 종종 그렇게 된다. 그러나 그런 입장은 급격히 재난을 초래한다. 세상적인 모습에는 미래가 없다. 이것이 아하스의 기본 문제다. 그는 정치적, 군사적, 경제적 문제들을 하나님과 상관없이 해결할 수 있다고 생각한다. 그는 여호와와 앗수르 왕 사이에서 선택을 내려야 할 때 앗수르 왕을 선택하고 그를 신뢰한다. 이것이 놀랄 일이 아닌 이유는 16장의 이야기가 진전될 때 그의 마음은 세상을 사랑하고 있음이 분명해지기 때문이다.

아하스의 삶의 배경에 '세상적 본성'이 있다는 것은 모든 압력이 풀어지고 그가 다메섹에서 '휴가를 보낼 때' 나타난다. 아하스는 아람의 종교 유적을 빠르게 돌아본 후 건축물 리모델링 쇼에 대한 신학적 사유를 거친 다음 예루살렘 성전에 있는 모든 것을 개조하기로 결정한다. 이는 형식이 내용을 압도하는 형국이다. 아하스는 사물이 어떻게 보이는지와 현대적인 것을 사랑하고 앗수르 왕이 그것에 대해 무슨 말을 할지에 신경을 쓴다. 아하스는 세상을 사랑하고 신뢰한다. 만일 세속화가 남들처럼 생각하고, 말하고, 행동하고, 꿈꾸기 시작하면서 하나님께 반하는 삶의 패턴과 리듬에 휘말리는 것이라면, 아하스야말로 최고의 본보기다. 그러면 우리는 어떤가? 우리는 세상에 반해 하나님을 신뢰하고 또 사랑하고 있는가? 우리는 영적으로 성장하는가, 아니면 퇴보하는가? 아하스의 경우에 비추어 우리 자신을 진단할 수 있을 것이다.

물론 우리가 열왕기하 16-17장에서 살펴보고 있는 인물들과 교회의 일부인 우리 사이에는 큰 차이가 있다. 그 차이점은 우리가 '그리스도의 재림 앞에서 살고 있다'는 것이다. 아하스와 이스라엘 사람들은 하나님의 은혜, 그분의 인내, 주님은 두려워할 분이라는 것, 그리고 그들에게 하나님의 용서가 필요하다는 것에 관해 알고 있다. '그러나 우리는 더 많이 안다.' 하나님이 이 땅에 오셨다는 것, 그의 이름이 예수 그리스도라는 것 그리고 그의 영을 우리의 삶에 부어주시며 그분을 사랑하고, 두려워하고, 섬긴다는 것이 무슨 뜻인지를 몸소 보여주셨다는 것을 알고 있다. 이를 바울은 디도서 2:11-14에서 이렇게 요약한다.

> 모든 사람에게 구원을 주시는 하나님의 은혜가 나타나 우리를 양육하시되 경건하지 않은 것과 이 세상 정욕을 다 버리고 신중함과 의로움과 경건함으로 이 세상에 살고 복스러운 소망과 우리의 크신 하나님 구주 예수 그리스도의 영광이 나타나심을 기다리게 하셨으니 그가 우리를 대신하여 자신을 주심은 모든 불법에서 우리를 속량하시고 우리를 깨끗하게 하사 선한 일을 열심히 하는 자기 백성이 되게 하려 하심이라.

하지만 우리는 여전히 압박감을 받을 때 어디로 달려가는지 돌아볼 필요가 있다. 내가 수년에 걸쳐 알아챈 사실은 이러한 스트레스가 사실상 일상적이라는 것이다. 한 해를 사는 동안 내가 압박감을 느끼는 기간은 적어도 70퍼센트나 된다. 다가오는 마감일, 까다로운 목회적 이슈들, 중요한 전략 회의, 추가로 주어진 교회 업무, 가족과의 문제, 새로운 강아지의 도착 등. 그리스도를 섬기는 일에 대해 진지한 사람에게는 이것이 일상적인 생활방식이라 말해도 무방하리라. 우리가 한 해 52주를 사는 동안 적어도 50주는 평안하기를 기대하지만 이는 상당히 비현실적이다! 우리는 압력을 완화시키려 하는 데는 너무 많은 시간을 쓰고 스트레스 아래 살아가는 법에 대해 생각하는 데는 너무 적은 시간을 쓴다. 그때마다 우리는 어떻게 대처하는가? 우리의 자연스러운 반응은 이렇다. 공포에 사로잡히거나, 문제를 부인하고 TV를 켜거나, 정크 푸드를 먹거나, 충분히 적응하면 사태를 바꿀 수 있을 것으로 확신하며 더 열심히 일하기도 한다. 문제는 이 모든 반응이 바로 그리스도인이 아닌 내 친구들이 취하는 선택사항과 똑같다는 것이다. 좋은 소식은 우리에게 또 다른 선택이 있다는 것, 우리가 그리스도 안에서 하나님께 달려갈 수 있다는 것이다. 즉, 우리는 잠시 멈추고 기도하면서 우리의 연약함을 인정하고 그분의 지혜를 구할 수 있다. 이것이 바로 우리가 압력을 받을 때 보이는 세상적인 모습과 경건한 모습의 차이점이다.

우리가 압박감을 느끼지 않을 때에도 사실은 똑같은 선택사항에 직면한다. 이 때문에 우리는 스트레스에서 벗어날 때, 즉 저녁 시간이나 주말이나 휴가 중에 우리 마음이 어디로 달려가는지 자문할 필요가 있다. 우리는 여유가 생겼을 때, '나 자신'에게만 몰두하기가 너무나 쉽다. 와인이나 맥주 한 잔을 마시든지, 리모컨을 집어 들든지, 바닷가로 향하든지, 자전거를 올라타든지, 모두 나 자신만을 위한 것이다. 그냥 신경을 끄는 것이다. 이는 타락한 인간의 정상적인 모습이다. 그렇다고 좋다는 뜻은 아니다! 사실 성경은 이를 가리켜 '세속성'이라 부른다.

물론 휴가나 운동이나 안식이 나쁘다고 말하는 것은 아니다. 아니, 이런 것들은 하나님의 좋은 선물이다. 문제는 우리가 그런 것을 '나 자신'만을 위해 즐길 때는 하나님과 상관없이 살기 쉽다는 것이다. 이것이 세상적인 모습이다. 우리가 살아계신 하나님께 속해 있음을 아는 지식이 그 모든 시간에 침투해야 한다. 휴가를 즐기든, 바닷가에서 놀든, 잠자고 음식을 먹든, 가족과 캠핑을 하든, 스포츠를 관람하든 마찬가지다. 우리가 그리스도 안에 있는 형제자매이고, 그분을 기뻐하고 우리의 운명이 그분 안에 있다는 것에서 더 큰 기쁨을 찾아야 한다. 마치 하나님이 존재하지 않는 것처럼, 마치 우리가 그분께 속해 있지 않은 것처럼 살아가는 잘못에 빠지지 말자. 이것이 아하스의 메시지다.

이 치명적이되 매력적인 세상에서 생존하는데 필요한 열쇠를 쥐신 분은 물론 주 예수님이다. 존 오웬은 17세기에 이런 글을 썼다. "누군가가 그의 애정을 그리스도의 십자가와 사랑에 쏟을 때는 세상을 죽은 것, 탐탁하지 않은 것으로 십자가에 못 박는다. 죄의 미끼가 그 매력을 잃고 사라진다. 당신의 애정을 그리스도의 사랑으로 가득 채우라, 그러면 죄를 범할 여지가 없을 것이다."[59] 세속성에 맞서는 싸움, 그리스도를 가장 사랑하고 그분을 통해 아름다운 삶을 영위하려는 싸움은 평생 동안 계속된다. 이 싸움은 오로지 하나님의 은혜를 꼭 붙잡는 '사소한 결정들'이 꾸준히 이어질 때에만 이길 수 있다. 이것이 인생의 길이다. 이것이 하나님을 경외하고 그분께 영광을 돌리는 길이다. 이것이 주 예수 그리스도께 속해 있다는 말의 의미이다.

59 John Owen and J. M. Houston, *Triumph over Temptation: Pursuing a Life of Purity*, Victor Classics (Colorado Springs: Cook, 2005), 102.

2 Kings
열왕기하
17:1-41

17장

[1] 유다의 왕 아하스 제십이년에 엘라의 아들 호세아가 사마리아에서
이스라엘 왕이 되어 구 년간 다스리며 [2] 여호와께서 보시기에 악을 행
하였으나 다만 그 전 이스라엘 여러 왕들과 같이 하지는 아니하였더
라 [3] 앗수르의 왕 살만에셀이 올라오니 호세아가 그에게 종이 되어 조
공을 드리더니 [4] 그가 애굽의 왕 소에게 사자들을 보내고 해마다 하던
대로 앗수르 왕에게 조공을 드리지 아니하매 앗수르 왕이 호세아가
배반함을 보고 그를 옥에 감금하여 두고 [5] 앗수르 왕이 올라와 그 온
땅에 두루다니고 사마리아로 올라와 그곳을 삼 년간 에워쌌더라

[1] In the twelfth year of Ahaz king of Judah, Hoshea the son of Elah
began to reign in Samaria over Israel, and he reigned nine years.
[2] And he did what was evil in the sight of the Lord, yet not as the kings
of Israel who were before him. [3] Against him came up Shalmaneser
king of Assyria. And Hoshea became his vassal and paid him tribute.
[4] But the king of Assyria found treachery in Hoshea, for he had sent
messengers to So, king of Egypt, and offered no tribute to the king of
Assyria, as he had done year by year. Therefore the king of Assyria shut

him up and bound him in prison. 5 Then the king of Assyria invaded all
the land and came to Samaria, and for three years he besieged it.

6 호세아 제구년에 앗수르 왕이 사마리아를 점령하고 이스라엘 사람을 사로잡아 앗수르로 끌어다가 고산 강가에 있는 할라와 하볼과 메대 사람의 여러 고을에 두었더라

6 In the ninth year of Hoshea, the king of Assyria captured Samaria, and he carried the Israelites away to Assyria and placed them in Halah, and on the Habor, the river of Gozan, and in the cities of the Medes.

7 이 일은 이스라엘 자손이 자기를 애굽 땅에서 인도하여 내사 애굽
의 왕 바로의 손에서 벗어나게 하신 그 하나님 여호와께 죄를 범하고
또 다른 신들을 경외하며 8 여호와께서 이스라엘 자손 앞에서 쫓아내
신 이방 사람의 규례와 이스라엘 여러 왕이 세운 율례를 행하였음이
라 9 이스라엘의 자손이 점차로 불의를 행하여 그 하나님 여호와를 배
역하여 모든 성읍에 망대로부터 견고한 성에 이르도록 산당을 세우고
10 모든 산 위에와 모든 푸른 나무 아래에 목상과 아세라 상을 세우고
11 또 여호와께서 그들 앞에서 물리치신 이방 사람 같이 그곳 모든 산
당에서 분향하며 또 악을 행하여 여호와를 격노하게 하였으며 12 또
우상을 섬겼으니 이는 여호와께서 그들에게 행하지 말라고 말씀하신
일이라 13 여호와께서 각 선지자와 각 선견자를 통하여 이스라엘과 유
다에게 지정하여 이르시기를 너희는 돌이켜 너희 악한 길에서 떠나
나의 명령과 율례를 지키되 내가 너희 조상들에게 명령하고 또 내 종
선지자들을 통하여 너희에게 전한 모든 율법대로 행하라 하셨으나

7 And this occurred because the people of Israel had sinned against the Lord their God, who had brought them up out of the land of Egypt from under the hand of Pharaoh king of Egypt, and had feared other gods

8 and walked in the customs of the nations whom the Lord drove out
before the people of Israel, and in the customs that the kings of Israel
had practiced. 9 And the people of Israel did secretly against the Lord
their God things that were not right. They built for themselves high
places in all their towns, from watchtower to fortified city. 10 They set
up for themselves pillars and Asherim on every high hill and under
every green tree, 11 and there they made offerings on all the high places,
as the nations did whom the Lord carried away before them. And they
did wicked things, provoking the Lord to anger, 12 and they served
idols, of which the Lord had said to them, "You shall not do this."
13 Yet the Lord warned Israel and Judah by every prophet and every
seer, saying, "Turn from your evil ways and keep my commandments
and my statutes, in accordance with all the Law that I commanded your
fathers, and that I sent to you by my servants the prophets."

14 그들이 듣지 아니하고 그들의 목을 곧게 하기를 그들의 하나님 여
호와를 믿지 아니하던 그들 조상들의 목같이 하여 15 여호와의 율례와
여호와께서 그들의 조상들과 더불어 세우신 언약과 경계하신 말씀을
버리고 허무한 것을 뒤따라 허망하며 또 여호와께서 명령하사 따르
지 말라 하신 사방 이방 사람을 따라 16 그들의 하나님 여호와의 모든
명령을 버리고 자기들을 위하여 두 송아지 형상을 부어 만들고 또 아
세라 목상을 만들고 하늘의 일월 성신을 경배하며 또 바알을 섬기고
17 또 자기 자녀를 불 가운데로 지나가게 하며 복술과 사술을 행하고
스스로 팔려 여호와 보시기에 악을 행하여 그를 격노하게 하였으므로
18 여호와께서 이스라엘에게 심히 노하사 그들을 그의 앞에서 제거하
시니 오직 유다 지파 외에는 남은 자가 없으니라
14 But they would not listen, but were stubborn, as their fathers had

been, who did not believe in the Lord their God. 15 They despised
his statutes and his covenant that he made with their fathers and the
warnings that he gave them. They went after false idols and became
false, and they followed the nations that were around them, concerning
whom the Lord had commanded them that they should not do like
them. 16 And they abandoned all the commandments of the Lord their
God, and made for themselves metal images of two calves; and they
made an Asherah and worshiped all the host of heaven and served Baal.
17 And they burned their sons and their daughters as offerings[1] and used
divination and omens and sold themselves to do evil in the sight of the
Lord, provoking him to anger. 18 Therefore the Lord was very angry
with Israel and removed them out of his sight. None was left but the
tribe of Judah only.

19 유다도 그들의 하나님 여호와의 명령을 지키지 아니하고 이스라엘
사람들이 만든 관습을 행하였으므로 20 여호와께서 이스라엘의 온 족
속을 버리사 괴롭게 하시며 노략꾼의 손에 넘기시고 마침내 그의 앞
에서 쫓아내시니라
19 Judah also did not keep the commandments of the Lord their God,
but walked in the customs that Israel had introduced. 20 And the Lord
rejected all the descendants of Israel and afflicted them and gave them
into the hand of plunderers, until he had cast them out of his sight.

21 이스라엘을 다윗의 집에서 찢어 나누시매 그들이 느밧의 아들 여
로보암을 왕으로 삼았더니 여로보암이 이스라엘을 몰아 여호와를 떠
나고 큰 죄를 범하게 하매 22 이스라엘 자손이 여로보암이 행한 모든
죄를 따라 행하여 거기서 떠나지 아니하므로 23 여호와께서 그의 종

모든 선지자를 통하여 하신 말씀대로 드디어 이스라엘을 그 앞에서
내쫓으신지라 이스라엘이 고향에서 앗수르에 사로잡혀 가서 오늘까
지 이르렀더라
21 When he had torn Israel from the house of David, they made
Jeroboam the son of Nebat king. And Jeroboam drove Israel from
following the Lord and made them commit great sin. 22 The people
of Israel walked in all the sins that Jeroboam did. They did not depart
from them, 23 until the Lord removed Israel out of his sight, as he had
spoken by all his servants the prophets. So Israel was exiled from their
own land to Assyria until this day.

24 앗수르 왕이 바벨론과 구다와 아와와 하맛과 스발와임에서 사람을
옮겨다가 이스라엘 자손을 대신하여 사마리아 여러 성읍에 두매 그들
이 사마리아를 차지하고 그 여러 성읍에 거주하니라 25 그들이 처음으
로 거기 거주할 때에 여호와를 경외하지 아니하므로 여호와께서 사자
들을 그들 가운데에 보내시매 몇 사람을 죽인지라 26 그러므로 어떤
사람이 앗수르 왕에게 말하여 이르되 왕께서 사마리아 여러 성읍에
옮겨 거주하게 하신 민족들이 그 땅 신의 법을 알지 못하므로 그들의
신이 사자들을 그들 가운데에 보내매 그들을 죽였사오니 이는 그들이
그 땅 신의 법을 알지 못함이니이다 하니라 27 앗수르 왕이 명령하여
이르되 너희는 그곳에서 사로잡아 온 제사장 한 사람을 그곳으로 데
려가되 그가 그곳에 가서 거주하며 그 땅 신의 법을 무리에게 가르치
게 하라 하니 28 이에 사마리아에서 사로잡혀 간 제사장 중 한 사람이
와서 벧엘에 살며 백성에게 어떻게 여호와 경외할지를 가르쳤더라
24 And the king of Assyria brought people from Babylon, Cuthah,
Avva, Hamath, and Sepharvaim, and placed them in the cities of
Samaria instead of the people of Israel. And they took possession of

17장

Samaria and lived in its cities. 25 And at the beginning of their dwelling
there, they did not fear the Lord. Therefore the Lord sent lions among
them, which killed some of them. 26 So the king of Assyria was told,
"The nations that you have carried away and placed in the cities of
Samaria do not know the law of the god of the land. Therefore he has
sent lions among them, and behold, they are killing them, because they
do not know the law of the god of the land." 27 Then the king of Assyria
commanded, "Send there one of the priests whom you carried away
from there, and let him[2] go and dwell there and teach them the law of
the god of the land." 28 So one of the priests whom they had carried
away from Samaria came and lived in Bethel and taught them how they
should fear the Lord.

29 그러나 각 민족이 각기 자기의 신상들을 만들어 사마리아 사람이
지은 여러 산당들에 두되 각 민족이 자기들이 거주한 성읍에서 그렇
게 하여 30 바벨론 사람들은 숙곳브놋을 만들었고 굿 사람들은 네르갈
을 만들었고 하맛 사람들은 아시마를 만들었고 31 아와 사람들은 닙
하스와 다르닥을 만들었고 스발와임 사람들은 그 자녀를 불살라 그들
의 신 아드람멜렉과 아남멜렉에게 드렸으며 32 그들이 또 여호와를 경
외하여 자기 중에서 사람을 산당의 제사장으로 택하여 그 산당들에서
자기를 위하여 제사를 드리게 하니라 33 이와 같이 그들이 여호와도
경외하고 또한 어디서부터 옮겨왔든지 그 민족의 풍속대로 자기의 신
들도 섬겼더라

29 But every nation still made gods of its own and put them in the
shrines of the high places that the Samaritans had made, every
nation in the cities in which they lived. 30 The men of Babylon made
Succoth-benoth, the men of Cuth made Nergal, the men of Hamath

made Ashima, 31 and the Avvites made Nibhaz and Tartak; and the
Sepharvites burned their children in the fire to Adrammelech and
Anammelech, the gods of Sepharvaim. 32 They also feared the Lord and
appointed from among themselves all sorts of people as priests of the
high places, who sacrificed for them in the shrines of the high places.
33 So they feared the Lord but also served their own gods, after the
manner of the nations from among whom they had been carried away.

34 그들이 오늘까지 이전 풍속대로 행하여 여호와를 경외하지 아니하
며 또 여호와께서 이스라엘이라 이름을 주신 야곱의 자손에게 명령하
신 율례와 법도와 율법과 계명을 준행하지 아니하는도다 35 옛적에 여
호와께서 야곱의 자손에게 언약을 세우시고 그들에게 명령하여 이르
시되 너희는 다른 신을 경외하지 말며 그를 경배하지 말며 그를 섬기
지 말며 그에게 제사하지 말고 36 오직 큰 능력과 편 팔로 너희를 애굽
에서 인도하여 내신 여호와만 경외하여 그를 예배하며 그에게 제사를
드릴 것이며 37 또 여호와가 너희를 위하여 기록한 율례와 법도와 율
법과 계명을 지켜 영원히 행하고 다른 신들을 경외하지 말며 38 또 내
가 너희와 세운 언약을 잊지 말며 다른 신들을 경외하지 말고 39 오직
너희 하나님 여호와만을 경외하라 그가 너희를 모든 원수의 손에서
건져내리라 하셨으나 40 그러나 그들이 듣지 아니하고 오히려 이전 풍
속대로 행하였느니라
34 To this day they do according to the former manner. They do not
fear the Lord, and they do not follow the statutes or the rules or the law
or the commandment that the Lord commanded the children of Jacob,
whom he named Israel. 35 The Lord made a covenant with them and
commanded them, "You shall not fear other gods or bow yourselves to
them or serve them or sacrifice to them, 36 but you shall fear the Lord,

who brought you out of the land of Egypt with great power and with
an outstretched arm. You shall bow yourselves to him, and to him you
shall sacrifice. 37 And the statutes and the rules and the law and the
commandment that he wrote for you, you shall always be careful to do.
You shall not fear other gods, 38 and you shall not forget the covenant
that I have made with you. You shall not fear other gods, 39 but you
shall fear the Lord your God, and he will deliver you out of the hand
of all your enemies." 40 However, they would not listen, but they did
according to their former manner.

41 이 여러 민족이 여호와를 경외하고 또 그 아로새긴 우상을 섬기니 그들의 자자손손이 그들의 조상들이 행하던 대로 그들도 오늘까지 행하니라

41 So these nations feared the Lord and also served their carved images. Their children did likewise, and their children's children—as their fathers did, so they do to this day.

1 Or *made their sons and their daughters pass through the fire* *2* Syriac, Vulgate; Hebrew *them*

단락 개관

이스라엘의 종말

이스라엘이 앗수르의 손에 심판을 받기까지 오랫동안 축적되어온 것이 있었지만 최후의 대단원은 여전히 충격적으로 다가온다. 호세아는 이스라엘의 기준으로 보면 비교적 경건한 인물(또는 표준에 못 미치는 불경건한 인물)이라도 그의 재임 기간에 살만에셀 치하의 앗수르 사람들이 결국 이스라엘을 무너뜨리고 그 나라를 해체시켜서 그들을 앗수르로 유배를 보내게 된다. 이는 다시는 돌아올 수 없는 운명이 될 것이다.

이번 장의 대부분의 내용은 이 사건들에 대한 설명과 그 당위성을 다루는데 할애되어 있다. 7-23절은 신명기의 렌즈를 통해 이스라엘의 역사를 회고하며 하나님이 그 백성을 심판하신 다수의 이유를 쏟아놓는다. 이 단락은 비교적 산문적이긴 해도 그 백성에게 제기한 신중한 소송은 이 느린 장을 열왕기에서 가장 중요한 대목 중 하나로 만들어준다. 포로상태의 독자들에게, 사실적인 어조와 세심한 증거 수집은 또한 바벨론 유배 역시 그에 못지않게 정당화된다는 사실을 강조하는 역할을 할 것이다.

24절에서 마지막 구절까지는 저자가 앗수르 치하의 정착(또는 재정착) 패턴에 대한 통찰을 제공하는 대목이다. 애초에는 그 땅을 원근 각처에서 온 다양한 포로들에게 넘겨주는 실험을 한 후(이는 하나님이 보낸 사자들의 개입으로 인한 재난을 초래한다), '현지의 신'을 달래기 위해 새로운 지주들에게 현지 종교의 내용을 알려줄 '현지의 제사장'을 이스라엘로 되돌려 보내기로 결정한다. 이는 어느 정도 효과가 있지만, 이스라엘 땅은 은혜로운 언약 규정 아래 살아가는 자가 하나도 없는 상태로 남는다. 여호와를 경배하는 모습이 조금 있으나 혼합주의적 성격을 지닌다. 이런 상황은 저자의 날까지 계속 이어진다.

단락 개요

IV. 쇠퇴와 몰락- 이스라엘의 종말과 유다의 유배(13:1-25:30)

D. 호세아 왕과 북왕국의 종말(17:1-41)

1. 호세아의 생애와 시대(17:1-5)
2. 이스라엘의 종말(17:6)
3. 이스라엘은 왜 패망했는가(17:7-23)
4. 앗수르의 정착과 새로운 사마리아(17:24-41)

주석

17:1-5 불과 몇 구절 내에 이스라엘의 북왕국의 이야기가 종국에 이른다. 우리는 종말이 다가오고 있다는 것을 알고 있었지만 그 장면은 엄청나게 어리석은 모습으로 나타난다. 그 나라의 어리석음은 그 왕의 비극적이고 어리석은 죽음으로도 나타난다. 호세아 왕이 성경 내러티브에 기여한 모든 것은 이 대목에 다 모여 있다. 그는 그의 전임자들만큼 악하진 않았을지 몰라도 더 어리석은 인물이었다. 호세아는 최근에 정복된 작은 나라의 왕인데도 불구하고 이스라엘을 초강대국인 앗수르에 대항하도록 인도해서 즉시 파국적인 결과를 초래했다. 이스라엘은 더 이상 존재하지 않는다. 너무나 허무하게 끝난다.

"엘라의 아들 호세아"[60]의 9년 통치는 이스라엘의 기준으로 보면 좋지도 않고 특별히 나쁘지도 않다. "여호와께서 보시기에 악을 행하였으나 다만

60 호세아가 통치한 연대기에 관해서는 약간의 논쟁이 있다.

그 전 이스라엘 여러 왕들과 같이 하지는 아니하였더라"(2절). 이렇게 평가하는 이유(참고. 3:2에 나오는 여호람)는 나오지 않지만 좋은 쪽으로 몇 가지 작은 변화를 일으켰기 때문일 것이다. 저자는 호세아의 재임 기간에 일어나는 일은 그의 특정한 악에 대한 반응이기보다는 대대로 축적된 악의 결과라고 지적한다. 하지만 그의 통치가 주목을 받는 이유는 먼저 이스라엘이 앗수르에게 의존하게 했다가 이후 앗수르에게 멸망당하게 했기 때문이다. 3절에서 이스라엘은 속국이 된다. "앗수르의 왕 살만에셀이 올라오니 호세아가 그에게 종이 되어 조공을 드리더니." 이스라엘은 독립국의 지위를 포기하고 생존을 보장받는 조건으로 앗수르에게 충성을 서약한다. 몇 년 후 호세아는 매우 위험천만한 게임을 시도하기로 결정한다. 앗수르에게 바치던 조공을 내지 않고 "애굽의 왕, 소에게 사자들을 보내어" 이집트의 환심을 사려고 한다. 이 본문을 읽는 가장 자연스러운 방식은 "소"(So)라는 이름을 가진 어떤 바로(pharaoh)로 파악하는 것이다. 하지만 이 이름을 가진 통치자에 대한 외부 증거가 없다는 점을 감안해서 일부 학자는 이 본문을 '사이즈'(Sais)란 왕의 도성으로 읽을 것을 제안해왔다. "앗수르 왕이 호세아가 배반함을 보고 그를 옥에 감금하여 두고"(4절). 이후 이스라엘은 계속해서 앗수르의 진노를 직면하게 된다. "앗수르 왕이 올라와 그 온 땅에 두루 다니고 사마리아로 올라와 그곳을 삼 년간 에워쌌더라"(5절). 종말이 다가오고 있음이 분명하다.

17:6 마침내 포위가 이스라엘의 저항을 깨뜨리고, 주전 722년에 "앗수르 왕이 사마리아를 점령[했다]". 이후 이스라엘 사람들이 그 땅에서 쫓겨나서 "고산 강가에 있는 할라와 하볼과 메대 사람의 여러 고을" 등 다수의 장소로 옮겨졌다. 이스라엘 사람들이 곳곳으로 흩어졌기 때문에 포로상태에서의 복귀가 가능하지 않았던 것이다. 이 내러티브는 상당히 억제된 표현이라서 당시에 일어난 일이 얼마나 엄청난지를 놓치기 쉽다. 하나님의 백성 중 6분의 5가 몰살된다. 약속의 땅의 영역이 대폭 축소된다. 하나님의 약속을 신뢰할 수 있는지가 의문시된다. 언약의 저주가 퍼부어지고 복은

상실된 것처럼 보인다. 그 나라의 파국적 종말은 르호보암 시대의 반역적인 출발부터 그들을 끈질기게 붙어 다닌 이슈들을 부각시킨다. 이어지는 구절들에서 전면에 나오는 이슈를 살펴보자.

17:7-8 이 구절들은 열왕기의 저자가 어둠에서 나와서 상세한 편집 노트를 제공하는 보기 드문 대목이다. 이제까지 나온 이 책의 모든 암시와 미묘한 부분을 요약하면서 이스라엘이 유배된 대표적인 이유를 이와 같이 설명한다.

> 이 일은 이스라엘 자손이…하나님 여호와께 죄를 범하고 또 다른 신들을 경외하며 여호와께서 이스라엘 자손 앞에서 쫓아내신 이방 사람의 규례와 이스라엘 여러 왕이 세운 율례를 행하였음이라.

달리 말하면, 그들은 남들처럼 생각하고, 말하고, 행동하고, 꿈을 꾸는 바람에 땅에서 하나님께 반하는 삶의 패턴과 리듬에 휘말려들었다고 한다. 근본적으로 이스라엘의 범죄는 첫째 계명을 어기는 것이었고, 직후에 가나안 사람들의 행습을 채택하고 이후 이스라엘의 이전 왕들의 탈선을 흉내 낸 것이다. 하나님께서 출애굽을 통해 그들에게 은혜를 베풀었음에도 불구하고, 이스라엘은 각 세대가 이전 세대의 죄 위에 또 죄를 쌓는 등 연달아 우상을 숭배하는 나라가 되었다.

17:9-12 다음 구절들에는 이스라엘의 죄가 상세히 열거되어 있다. 그 백성이 그들 주변의 이방인들과 비슷한 모습을 보인 방식을 긴 목록에 술술 풀어놓는다. 그렇다, 물론 그들의 우상숭배가 이슈이다. 그러나 그 우상숭배의 저변에는 먼저 그들을 이집트에서 구출하신 여호와에 대한 배척이 있다. 그 우상숭배의 저변에는 남들처럼 살려는 결정이 있다. 그것은 여호와를 사랑하고 섬기지 않겠다는 결정인 만큼 참으로 잘못된 것이다. 달리 말해, 여호와가 아니라 다른 곳에서 만족과 안전보장을 찾겠다는 결정이

다. 이것이 바로 성경이 '세속성'(worldliness)이라 부르는 것이다.

백성은 기본적으로 이중적이라서 "주님이신 그들의 하나님을 거역하여 옳지 못한 일을 [비밀리에] 저질렀다"(9절, 새번역). 이 은밀한 짓은 "모든 성읍에 망대로부터 견고한 성에 이르도록 산당을 세우고 모든 산 위에와 모든 푸른 나무 아래에 목상과 아세라 상을 세운" 것을 포함한다. 그들은 또한 "그곳 모든 산당에서 분향하며 또 악을 행하여 여호와를 격노하게 하였으며 또 우상을 섬겼다." 이 표현은 열왕기상 14:23과 열왕기하 16:4을 상기시킨다.[61] 이런 행습은 "망대[추정컨대 먼 국경 지역]로부터 견고한 성에 이르는" 만큼 사실상 보편적이었다. 이런 행태는 이스라엘이 가나안 땅을 정복하는 동안 내쫓았던 나라들과 동일한 모습이다.

17:13-18 우상숭배와 불순종에 관한 긴 이야기의 이면에는 하나님께서 그분의 백성에게 주신 경고의 메시지가 있다. "이스라엘과 유다" 모두 "각 선지자와 각 선견자"를 통해 긴급한 회개의 필요성을 경고 받았다. 그들의 메시지는 "너희는 돌이켜 너희 악한 길에서 떠나 나의 명령과 율례를 지키되 내가 너희 조상들에게 명령하고 또 내 종 선지자들을 통하여 너희에게 전한 모든 율법대로 행하라"(13절)라는 것으로 요약될 수 있었다. 엘리야와 엘리사가 열왕기에서 두드러진 인물들인데도 저자가 다른 많은 선지자들(아마 우리에게 문자 유산을 남겨준 인물들도 포함한)에 관한 지식도 가정하고 있는 것이 흥미롭다.

이스라엘의 근본적인 잘못은 "그들이 듣지 아니하고 그들의 목을 곧게 하기를 그들의 하나님 여호와를 믿지 아니하던 그들 조상들의 목같이"(14절) 했다는 데 있다. '듣기'(이는 주의를 기울이거나 순종한다는 개념을 포함한다)의 거부는 '불신'이란 근본적인 죄와 연결되어 있다. 누구든지 유일하신 하나님의 능력과 권위를 부인할 때에만 그분의 말씀을 무시할 수 있다. 15절에서 그

61 이 두 구절 모두 유다에 관해 다루고 있다는 사실은 저자가 이 단계에서도 이스라엘의 행태를 유다의 행태와 연결시키고 있음을 시사한다.

들의 죄에 대한 '해부'가 계속 이어지면서 저자는 더욱 강한 어조로 그들이 "여호와의 율례와 여호와께서 그들의 조상들과 더불어 세우신 언약과 경계하신 말씀을 버[렸다]"고 주장한다. 이런 경멸은 "무가치한 우상"을 따라가는 모습으로 드러났고, 그 결과 그들 자신이 "아무 쓸모없는 자가 되었다"(현대인의성경). 물론 우리가 열왕기상과 열왕기하에서 줄곧 살펴본 것처럼, 백성의 우상숭배는 하나님을 버린 것이 표출된 모습이었다. 즉, 그들이 다른 나라들처럼 되겠다는 고집이자 '세속성'의 표현이었다. 그 결과는? 여기에 사용된 단어는 '헤벨'(*hebel*, "거짓된", 15절에서 두 번 나옴)로서 전도서에 자주 나오고 그들이 '바람'을 숭배해서 '바람'이 되었다는 뜻을 갖고 있다. 죄는 언제나 죄인에게 되돌아오는 법이고, 예배자는 언제나 자기가 예배하는 대상과 같이 되는 법이다.

15절에 이르면 '그들이 이웃 나라들을 본받음'(새번역, 신 18:9-13과는 반대로)에 따라 이스라엘은 거부하도록 명령을 받은 바로 그 나라들과 구별할 수 없는 상태가 된 것이다. 그들이 "그들의 하나님 여호와의 모든 명령을 버리고" 그분을 "두 송아지 형상…아세라 목상…하늘의 일월성신…또 바알"로 대체함에 따라 우상숭배의 밀물이 그 나라의 역사를 도식화한다. 17절에 이르면 하나님의 백성이 하나님의 길을 저 멀리 내버린 것이 명백하다. "그들은 또한 자기들의 자녀들을 불살라 제물로 바치는 일도 하였다. 그리고 복술도 하고, 주문도 외우며, 주님께서 보시기에 악한 일을 함으로써 주님께서 진노하시게 하였다"(새번역). 18절의 판결은 정말로 소름이 끼친다. "여호와께서 이스라엘에게 심히 노하사 그들을 그의 앞에서 제거하시니 오직 유다 지파 외에는 남은 자가 없으니라." 이스라엘은 완전히 파멸되어 다시는 독립국으로 일어서지 못하게 된다.

17:19-23 열왕기의 일차적 청중이 포로상태의 유다 사람들이란 사실을 감안하면, 이스라엘이 파멸된 이유들이 설명되면서도 유다에 대한 함의 역시 부각되어 있는 것은 놀랄 일이 아니다. "유다도 그들의 하나님 여호와의 명령을 지키지 아니하고 이스라엘 사람들이 만든 관습을 행하였

[다]"(19절)라는 사실은 만일 유다가 경고에 주의하지 않는다면 비슷한 운명에 처할 것이라는 불길한 소리로 들린다. 그들 역시 버림받고 괴로움을 겪을 것이며 "그의 앞에서 쫓아내[심]"을 당할 것이 확실하기 때문이다. 이 점은 20절을 통해 분명해진다. "여호와께서 이스라엘의 온 족속을 버리사 괴롭게 하시며 노략꾼의 손에 넘기시고." 이 본문은 "이스라엘의 온 족속"의 정체성에 대해 의도적으로 모호하지만, 이는 족장의 언어라서 이스라엘과 유다를 모두 포함하는 것 같다.

하지만 저자는 이스라엘의 종말이 뜻밖의 일이 아님을 금방 지적한다. "그들이 느밧의 아들 여로보암을 왕으로 삼았던" 첫 날부터 줄곧 우상을 숭배하는 반역적인 궤도를 걸어왔다. 22절이 이 점을 매우 분명히 한다. "이스라엘 자손이 여로보암이 행한 모든 죄를 따라 행하여 거기서 떠나지 아니하므로 여호와께서 그의 종 모든 선지자를 통하여 하신 말씀대로 드디어 이스라엘을 그 앞에서 내쫓으신지라." 여호와께서 그분의 백성을 버리거나 무시한 것이 아니다. 그분은 말씀을 통해 그들의 운명을 좌우하며 계속 말씀하셨으나, 그들이 듣지 않았을 뿐이다. 이 단락의 최후 진술이 영구적이란 사실은 소름이 끼칠 정도다. 그래서 "이스라엘이 고향에서 앗수르에 사로잡혀 가서 오늘까지 이르렀[다]"(23절). 그 함의는 만일 유다도 듣지 않고 회개하지 않는다면 똑같은 운명이 기다리고 있다는 것이다.

아하스의 문제는 그가 다스리는 나라처럼, 그가 우상숭배자라는 것이다. 우상숭배는 하나님을 버린 것의 증상이다.[62] 왕과 나라 모두 여호와의 길을 버렸다. 그들은 차별성 있는 나라가 되는 것을 변함없이 거부했고 그들을 그의 보물로 삼으신 하나님(참고. 출 19:5-6)을 걷어찼다. 열왕기하 17:21-23이 분명히 하듯이, 여호와를 배척하는 모습은 맨 처음부터 이스라엘의 죄악된 DNA의 일부였다. 그 나라는 원조 우상숭배자인 여로보암과 함께 시작해서 그 역사 내내 동일한 궤도를 변함없이 걸어왔고 여호와의 길로

62 예컨대, 이미 첫째 계명을 어기지 않고는 둘째 계명을 어길 수 없다.

17장

걷기를 거부했다. 일단 이런 일이 발생하면 유일한 선택사항은 다른 모든 사람들이 걸었던 길을 뒤 따르는 것뿐이다.

17:24-41 개요

이번 장의 나머지 부분을 차지하는 후기에서, 저자는 독자가 이것이 항구적인 문제임을, 어쩌면 하나님의 백성이 지속적으로 직면해야 할 문제임을 분명히 이해하도록 돕는다. 다시 말해 여호와께 적대적인 세상에서 그분을 위한 삶을 살 때 직면하게 될 문제라는 것이다.

17:24-25 훗날의 바벨론과 달리, 앗수르는 '파괴하고 대체하는' 정책을 추진해서 이스라엘을 짓밟은 후 "앗수르 왕이 바벨론과 구다와 아와와 하맛과 스발와임에서 사람을 옮겨다가 이스라엘 자손을 대신하여 사마리아 여러 성읍에 두[었고]", 그들이 "사마리아를 차지[했다]"(24절). 앗수르 제국의 저쪽 끝에서 온 사람들과 가까운 이웃(하맛, 왕하 14:28에 언급된 장소인 듯함)에서 온 사람들이 이 새로운 영토를 다함께 점유하도록 강요되었다. 하지만 하나님의 백성을(심판 아래 있는 하나님의 백성이라도) 대체하는 정책은 위험하기 짝이 없다. 특히 이 땅은 여전히 여호와께 속해 있기 때문이다. 이 사람들이 "여호와를 경외하지 아니하므로 여호와께서 사자들을 그들 가운데에 보내시매 몇 사람을 죽[이신다]"(25절). 열왕기에서 언약의 사자들은 여호와 및 그분과 그분의 백성 간의 언약을 멸시하는 대가를 강조하기 위해 이따금 등장한다(왕상 13:24-28; 20:36).

17:26-28 정착민들은 올바른 판단을 내리고 그것을 본부에 알린다. "그 땅 신의 법을 알지 못하므로 그들의 신이 사자들을 그들 가운데에 보내매 그들을 죽였사오니 이는 그들이 그 땅 신의 법을 알지 못함이니이다." 외국인 정착민들이 이스라엘의 잘못을 되풀이했던 것이다. 앗수르 왕은 현지인을 이용해서 이 문제를 풀려고 한다. "그곳에서 사로잡아 온 제사장 한 사람을" 예전에 이스라엘이던 지역으로 도로 보내면서 "그곳에 가서 거

주하며 그 땅 신의 법을 무리에게 가르치게 하라"는 명확한 임무를 부여했다. 이는 훌륭한 계획이지만, 이스라엘의 지난 기록을 감안하면 우리는 이 가르침이 얼마나 정통적일지(또는 효과적일지) 의문스럽다. 하지만 28절에 따르면, 이 제사장이 "벧엘에 살며 백성에게 어떻게 여호와 경외할지를 가르쳤다"고 한다.

17:29-40 이 희망은 나타나자마자 꺾이고 만다. (여호와의?) 제사장은 이주민들이 예배하던 신들을 모신 만신전(pantheon)에 이전 이스라엘의 하나님을 더해주는 데만 성공할 뿐이다. "그러나 각 민족이 각기 자기의 신상들을 만들어 사마리아 사람이 지은 여러 산당들에" 두었다. 30-33절에 나오는 우상숭배의 긴 이야기는 구약에서 유례가 없다.

> 바벨론 사람들은 숙곳브놋을 만들었고 굿 사람들은 네르갈을 만들었고 하맛 사람들은 아시마를 만들었고 아와 사람들은 닙하스와 다르닥을 만들었고 스발와임 사람들은 그 자녀를 불살라 그들의 신 아드람멜렉과 아남멜렉에게 드렸으며(30-31절).

17장

이처럼 즐비한 우상들에 여호와가 더해진다.

> 그들이 또 여호와를 경외하여 자기 중에서 사람을 산당의 제사장으로 택하여 그 산당들에서 자기를 위하여 제사를 드리게 하니라. 이와 같이 그들이 여호와도 경외하고 또한 어디서부터 옮겨왔든지 그 민족의 풍속대로 자기의 신들도 섬겼더라(32-33절).

이스라엘의 새로운 이주민들은 금방 앗수르가 추방한 이들과 다를 바가 없는 것으로 판명된다. 이 혼합주의는 이 새로운 사회의 명확한 특징 중 하나다. "그들이 오늘까지 이전 풍속대로 행하여"(34절). 하나님은 앗수르가 도입한 이 절충주의자들이 마치 그의 백성인 것처럼 그들과 관계를 맺고 그분이 이전의 주민들로부터 기대했던 반응을 똑같이 기대하는 모습을 보이신다. 그들은 "여호와를 경외하지 아니하며 또 여호와께서 이스라엘이라 이름을 주신 야곱의 자손에게 명령하신 율례와 법도와 율법과 계명을 준행하지 아니[한다]"(34절). 하나님이 이런 식으로 그들에게 책임을 묻는 것은 그들이 여전히 (다수의 다른 신들과 나란히) 여호와께 충성하고 있다고 주장하기 때문일 것이다. 35-36절에는 하나님이 시내에서 이스라엘과 맺은 언약이 인용되어 있다.

> 옛적에 여호와께서 야곱의 자손에게 언약을 세우시고 그들에게 명령하여 이르시되 너희는 다른 신을 경외하지 말며 그를 경배하지 말며 그를 섬기지 말며 그에게 제사하지 말고 오직 큰 능력과 편 팔로 너희를 애굽에서 인도하여 내신 여호와만 경외하여 그를 예배하며 그에게 제사를 드릴 것이며.

이후 그들에게 주님께 순종하고 특히 "주님을 경외하라"고 요구하는 모세의 신명기 설교로 뒷받침된다(37-39절).

> 여호와가 너희를 위하여 기록한 율례와 법도와 율법과 계명을 지켜 영원히 행하고 다른 신들을 경외하지 말며 또 내가 너희와 세운 언약을 잊지 말며 다른 신들을 경외하지 말고 오직 너희 하나님 여호와만을 경외하라. 그가 너희를 모든 원수의 손에서 건져내리라.

이스라엘이 듣기를 거부한 것과 똑같은 방식으로 "이 여러 민족이 여호와를 경외하고 또 그 아로새긴 우상을 섬기니 그들의 자자손손이 그들의 조상들이 행하던 대로 그들도 오늘까지 행하니라"(41절). 사마리아의 신흥 국가는 이스라엘 사람들로만 구성되지는 않았으나 그들의 행위를 무한정 흉내 낼 것이다. 그들이 여호와께서 명령하신 대로 그분을 경배하는데 실패하기 때문이다. 바벨론에 포로로 잡혀있는 동안에도 기본적으로 이 문제는 계속해서 안고가야 할 것이다. 그 문제란 여호와의 땅을 그분을 알지도, 순종하지도 못하는 사람들이 점령하고 있다는 사실이다.

응답

이스라엘 국가의 최후 몇 년에 관한 내러티브는 용두사미에 가깝다. 북쪽 왕국은 여로보암과 쌍둥이 금송아지들로 시작하는 우상숭배와 반역의 세대들을 지난 후 서서히 심연으로 빠져든다. 물론 이 나라가 앗수르 사람들의 손에 해체되는 상세한 내용, 즉 앗수르 사람들이 철저한 정책을 써서 이 지파 연맹이 다시는 보이지 않게 하는 내용은 그리스도 이전 8세기 특유의 이야기다. 그러나 이 엄청난(느리게 불타는) 실패 배후에 있는 이유들에 관한 긴 설명(과 편집 노트)은 이스라엘의 이슈가 인류 전체에 흔한 것임을 매우 분명히 한다. 사실 그들의 몰락 내러티브는 어느 면에서 에덴동산에서 우리의 첫 부모가 내린 선택을 느린 동작으로 다시 보는 것과 같다.

인류의 시초부터 변한 것이 하나도 없다는 결론을 피하기 어렵다. '문제는 여전히 동일하다.' 선택사항은 변함이 없다. 우리가 하나님을 예배하고 그분을 경외할지, 아니면 남들처럼 살 것인지 선택해야 한다. 우리 모두가 직면하는 위협도 똑같다. 유다, 이스라엘, 또는 이스라엘이 더 이상 존재하지 않을 때, 남은 공백 속에 몸담고 있는 시기든 마찬가지다. 예수님 이전과 그분이 오신 이후를 막론하고, 우리가 하나님의 백성으로서 직면하는 최대의 위험은 오직 하나님만 예배하지 않고 우상숭배에 빠지는 것이다. 그래서 요한은 그의 첫째 편지를 마무리하면서 주 예수를 따른다는 것이 무슨 뜻인지를 이렇게 요약한다. "자녀들아 너희 자신을 지켜 우상에게서 멀리하라"(요일 5:21).

문제는 우상을 멀리하는 법을 알아내는 것이다. 주전 722년에 이르는 이스라엘 역사를 보면 그들이 그렇게 해낼 수 없었다는 것이 분명하다. 앗수르가 그들을 대신하도록 쏟아 부은 수천 명의 외국인들도 그렇게 해낼

17장

수 없었다. 본국에 돌아온 유다 사람들 대다수도 나무와 돌로 만든 우상을 예배하는 것은 삼가면서도 금방 자기를 과신하는 율법주의에 빠지고 말았다. 하나님의 백성(이스라엘이든 유다이든)이 품을 유일한 희망은 궁극적으로 근본적인 변화에서 나올 것이다.

오직 하나님의 새로운 백성, 그 마음이 변화된 백성, 성령이 그 위에 부어진 백성, 선택받고 구출 받고 정결해지고 주 예수로 옷 입은 백성만이 그분을 경외하고 또 섬길 수 있다. 그래도 여전히 불완전할 것이다. 우리와 우리 세계 속의 모든 것이 바로잡히는 날이 올 때까지는 결코 완전하지 못할 것이다. 이 어두운 장을 겨우 다 읽은 뒤에는 그날이 훨씬 더 멋지게 보이는 듯하다.

2 Kings
열왕기하
18:1-20:21

18장

18:1 이스라엘의 왕 엘라의 아들 호세아 제삼년에 유다 왕 아하스의 아
들 히스기야가 왕이 되니 2 그가 왕이 될 때에 나이가 이십오 세라 예
루살렘에서 이십구 년간 다스리니라 그의 어머니의 이름은 아비요 스
가리야의 딸이더라 3 히스기야가 그의 조상 다윗의 모든 행위와 같이
여호와께서 보시기에 정직하게 행하여 4 그가 여러 산당들을 제거하
며 주상을 깨뜨리며 아세라 목상을 찍으며 모세가 만들었던 놋뱀을
이스라엘 자손이 이때까지 향하여 분향하므로 그것을 부수고 [1]느후
스단이라 일컬었더라 5 히스기야가 이스라엘 하나님 여호와를 의지하
였는데 그의 전후 유다 여러 왕 중에 그러한 자가 없었으니 6 곧 그가
여호와께 연합하여 그에게서 떠나지 아니하고 여호와께서 모세에게
명령하신 계명을 지켰더라 7 여호와께서 그와 함께 하시매 그가 어디
로 가든지 형통하였더라 저가 앗수르 왕을 배반하고 섬기지 아니하였
고 8 그가 블레셋 사람들을 쳐서 가사와 그 사방에 이르고 망대에서부
터 견고한 성까지 이르렀더라

18:1 In the third year of Hoshea son of Elah, king of Israel, Hezekiah
the son of Ahaz, king of Judah, began to reign. 2 He was twenty-five

years old when he began to reign, and he reigned twenty-nine years
in Jerusalem. His mother's name was Abi the daughter of Zechariah.
3 And he did what was right in the eyes of the Lord, according to all
that David his father had done. 4 He removed the high places and broke
the pillars and cut down the Asherah. And he broke in pieces the bronze
serpent that Moses had made, for until those days the people of Israel
had made offerings to it (it was called Nehushtan).[1] 5 He trusted in the
Lord, the God of Israel, so that there was none like him among all the
kings of Judah after him, nor among those who were before him. 6 For
he held fast to the Lord. He did not depart from following him, but kept
the commandments that the Lord commanded Moses. 7 And the Lord
was with him; wherever he went out, he prospered. He rebelled against
the king of Assyria and would not serve him. 8 He struck down the
Philistines as far as Gaza and its territory, from watchtower to fortified
city.

9 히스기야 왕 제사년 곧 이스라엘의 왕 엘라의 아들 호세아 제칠년에
앗수르의 왕 살만에셀이 사마리아로 올라와서 에워쌌더라 10 삼 년 후
에 그 성읍이 함락되니 곧 히스기야 왕의 제육년이요 이스라엘 왕 호
세아의 제구년에 사마리아가 함락되매 11 앗수르 왕이 이스라엘을 사
로잡아 앗수르에 이르러 고산 강가에 있는 할라와 하볼과 메대 사람
의 여러 성읍에 두었으니 12 이는 그들이 하나님 여호와의 말씀을 듣
지 아니하고 그의 언약과 여호와의 종 모세가 명령한 모든 것을 따르
지 아니하였음이더라
9 In the fourth year of King Hezekiah, which was the seventh year of
Hoshea son of Elah, king of Israel, Shalmaneser king of Assyria came
up against Samaria and besieged it, 10 and at the end of three years

he took it. In the sixth year of Hezekiah, which was the ninth year
of Hoshea king of Israel, Samaria was taken. 11 The king of Assyria
carried the Israelites away to Assyria and put them in Halah, and on the
Habor, the river of Gozan, and in the cities of the Medes, 12 because
they did not obey the voice of the Lord their God but transgressed his
covenant, even all that Moses the servant of the Lord commanded.
They neither listened nor obeyed.

13 히스기야 왕 제십사년에 앗수르의 왕 산헤립이 올라와서 유다 모
든 견고한 성읍들을 쳐서 점령하매 14 유다의 왕 히스기야가 라기스로
사람을 보내어 앗수르 왕에게 이르되 내가 범죄하였나이다 나를 떠나
돌아가소서 왕이 내게 지우시는 것을 내가 당하리이다 하였더니 앗수
르 왕이 곧 은 삼백 달란트와 금 삼십 달란트를 정하여 유다 왕 히스
기야에게 내게 한지라 15 히스기야가 이에 여호와의 성전과 왕궁 곳간
에 있는 은을 다 주었고 16 또 그때에 유다 왕 히스기야가 여호와의 성
전 문의 금과 자기가 모든 기둥에 입힌 금을 벗겨 모두 앗수르 왕에게
주었더라 17 앗수르 왕이 다르단과 랍사리스와 랍사게로 하여금 대군
을 거느리고 라기스에서부터 예루살렘으로 가서 히스기야 왕을 치게
하매 그들이 예루살렘으로 올라가니라 그들이 올라가서 윗못 수도 곁
곧 세탁자의 밭에 있는 큰 길에 이르러 서니라 18 그들이 왕을 부르매
힐기야의 아들로서 왕궁의 책임자인 엘리야김과 서기관 셉나와 아삽
의 아들 사관 요아가 그에게 나가니
13 In the fourteenth year of King Hezekiah, Sennacherib king of Assyria
came up against all the fortified cities of Judah and took them. 14 And
Hezekiah king of Judah sent to the king of Assyria at Lachish, saying,
"I have done wrong; withdraw from me. Whatever you impose on
me I will bear." And the king of Assyria required of Hezekiah king of

18장

Judah three hundred talents[2] of silver and thirty talents of gold. 15 And
Hezekiah gave him all the silver that was found in the house of the
Lord and in the treasuries of the king's house. 16 At that time Hezekiah
stripped the gold from the doors of the temple of the Lord and from
the doorposts that Hezekiah king of Judah had overlaid and gave it
to the king of Assyria. 17 And the king of Assyria sent the Tartan, the
Rab-saris, and the Rabshakeh with a great army from Lachish to King
Hezekiah at Jerusalem. And they went up and came to Jerusalem.
When they arrived, they came and stood by the conduit of the upper
pool, which is on the highway to the Washer's Field. 18 And when they
called for the king, there came out to them Eliakim the son of Hilkiah,
who was over the household, and Shebnah the secretary, and Joah the
son of Asaph, the recorder.

19 랍사게가 그들에게 이르되 너희는 히스기야에게 말하라 대왕 앗수
르 왕의 말씀이 네가 의뢰하는 이 의뢰가 무엇이냐 20 네가 싸울 만한
계교와 용력이 있다고 한다마는 이는 입에 붙은 말 뿐이라 네가 이제
누구를 의뢰하고 나를 반역하였느냐 21 이제 네가 너를 위하여 저 상
한 갈대 지팡이 애굽을 의뢰하도다 사람이 그것을 의지하면 그의 손
에 찔려 들어갈지라 애굽의 왕 바로는 그에게 의뢰하는 모든 자에게
이와 같으니라 22 너희가 내게 이르기를 우리는 우리 하나님 여호와
를 의뢰하노라 하리라마는 히스기야가 그들의 산당들과 제단을 제거
하고 유다와 예루살렘 사람에게 명령하기를 예루살렘 이 제단 앞에서
만 예배하라 하지 아니하였느냐 하셨나니 23 청하건대 이제 너는 내
주 앗수르 왕과 내기하라 네가 만일 말을 탈 사람을 낼 수 있다면 나
는 네게 말 이천 마리를 주리라 24 네가 어찌 내 주의 신하 중 지극히
작은 지휘관 한 사람인들 물리치며 애굽을 의뢰하고 그 병거와 기병

을 얻을 듯하냐 25 내가 어찌 여호와의 뜻이 아니고야 이제 이곳을 멸
하러 올라왔겠느냐 여호와께서 전에 내게 이르시기를 이 땅으로 올라
와서 쳐서 멸하라 하셨느니라 하는지라
19 And the Rabshakeh said to them, "Say to Hezekiah, 'Thus says the
great king, the king of Assyria: On what do you rest this trust of yours?
20 Do you think that mere words are strategy and power for war? In
whom do you now trust, that you have rebelled against me? 21 Behold,
you are trusting now in Egypt, that broken reed of a staff, which will
pierce the hand of any man who leans on it. Such is Pharaoh king of
Egypt to all who trust in him. 22 But if you say to me, "We trust in the
Lord our God," is it not he whose high places and altars Hezekiah has
removed, saying to Judah and to Jerusalem, "You shall worship before
this altar in Jerusalem"? 23 Come now, make a wager with my master
the king of Assyria: I will give you two thousand horses, if you are
able on your part to set riders on them. 24 How then can you repulse a
single captain among the least of my master's servants, when you trust
in Egypt for chariots and for horsemen? 25 Moreover, is it without the
Lord that I have come up against this place to destroy it? The Lord said
to me, "Go up against this land and destroy it."'"

18장

26 힐기야의 아들 엘리야김과 셉나와 요아가 랍사게에게 이르되 우리
가 알아듣겠사오니 청하건대 아람 말로 당신의 종들에게 말씀하시고
성 위에 있는 백성이 듣는 데서 유다 말로 우리에게 말씀하지 마옵소
서 27 랍사게가 그에게 이르되 내 주께서 네 주와 네게만 이 말을 하라
고 나를 보내신 것이냐 성 위에 앉은 사람들도 너희와 함께 자기의 대
변을 먹게 하고 자기의 소변을 마시게 하신 것이 아니냐 하고
26 Then Eliakim the son of Hilkiah, and Shebnah, and Joah, said to

the Rabshakeh, "Please speak to your servants in Aramaic, for we
understand it. Do not speak to us in the language of Judah within the
hearing of the people who are on the wall." 27 But the Rabshakeh said
to them, "Has my master sent me to speak these words to your master
and to you, and not to the men sitting on the wall, who are doomed with
you to eat their own dung and to drink their own urine?"

28 랍사게가 드디어 일어서서 유다 말로 크게 소리 질러 불러 이르되
너희는 대왕 앗수르 왕의 말씀을 들으라 29 왕의 말씀이 너희는 히스
기야에게 속지 말라 그가 너희를 내 손에서 건져내지 못하리라 30 또
한 히스기야가 너희에게 여호와를 의뢰하라 함을 듣지 말라 그가 이
르기를 여호와께서 반드시 우리를 건지실지라 이 성읍이 앗수르 왕의
손에 함락되지 아니하게 하시리라 할지라도 31 너희는 히스기야의 말
을 듣지 말라 앗수르 왕의 말씀이 너희는 내게 항복하고 내게로 나아
오라 그리하고 너희는 각각 그의 포도와 무화과를 먹고 또한 각각 자
기의 우물의 물을 마시라 32 내가 장차 와서 너희를 한 지방으로 옮기
리니 그곳은 너희 본토와 같은 지방 곧 곡식과 포도주가 있는 지방이
요 떡과 포도원이 있는 지방이요 기름 나는 감람과 꿀이 있는 지방이
라 너희가 살고 죽지 아니하리라 히스기야가 너희를 설득하여 이르
기를 여호와께서 우리를 건지시리라 하여도 히스기야에게 듣지 말라
33 민족의 신들 중에 어느 한 신이 그의 땅을 앗수르 왕의 손에서 건진
자가 있느냐 34 하맛과 아르밧의 신들이 어디 있으며 스발와임과 헤나
와 아와의 신들이 어디 있느냐 그들이 사마리아를 내 손에서 건졌느
냐 35 민족의 모든 신들 중에 누가 그의 땅을 내 손에서 건졌기에 여호
와가 예루살렘을 내 손에서 건지겠느냐 하셨느니라
28 Then the Rabshakeh stood and called out in a loud voice in the
language of Judah: "Hear the word of the great king, the king of

Assyria! 29 Thus says the king: 'Do not let Hezekiah deceive you, for he
will not be able to deliver you out of my3 hand. 30 Do not let Hezekiah
make you trust in the Lord by saying, The Lord will surely deliver us,
and this city will not be given into the hand of the king of Assyria.'
31 Do not listen to Hezekiah, for thus says the king of Assyria: 'Make
your peace with me[4] and come out to me. Then each one of you will
eat of his own vine, and each one of his own fig tree, and each one of
you will drink the water of his own cistern, 32 until I come and take you
away to a land like your own land, a land of grain and wine, a land of
bread and vineyards, a land of olive trees and honey, that you may live,
and not die. And do not listen to Hezekiah when he misleads you by
saying, "The Lord will deliver us." 33 Has any of the gods of the nations
ever delivered his land out of the hand of the king of Assyria? 34 Where
are the gods of Hamath and Arpad? Where are the gods of Sepharvaim,
Hena, and Ivvah? Have they delivered Samaria out of my hand? 35 Who
among all the gods of the lands have delivered their lands out of my
hand, that the Lord should deliver Jerusalem out of my hand?'"

36 그러나 백성이 잠잠하고 한 마디도 그에게 대답하지 아니하니 이
는 왕이 명령하여 대답하지 말라 하였음이라 37 이에 힐기야의 아들로
서 왕궁 내의 책임자인 엘리야김과 서기관 셉나와 아삽의 아들 사관
요아가 옷을 찢고 히스기야에게 나아가서 랍사게의 말을 전하니라
36 But the people were silent and answered him not a word, for the
king's command was, "Do not answer him." 37 Then Eliakim the son
of Hilkiah, who was over the household, and Shebna the secretary,
and Joah the son of Asaph, the recorder, came to Hezekiah with their
clothes torn and told him the words of the Rabshakeh.

18장

19:1 히스기야 왕이 듣고 그 옷을 찢고 굵은 베를 두르고 여호와의 전
에 들어가서 2 왕궁의 책임자인 엘리야김과 서기관 셉나와 제사장 중
장로들에게 굵은 베를 둘려서 아모스의 아들 선지자 이사야에게로 보
내매 3 그들이 이사야에게 이르되 히스기야의 말씀이 오늘은 환난과
징벌과 모욕의 날이라 아이를 낳을 때가 되었으나 해산할 힘이 없도
다 4 랍사게가 그의 주 앗수르 왕의 보냄을 받고 와서 살아 계신 하나
님을 비방하였으니 당신의 하나님 여호와께서 혹시 그의 말을 들으셨
을지라 당신의 하나님 여호와께서 그 들으신 말 때문에 꾸짖으실 듯
하니 당신은 이 남아 있는 자들을 위하여 기도하소서 하더이다 하니
라 5 이와 같이 히스기야 왕의 신복이 이사야에게 나아가니 6 이사야
가 그들에게 이르되 너희는 너희 주에게 이렇게 말하라 여호와의 말
씀이 너는 앗수르 왕의 신복에게 들은 바 나를 모욕하는 말 때문에 두
려워하지 말라 7 내가 한 영을 그의 속에 두어 그로 소문을 듣고 그의
본국으로 돌아가게 하고 또 그의 본국에서 그에게 칼에 죽게 하리라
하셨느니라 하더라

19:1 As soon as King Hezekiah heard it, he tore his clothes and covered
himself with sackcloth and went into the house of the Lord. 2 And he
sent Eliakim, who was over the household, and Shebna the secretary,
and the senior priests, covered with sackcloth, to the prophet Isaiah the
son of Amoz. 3 They said to him, "Thus says Hezekiah, This day is a
day of distress, of rebuke, and of disgrace; children have come to the
point of birth, and there is no strength to bring them forth. 4 It may be
that the Lord your God heard all the words of the Rabshakeh, whom
his master the king of Assyria has sent to mock the living God, and will
rebuke the words that the Lord your God has heard; therefore lift up
your prayer for the remnant that is left." 5 When the servants of King
Hezekiah came to Isaiah, 6 Isaiah said to them, "Say to your master,

'Thus says the Lord: Do not be afraid because of the words that you
have heard, with which the servants of the king of Assyria have reviled
me. 7 Behold, I will put a spirit in him, so that he shall hear a rumor and
return to his own land, and I will make him fall by the sword in his own
land.'"

8 랍사게가 돌아가다가 앗수르 왕이 이미 라기스에서 떠났다 함을 듣
고 립나로 가서 앗수르 왕을 만났으니 왕이 거기서 립나와 싸우는 중
이더라 9 앗수르 왕은 구스 왕 디르하가가 당신과 싸우고자 나왔다 함
을 듣고 다시 히스기야에게 사자를 보내며 이르되 10 너희는 유다의
왕 히스기야에게 이같이 말하여 이르기를 네가 믿는 네 하나님이 예
루살렘을 앗수르 왕의 손에 넘기지 아니하겠다 하는 말에 속지 말라
11 앗수르의 여러 왕이 여러 나라에 행한 바 진멸한 일을 네가 들었나
니 네가 어찌 구원을 얻겠느냐 12 내 조상들이 멸하신 여러 민족 곧 고
산과 하란과 레셉과 들라살에 있는 에덴 족속을 그 나라들의 신들이
건졌느냐 13 하맛 왕과 아르밧 왕과 스발와임 성의 왕과 헤나와 아와
의 왕들이 다 어디 있느냐 하라 하니라
8 The Rabshakeh returned, and found the king of Assyria fighting
against Libnah, for he heard that the king had left Lachish. 9 Now the
king heard concerning Tirhakah king of Cush, "Behold, he has set
out to fight against you." So he sent messengers again to Hezekiah,
saying, 10 "Thus shall you speak to Hezekiah king of Judah: 'Do not let
your God in whom you trust deceive you by promising that Jerusalem
will not be given into the hand of the king of Assyria. 11 Behold, you
have heard what the kings of Assyria have done to all lands, devoting
them to destruction. And shall you be delivered? 12 Have the gods
of the nations delivered them, the nations that my fathers destroyed,

Gozan, Haran, Rezeph, and the people of Eden who were in Telassar?
13 Where is the king of Hamath, the king of Arpad, the king of the city
of Sepharvaim, the king of Hena, or the king of Ivvah?'"

14 히스기야가 사자의 손에서 편지를 받아보고 여호와의 성전에 올라
가서 히스기야가 그 편지를 여호와 앞에 펴 놓고 15 그 앞에서 히스기
야가 기도하여 이르되 그룹들 위에 계신 이스라엘의 하나님 여호와
여 주는 천하 만국에 홀로 하나님이시라 주께서 천지를 만드셨나이다
16 여호와여 귀를 기울여 들으소서 여호와여 눈을 떠서 보시옵소서
산헤립이 살아 계신 하나님을 비방하러 보낸 말을 들으시옵소서 17 여
호와여 앗수르 여러 왕이 과연 여러 민족과 그들의 땅을 황폐하게 하
고 18 또 그들의 신들을 불에 던졌사오니 이는 그들이 신이 아니요 사
람의 손으로 만든 것 곧 나무와 돌 뿐이므로 멸하였나이다 19 우리 하
나님 여호와여 원하건대 이제 우리를 그의 손에서 구원하옵소서 그리
하시면 천하 만국이 주 여호와가 홀로 하나님이신 줄 알리이다 하니라
14 Hezekiah received the letter from the hand of the messengers and
read it; and Hezekiah went up to the house of the Lord and spread it
before the Lord. 15 And Hezekiah prayed before the Lord and said:
"O Lord, the God of Israel, enthroned above the cherubim, you are
the God, you alone, of all the kingdoms of the earth; you have made
heaven and earth. 16 Incline your ear, O Lord, and hear; open your eyes,
O Lord, and see; and hear the words of Sennacherib, which he has sent
to mock the living God. 17 Truly, O Lord, the kings of Assyria have
laid waste the nations and their lands 18 and have cast their gods into
the fire, for they were not gods, but the work of men's hands, wood and
stone. Therefore they were destroyed. 19 So now, O Lord our God, save
us, please, from his hand, that all the kingdoms of the earth may know

that you, O Lord, are God alone."

20 아모스의 아들 이사야가 히스기야에게 보내 이르되 이스라엘 하나
님 여호와의 말씀이 네가 앗수르 왕 산헤립 때문에 내게 기도하는 것
을 내가 들었노라 하셨나이다 21 여호와께서 앗수르 왕에게 대하여 이
같이 말씀하시기를

처녀 딸 시온이 너를 멸시하며 너를 비웃었으며 딸 예루살렘이 너
를 향하여 머리를 흔들었느니라 22 네가 누구를 꾸짖었으며 비방하
였느냐 누구를 향하여 소리를 높였으며 눈을 높이 떴느냐 이스라엘
의 거룩한 자에게 그리하였도다 23 네가 사자들을 통하여 주를 비
방하여 이르기를 내가 많은 병거를 거느리고 여러 산 꼭대기에 올
라가며 레바논 깊은 곳에 이르러 높은 백향목과 아름다운 잣나무를
베고 내가 그 가장 먼 곳에 들어가며 그의 동산의 무성한 수풀에 이
르리라 24 내가 땅을 파서 이방의 물을 마셨고 나의 발바닥으로 애
굽의 모든 강들을 말렸노라

하였도다

25 네가 듣지 못하였느냐 이 일은 내가 태초부터 행하였고 옛날부터
정한 바라 이제 내가 이루어 너로 견고한 성들을 멸하여 무너진 돌
무더기가 되게 함이니라 26 그러므로 거기에 거주하는 백성의 힘이
약하여 두려워하며 놀랐나니 그들은 들의 채소와 푸른 풀과 지붕의
잡초와 자라기 전에 시든 곡초 같이 되었느니라 27 네 거처와 네 출
입과 네가 내게 향한 분노를 내가 다 아노니 28 네가 내게 향한 분노
와 네 교만한 말이 내 귀에 들렸도다 그러므로 내가 갈고리를 네 코
에 꿰고 재갈을 네 입에 물려 너를 오던 길로 끌어 돌이키리라

하셨나이다

20 Then Isaiah the son of Amoz sent to Hezekiah, saying, "Thus says
the Lord, the God of Israel: Your prayer to me about Sennacherib king

19장

of Assyria I have heard. 21 This is the word that the Lord has spoken
concerning him:

"She despises you, she scorns you—
the virgin daughter of Zion;
she wags her head behind you—
the daughter of Jerusalem.
22 "Whom have you mocked and reviled?
Against whom have you raised your voice
and lifted your eyes to the heights?
Against the Holy One of Israel!
23 By your messengers you have mocked the Lord,
and you have said, 'With my many chariots
I have gone up the heights of the mountains,
to the far recesses of Lebanon;
I felled its tallest cedars,
its choicest cypresses;
I entered its farthest lodging place,
its most fruitful forest.
24 I dug wells
and drank foreign waters,
and I dried up with the sole of my foot
all the streams of Egypt.'
25 " Have you not heard
that I determined it long ago?
I planned from days of old
what now I bring to pass,
that you should turn fortified cities

into heaps of ruins,
26 while their inhabitants, shorn of strength,
are dismayed and confounded,
and have become like plants of the field
and like tender grass,
like grass on the housetops,
blighted before it is grown.
27 " But I know your sitting down
and your going out and coming in,
and your raging against me.
28 Because you have raged against me
and your complacency has come into my ears,
I will put my hook in your nose
and my bit in your mouth,
and I will turn you back on the way
by which you came.

29 또 네게 보일 징조가 이러하니 너희가 금년에는 스스로 자라난 것
을 먹고 내년에는 그것에서 난 것을 먹되 제삼년에는 심고 거두며 포
도원을 심고 그 열매를 먹으리라 30 유다 족속 중에서 피하고 남은 자
는 다시 아래로 뿌리를 내리고 위로 열매를 맺을지라 31 남은 자는 예
루살렘에서부터 나올 것이요 피하는 자는 시온 산에서부터 나오리니
여호와의 열심이 이 일을 이루리라 하셨나이다 하니라

29 "And this shall be the sign for you: this year eat what grows of itself,
and in the second year what springs of the same. Then in the third
year sow and reap and plant vineyards, and eat their fruit. 30 And the
surviving remnant of the house of Judah shall again take root downward

19장

and bear fruit upward. 31 For out of Jerusalem shall go a remnant, and
out of Mount Zion a band of survivors. The zeal of the Lord will do
this.

32 그러므로 여호와께서 앗수르 왕을 가리켜 이르시기를 그가 이 성
에 이르지 못하며 이리로 화살을 쏘지 못하며 방패를 성을 향하여 세
우지 못하며 치려고 토성을 쌓지도 못하고 33 오던 길로 돌아가고 이
성에 이르지 못하리라 하셨으니 이는 여호와의 말씀이시라 34 내가 나
와 나의 종 다윗을 위하여 이 성을 보호하여 구원하리라 하셨나이다
하였더라

32 "Therefore thus says the Lord concerning the king of Assyria: He
shall not come into this city or shoot an arrow there, or come before it
with a shield or cast up a siege mound against it. 33 By the way that he
came, by the same he shall return, and he shall not come into this city,
declares the Lord. 34 For I will defend this city to save it, for my own
sake and for the sake of my servant David."

35 이 밤에 여호와의 사자가 나와서 앗수르 진영에서 군사 십팔만 오
천 명을 친지라 아침에 일찍이 일어나 보니 다 송장이 되었더라 36 앗
수르 왕 산헤립이 떠나 돌아가서 니느웨에 거주하더니 37 그가 그의
신 니스록의 신전에서 경배할 때에 아드람멜렉과 사레셀이 그를 칼로
쳐죽이고 아라랏 땅으로 그들이 도망하매 그 아들 에살핫돈이 대신하
여 왕이 되니라

35 And that night the angel of the Lord went out and struck down
185,000 in the camp of the Assyrians. And when people arose early in
the morning, behold, these were all dead bodies. 36 Then Sennacherib
king of Assyria departed and went home and lived at Nineveh. 37 And

as he was worshiping in the house of Nisroch his god, Adrammelech and Sharezer, his sons, struck him down with the sword and escaped into the land of Ararat. And Esarhaddon his son reigned in his place.

20:1 그때에 히스기야가 병들어 죽게 되매 아모스의 아들 선지자 이사
야가 그에게 나아와서 그에게 이르되 여호와의 말씀이 너는 집을 정
리하라 네가 죽고 살지 못하리라 하셨나이다 2 히스기야가 낯을 벽으
로 향하고 여호와께 기도하여 이르되 3 여호와여 구하오니 내가 진실
과 전심으로 주 앞에 행하며 주께서 보시기에 선하게 행한 것을 기억
하옵소서 하고 히스기야가 심히 통곡하더라 4 이사야가 성읍 가운데
까지도 이르기 전에 여호와의 말씀이 그에게 임하여 이르시되 5 너는
돌아가서 내 백성의 주권자 히스기야에게 이르기를 왕의 조상 다윗의
하나님 여호와의 말씀이 내가 네 기도를 들었고 네 눈물을 보았노라
내가 너를 낫게 하리니 네가 삼 일 만에 여호와의 성전에 올라가겠고
6 내가 네 날에 십오 년을 더할 것이며 내가 너와 이 성을 앗수르 왕의
손에서 구원하고 내가 나를 위하고 또 내 종 다윗을 위하므로 이 성을
보호하리라 하셨다 하라 하셨더라 7 이사야가 이르되 무화과 반죽을
가져오라 하매 무리가 가져다가 그 상처에 놓으니 나으니라
20:1 In those days Hezekiah became sick and was at the point of death.
And Isaiah the prophet the son of Amoz came to him and said to him,
“Thus says the Lord, ‘Set your house in order, for you shall die; you
shall not recover.’” 2 Then Hezekiah turned his face to the wall and
prayed to the Lord, saying, 3 “Now, O Lord, please remember how I
have walked before you in faithfulness and with a whole heart, and
have done what is good in your sight.” And Hezekiah wept bitterly.
4 And before Isaiah had gone out of the middle court, the word of the
Lord came to him: 5 “Turn back, and say to Hezekiah the leader of

my people, Thus says the Lord, the God of David your father: I have
heard your prayer; I have seen your tears. Behold, I will heal you. On
the third day you shall go up to the house of the Lord,
6 and I will add
fifteen years to your life. I will deliver you and this city out of the hand
of the king of Assyria, and I will defend this city for my own sake and
for my servant David's sake."
7 And Isaiah said, "Bring a cake of figs.
And let them take and lay it on the boil, that he may recover."

8 히스기야가 이사야에게 이르되 여호와께서 나를 낫게 하시고 삼 일
만에 여호와의 성전에 올라가게 하실 무슨 징표가 있나이까 하니
9 이
사야가 이르되 여호와께서 하신 말씀을 응하게 하실 일에 대하여 여
호와께로부터 왕에게 한 징표가 임하리이다 해 그림자가 십도를 나아
갈 것이니이까 혹 십도를 물러갈 것이니이까 하니
10 히스기야가 대답
하되 그림자가 십도를 나아가기는 쉬우니 그리할 것이 아니라 십도가
뒤로 물러갈 것이니이다 하니라
11 선지자 이사야가 여호와께 간구하
매 아하스의 해시계 위에 나아갔던 해 그림자를 십도 뒤로 물러가게
하셨더라
8 And Hezekiah said to Isaiah, "What shall be the sign that the Lord
will heal me, and that I shall go up to the house of the Lord on the third
day?"
9 And Isaiah said, "This shall be the sign to you from the Lord,
that the Lord will do the thing that he has promised: shall the shadow
go forward ten steps, or go back ten steps?"
10 And Hezekiah answered,
"It is an easy thing for the shadow to lengthen ten steps. Rather let the
shadow go back ten steps."
11 And Isaiah the prophet called to the Lord,
and he brought the shadow back ten steps, by which it had gone down
on the steps of Ahaz.

12 그때에 발라단의 아들 바벨론의 왕 브로닥발라단이 히스기야가 병
들었다 함을 듣고 편지와 예물을 그에게 보낸지라 13 히스기야가 사자
들의 말을 듣고 자기 보물고의 금은과 향품과 보배로운 기름과 그의
군기고와 창고의 모든 것을 다 사자들에게 보였는데 왕궁과 그의 나
라 안에 있는 모든 것 중에서 히스기야가 그에게 보이지 아니한 것이
없더라 14 선지자 이사야가 히스기야 왕에게 나아와 그에게 이르되 이
사람들이 무슨 말을 하였으며 어디서부터 왕에게 왔나이까 히스기야
가 이르되 먼 지방 바벨론에서 왔나이다 하니 15 이사야가 이르되 그
들이 왕궁에서 무엇을 보았나이까 하니 히스기야가 대답하되 내 궁에
있는 것을 그들이 다 보았나니 나의 창고에서 하나도 보이지 아니한
것이 없나이다 하더라

12 At that time Merodach-baladan the son of Baladan, king of Babylon,
sent envoys with letters and a present to Hezekiah, for he heard that
Hezekiah had been sick. 13 And Hezekiah welcomed them, and he
showed them all his treasure house, the silver, the gold, the spices, the
precious oil, his armory, all that was found in his storehouses. There
was nothing in his house or in all his realm that Hezekiah did not show
them. 14 Then Isaiah the prophet came to King Hezekiah, and said
to him, "What did these men say? And from where did they come to
you?" And Hezekiah said, "They have come from a far country, from
Babylon." 15 He said, "What have they seen in your house?" And
Hezekiah answered, "They have seen all that is in my house; there is
nothing in my storehouses that I did not show them."

16 이사야가 히스기야에게 이르되 여호와의 말씀을 들으소서 17 여호
와의 말씀이 날이 이르리니 왕궁의 모든 것과 왕의 조상들이 오늘까
지 쌓아 두었던 것이 바벨론으로 옮긴 바 되고 하나도 남지 아니할 것

20장

이요 [18] 또 왕의 몸에서 날 아들 중에서 사로잡혀 바벨론 왕궁의 환관
이 되리라 하셨나이다 하니 [19] 히스기야가 이사야에게 이르되 당신이
전한 바 여호와의 말씀이 선하니이다 하고 또 이르되 만일 내가 사는
날에 태평과 진실이 있을진대 어찌 선하지 아니하리요 하니라

[16] Then Isaiah said to Hezekiah, "Hear the word of the Lord: [17] Behold,
the days are coming, when all that is in your house, and that which
your fathers have stored up till this day, shall be carried to Babylon.
Nothing shall be left, says the Lord. [18] And some of your own sons,
who will come from you, whom you will father, shall be taken away,
and they shall be eunuchs in the palace of the king of Babylon." [19] Then
Hezekiah said to Isaiah, "The word of the Lord that you have spoken is
good." For he thought, "Why not, if there will be peace and security in
my days?"

[20] 히스기야의 남은 사적과 그의 모든 업적과 저수지와 수도를 만들
어 물을 성 안으로 끌어들인 일은 유다 왕 역대지략에 기록되지 아니
하였느냐 [21] 히스기야가 그의 조상들과 함께 자고 그의 아들 므낫세가
대신하여 왕이 되니라

[20] The rest of the deeds of Hezekiah and all his might and how he made
the pool and the conduit and brought water into the city, are they not
written in the Book of the Chronicles of the Kings of Judah? [21] And
Hezekiah slept with his fathers, and Manasseh his son reigned in his
place.

1 Nehushtan sounds like the Hebrew for *both* bronze and *serpent* *2* A *talent* was about 75 pounds or 34 kilograms *3* Hebrew *his* *4* Hebrew *Make a blessing with me*

단락 개관

히스기야, 영웅에서 바닥으로

열왕기하 18, 19, 20장을 점유하는 긴 단락은 유다의 역대 가장 경건한 왕인 히스기야의 생애와 시대를 다루고 있다.[63] 하지만 이 장들에 나오는 히스기야 이야기의 궤도는 유다의 궤도와 짝을 이룬다. 하나님의 도움으로 한 압제자에게서 구출을 받으면서도 다른 압제자의 손에 들어가는 모습이다.

히스기야 내러티브는 유다의 새로운 왕에 대한 단도직입적인 인정으로 시작된다. 그는 그의 조상 다윗에 필적할 뿐 아니라 산당을 근절하고 온갖 우상숭배의 상징들을 제거하며 모세의 율법을 지키는 등 그의 선조들이 실패한 부분에서 성공을 거둔다(18:6). 히스기야는 또한 앗수르를 비롯한 유다의 적들을 영웅적으로 물리치기도 한다.

그동안 북쪽에서는 17절에 서술된 사건들이 펼쳐지고 있고, 이스라엘이 진격하는 앗수르 사람들에 의해 흩어지고 추방된다(18:9-12). 이후 이 내러티브는 앗수르가 이제는 예루살렘의 문을 노크하고 있다는 자명한 사실을 끄집어낸다. 산헤립은 라기스와 다른 견고한 성읍들을 점령한 후 이제는 히스기야의 수도로 눈을 돌린다. 히스기야는 앗수르를 매수하려고 성전의 보물을 털어서 약간의 시간을 벌지만(18:15-16) 소용이 없다. 앗수르 사람들은 백성의 자신감을 약화시키기 위해 선전 캠페인을 벌이고, 이번 장의 끝에 이르면 하나님의 도성에 불길한 기운이 감돈다.

이 시점에 선지자 이사야가 전전긍긍하는 왕에게 안심시키는 말씀을 전하면서 하나님이 산헤립의 동작을 멈추게 하실 것이라고 약속한다. 산헤립은 어떤 것도 겁내지 않는다(19:8-13). 히스기야는 하나님께 그분이 약속

63 이사야 38:9-22에 나오는 히스기야의 회상을 제외하고, 이 장들은 이사야 36-39장에 정확히 글자 그대로 나온다. 두 곳 모두에서, 비(非)연대기적 순서는 초점을 현재의 앗수르 위협을 훗날의 바벨론 위협으로 바꾸는 역할을 한다.

하신 것을 이행하시고 이 백성을 구출해달라고 부르짖는다(19:14-19). 이후 여호와께서 이사야를 통해 이 기도에 응답하신다. 이사야는 하나님이 어떻게 앗수르 사람들을 물리치실지 자세히 알려주고, 산헤립의 군대가 패배하고 산헤립이 최후를 맞이함에 따라 앗수르가 몰락한다는 것을 19:35-37에 놀랍도록 사실적인 말로 묘사한다.

이후 내러티브의 속도가 현격하게 바뀌면서 앞서 히스기야가 심각한 질병에 걸렸던 사건으로 되돌아간다. 히스기야가 운명의 순간을 맞이하여 공포에 질리는 것은 바람직한 모습이 아니다. 하지만 하나님이 그를 치유하시고 앗수르 사람들이 격퇴될 것이라며 그를 안심시키고, 해 그림자를 뒤로 물러가게 하셔서 그의 임재를 드러내신다(20:9-11). 하지만 히스기야는 회복된 후 바벨론 사절단을 초대해서 국가의 보물을 보여주는 비극적인 실수를 한다. 바벨론에 추파를 던지는 일이 어떻게 끝날지를 이사야가 알려줄 때, 히스기야는 그의 죽음 이후에 모든 것이 무너질 것이라는 예언에 기쁨을 표현할 뿐이다! 위대한 히스기야, 아니, 가장 위대한 히스기야조차 신명기 17장의 표준에 미치지 못한다.

단락 개요

IV. 쇠퇴와 몰락- 이스라엘의 종말과 유다의 유배(13:1-25:30)

E. 유다에서 히스기야의 통치, 앗수르인 산헤립의 공격, 히스기야의 질병, 바벨론 사절단(18:1-20:21)

1. 히스기야의 영웅스런 행적(18:1-8)
2. 이스라엘의 항복(18:9-12)
3. 산헤립의 협박(18:13-37)
4. 이사야의 안심시키는 말(19:1-7)

5. 산헤립의 도전(19:8-13)
6. 히스기야의 기도(19:14-19)
7. 이사야의 예언(19:20-34)
8. 산헤립의 몰락(19:35-37)
9. 히스기야의 질병(20:1-11)
10. 히스기야의 오만(20:12-21)

주석

18:1-8 개요

이 대목의 가장 두드러진 점은, 독자로 하여금 히스기야는 적어도 다윗 같은 왕이란 것을 이해하도록 도우려고 저자가 무척 애쓰는 모습이다.

18:1-3 이스라엘이 곧 종말에 이르게 되는 시점에 유다의 가장 위대한 왕, 히스기야가 "왕이 되어…예루살렘에서 이십구 년간 다스[렸다]". 그의 통치에 대한 판결은 3절에 직설적으로 나온다. "히스기야가 그의 조상 다윗의 모든 행위와 같이 여호와께서 보시기에 정직하게 행하여." 솔로몬 이후 처음으로 사무엘하 7장의 약속에 걸맞게 사는 왕이 나올 수 있는 가능성이 생긴다.

18:4 히스기야의 인생행로는 철저히 다윗을 닮았을 뿐 아니라 다윗이 이룰 필요가 없었던 과업, 유다의 어느 왕도 실행하지 못한 과업을 이루기도 했다. "그가 여러 산당을 제거하며." 하나님 백성의 삶을 끈질기게 따라다니던, 우상을 숭배하는 지역 사당들을 없애버린 것이다. 그뿐만 아니라 그는 산당에서 사용된 선돌, 즉 "주상을 깨뜨리며"(참고. 왕상 14:23; 왕하 17:10)

또 "아세라 목상을 찍[기도]"(아하스가 왕상 16:32-33에 나오는 아합처럼 아세라 목상을 만들었던 것 같다) 했다. 그는 또한 "모세가 만들었던 놋뱀"을 산산조각 냄으로써 민수기 21:4-9에 나오는 광야에서 백성의 치유를 위해 만든 놋뱀을 "느후스단"이라 부르며 분향하던 미신적 행습을 끝장냈다.[64]

18:5-8 그 결과 히스기야의 생애에 관한 판결은 유다의 다른 어느 왕보다 더 긍정적이다. "히스기야가 이스라엘 하나님 여호와를 의지하였는데 그의 전후 유다 여러 왕 중에 그러한 자가 없었으니"(5절). 그는 또한 모세의 율법에 신실하여 "여호와께 연합[했다]"(6절).[65] 7절에서 저자는 "여호와께서 그와 함께 하셨다"고 주장하고, 그 결과 히스기야는 무엇을 행하든지 다 성공적이었다. 이런 말로 거론된 다른 왕은 다윗밖에 없다(삼상 16:18; 18:12, 14; 삼하 5:10). 히스기야는 또한 "앗수르 왕"의 위협에 저항했고, 다윗과 비슷한 모습으로 "블레셋 사람들을 쳐서 가사와 그 사방에 이르고 망대에서부터 견고한 성까지 이르렀[다]"(참고. 삼상 18:27; 19:8). 히스기야는 유다의 위대한 왕들 중 하나로 묘사되어 있다.

히스기야를 특징짓는 자질이 다섯 가지이고 그 모두가 매우 훌륭하다. (1) 순종(왕하 18:3), (2) 신뢰(5절), (3) 헌신(6절, 그는 여호와께 '매달렸다'), (4) 의존(하나님이 그와 함께 계실 필요가 있다는 것을 알았다), (5) 용기(그가 거듭 블레셋을 공격하는 것을 보면 용기가 많았다). 열왕기하의 그 모든 암담한 내용 이후, 세속성과 우상숭배에 빠지는 극적이고 또 덜 극적인 타락 이후, 이 장면은 안도의 숨을 쉬게 해준다. 혹시 이 히스기야가 사무엘하 7장에서 약속된 마지막 다윗 혈통의 왕이 아닐까? 안타깝게도 그렇지 않다.

64 성전에 보관되었던 모세와 연관된 다른 품목들에 대해서는 열왕기상 8:1-9을 보라.

65 이 단어는 창세기 2:24에서 사용되고 다른 곳에서는 친밀한 관계에 사용된 '결합했다'이다. 솔로몬은 외국인 아내들과 '결합했다'(왕상 11:2). 하지만 히스기야는 주님과 결합하라는 신명기의 명령을 따른다(참고. 신 4:4; 10:20; 11:22; 13:4).

응답

우리는 그 장면을 수없이 보았다. 벼랑 끝의 땅이 무너져서 영웅이 그 끝으로 사라진다. 그러나 잠깐만…몇 초 후 별안간 우리는 믿기 어려울 만큼 강한 나무뿌리에 한 손이 매달려있는 모습을 보고, 영웅이 고통스럽게, 점차, 간신히 안전지대로 되돌아와서 옷의 먼지를 털고 다시 일어나 싸울 준비를 한다. 갈라진 틈에 빠지든지, 또는 높은 빌딩에서 떨어지든지, 폭발하는 건물에서 제때에 벗어나지 못하든지, 고속으로 정면충돌을 하든지, 또는 총알 세례를 받든지, 그 공식은 기본적으로 동일하다. 모든 희망을 잃은 것처럼 보일 때, 이번에는 정말로 끝이라고 생각할 때, 갑자기 영웅이 돌무더기나 불길, 협곡에서 헝클어진 모습으로 등장해 어둠의 세력과 계속 싸울 준비를 한다. 바로 열왕기하 18장의 첫 부분에서 이런 낯익은 스토리를 보게 된다. 바로 그 인물이 돌아왔기 때문이다! 처음으로 유다에 다윗 같은 왕이 등장한다.

경건하되 어리석은 여호사밧이 아합의 가족과 친척관계를 맺은 이후 유다의 상황은 무척 나쁜 편이었다. 여호람과 아하시야는 악한 우상숭배자들이었으나 그들의 어머니이자 할머니인 아달랴에 비하면 그래도 괜찮게 보였다. 그녀의 뒤를 이은 왕들(요아스, 아마샤, 웃시아, 요담)은 올바른 일을 했지만 그리 열정적이지는 않았다. 이후 등장한 아하스는 거의 최악의 상태까지 간다. 그런데 갑작스럽게, 뜬금없이(또는 칠흑에서) 다윗을 닮은 왕인 히스기야가 무대에 나온다.

열왕기 내러티브의 흐름에서 히스기야의 등장은 안도의 숨을 쉬게 해준다. 혹자는 다윗 같은 또 다른 왕에 대해 희망을 포기했을지 몰르지만 마침내 히스기야가 출현한다. 드디어 우리는 하나님이 언젠가 또 다른 왕을 보내실 것이라는 희망을 다시 불러일으키는 왕을 갖게 된다. 그 왕은 누가복음 1:32에 따르면 "큰 자가 되고 지극히 높으신 이의 아들이라 일컬어질 것이요 주 하나님께서 그 조상 다윗의 왕위를 그에게 주실" 인물이다. 히스기야는 주전 8세기에 나타난 어둠 속의 한 줄기 빛이다.

주석

18:9-12 우리가 열왕기하 17장에서 이미 살펴보았듯이, 그동안 사마리아에서는 상황이 매우 빨리 진행되고 있다. 18:9-12의 불길한 이야기는 17:5-6을 반복하는 내용이다. 이는 비록 히스기야가 출현했더라도 유다의 모든 문제가 끝난 것이 아니라고 저자가 명백히 상기시켜주는 대목이다. 앗수르 사람들이 아직 떠나지 않았고, 유다의 미끄러짐을 붙잡으려면 히스기야와 같은 영웅보다 더 많은 것이 필요하리라.

히스기야의 통치와 대조적인 모습을 부각시키려고 저자는 이스라엘 역사의 마지막 장면을 간략하게 요약한다. "히스기야 왕 제사년 곧 이스라엘의 왕 엘라의 아들 호세아 제칠년에 앗수르의 왕 살만에셀이 사마리아로 올라와서 에워쌌더라. 삼 년 후에 그 성읍이 함락되니 곧 히스기야 왕의 제육년이요…사마리아가 함락되매"(9-10절). '함락되다'라는 동사의 반복은 이 행동의 최종적 성격을 강조한다. 이스라엘의 해체에 관한 세부사항은 11절에 나온다. 저자는 여기서 이스라엘 사람들의 목적지를 부각시킨다. 그들은 "고산 강가에 있는 할라와 하볼과 메대 사람의 여러 성읍"으로 유배되었다. 여호와께서 극단적 조치를 취하신 이유가 12절에 다시 한번 되풀이되어 있다. 이 멸망은 다시금 그들이 모세를 통해 계시된 "하나님 여호와의 말씀을 듣지 아니[했다]"는 사실로 거슬러 올라간다. "그들은…듣지 아니하고…따르지 아니하였음이더라."

18:13 앗수르 사람들이 이스라엘을 곧바로 처리한 후 이제는 산헤립 왕의 명령을 받아 주의를 유다로 돌리는 것은 놀랄 일이 아니다. 앗수르의 첫 공격은 무척 성공적이다. 그들이 "올라와서 유다 모든 견고한 성읍들을 쳐서 점령[했기]" 때문이다.[66] 히스기야조차 이에 대해 무슨 일을 하기에는

66 산헤립의 왕궁은 라기스의 정복을 묘사하는 패널들로 장식되어 있었다. 이 부조들은 현재 런던 소재 대영박물관에 전시되어 있다.

역부족인 듯이 보인다.

산헤립의 연대기에 나오는 그의 말을 사용하자면, 그는 히스기야의 통치의 절반이 지났을 때(주전 701년경) 히스기야를 "새장 속의 새처럼 예루살렘에 가두었다"라고 한다. 산헤립은 라기스 성읍을 파괴한 후 이제는 히스기야를 다룰 때라고 판단한다.

18:14-16 히스기야는 금방 항복하고 이런 메시지를 보내면서 앗수르 앞에서 굴복한다. "내가 범죄하였나이다. 나를 떠나 돌아가소서. 왕이 내게 지우시는 것을 내가 당하리이다." 히스기야는 성전에 있는 은과 금을 내어주는데, 이는 열왕기에서 결코 좋은 생각이 아니다. 히스기야는 "은 삼백 달란트[약 11톤]와 금 삼십 달란트[1,000킬로그램]"로 살 수 있는 '속국'(우호적으로 정복된 나라)의 지위를 신청한다. 히스기야는 산헤립에게 "여호와의 성전과 왕궁 곳간에 있는 은을 다"(15절) 줌으로써만 이 엄청난 액수를 겨우 긁어모으게 된다. 뿐만 아니라 그는 "여호와의 성전 문의 금과 자기가 모든 기둥에 입힌 금을 벗겨 모두 앗수르 왕에게 주었[다]"(16절). 히스기야는 이제 성전의 보물로 외국 권세를 매수하는 왕들의 목록에 합류한다. 이른바 르호보암(왕상 14:25-28), 아사(왕상 15:17-19), 요아스(왕하 12:18-19), 아마샤(왕하 14:11-14) 그리고 아하스(왕하 16:7-9)다. 히스기야는 자신의 선한 행위에서 돌이켜 이방 왕에게 대가를 지불해야 했다. 이 대목에서 "앗수르 왕"이란 어구가 반복되는 것은 여호와의 주권과 백성을 돌보시는 그의 능력에 큰 의문부호를 붙이게 한다.

18:17-25 하지만 유다가 이 앗수르 왕을 신뢰할 수 없다는 사실이 곧바로 명백해진다. 그는 히스기야의 외교적 뇌물에도 불구하고 곧 되돌아온다. 이번에는 그가 "다르단"(그 왕국의 2인자), "랍사리스"(추정컨대 믿을 만한 인물이라서 앗수르의 군사작전에서 종종 군사적 역할을 맡는 선임 내시) 그리고 "랍사게"(왕의 술을 맡은 고위 관리)[67]를 "라기스에서부터 예루살렘으로" 가는 대군과 함께 보낸다. 아이러니는 히스기야가 바로 이 시나리오를 피하기 위해

18장

앗수르 사람을 매수했었다는 점이다. 산헤립은 그의 말과 상관없이 오직 유다를 이기고 그의 적을 물리치는 것에 초점을 두고 있기 때문에 19절에서 갈등을 고조시키기 위해 랍사게에게 상세한 지시를 한다.

이 군대가 유다의 수도를 포위할 때 내러티브의 속도가 느려진다. "그들이 예루살렘으로 올라가니라"(17절). 그들은 그 성읍의 가장자리에 있는 두드러진 위치에 선다("윗 못 수도 곁 곧 세탁자의 밭에 있는 큰 길에 이르러 서니라").[68] 이곳은 이사야가 히스기야의 아버지 아하스를 만나서 아람-이스라엘 동맹이 유다를 이기려는 시도를 성공하지 못할 것이라고 안심시킨 장소다(사 7:3). 그래서 이 장소에 대한 언급은 하나님이 구출하실 것이란 희망을 품게 한다. 이사야가 곧 이 내러티브에 등장할 것이란 사실을 감안하면, 이는 의도적인 연관성인 듯하다.

18절에서 앗수르 사람들이 이스라엘 왕을 부른다. 히스기야는 앗수르 왕의 앞잡이들과 상대하지 않을 만한 위엄이 있어서 "힐기야의 아들로서 왕궁의 책임자인 엘리야김과 서기관 셉나와 아삽의 아들 사관 요아"를 보낸다.

랍사게가 (아마 그의 언어적 유창함 때문에) 이어지는 토론을 주도하면서 매우 자신감 있는 태도를 보인다. 그는 "대왕 앗수르 왕의 말씀이"라고 시작하는 메시지를 유다 왕에게 전달하는 것으로 말문을 연다. 이 앗수르 사람은 사실상 유일한 하나님과 대결하고 있기 때문에 위험한 지경에 있다는 것을 독자는 금방 알아챈다. 19절부터는 앗수르의 공격이 하나님의 신뢰성에 초점을 둔다['신뢰하다'(의뢰하다)가 5절과 더불어 19, 20, 21, 22, 24절에도 언급되어 있다]. 그래서 랍사게가 일련의 탐색하는 질문을 던지는 것이다. "네가 무엇을 믿고 이렇게 자신만만하냐?…네가 지금 누구를 믿고 나에게 반역하느냐?"(19-20절, 새번역). 그의 선전의 노림수는 양면성이 있다. 히스기야가 동쪽에서 오는 위협에 대항해 이집트의 지원을 구하고 있을지 모른다

67 Cogan and Tadmor, *II Kings*, 229-230을 보라. 내시에 관해서는 9:30-35에 관한 주석을 보라.

68 이 장소의 식별에 관한 이 논의는 다음 책을 참고하라. T. R. Hobbs, *2 Kings*, WBC (Waco, TX: Word, 1985), 260-262.

는 것이다. 아니면 랍사게가 철저히 준비하기 위해 그냥 추측만 하고 있는 것일 수도 있다.

어쨌든 랍사게는 그런 신뢰가 헛되다고 주장한다. 그 이유로 "저 상한 갈대 지팡이 애굽을 의뢰하도다 사람이 그것을 의지하면 그의 손에 찔려 들어갈지라 애굽의 왕 바로는 그에게 의뢰하는 모든 자에게 이와 같[기]"(21절) 때문이라고 한다. 하지만 그가 겨냥하는 대상은 이집트만이 아니다. 22절에서 그는 이렇게 말을 잇는다. "너희는 또 나에게, '[우리는] 주 너희의 하나님을 의지한다'고 말하겠지마는, 유다와 예루살렘에 사는 백성에게 '예루살렘에 있는 이 제단 앞에서만 경배하여야 한다'고 하면서 산당과 제단들을 모두 헐어 버린 것이, 바로 너 히스기야가 아니냐!"(새번역) 랍사게의 정보는 놀랍도록 정확하지만 그의 신학에 대한 이해는 그렇지 않다. 산당을 제거한 것이 어떻게 여호와에 대한 믿음을 약화시킬지는 알기 어렵다.

이 시점에서 앗수르 사람들이 방침을 바꾸어 랍사게가 빈정대는 제안을 내놓는다. "내가 너에게 말 이천 필을 준다고 한들, 네가 그 위에 탈 사람을 내놓을 수 있겠느냐?"(23절, 새번역). 물론 이스라엘은 그만한 수의 기병을 내놓을 입장이 아니다. 다음에 랍사게가 내놓는 예리한 비판은 상당히 그럴듯하다. "네가 어찌 내 주의 신하 중 지극히 작은 지휘관 한 사람인들 물리치며 애굽을 의뢰하고 그 병거와 기병을 얻을 듯하냐?"(24절). 이집트 사람은 어디서도 보이지 않고, 유다 사람은 불쌍할 정도로 연약하다. 그러나 이 시점에서 랍사게가 선을 넘는다. "내가 어찌 여호와의 뜻이 아니고야 이제 이곳을 멸하러 올라왔겠느냐 여호와께서 전에 내게 이르시기를 '이 땅으로 올라와서 쳐서 멸하라' 하셨느니라"(25절). 앗수르가 여호와를 그들의 후원자로 동원하려는 시도는 정말로 위험천만하다.

18:26-35 히스기야의 대변인 세 명(모두 군인이나 외교관이 아니라 정부 관리들이다. 참고. 왕상 4:1-6)이 랍사게에게 약간 겁을 먹고 그에게 온순하게 부탁한다. "우리가 알아듣겠사오니 청하건대 아람 말로 당신의 종들에게 말씀하

시고 성 위에 있는 백성이 듣는 데서 유다 말로 우리에게 말씀하지 마옵소서"(26절). 바로 이런 이유로 앗수르 사람들이 히브리어로 말했다는 사실을 그들은 감지하지 못하는 듯하다. 랍사게는 자기네가 처한 현실을 알 필요가 있는 자들은 유다의 일반 대중, 곧 "너희와 함께 자기의 대변을 먹게 하고 자기의 소변을 마시게 하신" 바로 "성 위에 앉은 사람들"이라고 지적하며 계속해서 그들의 사기를 꺾는다. 그들의 부탁을 완전히 무시한 채 "랍사게가 드디어 일어서서 유다 말로 크게 소리 질러 불러 이르되 '너희는 대왕 앗수르 왕의 말씀을 들으라'"(28절)라고 하면서 그의 상전의 주권을 다시 선포한다. 이번에는 그가 유다 왕의 말을 단호히 반박한다. "너희는 히스기야에게 속지 말라…또한 히스기야가 너희에게 여호와를 의뢰하라 함을 듣지 말라…너희는 히스기야의 말을 듣지 말라"(29-31절). 그 대신 그들은 그의 상전의 말을 들어야 한다. "앗수르 왕의 말씀이 '너희는 내게 항복하고 내게로 나아오라'"(31절)라고 하기 때문이다.

산헤립의 말이 여호와의 말씀을 대체했다. 산헤립의 약속은 신명기 8:7-9과 같은 대목에 표현된 여호와의 약속을 교활하게 패러디한 것이다. "너희는 각각 그의 포도와 무화과를 먹고 또한 각각 자기의 우물의 물을 마시라 내가 장차 와서 너희를 한 지방으로 옮기리니 그곳은 너희 본토와 같은 지방 곧 곡식과 포도주가 있는 지방이요 떡과 포도원이 있는 지방이요 기름 나는 감람과 꿀이 있는 지방이라 너희가 살고 죽지 아니하리라"(왕하 18:31-32).

이 갈등의 핵심에는 유다 사람들을 향한 단순한 질문이 있다. 너희는 누구를 신뢰하는가? 히스기야가 "여호와께서 우리를 건지실지라"라고 말하는 그 하나님인가, 아니면 너희 집 둘레에 늘어선 군인들의 상전인 앗수르 왕인가? 이 내러티브의 중요한 전환점이 되는 33-35절에서 랍사게가 비장의 카드를 쓴다.

> 민족의 신들 중에 어느 한 신이 그의 땅을 앗수르 왕의 손에서 건진 자가 있느냐? 하맛과 아르밧의 신들이 어디 있으며 스발와임과 헤

나와 아와의 신들이 어디 있느냐?[69] 그들이 사마리아를 내 손에서 건졌느냐? 민족의 모든 신들 중에 누가 그의 땅을 내 손에서 건졌기에 여호와가 예루살렘을 내 손에서 건지겠느냐?

랍사게의 논리는 단순하다. 앗수르 왕은 그가 가는 길에 자리한 더 작은 나라들의 어떠한 신보다 더 크다는 것이다. 산헤립에 관한 한 이 싸움은 이미 끝났다. 유다 사람들은 이 앗수르 사람에게 믿음에 관한 강의를 듣는 것이 짜증날 터이다. 특히 이런 다른 신들과 관련해서는 그가 옳다는 것을 그들이 알기 때문이다. 하지만 그런 오만함을 해결하는 방법이 있다(참고. 왕상 20:23 이하).

18:36-37 지혜롭게도 랍사게의 신성모독에 응하여 한 마디라도 하는 사람이 아무도 없다. 할 말이 하나도 없다. 랍사게가 선을 넘었다. 백성은 단연코 여호와와 그의 왕 편에 선다. 히스기야는 좀 떨어진 곳에서도 그의 백성에게 충성과 신뢰를 명한다. 랍사게의 호언장담을 직면할 때 "백성이 잠잠하고 한 마디도 그에게 대답하지 아니하니 이는 왕이 명령하여 '대답하지 말라' 하였[기]" 때문이다. 그 대신 엘리아김과 셉나와 요아가 괴로워하면서(슬퍼서 "옷을 찢고") 히스기야에게 와서 전개된 상황을 알려준다.

18장

19:1-4 이 모든 상황을 히스기야에게 전해주자 그 역시 무척 괴로워서 "그 옷을 찢고 굵은 베를" 둘렀다. 그러나 히스기야는 그렇게만 하지 않는다. 중요한 것은 히스기야가 "여호와의 전에 들어[갔다]"는 사실이다. 그는 여호와의 말씀을 구하러 가는 것이다. 이 때문에 그는 "엘리아김과 셉나"에게도 "굵은 베를 둘려서 아모스의 아들 선지자 이사야에게로" 보낸다. 그들은 이사야에게 사태의 심각성을 틀림없이 알리고 "오늘은 환난과

69 헤나는 동쪽에, 하맛은 서쪽에 있는 듯하지만, 이 모든 장소의 정확한 식별은 여전히 어렵다. 하지만 요점은 분명하다.

징벌과 모욕의 날이라"라는 히스기야의 말을 그대로 전달한다. 히스기야의 주 관심사는 유다의 수치와 그 연장선상에서 하나님의 수치, 그들의 대적에게 조롱당하고 있는 것에 있었다. "아이를 낳을 때가 되었으나 해산할 힘이 없도다"(3절)라는 생생한 진술은 왕과 백성의 고통을 요약하기 위해 만든 것이다. 그들은 하나님이 그들을 구출하시고 고통을 끝내주시길 갈망하지만 아무 일도 일어나지 않는 듯이 보이기 때문이다(참고. 호 13:13).

4절은 히스기야의 부담이 하나님의 영광을 위한 것임을 분명히 한다. 그의 바람은 "랍사게가 그의 주 앗수르 왕의 보냄을 받고 와서 살아계신 하나님을 비방하였으니 당신의 하나님 여호와께서 혹시 그의 말을 들으셨을지라 당신의 하나님 여호와께서 그 들으신 말 때문에 꾸짖으실 듯[하다]"는 것이다. 이후 그는 선지자에게 사면초가에 몰린 하나님 백성을 위해 기도해달라고 촉구한다. "당신은 이 남아있는 자들을 위하여 기도하소서."

히스기야는 마땅히 보여야 할 반응을 보인다. 그는 회개하고, 여호와의 명예를 위해 슬퍼하며, 여호와의 말씀을 듣기 위해 이사야에게 사람을 보낸다. 그는 또한 현재 일어나는 일을 먼 과거인 사무엘상 17장에서 일어났던 일과 연결시킨다. 히스기야가 이 외국인이 살아계신 하나님을 '비방한다'라고 말할 때, 그는 골리앗에게 거듭거듭 사용되었던 그 단어를 사용하고 있다. 앗수르라는 '거인'이 이제 쓰러질 것이다.

19:5-7 선지자 이사야는 곧바로 메신저들에게 염려할 필요가 없다고 그들을 안심시킨다. "여호와의 말씀이 너는 앗수르 왕의 신복에게 들은 바 나를 모욕하는[또는 '모독하는', 22절도 보라] 말 때문에 두려워하지 말라"(6절). 그 어느 것도 여호와의 주목을 피하지 못했다. 그분은 모든 말을 다 들으셨고, 더 나아가, 이 상황의 모든 국면을 통제하고 계시다. 이사야는 히스기야에게 여호와께서 "한 영을 그의 속에 두어 그로 소문을 듣고 그의 본국으로 돌아가게" 할 것이고, 하나님이 그로 하여금 "본국에서…칼에 죽게 하실" 것이라고 말한다(7절). 포위상태가 풀어질 것이고, 산헤립은 우쭐대는 모습에 대한 대가를 치를 것이다.

19:8-13 랍사게가 산헤립과 상의하려고 돌아갔을 때, 그는 왕이 이미 라기스를 떠났고 현재 "립나와 싸우[고]" 있다는 것을 알게 된다. 왕은 "구스 왕 디르하가가 당신[앗수르 왕]과 싸우고자 나왔다 함을 들었기" 때문에 그의 초점을 바꾸었다. 이 무해한 군사 정보는, 이사야가 말했듯이 여느 때처럼 여호와께서 배후 조종을 하고 계시다는 사실을 확증해준다. 예루살렘 공격에서 잠깐 딴 곳으로 주의를 돌린 산헤립은 "다시 히스기야에게 사자를" 보내 그가 돌아올 것이라고 경고한다! 10-13절에서 랍사게의 말이 되풀이되고 있다.

> 네가 믿는 네 하나님이 예루살렘을 앗수르 왕의 손에 넘기지 아니하겠다 하는 말에 속지 말라. 앗수르의 여러 왕이 여러 나라에 행한 바 진멸한 일을 네가 들었나니 네가 어찌 구원을 얻겠느냐?…그 나라들의 신들이 건졌느냐?

이번에는 "내 조상들이 멸하신 여러 민족"의 목록이 13절에 나온 목록뿐 아니라 "고산과 하란과 레셉과 들라살에 있는 에덴 족속"까지 포함한다. 다시 말하건대, 이 장소들 중 일부는 그 위치가 불확실하다.[70] 하지만 현재 독자는 주님이 그분의 선지자를 통해 말씀하셨다는 것을 알고 있기에 이런 건방진 주장이 그 유효성을 잃었다.

19:14-19 우리가 히스기야의 놀라운 기도에 이를 때 이 이야기의 클라이맥스가 지연된다. 산헤립의 편지에 대한 히스기야의 반응은 경건함의 모델이다. 그는 "그 편지를 받아보고 여호와의 성전에 올라가서 히스기야가 그 편지를 여호와 앞에 펴" 놓는다. 히스기야가 친히 이 문제를 다루려고 하는 모습이 없다. 그저 주님께 부르짖을 뿐이다. 그의 기도는 15절에서

70 그러나 Cogan and Tadmor, *II Kings*, 235에 나오는 메소포타미아 인근의 장소들에 대한 신중한 제안을 참고하라.

앗수르의(그리고 다른 모든) 위협을 직면해 여호와의 주권을 주장하는 것으로 시작된다. "그룹들 위에 계신 이스라엘의 하나님 여호와여 주는 천하만국에 홀로 하나님이시라 주께서 천지를 만드셨나이다." 이후 그는 하나님께 앗수르 사람의 조롱을 인식하시도록 요청한다. "여호와여 귀를 기울여 들으소서 여호와여 눈을 떠서 보시옵소서 산헤립이 살아계신 하나님을 비방하러 보낸 말을 들으시옵소서"(16절).

이어서 히스기야는 랍사게와 산헤립 왕의 구체적인 자랑거리를 들어 올린다. 앗수르 사람들이 그들의 길목에 서 있던 모든 나라의 신들을 이겼다는 것이다. "여호와여 앗수르 여러 왕이 과연 여러 민족과 그들의 땅을 황폐하게 하고 또 그들의 신들을 불에 던졌사오니"(17-18절). 그러나 히스기야는 이런 일이 발생한 이유를 안다. "이는 그들이 신이 아니요 사람의 손으로 만든 것 곧 나무와 돌 뿐이므로[참고. 신 4:28] 멸하였나이다." 이 기본 신념으로 인해 히스기야는 확신을 품고 19절의 요청을 하나님께 올려드릴 수 있다. "우리 하나님 여호와여 원하건대 이제 우리를 그의 손에서 구원하옵소서 그리하시면 천하만국이 주 여호와가 홀로 하나님이신 줄 알리이다." 그의 기도는 궁극적으로 그 자신이나 그의 나라를 위한 것이 아니라 하나님의 영광을 위한 것이다.

19:20-34 개요

20-34절에서 하나님은 앗수르 사람의 오만함(20-28절)과 유다 사람의 두려움(29-34절)을 모두 다루신다. 산헤립은 겸손으로 유명한 인물이 아니었다. 사실 산헤립은 자기야말로 도무지 막을 수 없는 인물이라고 주장하는 습관이 있었다. "어린 영양처럼 나는 적을 뒤쫓아서 산꼭대기에 올라갔다. 나의 무릎에 힘이 빠지면 가죽부대에서 물을 마시고 계속 올라갔다. 산의 정상까지 나는 그들을 추적해서 그들을 타도했다. 그들의 성읍들을 내가 점령해서 약탈품을 탈취했다. 나는 황폐하게 했다. 나는 파괴했다. 나는 그들을 불태웠다."[71]

19:20 예상치 못한 일이 일어난다. 여호와께서 히스기야의 기도를 들으셨다고 확증하는 말씀이 즉시 선지자 이사야를 통해 주어진다. 이사야는 이어서 앗수르 왕의 운명에 대해 길게 선언한다.

19:21-26 사태의 은혜로운 진전에서 기운을 얻은 이사야는 산헤립이 사실은 하나님 백성의 멸시를 받는 대상이라고 선언하는데("처녀 딸 시온이 너를 멸시하며 너를 비웃었으며 딸 예루살렘이 너를 향하여 머리를 흔들었느니라"), 이유인즉 그가 "이스라엘의 거룩한 자"를 모욕하고 멸시해서 그렇다고 한다. 이후 이사야는 산헤립이 그의 "사자들"을 통해 '주님을 비방한' 방식을 되풀이한다. 산헤립은 '많은 병거를 거느리고 여러 산꼭대기에 올라갔고' 또 레바논의 '높은 백향목과 아름다운 잣나무를 베었고' 또 '땅을 파서 이방의 물을 마셨고 나의 발바닥으로 애굽의 모든 강들을 말렸노라'라고 자랑했다. 이처럼 다소 웃기면서도 대단한 주장에 대한 하나님의 반응은 간단하다. 그 모든 것이 하나님의 지도로 이뤄졌다는 것이다. "너는 듣지 못하였느냐? 그런 일은 이미 내가 오래 전에 결정한 것들이고, 이미 내가 아득한 옛날부터 계획한 것들이다. 이제 내가 그것을 이루었을 뿐이다. 그래서 네가 견고한 요새들을 돌무더기로 만들고, 여러 민족의 간담을 서늘하게 하고, 공포에 질리게 하고, 부끄럽게 하였다"(25절, 새번역). 산헤립의 가장 인상적인 업적마저 유다의 하나님이 허락하신 은총이었다고 한다.

이 싸움은 어울리지 않는 시합으로 판명된다. 산헤립의 호언장담에도 불구하고 참되고 살아계신 하나님에 필적할 수 없다. 그의 운명은 그가 세상을 정복하려고 생각하기 이전에 이미 결정된 것처럼 보인다. 여호와께서 가장 높은 곳에서 다스리시고, 산헤립은 곧 유일한 하나님 앞에서 치욕을 당할 것이다. 데이비스는 이 단락에 대해 이렇게 논평한다.

19장

71 예. D. D. Luckenbill, *The Annals of Sennacherib* (1924, repr., Eugene, OR: Wipf & Stock, 2005), 36-37.

예정설은 오만한 콧대를 납작하게 만든다. 물론 예정설은 일부 그리스도인을 신경질 나게 한다. 그들은 P(predestination)란 글자만 들어도 몸서리친다. 내가 할 수 있는 말은 이것뿐이다. 만일 당신이 예정설을 원치 않는다면, 어서 쓸쓸한 삶을 영위하고, 당신의 손톱을 물어뜯고 신경 안정제를 삼키고, 저녁 뉴스를 시청할 때 당신의 머리칼을 쥐어뜯어라. 하지만 우리 중 일부는 예정설을 선호한다. 말하자면, 너무도 크셔서 허튼 소리를 하는 이 시대의 산헤립에게 결코 놀라지 않는 하나님을 모시고 산다.[72]

19:27-31 여호와께서 그 앗수르 사람의 모든 움직임을 지켜보셨을 뿐 아니라 그의 모든 발걸음을 통제하고 계셨던 것으로 드러난다. "나는 다 알고 있다. 네가 앉고 서는 것, 네가 나가고 들어오는 것, 네가 내게 분노를 품고 있다는 것도, 나는 모두 다 알고 있다"(27절, 새번역). 그리고 이제는 왕이 자기 행동에 대해 책임을 질 때다. 앗수르 왕은 그들이 저지른 최악의 잔인함에 걸맞게 대우를 받을 터인데, 이는 가해자에게 돌아오는 일종의 자업자득이다. "내가 갈고리를 네 코에 꿰고 재갈을 네 입에 물려[73] 너를 오던 길로 끌어 돌이키리라"(28절, 참고. 18:13; 19:7).

이 지점에서 이사야는 산헤립에게 이 예언의 성취가 다가오고 있다는 징조까지 알려준다. "너희가 금년에는 스스로 자라난 것을 먹고 내년에는 그것에서 난 것을 먹되 제 삼년에는 심고 거두며 포도원을 심고 그 열매를 먹으리라"(29절). 이 아리송한 말은 (문자적으로나 은유적으로) 삼년 후에는 심판이 이미 산헤립을 친 시점이 될 터라고 시사하는 듯하고, 그때가 되면 그 땅에 정상적인 활동이 재개될 것이고, 유다의 운명이 호전되어 "유다 족속 중에서 피하고 남은 자는 다시 아래로 뿌리를 내리고 위로 열매를 맺

72 Davis, *The Power and the Fury*, 287-288.

73 이 행습의 증거를 보려면 에스겔 38:4과 함께 *ANET*, 330, 447쪽을 참고하라.

을" 것이라고 한다. 비록 고난과 패배가 있을지라도 "남은 자는 예루살렘에서부터 나올 것이요 피하는 자는 시온 산에서부터 나올" 것인즉 하나님의 백성이 다시 번영할 것이다. 하나님의 백성이 무슨 트라우마를 겪든지 간에, 하나님은 유다 나라를 통해 일하기로 헌신하셨고, "여호와의 열심이 이 일을 이[룰]"(31절) 것이다. 하나님은 이사야의 말을 보증하신다.

19:32-34 예언의 마지막 말씀은 산헤립의 군사작전의 결과로 되돌아가는데 그 말씀은 너무도 명백하다. "여호와께서 앗수르 왕을 가리켜 이르시기를 그가 이 성에 이르지 못하며 이리로 화살을 쏘지 못하며 방패를 성을 향하여 세우지 못하며 치려고 토성을 쌓지도 못하고 오던 길로 돌아가고 이 성에 이르지 못하리라." 이사야는 이미 산헤립의 개인적인 운명에 대해 말했고, 이제 그의 공격이 헛수고로 끝날 것이라고 설명한다. 하나님께서 "내가 나와 나의 종 다윗을 위하여 이 성을 보호하여 구원하리라"(34절)라고 약속하시기 때문이다. 열왕기에서 줄곧 그랬듯이, 여호와께서 다윗에게 주신 약속을 이루고 그분의 백성을 보존하기로 결심하신 것이다.

19:35-37 이사야의 예언이 성취되는 장면에 관한 기록은 간략하고 놀랄 만큼 사실적이다. 마치 이런 일은 여호와께 아주 작은 것이라고 말하는 듯하다. 먼저 "이 밤에 여호와의 사자가 나와서 앗수르 진영에서 군사 십팔만 오천 명을 친지라 아침에 일찍이 일어나 보니 다 송장이 되었[다]"(35절). 이와 비슷하게, 앗수르의 서쪽 출정이 멈춰지고 "앗수르 왕 산헤립이 떠나 돌아가서 니느웨에 거주[했다]". 그리고 얼마 후 "그가 그의 신 니스록의 신전에서 경배할 때에 아드람멜렉과 사레셀이 그를 칼로 쳐 죽이고 아라랏 땅으로 그들이 도망[했다]". 다시 한번 여호와의 말씀이 역사의 흐름을 결정한 것이다. 산헤립은 더 이상 없고 "그 아들 에살핫돈이 대신하여 왕이" 되었다.

이상하게도, 산헤립의 연대기에는 이런 죽음이 언급되어 있지 않다. 우리 대다수가 그렇듯이, 앗수르 사람들은 그들의 패배보다 그들을 승리를 기록하는데 더 신경을 쓴다. 산헤립은 조용히 그의 왕궁으로 돌아가서 이 모든 것을 잊어버리려 하고, 결국은 20년 후 그의 등에 칼이 꽂힌 채 죽고 만다. 이는 성경 전체에서 가장 놀라운 승리 중 하나다. 이 승리의 이유는 하나님의 확실한 약속에 나온다. "내가 나와 나의 종 다윗을 위하여 이 성을 보호하여 구원하리라"(34절). 하나님께서 이 일을 행하신 것은 그분이 하나님임을 보여주기 위해서고, 그분은 그의 종 다윗을 위해 그 일을 행하신 것이다. 즉, 궁극적인 다윗 혈통의 왕을 세상에 보내실 계획을 추진하기 위해서다.

응답

때로는 승리를 만끽하는 것이 중요하다. 시합을 구경한 후 수상식을 시청하고 나서 5분 하이라이트를 보고, 또 그 시합에 관한 토론을 듣는 것이 좋다. 이왕이면 다시 녹화를 보는 것도 괜찮다. 단, 우리 팀이 승리한다면! 이 특별한(그리고 굉장한) 구약의 승리에 그토록 많은 지면이 할애된 이유는 하나님 백성의 후속 세대들(특히 바벨론에 유배된 이들)이 우리 하나님은 구원의 하나님이고 그의 엄청난 약속들을 이행하실 것으로 신뢰할 수 있는 분임을 기억하도록 격려하기 위해서다. 예수님의 죽음과 부활의 이편에 사는 우리의 경우, 이 내러티브는 우리에게 이 승리를 보고 또 볼 수 있는 기회를 제공한다. 이는 우리 하나님이 주 예수 그리스도 안에서 이루실 궁극적 승리를 내다보게 하기 때문이다. 우리가 그렇게 할 때, 복음의 능력이 스며들어 그리스도를 위해 살게 하고, 우리가 다음 사실을 음미할 때 그리스도 안에서 기뻐할 수 있게 된다.

> 또 범죄와 육체의 무할례로 죽었던 너희를 하나님이 그와 함께 살리시고 우리의 모든 죄를 사하시고 우리를 거스르고 불리하게 하는 법조문으로 쓴 증서를 지우시고 제하여 버리사 십자가에 못 박으시

고 통치자들과 권세들을 무력화하여 드러내어 구경거리로 삼으시고 십자가로 그들을 이기셨느니라(골 2:13-15).

주석

20:1-11 개요

이 단락에서 히스기야가 그의 연약함을 보인다. 주석가들은 이 기도의 어조에 대해 다르게 해석하지만, 그의 언어는 다시금 다윗의 주제들을 일부 끄집어내는 한편 그가 약하고 이기적이며 본인을 애처롭게 생각하는 모습을 보여준다. 그러나 하나님은 은혜롭게 그를 용서하시고 그의 약속을 확증하기 위해 그림자를 뒤로 물러가게 하신다(11절). 다시 한번, 주님은 그의 평판과 영광을 위해, 그리고 그분의 종 다윗을 위해 그렇게 하신다. 그는 여전히 다윗에게 주신 약속을 지키기로 헌신하셨음을 보여주는 증거이다(6절).

20:1-3 이 지점에서 내러티브는 히스기야의 통치 기간에 일어난 이전의 사건, 곧 "히스기야가 병들어 죽게" 되었을 때로 되돌아간다. 그가 임종을 앞두고 있을 때 이사야가 방문해서 그에게 이렇게 말한다. "여호와의 말씀이 '너는 집을 정리하라 네가 죽고 살지 못하리라' 하셨나이다." 왕이 충격을 받은 것은 이해할 만하다. "히스기야가 낯을 벽으로 향[한]" 것은 절망의 표현일 것이다(참고. 왕상 21:4에 나오는 아합의 유치한 시무룩한 모습). 하지만 그는 적절한 일을 행한다. "여호와여 구하오니 내가 진실과 전심으로 주 앞에 행하며 주께서 보시기에 선하게 행한 것을 기억하옵소서"라고 기도하는 것이다. 이번에는 히스기야가 그 자신을 유리하게 다윗에 비유한다. 그리고 "히스기야가 심히 통곡[한다]". 이 위대한 왕조차 그 자신의 죽음에 직면해 무너진다는 사실은 열왕기에 줄곧 나오는 주제들 중 하나를 상기시켜준다. 우리에게는 이스라엘과 유다에서 만나는 최선의 왕들보다 더 나은 왕이 필요하다는 것이다.

20:4-6 거의 예상치 못한 일이 일어난다. "이사야가 궁전 안뜰을 막 벗어나려 할 때에"(새번역) 여호와께서 그 선지자에게 다시 말씀하시며 그에게 "돌아가서 내 백성의 주권자 히스기야"에게 또 하나의 메시지를 전하라고 일러주신다. 이번에 히스기야에게 주는 메시지는 훨씬 더 긍정적이다. "왕의 조상 다윗의 하나님 여호와의 말씀이 내가 네 기도를 들었고 네 눈물을 보았노라 내가 너를 낫게 하리니"(5절). 왕을 "내 백성의 주권자"로 부르고 "왕의 조상 다윗"을 언급하는 것은 이 은혜의 행위가 하나님의 기름부음을 받은 왕인 히스기야에게 베풀어진다는 것을 강조한다. 이는 하나님이 아직 다윗의 집과 유다 백성을 끝내지 않았다는 표시다. 왕은 "네가 삼 일 만에 여호와의 성전에 올라갈 것"이란 말씀을 듣고, 이후 하나님은 "내가 네 날에 십오 년을 더할 것"이라고 약속하신다. 그뿐만 아니라 하나님은 "내가 너와 이 성을 앗수르 왕의 손에서 구원하고 내가 나를 위하고 또 내 종 다윗을 위하므로 이 성을 보호하리라"라고 천명하신다. 이 예언의 시기가 19장과 어떤 관련이 있는지는 분명치 않아도, (위대한 왕인 히스기야가 아니라) 오직 하나님만 그분의 백성의 희망이란 점을 강조하는 효과가 있다.

20:7-11 이번에는 하나님이 말씀으로만 치유하시지 않고 엘리사의 방식으로(참고. 왕하 2:2-22; 4:4, 5:10) 상징적 행동을 수반하신다. "이사야가 이르되 '무화과 반죽을 가져오라' 하매 무리가 가져다가 그 상처에 놓으니 나으니라"(7절). 모종의 피부병이 그동안 왕의 목숨을 위협했던 것 같다. 앞에서 히스기야가 믿음이 아니라 공포에 질려서 행동하고 있다고 시사했는데, 그 증거가 여기에 나온다. 그는 선지자의 말을 그냥 받아들이지 않고 이렇게 묻는다. "여호와께서 나를 낫게 하시고 삼 일 만에 여호와의 성전에 올라가게 하실 무슨 징표가 있나이까"(8절). 이사야가 약속하는 징표는 무척 놀라운 것이다. "주님께서 그 약속하신 바를 그대로 이루실 것을 보여 주는 증거가 여기에 있습니다. 해 그림자를 십 도 앞으로 나아가게 할지, 십 도 뒤로 물러나게 할지, 어떻게 하는 것이 좋을지 말씀해 주십시오"(9절, 새번역).

히스기야는 자기가 받을 징표를 선택하게 되는 유일한 인물이다. "히스기야가 대답하되 '그림자가 십도를 나아가기는 쉬우니 그리할 것이 아니라 십도가 뒤로 물러갈 것이니이다' 하니라"(10절). 서쪽으로 지는 해는 자연스럽게 그림자를 늘릴 것인데, 표면적으로 보면 히스기야의 선택은 시간이 거꾸로 가도록 요구하는 듯하다![74] 그러나 그 메커니즘이 어떻든 간에 "선지자 이사야가 여호와께 간구하매 아하스의 해시계 위에 나아갔던 해 그림자를 십도 뒤로 물러가게 하셨[다]"(11절). 왕이 극적으로 치료받을 뿐 아니라 하나님은 다시 한번 그분이 온 창조세계의 주님이고 그분께 너무 어려운 일이 하나도 없다는 것을 입증하신다.

20:12-13 이 단락을 지배하는 것은 히스기야의 어리석음이다. 20:1-11의 사건들이 일어난 직후 "발라단의 아들 바벨론의 왕 브로닥발라단이 히스기야가 병 들었다 함을 듣고 편지와 예물을 그에게 보낸[다]". 히스기야는 무척 경건해도 다른 세력들의 환심을 사는 것에 관해서는 교훈을 배우지 못한 것 같다. 그는 바벨론의 속임수에 넘어가서 그들을 환영한다. 더 나아가, 자랑을 하고 싶었던 순진한 왕이 바벨론 사절단에게 "자기 보물고의 금은과 향품과 보배로운 기름과 그의 군기고와 창고의 모든 것"을 보여주기로 결심해서 "왕궁과 그의 나라 안에 있는 모든 것 중에서 히스기야가 그에게 보이지 아니한 것이 없[었다]".

포로생활을 하는 독자들은 이 대목을 읽을 때 신음 소리를 냈을 것이 틀림없다. 유다의 최선의 왕인 히스기야가 무심코 바벨론의 공격을 위한 씨를 심어서 그 나라에 재앙을 불러올 터이기 때문이다. 하나님이 그 씨를 이용해서 그의 백성을 심판하게 될 것이다.

20:14-15 이사야가 왕에게 무슨 일이 벌어지고 있는지 물어보자 히스기

74 성경에서 이와 비슷한 사건은 여호수아 10:12-14에 나오는 것뿐이다.

야의 순진한 모습이 그대로 드러난다. “[그들이] 먼 지방 바벨론에서 왔나이다…내 궁에 있는 것을 그들이 다 보았나니 나의 창고에서 하나도 보이지 아니한 것이 없나이다”(15절).

20:16-19 다시 한번, 이사야가 왕에게 “여호와의 말씀을 듣도록” 촉구한다. 이는 유다에게 불길한 말씀이다. 독자의 마음속에 떠오르기 시작한 진실이 이제 명백해지기 때문이다. “여호와의 말씀이 날이 이르리니 왕궁의 모든 것과 왕의 조상들이 오늘까지 쌓아 두었던 것이 바벨론으로 옮긴 바 되고 하나도 남지 아니할 것이요”(17절). 이사야는 그들이 보물을 옮길 뿐만 아니라 하나님의 백성까지 데려갈 것이라고 곧바로 지적한다. “너에게서 태어날 아들 가운데서 더러는 포로로 끌려가서, 바빌론 왕궁의 환관이 될 것이다”(18절, 새번역). 하나님의 비극적으로 슬픈 말씀을 듣고 히스기야가 보인 반응은 부적절한 만큼 충격적이다. “히스기야가 이사야에게 이르되 당신이 전한 바 여호와의 말씀이 선하니이다”(19a절). 이 하나님의 말씀이 어떻게 좋은 소식으로 해석될 수 있을까? 본문이 명시적으로 말한다. “만일 내가 사는 날에 태평과 진실이 있을진대 어찌 선하지 아니하리요?”(19b절). (3절에 나오는 스스로에 대한 만족스러운 자기평가를 반영한다.) 유다의 가장 경건한 왕조차 어리석고도 자기중심적인 인물로 입증된다.

20:20-21 히스기야의 통치의 나머지 부분은 표준적 방식으로 요약되고 다음 사항이 추가된다. “[그가] 저수지와 수도를 만들어 물을 성 안으로 끌어들[였다].”[75] 이후 이 최선의 왕이 최악의 왕이 되는 그의 아들 므낫세로 대체된다.

75 오늘날에도 건너다닐 수 있는 실로암 연못과 히스기야 터널이다.

응답

영웅이 등장하는 것은 좋다. 여호와를 굳게 믿는 히스기야와 같은 영웅들은 이 장들에서 안도의 한숨을 선사한다. 그러나 우리의 모든 영웅은 궁극적으로 결함이 있다는 것을 기억할 필요가 있다. 우리가 결함 있는 백성으로서 엉망진창의 세상에서 직면하는 이슈들을 다루려면 히스기야와 같은 영웅들의 본보기 이상이 필요할 것이다. 이 때문에 저자는 조심스럽게 또 의도적으로 히스기야에 관한 기사를 그런 사건들로 마감하고 있다. 그 사건들은 히스기야의 삶의 일반적 흐름과 조화되진 않아도 슬프고 불성실한 굴복일 뿐 아니라 이런 일이 우리에게도 일어날 수 있다는 경고이기도 하다.

토머스 크랜머(Thomas Cranmer)는 용감한 사람이었다. 그는 매우 예측 불가능한 사람이었던 헨리 8세를 위해 일했고 잉글랜드 종교개혁에 기여했다. 크랜머는 큰 위험을 감수하면서 잉글랜드로 도망한 대륙의 종교개혁자들을 보호했다. 그럼에도 불구하고 두려움이 그를 굴복시켰고, 짧은 기간 동안 그는 과거에 등을 돌렸다. 그를 굴복시킨 것이 화염에 대한 두려움인지, 또는 사람에 대한 두려움이었는지 정확히 말하기는 어렵다. 그는 죽을 때 믿음을 버리진 않았으나 죽기 전 몇 달 간의 행위는 영웅에 걸맞은 모습이 아니었다. 그런 부끄러운 흔들림이 없는 순교에 대해 얘기할 수만 있다면 훨씬 감동을 불러일으킬 것이다. 우리는 그 이야기가 다르게 풀리길 바라고, 크랜머도 그렇게 느꼈을 것이다. 히스기야는 분명히 그런 후회를 공유하는 인물이다. 여기에 우리에게 주는 암묵적 경고가 있다. 우리 중에 가장 용감하고 믿음이 단단한 사람조차 이와 같은 압력을 받으면 넘어질 수 있다는 것이다. 그러나 미리 경고를 받으면 미리 무장할 수 있다. 그런 무너짐에 대한 최선의 방어는 그런 일이 가능하다는 것을 알고 하나님께서 우리의 약점에서 구원하시도록 기도하는 것이다.

20장이 시작될 때 저자는 시계를 앗수르 사건의 수년 전으로 되돌리는데, 이는 새로운 다윗인 히스기야의 스냅 사진 두어 장을 제공하기 위해서다. 그리고 그 사건들은 18:9 이후 커져오던 은밀한 의심을 확증해준다.

그렇다, 하나님께서 굉장한 승리를 거두셨다. 이 사건들이 전개될 때 히스기야가 아니라 하나님이 영웅이란 것이 분명해진다. 이 다윗의 자손으로는 충분치 않다. 여호와께서 그분의 영예를 회복하고 다윗에게 주신 약속을 지키기 위해 그 이상의 일을 행하시고 다른 누군가를 보내실 필요가 있을 것이다.

이 장들은 우리에게 세 가지 교훈을 준다. 첫째, 이 장들은 우리를 주의하게 만든다. 그렇다, 성령이 우리와 함께 하시고 예수님 이후의 시대에 살고 있지만 여전히 히스기야와 같은 재료로 만들어져 있다. 우리는 여전히 언약의 말씀을 이행하지 못할 수 있다. 우리는 여전히 하나님이 우리에게 주신 일을 망쳐놓을 수 있다. 그래서 조심하고 또 조심해야 한다.

둘째, 이 장들은 우리를 의존하게 만든다. 이 굉장한 승리를 거두시고 십자가에 달린 주 예수 그리스도 안에서 무한하게, 그리고 위대한 승리를 거두시는 하나님을 의지해야 한다. 다스리시고 구출하시고 용서하시는 하나님, 진정한 영웅이신 그 하나님을 의지해야 한다.

셋째, 이 장들은 삶의 목표, 기도할 것을 알려준다. 이는 히스기야가 해내지 못했던 그 무엇, 우리 역시 하나님의 은혜로운 손길과 도움이 없이는 해낼 수 없는 그것이다. 바로 '일관성'(consistency)이다. 그것은 장기간에 걸쳐 조용히 또 꾸준히 예수님을 따르는 것이다. 우리의 큰 목표는 그분만이 우리에게 줄 수 있는 힘으로 그분을 신뢰하고, 사랑하고, 경외하고, 섬기고, 따르는 것이다. 이것이 하나님을 영화롭게 한다는 말의 뜻이다. 필자는 이런 생각을 해본다. 우리가 마지막 날에 우리의 하나님, 우리의 왕 앞에 설 때, 맨 앞줄에 있는 사람들, 그 이름이 처음으로 또 가장 큰 소리로 불리는 사람들은 반드시 우리가 아는 이름들이 아니라 장기간에 걸쳐 전심으로 그분을 위해 살아낸 소박하고 신실하고 겸손한 추종자들일 것이라고. 아마 이런 이들이 진정한 영웅일 것이다.

2 Kings
열왕기하
21:1-23:37

21:1 므낫세가 왕이 될 때에 나이가 십이 세라 예루살렘에서 오십오 년
간 다스리니라 그의 어머니의 이름은 헵시바더라 2 므낫세가 여호와
보시기에 악을 행하여 여호와께서 이스라엘 자손 앞에서 쫓아내신 이
방 사람의 가증한 일을 따라서 3 그의 아버지 히스기야가 헐어 버린
산당들을 다시 세우며 이스라엘의 왕 아합의 행위를 따라 바알을 위
하여 제단을 쌓으며 아세라 목상을 만들며 하늘의 일월 성신을 경배
하여 섬기며 4 여호와께서 전에 이르시기를 내가 내 이름을 예루살렘
에 두리라 하신 여호와의 성전에 제단들을 쌓고 5 또 여호와의 성전
두 마당에 하늘의 일월 성신을 위하여 제단들을 쌓고 6 또 자기의 아
들을 불 가운데로 지나게 하며 점치며 사술을 행하며 신접한 자와 박
수를 신임하여 여호와께서 보시기에 악을 많이 행하여 그 진노를 일
으켰으며 7 또 자기가 만든 아로새긴 아세라 목상을 성전에 세웠더라
옛적에 여호와께서 이 성전에 대하여 다윗과 그의 아들 솔로몬에게
이르시기를 내가 이스라엘의 모든 지파 중에서 택한 이 성전과 예루
살렘에 내 이름을 영원히 둘지라 8 만일 이스라엘이 나의 모든 명령과
나의 종 모세가 명령한 모든 율법을 지켜 행하면 내가 그들의 발로 다

21장

시는 그의 조상들에게 준 땅에서 떠나 유리하지 아니하게 하리라 하
셨으나 9 이 백성이 듣지 아니하였고 므낫세의 꾐을 받고 악을 행한
것이 여호와께서 이스라엘 자손 앞에서 멸하신 여러 민족보다 더 심
하였더라
21:1 Manasseh was twelve years old when he began to reign, and
he reigned fifty-five years in Jerusalem. His mother's name was
Hephzibah. 2 And he did what was evil in the sight of the Lord,
according to the despicable practices of the nations whom the Lord
drove out before the people of Israel. 3 For he rebuilt the high places
that Hezekiah his father had destroyed, and he erected altars for Baal
and made an Asherah, as Ahab king of Israel had done, and worshiped
all the host of heaven and served them. 4 And he built altars in the
house of the Lord, of which the Lord had said, "In Jerusalem will I put
my name." 5 And he built altars for all the host of heaven in the two
courts of the house of the Lord. 6 And he burned his son as an offering[1]
and used fortune-telling and omens and dealt with mediums and with
necromancers. He did much evil in the sight of the Lord, provoking him
to anger. 7 And the carved image of Asherah that he had made he set in
the house of which the Lord said to David and to Solomon his son, "In
this house, and in Jerusalem, which I have chosen out of all the tribes
of Israel, I will put my name forever. 8 And I will not cause the feet of
Israel to wander anymore out of the land that I gave to their fathers, if
only they will be careful to do according to all that I have commanded
them, and according to all the Law that my servant Moses commanded
them." 9 But they did not listen, and Manasseh led them astray to do
more evil than the nations had done whom the Lord destroyed before
the people of Israel.

10 여호와께서 그의 종 모든 선지자들을 통하여 말씀하여 이르시되
11 유다 왕 므낫세가 이 가증한 일과 악을 행함이 그 전에 있던 아모리
사람들의 행위보다 더욱 심하였고 또 그들의 우상으로 유다를 범죄하
게 하였도다 12 그러므로 이스라엘의 하나님 여호와가 말하노니 내가
이제 예루살렘과 유다에 재앙을 내리리니 듣는 자마다 두 귀가 울리
리라 13 내가 사마리아를 잰 줄과 아합의 집을 다림 보던 추를 예루살
렘에 베풀고 또 사람이 그릇을 씻어 엎음 같이 예루살렘을 씻어 버릴
지라 14 내가 나의 기업에서 남은 자들을 버려 그들의 원수의 손에 넘
긴즉 그들이 모든 원수에게 노략거리와 겁탈거리가 되리니 15 이는 애
굽에서 나온 그의 조상 때부터 오늘까지 내가 보기에 악을 행하여 나
의 진노를 일으켰음이니라 하셨더라

10 And the Lord said by his servants the prophets, 11 "Because Manasseh
king of Judah has committed these abominations and has done things
more evil than all that the Amorites did, who were before him, and has
made Judah also to sin with his idols, 12 therefore thus says the Lord,
the God of Israel: Behold, I am bringing upon Jerusalem and Judah
such disaster[2] that the ears of everyone who hears of it will tingle.
13 And I will stretch over Jerusalem the measuring line of Samaria,
and the plumb line of the house of Ahab, and I will wipe Jerusalem as
one wipes a dish, wiping it and turning it upside down. 14 And I will
forsake the remnant of my heritage and give them into the hand of their
enemies, and they shall become a prey and a spoil to all their enemies,
15 because they have done what is evil in my sight and have provoked
me to anger, since the day their fathers came out of Egypt, even to this
day."

16 므낫세가 유다에게 범죄하게 하여 여호와께서 보시기에 악을 행한

것 외에도 또 무죄한 자의 피를 심히 많이 흘려 예루살렘 이 끝에서
저 끝까지 가득하게 하였더라
16 Moreover, Manasseh shed very much innocent blood, till he had
filled Jerusalem from one end to another, besides the sin that he made
Judah to sin so that they did what was evil in the sight of the Lord.

17 므낫세의 남은 사적과 그가 행한 모든 일과 범한 죄는 유다 왕 역대
지략에 기록되지 아니하였느냐 18 므낫세가 그의 조상들과 함께 자매
그의 궁궐 동산 곧 웃사의 동산에 장사되고 그의 아들 아몬이 대신하
여 왕이 되니라
17 Now the rest of the acts of Manasseh and all that he did, and the sin
that he committed, are they not written in the Book of the Chronicles
of the Kings of Judah? 18 And Manasseh slept with his fathers and was
buried in the garden of his house, in the garden of Uzza, and Amon his
son reigned in his place.

19 아몬이 왕이 될 때에 나이가 이십이 세라 예루살렘에서 이 년간 다
스리니라 그의 어머니의 이름은 므술레멧이요 욧바 하루스의 딸이더
라 20 아몬이 그의 아버지 므낫세의 행함 같이 여호와 보시기에 악을
행하되 21 그의 아버지가 행한 모든 길로 행하여 그의 아버지가 섬기
던 우상을 섬겨 그것들에게 경배하고 22 그의 조상들의 하나님 여호와
를 버리고 그 길로 행하지 아니하더니 23 그의 신복들이 그에게 반역
하여 왕을 궁중에서 죽이매 24 그 국민이 아몬 왕을 반역한 사람들을
다 죽이고 그의 아들 요시야를 대신하게 하여 왕을 삼았더라 25 아몬
이 행한 바 남은 사적은 유다 왕 역대지략에 기록되지 아니하였느냐
26 아몬이 웃사의 동산 자기 묘실에 장사되고 그의 아들 요시야가 대
신하여 왕이 되니라

19 Amon was twenty-two years old when he began to reign, and he
reigned two years in Jerusalem. His mother's name was Meshullemeth
the daughter of Haruz of Jotbah. 20 And he did what was evil in the
sight of the Lord, as Manasseh his father had done. 21 He walked in all
the way in which his father walked and served the idols that his father
served and worshiped them. 22 He abandoned the Lord, the God of his
fathers, and did not walk in the way of the Lord. 23 And the servants
of Amon conspired against him and put the king to death in his house.
24 But the people of the land struck down all those who had conspired
against King Amon, and the people of the land made Josiah his son
king in his place. 25 Now the rest of the acts of Amon that he did, are
they not written in the Book of the Chronicles of the Kings of Judah?
26 And he was buried in his tomb in the garden of Uzza, and Josiah his
son reigned in his place.

22:1 요시야가 왕위에 오를 때에 나이가 팔 세라 예루살렘에서 삼십일
년간 다스리니라 그의 어머니의 이름은 여디다요 보스갓 아다야의 딸
이더라 2 요시야가 여호와 보시기에 정직히 행하여 그의 조상 다윗의
모든 길로 행하고 좌우로 치우치지 아니하였더라

22:1 Josiah was eight years old when he began to reign, and he reigned
thirty-one years in Jerusalem. His mother's name was Jedidah the
daughter of Adaiah of Bozkath. 2 And he did what was right in the eyes
of the Lord and walked in all the way of David his father, and he did
not turn aside to the right or to the left.

3 요시야 왕 열여덟째 해에 왕이 므술람의 손자 아살리야의 아들 서기
관 사반을 여호와의 성전에 보내며 이르되 4 너는 대제사장 힐기야에

22장

게 올라가서 백성이 여호와의 성전에 드린 은 곧 문 지킨 자가 수납한
은을 계산하여 5 여호와의 성전을 맡은 감독자의 손에 넘겨 그들이 여
호와의 성전에 있는 작업자에게 주어 성전에 부숴진 것을 수리하게
하되 6 곧 목수와 건축자와 미장이에게 주게 하고 또 재목과 다듬은
돌을 사서 그 성전을 수리하게 하라 7 그러나 그들의 손에 맡긴 은을
회계하지 말지니 이는 그들이 진실하게 행함이니라

3 In the eighteenth year of King Josiah, the king sent Shaphan the
son of Azaliah, son of Meshullam, the secretary, to the house of the
Lord, saying, 4 "Go up to Hilkiah the high priest, that he may count
the money that has been brought into the house of the Lord, which
the keepers of the threshold have collected from the people. 5 And let
it be given into the hand of the workmen who have the oversight of
the house of the Lord, and let them give it to the workmen who are at
the house of the Lord, repairing the house 6 (that is, to the carpenters,
and to the builders, and to the masons), and let them use it for buying
timber and quarried stone to repair the house. 7 But no accounting shall
be asked from them for the money that is delivered into their hand, for
they deal honestly."

8 대제사장 힐기야가 서기관 사반에게 이르되 내가 여호와의 성전에
서 율법 책을 발견하였노라 하고 힐기야가 그 책을 사반에게 주니 사
반이 읽으니라 9 서기관 사반이 왕에게 돌아가서 보고하여 이르되 왕
의 신복들이 성전에서 찾아낸 돈을 쏟아 여호와의 성전을 맡은 감독
자의 손에 맡겼나이다 하고 10 또 서기관 사반이 왕에게 말하여 이르
되 제사장 힐기야가 내게 책을 주더이다 하고 사반이 왕의 앞에서 읽
으매

8 And Hilkiah the high priest said to Shaphan the secretary, "I have

found the Book of the Law in the house of the Lord." And Hilkiah gave
the book to Shaphan, and he read it. 9 And Shaphan the secretary came
to the king, and reported to the king, "Your servants have emptied out
the money that was found in the house and have delivered it into the
hand of the workmen who have the oversight of the house of the Lord."
10 Then Shaphan the secretary told the king, "Hilkiah the priest has
given me a book." And Shaphan read it before the king.

11 왕이 율법 책의 말을 듣자 곧 그의 옷을 찢으니라 12 왕이 제사장 힐
기야와 사반의 아들 아히감과 미가야의 아들 악볼과 서기관 사반과
왕의 시종 아사야에게 명령하여 이르되 13 너희는 가서 나와 백성과
온 유다를 위하여 이 발견한 책의 말씀에 대하여 여호와께 물으라 우
리 조상들이 이 책의 말씀을 듣지 아니하며 이 책에 우리를 위하여 기
록된 모든 것을 행하지 아니하였으므로 여호와께서 우리에게 내리신
진노가 크도다

11 When the king heard the words of the Book of the Law, he tore his
clothes. 12 And the king commanded Hilkiah the priest, and Ahikam
the son of Shaphan, and Achbor the son of Micaiah, and Shaphan the
secretary, and Asaiah the king's servant, saying, 13 "Go, inquire of the
Lord for me, and for the people, and for all Judah, concerning the words
of this book that has been found. For great is the wrath of the Lord that
is kindled against us, because our fathers have not obeyed the words of
this book, to do according to all that is written concerning us."

14 이에 제사장 힐기야와 또 아히감과 악볼과 사반과 아사야가 여선
지 훌다에게로 나아가니 그는 할하스의 손자 디과의 아들로서 예복을
주관하는 살룸의 아내라 예루살렘 둘째 구역에 거주하였더라 그들이

그와 더불어 말하매 15 훌다가 그들에게 이르되 이스라엘 하나님 여호
와의 말씀이 너희는 너희를 내게 보낸 사람에게 말하기를 16 여호와
의 말씀이 내가 이곳과 그 주민에게 재앙을 내리되 곧 유다 왕이 읽은
책의 모든 말대로 하리니 17 이는 이 백성이 나를 버리고 다른 신에게
분향하며 그들의 손의 모든 행위로 나를 격노하게 하였음이라 그러므
로 내가 이곳을 향하여 내린 진노가 꺼지지 아니하리라 하라 하셨느
니라 18 너희를 보내 여호와께 묻게 한 유다 왕에게는 너희가 이렇게
말하라 이스라엘의 하나님 여호와가 이같이 말씀하셨느니라 네가 들
은 말들에 대하여는 19 내가 이곳과 그 주민에게 대하여 빈 터가 되고
저주가 되리라 한 말을 네가 듣고 마음이 부드러워져서 여호와 앞 곧
내 앞에서 겸비하여 옷을 찢고 통곡하였으므로 나도 네 말을 들었노
라 여호와가 말하였느니라 20 그러므로 보라 내가 너로 너의 조상들에
게 돌아가서 평안히 묘실로 들어가게 하리니 내가 이곳에 내리는 모
든 재앙을 네 눈이 보지 못하리라 하셨느니라 하니 사자들이 왕에게
보고하니라

14 So Hilkiah the priest, and Ahikam, and Achbor, and Shaphan, and
Asaiah went to Huldah the prophetess, the wife of Shallum the son
of Tikvah, son of Harhas, keeper of the wardrobe (now she lived in
Jerusalem in the Second Quarter), and they talked with her. 15 And
she said to them, "Thus says the Lord, the God of Israel: 'Tell the man
who sent you to me, 16 Thus says the Lord, Behold, I will bring disaster
upon this place and upon its inhabitants, all the words of the book that
the king of Judah has read. 17 Because they have forsaken me and have
made offerings to other gods, that they might provoke me to anger with
all the work of their hands, therefore my wrath will be kindled against
this place, and it will not be quenched. 18 But to the king of Judah, who
sent you to inquire of the Lord, thus shall you say to him, Thus says

the Lord, the God of Israel: Regarding the words that you have heard,
19 because your heart was penitent, and you humbled yourself before
the Lord, when you heard how I spoke against this place and against
its inhabitants, that they should become a desolation and a curse, and
you have torn your clothes and wept before me, I also have heard
you, declares the Lord. 20 Therefore, behold, I will gather you to your
fathers, and you shall be gathered to your grave in peace, and your eyes
shall not see all the disaster that I will bring upon this place.'" And they
brought back word to the king.

23:1 왕이 보내 유다와 예루살렘의 모든 장로를 자기에게로 모으고
2 이에 왕이 여호와의 성전에 올라가매 유다 모든 사람과 예루살렘 주
민과 제사장들과 선지자들과 모든 백성이 노소를 막론하고 다 왕과
함께 한지라 왕이 여호와의 성전 안에서 발견한 언약책의 모든 말씀
을 읽어 무리의 귀에 들리고 3 왕이 단 위에 서서 여호와 앞에서 언약
을 세우되 마음을 다하고 뜻을 다하여 여호와께 순종하고 그의 계명
과 법도와 율례를 지켜 이 책에 기록된 이 언약의 말씀을 이루게 하리
라 하매 백성이 다 그 언약을 따르기로 하니라
23:1 Then the king sent, and all the elders of Judah and Jerusalem were
gathered to him. 2 And the king went up to the house of the Lord, and
with him all the men of Judah and all the inhabitants of Jerusalem and
the priests and the prophets, all the people, both small and great. And
he read in their hearing all the words of the Book of the Covenant that
had been found in the house of the Lord. 3 And the king stood by the
pillar and made a covenant before the Lord, to walk after the Lord and
to keep his commandments and his testimonies and his statutes with
all his heart and all his soul, to perform the words of this covenant that

were written in this book. And all the people joined in the covenant.

4 왕이 대제사장 힐기야와 모든 부제사장들과 문을 지킨 자들에게 명
령하여 바알과 아세라와 하늘의 일월 성신을 위하여 만든 모든 그릇
들을 여호와의 성전에서 내다가 예루살렘 바깥 기드론 밭에서 불사르
고 그것들의 재를 벧엘로 가져가게 하고 5 옛적에 유다 왕들이 세워서
유다 모든 성읍과 예루살렘 주위의 산당들에서 분향하며 우상을 섬
기게 한 제사장들을 폐하며 또 바알과 해와 달과 별 떼와 하늘의 모든
별에게 분향하는 자들을 폐하고 6 또 여호와의 성전에서 아세라 상을
내다가 예루살렘 바깥 기드론 시내로 가져다 거기에서 불사르고 빻아
서 가루를 만들어 그 가루를 평민의 묘지에 뿌리고 7 또 여호와의 성
전 가운데 남창의 집을 헐었으니 그곳은 여인이 아세라를 위하여 휘
장을 짜는 처소였더라 8 또 유다 각 성읍에서 모든 제사장을 불러오고
또 제사장이 분향하던 산당을 게바에서부터 브엘세바까지 더럽게 하
고 또 성문의 산당들을 헐어 버렸으니 이 산당들은 그 성읍의 지도자
여호수아의 대문 어귀 곧 성문 왼쪽에 있었더라 9 산당들의 제사장들
은 예루살렘 여호와의 제단에 올라가지 못하고 다만 그의 형제 중에
서 무교병을 먹을 뿐이었더라 10 왕이 또 힌놈의 아들 골짜기의 도벳
을 더럽게 하여 어떤 사람도 몰록에게 드리기 위하여 자기의 자녀를
불로 지나가지 못하게 하고 11 또 유다 여러 왕이 태양을 위하여 드린
말들을 제하여 버렸으니 이 말들은 여호와의 성전으로 들어가는 곳의
근처 내시 나단멜렉의 집 곁에 있던 것이며 또 태양 수레를 불사르고
12 유다 여러 왕이 아하스의 다락 지붕에 세운 제단들과 므낫세가 여
호와의 성전 두 마당에 세운 제단들을 왕이 다 헐고 거기서 빻아내려
서 그것들의 가루를 기드론 시내에 쏟아 버리고 13 또 예루살렘 앞 멸
망의 산 오른쪽에 세운 산당들을 왕이 더럽게 하였으니 이는 옛적에
이스라엘 왕 솔로몬이 시돈 사람의 가증한 아스다롯과 모압 사람의

가증한 그모스와 암몬 자손의 가증한 밀곰을 위하여 세웠던 것이며
14 왕이 또 석상들을 깨뜨리며 아세라 목상들을 찍고 사람의 해골로
그곳에 채웠더라
4 And the king commanded Hilkiah the high priest and the priests of
the second order and the keepers of the threshold to bring out of the
temple of the Lord all the vessels made for Baal, for Asherah, and for
all the host of heaven. He burned them outside Jerusalem in the fields
of the Kidron and carried their ashes to Bethel. 5 And he deposed the
priests whom the kings of Judah had ordained to make offerings in the
high places at the cities of Judah and around Jerusalem; those also who
burned incense to Baal, to the sun and the moon and the constellations
and all the host of the heavens. 6 And he brought out the Asherah from
the house of the Lord, outside Jerusalem, to the brook Kidron, and
burned it at the brook Kidron and beat it to dust and cast the dust of
it upon the graves of the common people. 7 And he broke down the
houses of the male cult prostitutes who were in the house of the Lord,
where the women wove hangings for the Asherah. 8 And he brought all
the priests out of the cities of Judah, and defiled the high places where
the priests had made offerings, from Geba to Beersheba. And he broke
down the high places of the gates that were at the entrance of the gate
of Joshua the governor of the city, which were on one's left at the gate
of the city. 9 However, the priests of the high places did not come up
to the altar of the Lord in Jerusalem, but they ate unleavened bread
among their brothers. 10 And he defiled Topheth, which is in the Valley
of the Son of Hinnom, that no one might burn his son or his daughter
as an offering to Molech.[3] 11 And he removed the horses that the kings
of Judah had dedicated to the sun, at the entrance to the house of the

Lord, by the chamber of Nathan-melech the chamberlain, which was in
the precincts.[4] And he burned the chariots of the sun with fire. 12 And
the altars on the roof of the upper chamber of Ahaz, which the kings
of Judah had made, and the altars that Manasseh had made in the two
courts of the house of the Lord, he pulled down and broke in pieces[5]
and cast the dust of them into the brook Kidron. 13 And the king defiled
the high places that were east of Jerusalem, to the south of the mount
of corruption, which Solomon the king of Israel had built for Ashtoreth
the abomination of the Sidonians, and for Chemosh the abomination
of Moab, and for Milcom the abomination of the Ammonites. 14 And
he broke in pieces the pillars and cut down the Asherim and filled their
places with the bones of men.

15 또한 이스라엘에게 범죄하게 한 느밧의 아들 여로보암이 벧엘에
세운 제단과 산당을 왕이 헐고 또 그 산당을 불사르고 빻아서 가루
를 만들며 또 아세라 목상을 불살랐더라 16 요시야가 몸을 돌이켜 산
에 있는 무덤들을 보고 보내어 그 무덤에서 해골을 가져다가 제단 위
에서 불살라 그 제단을 더럽게 하니라 이 일을 하나님의 사람이 전하
였더니 그 전한 여호와의 말씀대로 되었더라 17 요시야가 이르되 내게
보이는 저것은 무슨 비석이냐 하니 성읍 사람들이 그에게 말하되 왕
께서 벧엘의 제단에 대하여 행하신 이 일을 전하러 유다에서 왔던 하
나님의 사람의 묘실이니이다 하니라 18 이르되 그대로 두고 그의 뼈
를 옮기지 말라 하매 무리가 그의 뼈와 사마리아에서 온 선지자의 뼈
는 그대로 두었더라 19 전에 이스라엘 여러 왕이 사마리아 각 성읍에
지어서 여호와를 격노하게 한 산당을 요시야가 다 제거하되 벧엘에서
행한 모든 일대로 행하고 20 또 거기 있는 산당의 제사장들을 다 제단
위에서 죽이고 사람의 해골을 제단 위에서 불사르고 예루살렘으로 돌

아왔더라
15 Moreover, the altar at Bethel, the high place erected by Jeroboam
the son of Nebat, who made Israel to sin, that altar with the high place
he pulled down and burned,[6] reducing it to dust. He also burned the
Asherah. 16 And as Josiah turned, he saw the tombs there on the mount.
And he sent and took the bones out of the tombs and burned them on
the altar and defiled it, according to the word of the Lord that the man
of God proclaimed, who had predicted these things. 17 Then he said,
"What is that monument that I see?" And the men of the city told him,
"It is the tomb of the man of God who came from Judah and predicted[7]
these things that you have done against the altar at Bethel." 18 And he
said, "Let him be; let no man move his bones." So they let his bones
alone, with the bones of the prophet who came out of Samaria. 19 And
Josiah removed all the shrines also of the high places that were in the
cities of Samaria, which kings of Israel had made, provoking the Lord
to anger. He did to them according to all that he had done at Bethel.
20 And he sacrificed all the priests of the high places who were there,
on the altars, and burned human bones on them. Then he returned to
Jerusalem.

21 왕이 뭇 백성에게 명령하여 이르되 이 언약책에 기록된 대로 너희
의 하나님 여호와를 위하여 유월절을 지키라 하매 22 사사가 이스라엘
을 다스리던 시대부터 이스라엘 여러 왕의 시대와 유다 여러 왕의 시
대에 이렇게 유월절을 지킨 일이 없었더니 23 요시야 왕 열여덟째 해
에 예루살렘에서 여호와 앞에 이 유월절을 지켰더라
21 And the king commanded all the people, "Keep the Passover to the
Lord your God, as it is written in this Book of the Covenant." 22 For no

23장

such Passover had been kept since the days of the judges who judged
Israel, or during all the days of the kings of Israel or of the kings of
Judah. 23 But in the eighteenth year of King Josiah this Passover was
kept to the Lord in Jerusalem.

24 요시야가 또 유다 땅과 예루살렘에 보이는 신접한 자와 점쟁이와
드라빔과 우상과 모든 가증한 것을 다 제거하였으니 이는 대제사장
힐기야가 여호와의 성전에서 발견한 책에 기록된 율법의 말씀을 이루
려 함이라 25 요시야와 같이 마음을 다하며 뜻을 다하며 힘을 다하여
모세의 모든 율법을 따라 여호와께로 돌이킨 왕은 요시야 전에도 없
었고 후에도 그와 같은 자가 없었더라
24 Moreover, Josiah put away the mediums and the necromancers and
the household gods and the idols and all the abominations that were
seen in the land of Judah and in Jerusalem, that he might establish the
words of the law that were written in the book that Hilkiah the priest
found in the house of the Lord. 25 Before him there was no king like
him, who turned to the Lord with all his heart and with all his soul and
with all his might, according to all the Law of Moses, nor did any like
him arise after him.

26 그러나 여호와께서 유다를 향하여 내리신 그 크게 타오르는 진노
를 돌이키지 아니하셨으니 이는 므낫세가 여호와를 격노하게 한 그
모든 격노 때문이라 27 여호와께서 이르시되 내가 이스라엘을 물리친
것 같이 유다도 내 앞에서 물리치며 내가 택한 이 성 예루살렘과 내
이름을 거기에 두리라 한 이 성전을 버리리라 하셨더라
26 Still the Lord did not turn from the burning of his great wrath,
by which his anger was kindled against Judah, because of all the

provocations with which Manasseh had provoked him. 27 And the Lord
said, "I will remove Judah also out of my sight, as I have removed
Israel, and I will cast off this city that I have chosen, Jerusalem, and the
house of which I said, My name shall be there."

28 요시야의 남은 사적과 행한 모든 일은 유다 왕 역대지략에 기록되
지 아니하였느냐 29 요시야 당시에 애굽의 왕 바로 느고가 앗수르 왕
을 치고자 하여 유브라데 강으로 올라가므로 요시야 왕이 맞서 나갔
더니 애굽 왕이 요시야를 므깃도에서 만났을 때에 죽인지라 30 신복
들이 그의 시체를 병거에 싣고 므깃도에서 예루살렘으로 돌아와 그의
무덤에 장사하니 백성들이 요시야의 아들 여호아하스를 데려다가 그
에게 기름을 붓고 그의 아버지를 대신하여 왕으로 삼았더라
28 Now the rest of the acts of Josiah and all that he did, are they not
written in the Book of the Chronicles of the Kings of Judah? 29 In his
days Pharaoh Neco king of Egypt went up to the king of Assyria to
the river Euphrates. King Josiah went to meet him, and Pharaoh Neco
killed him at Megiddo, as soon as he saw him. 30 And his servants
carried him dead in a chariot from Megiddo and brought him to
Jerusalem and buried him in his own tomb. And the people of the land
took Jehoahaz the son of Josiah, and anointed him, and made him king
in his father's place.

31 여호아하스가 왕이 될 때에 나이가 이십삼 세라 예루살렘에서 석
달간 다스리니라 그의 어머니의 이름은 하무달이라 립나 예레미야의
딸이더라 32 여호아하스가 그의 조상들의 모든 행위대로 여호와 보시
기에 악을 행하였더니 33 바로 느고가 그를 하맛 땅 립나에 가두어 예
루살렘에서 왕이 되지 못하게 하고 또 그 나라로 은 백 달란트와 금

23장

한 달란트를 벌금으로 내게 하고 34 바로 느고가 요시야의 아들 엘리
아김을 그의 아버지 요시야를 대신하여 왕으로 삼고 그의 이름을 고
쳐 여호야김이라 하고 여호아하스는 애굽으로 잡아갔더니 그가 거기
서 죽으니라 35 여호야김이 은과 금을 바로에게 주니라 그가 바로 느
고의 명령대로 그에게 그 돈을 주기 위하여 나라에 부과하되 백성들
각 사람의 힘대로 액수를 정하고 은금을 징수하였더라
31 Jehoahaz was twenty-three years old when he began to reign, and he
reigned three months in Jerusalem. His mother's name was Hamutal
the daughter of Jeremiah of Libnah. 32 And he did what was evil in
the sight of the Lord, according to all that his fathers had done. 33 And
Pharaoh Neco put him in bonds at Riblah in the land of Hamath, that
he might not reign in Jerusalem, and laid on the land a tribute of a
hundred talents[8] of silver and a talent of gold. 34 And Pharaoh Neco
made Eliakim the son of Josiah king in the place of Josiah his father,
and changed his name to Jehoiakim. But he took Jehoahaz away, and
he came to Egypt and died there. 35 And Jehoiakim gave the silver and
the gold to Pharaoh, but he taxed the land to give the money according
to the command of Pharaoh. He exacted the silver and the gold of the
people of the land, from everyone according to his assessment, to give
it to Pharaoh Neco.

36 여호야김이 왕이 될 때에 나이가 이십오 세라 예루살렘에서 십일
년간 다스리니라 그의 어머니의 이름은 스비다라 루마 브다야의 딸이
더라 37 여호야김이 그의 조상들이 행한 모든 일을 따라서 여호와 보
시기에 악을 행하였더라
36 Jehoiakim was twenty-five years old when he began to reign, and he
reigned eleven years in Jerusalem. His mother's name was Zebidah the

daughter of Pedaiah of Rumah. 37 And he did what was evil in the sight of the Lord, according to all that his fathers had done.

1 Hebrew *made his son pass through the fire* *2* Or *evil* *3* Hebrew *might cause his son or daughter to pass through the fire for Molech* *4* The meaning of the Hebrew word is uncertain *5* Hebrew *pieces from there* *6* Septuagint *broke in pieces its stones* *7* Hebrew *called* *8* A *talent* was about 75 pounds or 34 kilograms

단락 개관

열왕기의 끝이 다가오면서 내러티브의 속도가 빨라진다. 히스기야의 아들 므낫세는 그의 아버지와 완전히 반대되는 이미지다. 므낫세는 그의 아버지가 경건했던 것과 정반대로 악한 인물이다. 므낫세 치하에서 온갖 우상숭배가 번성하고 그의 아들을 제물로 바치는 것에서 절정에 이른다(왕하 21:6). 그의 통치는 하나님이 모세를 통해 말씀하신 모든 것과 하나님이 다윗의 혈통을 통해 행하겠다고 약속하신 모든 것에 역행한다. 므낫세의 통치에 대한 최종 판결은 그가 유다를 유도해 그들이 "악을 행한 것이 여호와께서 이스라엘 자손 앞에서 멸하신 여러 민족보다 더 심하였더라"(21:9)는 것이다.

21장

이로 말미암아 하나님은 이제 선을 넘었다고 선언하셨고 유다의 운명이 정해진다. 이전에 이스라엘이 그랬던 것처럼, 유다도 외국 세력에게 억압당하고 포로로 잡혀갈 것이다.

아몬이 므낫세의 뒤를 잇고 그의 짧은 통치도 평범한 만큼 악하다. 그는 불과 2년 만에 암살되고 8살 된 아들 요시야가 왕위에 오른다. 22:2에 따르면, 요시야는 아버지의 판박이가 아니라 참으로 경건한 다윗 같은 왕이다.

늘 그렇듯이, 요시야의 통치에 관한 세부사항은 최소한에 그치고, 18년이 지난 후 그는 성전을 재건하기 시작하는데, 이는 그 자체로 의미심장하고 또 다음에 일어날 일의 계기가 된다. 성전을 수리하는 동안, 제사장 힐기야가 적어도 신명기로 이뤄진 듯한 "율법 책"을 발견한다. 그 책을 요시야에게 읽어주고 나서 그 책이 그의 개혁운동을 위한 프로그램이 된다. 이는 유다의 역사상 가장 철저한 우상숭배 타파이다. 그의 개혁은 유월절의 복원에서 절정에 이르고, 요시야는 유다 역대 가장 경건한 왕으로 인정된다.[76] 하지만 요시야의 개혁조차 '너무 작고, 너무 늦은' 사례이다.

요시야가 이집트에 대항하던 군사작전 중에 죽었다는 축약된 이야기는 충격으로 다가오고 즉시 유다를 회복될 수 없는 소용돌이 속으로 빠뜨린다. 여호아하스는 그 인생이 이집트의 포로로 끝나는 가련한 왕이고, 그의 아들 엘리아김(바로의 주장에 따라 여호야김으로 알려진)은 유다에서 꼭두각시 왕이 된다. 이제 우리가 아는 대로 유다의 종말은 시간문제일 뿐이다.

단락 개요

IV. 쇠퇴와 몰락- 이스라엘의 종말과 유다의 유배(13:1-25:30)

F. 므낫세, 아몬, 요시야(성전 수리와 율법 책의 회수를 포함), 여호아하스와 여호야김의 통치(21:1-23:37)

1. 므낫세의 생애와 시대(21:1-9)
2. 유다의 심판이 선언되다(21:10-18)
3. 아몬의 생애와 시대(21:19-26)
4. 요시야를 소개하다(22:1-2)
5. 요시야와 성전(22:3-7)

76 필자는 경건한 통치 면에서 히스기야가 요시야를 능가했다고 보지만, 23:25의 어조는 왕들 가운데 요시야와 같은 경건한 인물이 없었다고 암시한다.

6. 율법 책의 회수(22:8-20)

7. 율법 책으로 다스리다(23:1-20)

8. 유월절 행사를 재개하다(23:21-27)

9. 요시야의 죽음(23:28-30)

10. 여호아하스의 생애와 시대(23:31-35)

11. 여호야김의 생애와 시대(23:36-37)

주석

21:1-9 므낫세는 좋은 왕이 아니라고 말하는 게 적절하다. 열왕기하 21장의 첫 대목은 이와 동일한 것을 다양한 방식으로 말한다. 짧게 요약하자면, 그는 여호와와 그분의 말씀이 아니라 이방 나라의 방식에 영향을 받는다고 말할 수 있다. 2절과 9절은 여기에 나오는 므낫세의 생애와 그 시대를 묘사하는 괄호의 역할을 한다.

21장

> 므낫세가 여호와 보시기에 악을 행하여 여호와께서 이스라엘 자손 앞에서 쫓아내신 '이방 사람의 가증한 일을 따라서'(2절).

> 이 백성이 〔하나님의 말씀을〕 듣지 아니하였고 므낫세의 꾐을 받고 악을 행한 것이 여호와께서 이스라엘 자손 앞에서 멸하신 '여러 민족보다 더 심하였더라'(9절).

이스라엘이나 유다의 다른 어느 왕과 달리, 므낫세는 여호와가 누군지 알지 못하고 관심도 없는 누군가처럼 행동하는 인물이다. 므낫세에 대한 판결을 좀 더 길게 표현하면 이렇다. 그는 '히스기야와 정반대되는' 인물이고

'남쪽의 아합'이다(3절). 그는 아합의 본을 따르고 제단을 쌓고 아들을 제물로 바친다(4-7절). 므낫세는 하나님을 무시하며 무례하고 반항하는 궁극적인 인물이다.

므낫세가 왕좌를 차지할 때 그가 하나님의 백성을 얼마나 깊이 끌어내릴지 아무도 예측할 수 없다. "예루살렘에서 오십오 년"에 걸친 그의 통치는 "여호와께서 이스라엘 자손 앞에서 쫓아내신 이방 사람의 가증한 일"[77]의 악취로 가득 차 있다. 그 나라 역사를 얼룩지게 했던 끈질긴 우상숭배로부터 유다를 깨끗케 한 므낫세 아버지의 용감하고 신중한 사역(18:4)이 급속히 무효가 되고 말았다. "그의 아버지 히스기야가 헐어 버린 산당들을 다시 세우며 이스라엘의 왕 아합의 행위를 따라 바알을 위하여 제단을 쌓으며 아세라 목상을 만들며 하늘의 일월 성신을 경배하여 섬[겼기]"(3절, 참고. 신 4:19; 17:3) 때문이다. 히스기야가 아니라 아합과 일직선에 선다는 것은 왕과 나라의 영적 상태에 대해 많은 것을 말해준다. 므낫세가 이스라엘의 한 왕에 비유되는 유다의 유일한 왕이란 사실도 마찬가지다.

정통을 몰아내려는 므낫세의 단호한 캠페인은 성전의 존재의 저변에 있는 신학적 원리("여호와께서 전에 이르시기를 '내가 내 이름을 예루살렘에 두리라'")와 정반대로 "주님의 성전 안에도 이방신을 섬기는 제단을 만들었다"(4절, 새번역)는 사실에 반영되어 있다. 5절에 따르면, 이 제단들은 "일월성신"(해, 달, 별의 신)을 위한 것이었다. 므낫세는 모압의 메사(3:26-27)와 이스라엘의 아합(16:3)처럼 "자기의 아들들을 불살라 바치는 일도"(21:6, 새번역) 했다". 더 나아가, 그런 행위를 금지하는 다수의 규정(참고. 신 18:9-13)에도 불구하고, 그는 "점치며 사술을 행하며 신접한 자와 박수를 신임하여 여호와께서 보시기에 악을 많이 행하여 그 진노를 일으켰[다]"(6절).

그의 아버지의 하나님을 적대시하려는 므낫세의 노골적인 의도가 가장 명료하게 드러나는 상징은 바로 성전의 중심부에 세운 "아세라 목상"이다.

77 하나님의 백성을 이방종교에 빠뜨린 정도로 보면 므낫세는 열왕기상 16:30-33에 나오는 아합에, 그리고 열왕기하 16:3에 나오는 아하스에 비견된다.

주님은 예전에 "내가 이스라엘의 모든 지파 중에서 택한 이 성전과 예루살렘에 내 이름을 영원히 둘지라"(7절)라고 약속하셨다. 주님은 그분의 백성의 한복판에 거처를 정하셨고, 그들과 함께 살고 또 "만일 이스라엘이 나의 모든 명령과 나의 종 모세가 명령한 모든 율법을 지켜 행하면"(8절) 그 땅에서 영원히 그의 백성을 지키겠다고 약속하셨다. 9절의 말은 다시 한 번 므낫세의 악한 날에 절정에 이르는, 하나님 백성의 반응이 어떠했는지를 강조한다. "[그러나] 이 백성이 [하나님의 말씀을] 듣지 아니하였고 므낫세의 꾐을 받고 악을 행한 것이 여호와께서 이스라엘 자손 앞에서 멸하신 여러 민족보다 더 심하였더라." 이제 "참을 만큼 참았다"는 말이 나올 때가 되었다.

21:10-15 다시 한번 주님의 말씀이 그분의 백성의 반역을 끝낼 '시간'을 알리기 위해 "그의 종 모든 선지자들을 통하여" 선언된다. 관련된 선지자들의 이름은 명시되지 않지만 므낫세의 통치가 낳은 결과는 11-12절에 설명되어 있다. 첫째, "유다 왕 므낫세"가 고발된다. 선지자들은 그가 "이 가증한 일과 악을 행함이 그 전에 있던 아모리 사람들의 행위보다 더욱 심하였고 또 그들의 우상으로 유다를 범죄하게 하였도다"라고 선언한다. 특히 그는 하나님의 백성으로 죄를 짓게 했다는 사실 때문에 여로보암(왕상 14:10)과 아합(왕상 21:21)과 분명히 비교되는 인물이다. 21장

그러므로 심판이 선언된다. "내가 이제 예루살렘과 유다에 재앙을 내리리니 듣는 자마다 두 귀가 울리리라"(12절, 참고. 삼상 3:11; 렘 19:3). 본질적으로 주전 722년에 이스라엘에 닥쳤던 운명과 똑같은 운명이 곧 유다에 닥칠 것이다. 그래서 하나님이 이렇게 말씀하신다. "내가 사마리아를 잰 줄과 아합의 집을 다림 보던 추를 예루살렘에 베풀고 또 사람이 그릇을 씻어 엎음 같이 예루살렘을 씻어 버릴지라"(13절, 사 28:17에서 끌어온 이미지, 사 34:11; 애 2:8; 암 7:7-9도 보라). 그릇의 오물이 세제의 세정력에 노출될 때 씻기듯 유다가 씻겨나갈 것이다. 이스라엘에 적용되었던 기준이 완전히 공의로운 하나님에 의해 남쪽 왕국에 적용된다. 그들은 전부 옮겨질 것이다. 그들의

죄가 낳은 결과를 하나님은 이렇게 말씀하신다.

> 내가 나의 기업에서 남은 자들을 버려 그들의 원수의 손에 넘긴즉 그들이 모든 원수에게 노략거리와 겁탈거리가 되리니 이는 애굽에서 나온 그의 조상 때부터 오늘까지 내가 보기에 악을 행하여 나의 진노를 일으켰음이니라(왕하 21:14-15).

이는 기계적인 반응이 아니다. 이 심판은 대대로 내려오는 우상숭배의 결과로서 두 왕국이 존재하기 훨씬 이전인 출애굽을 통해 하나님의 백성이 처음 생길 때까지 거슬러 올라간다. 유다의 문제는 참으로 깊고, 그 결과 다윗의 집과 그와 관련된 약속들이 위협을 받게 된다. 여호와는 심판이 오고 있다고 말씀하시고, 그 심판은 무섭고 충격적이며 모두를 아우르고 전적으로 저항할 수 없을 것이다.

저자는 요점을 강조할 목적으로 므낫세가 무죄한 자의 피를 심히 많이 흘려 예루살렘에 가득하게 하고 백성으로 "범죄하게"(참고. 21:16) 한 것도 거론한다. 그가 유다나 이스라엘 왕들 중 어두운 찬사를 받는 유일한 왕이 되어 이 죄가 그의 사망기사에 기록되는 불명예를 얻는다. "므낫세의 남은 사적과 그가 행한 모든 일과 '범한 죄'는 유다 왕 역대지략에 기록되지 아니하였느냐?"(21:17).

21:16-18 므낫세가 이 어두운 역사에 기여한 독특한 점은 우상숭배가 번성하도록 한 것과 더불어 "무죄한 자의 피를 심히 많이 흘려 예루살렘 이 끝에서 저 끝까지 가득하게 한" 것이다(참고. 왕하 9:7).[78] 이 가장 악한 왕의 긴 통치는 조용히 막을 내리고 그는 "그의 궁궐 동산 곧 웃사의 동산에 장사[된다]".[79] "그의 아들 아몬이 대신하여 왕이 되[긴]" 했으나 므낫세의 평

78 히브리서 11:37은 종종, 성경에는 기록되지 않은 유대 전통에 따르면 이사야가 톱으로 잘렸다고 해서 그가 므낫세 통치의 피해자였다는 뜻으로 해석되곤 한다.

화로운 죽음이 그의 통치가 가장 끔찍한 심판을 초래했다는 사실을 가릴 수는 없다. 역대하 33:10-20에는 므낫세가 그의 생애 말년에 회개했다고 기록되어 있다. 하지만 열왕기에는 이에 대한 언급에 없다. 아마 므낫세의 중요성은 그의 통치가 그 나라 전체가 몰락하는 변환점이라는 데 있기 때문일 것이다. 우리 저자는 므낫세라는 인물보다 므낫세라는 왕에게 더 관심이 있다. 후자가 하나님의 백성으로 심판의 선을 넘게 해서 다시는 돌아올 수 없는 곳으로 이끌었기 때문이다.

21:19-26 아몬의 짧은 통치("예루살렘에서 이 년간 다스리니라")는 그가 다윗 혈통에서 나온 통지자보다 이스라엘의 왕들을 더 닮는다는 사실밖에 주목할 점이 없다. 므낫세가 말년에 회복한 개인적 경건이 어떠하든 간에 그의 유산은 계속 이어지는 우상숭배라는 것을 19절이 분명히 말해준다. 므낫세의 아들 아몬은 우상숭배자인 동시에 백성이 좋아하는 사람이다(23절). 전자에 대해서는 20-21절이 간결하게 요약해준다. 그는 "여호와 보시기에 악을 행하되 그의 아버지가 행한 모든 길로 행하여 그의 아버지가 섬기던 우상을 섬겨 그것들에게 경배[했다]". 아몬은 (유다의 다른 어느 왕보다 더 긴) 55년 동안 다스렸던 그의 아버지처럼 인기가 많았다. 인간적으로 말하면, 그들은 위대한 왕들이지만 선을 넘어 심판의 문으로 들어간다. 유다는 계속해서 재난에 이르는 내리막길을 걷는다. 이제는 되돌아올 수 없는 것이 분명하다.

21장

저자는 아몬이 "그의 조상들의 하나님 여호와를 버리고 그 길로 행하지 아니[했다]"라고 덧붙인다. 애매모호한 점이 하나도 없다. 이 왕은 그의 조상들의 하나님을 섬기거나 따르는데 전혀 관심이 없다. 유다가 갈수록 더 이스라엘을 닮아감에 따라 대대로 이스라엘의 왕위 계승을 지배했던 정치적 메커니즘이 더욱 팽배하게 된다. 이 경우에는 "그[아몬]의 신복들이 그

79 웃사는 사무엘하 6장의 웃사와 관련이 있어서 므낫세의 거룩한 것에 대한 무시를 강조한다는 주장이 제시되어 왔다. 하지만 이는 증명하기가 불가능하다.

에게 반역하여 왕을 궁중에서 죽[인]"(23절) 것이다. 하지만 아몬은 대중적인 왕이었던 것처럼 보인다. 그래서 "그 국민이 아몬 왕을 반역한 사람들을 다 죽이고 그의 아들 요시야를 대신하게 하여 왕을 삼았[다]"(24절). 아몬은 그의 아버지처럼 그의 동산의 평화로운 환경에 안장되었으나, 그의 통치는 하나님의 백성에게 전혀 평화를 주지 못했다.

응답

오래 전 영화관에 스크린이 하나밖에 없을 당시에 관객들을 유인하기 위해 이른바 '2편 동시 상영'이란 기법을 사용하곤 했다. 영화 한 편이 아니라 두 편이다! 보통은 두 편이 동일한 장르에 속했다. 그래서 '스타워즈'가 '에일리언'이나 다른 비슷한 대작과 함께 상영되곤 한다. 제인 오스틴의 최근 소설이 빅 스크린으로 상영될 때는 사랑이 미국 남북전쟁의 와중에 어떻게 살아남았는지를 보여주는 감동적인 드라마와 짝을 이루게 된다. 그러나 때로는 2편 동시 상영에 올린 영화들이 잘 들어맞지 않았다. 그리고 열왕기하 21-23장을 읽을 때 우리가 경험하는 효과가 바로 그런 것이다. 이 단락은 우리가 상상할 수 있는 가장 극단적인 2편의 동시 상영이다. 역대 최악의 왕과 역대 최선의 왕이다. 이보다 더 좋을 순 없고 이보다 더 나쁠 순 없다.

므낫세의 사례가 주는 경고가 있다. 우리의 하나님, 언약의 하나님, 성경의 하나님에게는 우리가 넘으면 안 되는 선이 있다는 것이다. 우리 하나님은 무엇이든 용서하실 능력이 있는가? 그렇다. 그런데 그분은 호락호락한 분인가? 아니다. 우리가 넘으면 안 되는 선이 있다. 되돌아올 수 없는 지점이 있다. 어리석음, 불순종 그리고 반항이 변절로 바뀌는 지점이 있다. 우리가 죄로 완고해져서 파멸에 이를 수밖에 없는 것이 자명해지는 지점이 있다. 죄인들의 문제는 그 지점이 어딘지 모른다는 것이다. 하나님은 유다 백성을 참고 또 참으셨다. 그분은 수백 년 동안 기다리고 권면하고 회유하고 명령하셨다. 그러나 므낫세가 55년을 통치하는 동안에 어느 지점에서 선을 넘었다. 현세에서의 파국적 심판이 이제 다가오고 있었다. 그러면 우리에게 주는 메시지는 무엇일까?

우리가 주 예수 그리스도 안에서 성령으로 새 언약을 맺은 사람들일지언정 므낫세의 죄를 반복하는 일이 가능하다. 하나님에 관한 한 선을 넘고 그분의 인내를 한계 너머까지 밀어붙여서 우리가 현세적 심판이 아니라 영원한 심판을 받는 것이 가능하다. 히브리서 저자의 말을 경청해보라.

> 우리가 진리에 대한 지식을 얻은 뒤에도 짐짓 죄를 짓고 있으면, 속죄의 제사가 더 이상 남아 있지 않습니다. 남아 있다고 예상할 수 있는 것은 무서운 심판과 반역자들을 삼킬 맹렬한 불뿐입니다. 모세의 율법을 어긴 사람도 두세 증인의 증언이 있으면 가차없이 사형을 받는데, 하나님의 아들을 짓밟고, 자기를 거룩하게 해 준 언약의 피를 대수롭지 않게 여기고, 은혜의 성령을 모욕한 사람은, 얼마나 더 무서운 벌을 받아야 하겠는가를 생각해 보십시오. "원수를 갚는 것은 내가 할 일이니, 내가 갚아 주겠다" 하고 말씀하시고, 또 "주님께서 그의 백성을 심판하실 것이다" 하신 분을, 우리는 알고 있습니다(히 10:26-31, 새번역).

우리는 열왕기하 21장을 읽으면서 우리가 주전 8세기의 유다 사람이라고 상상하면 안 된다. 또한 그 내용이 우리와 상관없고 그리스도인에게 적용할 점이 없다고 생각해서도 안 된다. 신약에 따르면 그런 내러티브들은 우리에게 할 말이 분명히 있다. 그런즉 우리는 이번 장을 읽으며 경고를 받자. 그리고 성경에 나오는 이런 내용을 통해 어른과 아이들에 대한 우리의 가르침, 복음전도, 자녀양육, 우리의 삶 그리고 점심시간에 나누는 대화에서 주님의 심판을 유념하면서, 지금은 긴급한 시기이고 초점을 맞출 때이며 진지하게 살 때임을 깨닫도록 하자. 므낫세와 아몬의 통치에 관한 내러티브들은 이 점을 통렬할 정도로 선명하게 부각시킨다.

주석

22:1-2 므낫세와 아몬의 모든 악행이 지난 후 갑자기 뜻밖의 신선한 바람 한 줄기가 유다 땅 전역에 불어온다. 우리는 빠르게 '아합보다 나쁜' 장면에서 '다윗보다 나은' 장면으로 이동한다.

소년 요시야가 11:21에 나오는 요아스보다 더 어린 나이에 아버지의 왕좌에 오르지만 그는 아버지인 아몬보다 증조부인 히스기야를 닮는다. 그래서 31년을 통치하는 동안 요시야는 "여호와 보시기에 정직히 행하여 그의 조상 다윗의 모든 길로 행하고 좌우로 치우치지 아니하였[다]". 열왕기에 나오는 이 마지막 찬사는 철저히 신명기적 성격을 지닌다(참고. 신 5:32; 17:11, 20; 28:14). 열왕기상 15:5은 다윗이 '한쪽으로 치우치지 않았다'고 하는데, 요시야에게 주어진 찬사는 그보다 더 위대한 듯이 보인다. 요시야를 소개하는 그런 말은 이런 질문을 던지게 한다. "과연 유다에게 또 한 번의 기회가 있을까?"

22:3-7 "요시야 왕 열여덟째 해"에 왕은 성전에서 수행되는 행습을 재검토할 때라고(요아스가 12:9-16에서 그랬던 것처럼), 특히 "백성이 여호와의 성전에 드린 은 곧 문 지킨 자가 수납한 은"을 회계 감사할 때라고 판단한다. 이 시점까지 무슨 일이 일어났든지 간에, 요시야 왕은 그 돈을 "여호와의 성전을 맡은 감독자의 손에 넘겨[야]" 한다고 주장한다. 이는 성전 수리를 감독하는 임무를 맡은 제사장들이나 레위지파가 그들의 책임을 수행하지 않았다는 것을 시사한다. 그래서 이제부터는 '작업자들'이 그 돈으로 직접 현장에서 일하는 모든 하도급업자들("곧 목수와 건축자와 미장이")에게 임금을 지불하게 될 것이다. 그리고 "그들의 손에 맡긴 은을 회계하지 말지니 이는 그들이 진실하게 행함이니라"라는 요시야의 말은 이 시점까지 그 프로젝트에 관여했던 성전 지배층에 속한 이들에 대한 비판을 함축하고 있다.

22:8-10 수리 프로젝트를 수행하는 동안 놀랍게도 "대제사장 힐기야"는

그가 "율법 책"이라 부르는 것을 재발견한다. 우선 너무나 놀라운 것은 제사장들이 그 책을 잃어버렸었다는 사실이다! 하지만 므낫세가 오십 년도 넘게 다스리면서 성경적 정통신앙을 제거하기 위해 전력을 다했다는 사실을 감안하면, 그것은 전혀 놀랄 일이 아닐 수도 있다. 이 책의 성격에 대한 설명이 없지만 이어지는 이야기로 보면 그 내용이 신명기에 가장 가까운 듯하다.[80] 그 책을 발견한 즉시 "힐기야가 그 책을 사반에게 주니 사반이 읽고" 사반은 요시야에게 정기 보고를 할 때 그것을 언급한다.[81] 사반은 성전 수리 프로젝트의 재정 개혁에 관한 진전 상황을 보고한 후 조용히 "제사장 힐기야가 내게 책을 주더이다"하고 그 책을 "왕의 앞에서" 읽는다. (신 17:14-20에 따르면) 왕이 스스로 날마다 그 책을 읽도록 되어 있었는데 지금은 왕의 관리들이 그렇게 하고 있는 장면은 하나의 아이러니다.

22:11-13 이 낭독은 즉시 요시야에게 충격을 줘서 그는 슬픔의 표현으로 "그의 옷을 찢는다"(참고. 삿 11:35; 삼하 13:31; 왕상 21:27). 12-13절에 나오는 왕의 반응은 이 시기의 영적 어둠을 어느 정도 드러낸다. 따라서 그는 그의 신하들(한 제사장, 한 서기관 그리고 그의 개인적인 종을 포함한)에게 이런 임무를 맡긴다.

22장

> 너희는 가서 나와 백성과 온 유다를 위하여 이 발견한 책의 말씀에 대하여 여호와께 물으라. 우리 조상들이 이 책의 말씀을 듣지 아니하며 이 책에 우리를 위하여 기록된 모든 것을 행하지 아니하였으므로 여호와께서 우리에게 내리신 진노가 크도다(13절).

하나님의 백성이 그동안 그분의 뜻을 비웃어왔음을 깨닫고 나서 마땅히

80 "율법 책"이란 어구에 대해서는 신 28:61; 29:21; 30:10; 31:26; 수 1:8; 8:31, 34; 23:6; 24:26을 보라.

81 이 대목에서 직무 기술이 반복되는 것은 이 발견에 관여한 사람들의 중요성을 강조한다.

보일 반응이 불확실하다는 것은 많은 것을 말해준다. 상당한 세월에 걸친 불륜 이후에 경건한 왕조차 어떻게 반응할지를 모르고 있다.

22:14-20 대표단이 "할하스의 손자, 디과의 아들로서 예복을 주관하는 살룸의 아내"인 여선지자 훌다를 찾아낸다. 이 여인은 이 외에는 달리 알려진 바가 없고 열왕기에서 만나는 최초의 여성 선지자이다. 왜 그녀의 가문을 그토록 강조하는지 또 왜 그녀의 주소를 명기하고 있는지는 분명치 않다. 어쩌면 저자가 다음 논지를 펴려고 하는지 모른다. 비록 율법 책(그리고 유다 종교의 핵심의 상당 부분)은 실종되었을지라도, 하나님은 여전히 뜻밖의 장소(심지어 예루살렘의 한복판)에 그분의 사람들을 두고 있고, 그분의 말씀이 여전히 모든 사람의 운명을 좌우하고 있다는 것이다. 이 경우에는 여선지자의 말이 별로 고무적이지 않다. 그 책이 큰 소리로 낭독될 때 왕에게 임하는 유죄의 확신은 그 나라에 임할 심판의 징후이다. 그녀는 이렇게 시작한다. "이스라엘 하나님 여호와의 말씀이 '너희는 너희를 내게 보낸 사람에게 말하기를'"(15절). "너희를 보낸 사람"이란 말은 하나님의 백성을 대표하는 전형적인 유다 사람인 요시야를 가리키는 듯하다. 그에게 주는 메시지는 소름이 끼친다.

> 여호와의 말씀이 내가 이곳과 그 주민에게 재앙을 내리되 곧 유다 왕이 읽은 책의 모든 말대로 하리니 이는 이 백성이 나를 버리고 다른 신에게 분향하며 그들의 손의 모든 행위로 나를 격노하게 하였음이라. 그러므로 내가 이곳을 향하여 내린 진노가 꺼지지 아니하리라(16-17절).

하지만 그 신탁은 여기서 멈추지 않는다. 훌다는 요시야를 향한 또 다른 메시지를 덧붙인다.

> 이스라엘의 하나님 여호와가 이같이 말씀하셨느니라. 네가 들은 말

들에 대하여는, 내가 이곳과 그 주민에게 대하여 빈 터가 되고 저주가 되리라 한 말을 네가 듣고 마음이 부드러워져서 여호와 앞 곧 내 앞에서 겸비하여 옷을 찢고 통곡하였으므로 나도 네 말을 들었노라. 여호와가 말하였느니라(18-19절).

여호와는 죄 많은 백성이 자비를 달라고 부르짖을 때 그 소리에 응답하시는 하나님이다. 다음 내용이 눈에 띈다. 역사의 이 단계에서 여호와께서 줄 수 있는 '최선'의 선물은 이 왕으로 하여금 그의 백성이 심판을 당하는 모습을 목격할 수 없게 배려하는 것이다. "'그러므로 보라 내가 너로 너의 조상들에게 돌아가서[참고. 삿 2:10] 평안히 묘실로 들어가게 하리니 내가 이곳에 내리는 모든 재앙을 네 눈이 보지 못하리라' 하셨느니라 하니 사자들이 왕에게 보고하니라"(20절). 하나님의 이상한 자비가 이른 죽음의 형태로 요시야에게 베풀어진다. 이 예언이 요시야의 죽음과 어떻게 들어맞는지에 대해 많은 논의가 있어왔다. 모든 것을 감안할 때, 훌다의 말이 두 개의 예언을 담고 있는 것으로 해석하는 것이 최선일 듯하다. 하나는 요시야의 죽음이고, 다른 하나는 전쟁에서의 죽음은 배제하지 않은 그의 평화로운 안장이다.

응답

요시야와 므낫세 및 아몬 왕은 더없이 현격한 대조를 이룬다. 특히 요시야는 하나님의 말씀을 따라 행했다. 그는 실로 신명기적 인물이다! 이번 장에서 요시야는 다섯 가지 모습으로 묘사되어 있다.

(1) '그는 주도적인 사람이다.' 요시야는 22:3에서는 보내고 지시하고, 12절에서는 명령한다. 그리고 23:1부터 그는 보내고 낭독하고 언약을 맺고 명령하고 불태우고 폐기하고 경청할 것이다. 마침내 진정한 지도자가 등장하는 듯하다.

(2) '그는 새로운 요아스다.' 22:3-7에 나오는 언어는 12장을 상기시켜 주고, 따라서 우리가 승격된 요아스에 해당하는 새로운 인물을 대하고 있는 것이 분명하다.

(3) '그는 경청하는 법을 아는 사람이다.' 히브리어 단어 '샤마'(*shama'*, '듣다', '순종하다')가 이 대목에 거듭해서 나온다. 22:11에서 왕이 율법의 말씀을 '듣고' 이 여호와의 말씀이 '들려야'(순종되어야) 한다고 지적하고, 19절에서 하나님은 요시야가 여호와의 말씀을 '들었기'(경청했기) 때문에 여호와 역시 그의 말을 '들었다'(경청했다)고 말씀하신다. 요시야가 하나님의 말씀을 경청하고 그분이 말씀하신 것에 걸맞은 방식으로 반응하는 것이 분명하다.

(4) '그는 스스로를 낮추는 사람이다.' 22:11-13에서 요시야는 하나님의 말씀에 의해 도전받고 죄를 깨달을 때 무척 슬퍼한다. 그는 그 말씀을 매우 진지하게 수용하고 회개한다. 요시야는 참으로 겸손하다.

(5) '그는 (히스기야와 달리) 이타적이다.' 22:20에서 우리는 요시야가 하나님의 사형 선고 아래서 움직이는 모습을 발견한다. 그것은 그의 죄 때문이 아니다. 오직 요시야에게만 해당되는 것으로서, 하나님이 그로 하여금 그의 백성이 멸망하는 모습을 지켜보는 고통과 괴로움을 모면하게 해주실 것이기 때문이다. 하나님은 친절하시고, 그분은 우리가 무엇을 수용할 수 있는지 아신다. 이 소식은 (히스기야와 달리) 요시야를 급히 무너지게 하지 않는다. 그는 그저 남을 섬기는 일을 계속한다.

히스기야가 다윗 같은 왕이라면, 요시야는 신명기 17:14-20에서 예견하는 그런 왕이다. 이 내러티브에 나오는 히스기야와 요시야는, 하나님께서 그분의 약속을 버리지 않고 그의 백성에게 꼭 필요한 왕을 제공하기로 헌신하셨다는 사실을 입증하고, 이는 23장의 사건들로 이어진다.

주석

23:1-2 이어지는 내용에서 요시야는 여호와의 말씀에 대한 모범적 반응의 실례가 된다. 히스기야와 달리, 그는 단지 살아남는데 몰두하지 않는다. 그는 남들의 유익을 위해 그 나라의 삶을 개혁하는데 헌신한다. 안타깝게도, 이 내러티브 전체에는 유다를 심판하는 날이 빨리 다가오는 만큼 '너무 적고, 너무 늦다'는 느낌이 스며있다. 아울러 우리 앞에서 펼쳐지고 있을 법한 장면이다. 첫째, "왕이 [사람을] 보내, 유다와 예루살렘의 모든 장로를 자기에게로 모[았다]". 추정컨대 왕은 자기 의도를 이 지도자들에게 브리핑한 후, "여호와의 성전에 올라가매 유다 모든 사람과 예루살렘 주민과 제사장들과 선지자들과 모든 백성이 노소를 막론하고 다 왕과 함께" 했다. 온 국민을 그 자신 앞에 소집한 후(이는 신명기에 모세가 나오듯 모압에서 백성에게 연설하고, 또 신 31:9-13에서 권유하는 영속적인 행습을 상기시키는 장면이다) "왕이 여호와의 성전 안에서 발견한 언약책의 모든 말씀을 읽어 무리의 귀에 들[렸다]". 다시 한번, 온 나라는 하나님의 말씀이 들리는 소리 아래 하나가 된다.

23:3 요시야는 "단"[요아스가 이전의 개혁 시기에 즉위할 때(왕하 11:12-14)의 보아스나 야긴으로 추정되는(왕상 7:21)] 위에 서서 다른 어느 왕도 행한 적이 없는 일을 행하고 "여호와 앞에서 언약을" 세운다. 이 언약의 말은 신명기를 강하게 상기시킨다. "마음을 다하고 뜻을 다하여 여호와께 순종하고 그의 계명과 법도와 율례를 지켜 이 책에 기록된 이 언약의 말씀을 이루게 하리라"(참고. 신 6장). 이 장면은 하나님 백성의 역사 전체에서 신명기 17장의 왕에 가장 가까운 모습이다. 이 사건의 가장 고무적인 측면은 "백성이 다 그 언약을 따르기로" 했다는 것이다. 이는 우리가 이 시점까지 본 적이 없는 그런 국민적 회개이다.

23:4-15 요시야의 긍정적 헌신은 이 언약의 함의를 실행하려는 결단과 짝을 이룬다. 이 구절들은 유다에 있는 이교 예배의 기구를 조직적으로 파

괴하는 모습을 상세히 기술한다. 먼저 파괴될 것은 "바알과 아세라와 하늘의 일월성신을 위하여 만든 모든 그릇들"이다. 요시야는 이런 것들을 성전에서 제거하라고 지시하고, 이어서 "예루살렘 바깥 기드론 밭에서 불사르고 그것들의 재를 벧엘 가져가게" 했다. 그는 적절한 때에 이 재를 사용할 필요가 있을 것이다. 이후 요시야는 "유다 왕들이 세워서 유다 모든 성읍과 예루살렘 주위의 산당들에서 분향하며 우상을 섬기게 한 제사장들"에 대한 조치를 취한다. "제사장들"에 해당하는 단어는 성전 간부들을 가리키는 정상적인 단어가 아니다. 왜냐하면 이들은 이교 제사장들이기 때문일 테고, 이는 산당 자체가 아니라 산당의 간부들을 처리하는 최초의 경우다. 요시야는 또한 "바알과 해와 달과 별 떼와 하늘의 모든 별에게 분향하는 자들"도 즉석에서 처리한다.

6절에서는 요시야가 주의를 숭배의 대상으로 돌린다. 그는 "여호와의 성전에서 아세라 상을 내다가 예루살렘 바깥 기드론 시내로 가져다 거기에서 불사르고 빻아서 가루를 만들어 그 가루를 평민의 묘지에 뿌[렸다]". 이 언어는 출애굽기 32:20과 신명기 9:21에 나오는 금송아지 사건을 강하게 상기시켜준다. 이 조치는 그 기둥이 상징하는 신을 모욕하고 망신거리로 만들기 위해서다. 이와 비슷하게, 그는 "여호와의 성전 가운데 남창의 집을 헐었으니 그곳은 여인이 아세라를 위하여 휘장을 짜는 처소였[다]".

이 시점에 더 많은 제사장들이 소개된다. 이번에는 여호와의 제사장인 듯하다(그들의 신학은 이교적이긴 해도!). 이 성전 제사장들은 요시야에게 나오도록 강요받았고, 요시야는 "제사장이 분향하던 산당을 게바에서부터 브엘세바까지 더럽게" 했다(8절). "성문의 산당들"이 "그 성읍의 지도자 여호수아의 대문 어귀"에 있다는 사실은 하나님의 백성 가운데 배교가 얼마나 심했는지를 보여준다. 요시야가 그것들을 파괴한다는 사실은 그의 경건함의 표시다.

다음 구절이 분명히 밝히듯이, 유다를 정화시키는 과정이 항상 단도직입적이지는 않다. 문제는 9절에 따르면 "산당들의 제사장들은 예루살렘 여호와의 제단에 올라가지 못하고 다만 그의 형제 중에서 무교병을 먹을 뿐이었더라"라는 것이다. 이 얼룩진 제사장들은 그들의 예배 활동이 중단되었으므로 재배치되기보다는 정상 생활을 재개하도록 집으로 보내진다.

이어서 요시야가 다음과 같은 문제들을 처리하는 것을 보면 그의 캠페인이 가차없이 추진되는 것을 알 수 있다. "'힌놈의 아들 골짜기'에 있는 도벳을 부정한 곳으로 만들어, 어떤 사람도 거기에서 자녀들을 몰렉에게 불태워 바치는 일을 하지 못하게"(10절) 했을 뿐 아니라 "유다의 왕들이 주님의 성전 어귀, 곧 나단멜렉 내시의 집 옆에 있는, 태양신을 섬기려고 하여 만든 말의 동상을 헐어 버렸다"(11절, 새번역). 그 나라의 삶의 중심부에서 자행된, 이전에 언급되지 않은 우상숭배의 행습은 그 범위가 충격적일 만큼 넓다. 요시야는 또한 "태양 수레"(11절)를 불사르고 "아하스의 다락 지붕에 세운 제단들"을 헐고 "므낫세가 여호와의 성전 두 마당에 세운 제단들"(12절)도 처분한다.

요시야는 범위를 예루살렘에서 바깥으로 점차적으로 넓혀가면서 "예루살렘 앞 멸망의 산('올리브산'을 뜻하는 히브리어에 대한 말장난인 듯) 오른쪽에 세운 산당들"을 폐기 처분하는데, 이는 오래 전 솔로몬 치하에서 "시돈 사람의 가증한 아스다롯[수치를 뜻하는 히브리어 단어의 모음과 합쳐진 여신 아스타르테의 이름]과 모압 사람의 가증한 그모스와 암몬 자손의 가증한 밀곰을 위하여"(13절) 세웠던 것이다. 이런 장소들이 예배 센터로서 재등장하지 않게 하려는 그의 결단은 "사람의 해골로 그곳에 채웠[다]"(14절)는 사실에 반영되어 있다. "여로보암이 벧엘에 세운 제단"도 비슷한 처분을 받는다.[82]

23:16-20 요시야가 유다를 정화시킨 기사가 끝에 가까워질 때, 그의 행동이 주님의 말씀으로 인한 것임이 부각되어 있다. 요시야는 "산에 있는 무덤들"(벧엘에 있던 우상숭배 신당의 옛 제사장들의 것으로 추정된다)을 보고 뼈들을 파내어 "제단 위에서 불살라 그 제단을 더럽게" 하고 "이 일을 하나님

82 약간 놀라운 것은 단(Dan)에 있던 예배 센터에 대한 언급이 없다는 점이다. 이는 이 시점에 단이 그의 통제 밖에 있거나 이 단계에 이르면 예배 센터로서의 중요성이 약해졌다는 것을 의미할 수 있다.

의 사람이 전하였더니 그 전한 여호와의 말씀대로 되었[다]"(16절, 주검이 부정하게 한다는 개념에 대해서는 민수기 19장을 보라). 이는 열왕기상 13:1-3에 대한 언급이고, 거기서 "하나님의 사람"이 이런 사건들을 예언했고 요시야가 열왕기하 23:17에서 물어보는 그 기념비로 기억되고 있었다. 요시야가 "그대로 두고 그의 뼈를 옮기지 말라"라고 말한다는 사실은 그 나라를 다시 하나님의 말씀에 맞추게 하겠다는 그의 헌신을 강조한다. 그래서 "무리가 그의 뼈와 사마리아에서 온 선지자의 뼈는 그대로 두었[다]"(18절).

요시야는 개혁에 대한 열정이 너무나 커서 그의 캠페인을 "전에 이스라엘 여러 왕이 사마리아 각 성읍에 지어서 여호와를 격노하게 한 산당"까지 확장시켰다. 그는 심지어 "거기 있는 산당의 제사장들을 다 제단 위에서 죽이고 사람의 해골을 제단 위에서 불사르고 예루살렘으로 돌아왔[다]"(20절). 역대 어느 왕(또는 선지자나 제사장)도 하나님 백성의 예배를 그분의 말씀에 맞추기 위해 그처럼 지속적이고 철저한 캠페인을 벌인 적이 없고, 솔로몬 이후 어느 왕도 그 땅 전체에 대한 권한을 주장했던 적도 없다.

23:21-23 요시야가 세운 업적의 정점이 여기에 기록되어 있다. 유월절이 그 나라의 중심부에서 다시 개최된 것이다. 요시야는 "이 언약 책"(추정컨대 신 16:1-8)에서 그 명절에 관해 읽고 나서 그것을 지키도록 명령한다. 저자가 이 국가 행사를 칭찬하는 모습이 눈에 띈다. "사사가 이스라엘을 다스리던 시대부터 이스라엘 여러 왕의 시대와 유다 여러 왕의 시대에 이렇게 유월절을 지킨 일이 없었더니." 국가 차원의 유월절에 관한 마지막 기록은 여호수아 5:10-12에 나온다. 이 유월절은 그 왕국(통일 왕국이든 분열된 왕국이든)의 어느 경우와도 달리 그 예배가 배경에 있는 우상숭배로 훼손되지 않은 환경에서 거행된다. 하지만 이 이상적인 행사는 그 나라 역사의 가장 어두운 순간들 중 하나에 치러진다. 이는 매우 달콤하면서도 씁쓸한 장면이다.

23:24-25 요시야가 우상숭배의 처분에 성공했다는 것이 다시 부각된

다. 이번에는 "유다 땅과 예루살렘에 보이는 신접한 자와 점쟁이와 드라빔과 우상과 모든 가증한 것"을 포함한다. 하나님 아래서 그가 모든 가정의 행습에 진정한 도덕적 변화와 개혁을 일으키는 것은 "대제사장 힐기야가 여호와의 성전에서 발견한 책에 기록된 율법의 말씀을 이루[기]" 위해서다. 따라서 그가 받는 인정은 히스기야의 경우를 앞지른다. "요시야와 같이 마음을 다하며 뜻을 다하며 힘을 다하여 모세의 모든 율법을 따라 여호와께로 돌이킨 왕은 요시야 전에도 없었고 후에도 그와 같은 자가 없었더라"(25절). 요시야는 신명기 17:14-20의 자질을 일관성 있게 구현하는 유일한 왕이다. 그의 삶은 신명기 6장의 말씀을 신실하게 따랐다. 그는 여호와의 말씀을 경청하고, 여호와를 사랑하고 섬기며, 우상숭배를 미워한다. 그는 신명기 17장에서 예견한 그런 왕, 즉 성경을 읽고 순종하고 이타적으로 그의 형제들을 사랑하는 왕이다. 열왕기하 23:24-25은 열왕기에 나오는 가장 멋진 칭찬이다. 이는 이어지는 진술을 더 읽기 어렵게 만든다.

23:26-27 하지만 요시야의 경건한 용기와 성실함조차 너무 적고, 너무 늦다. "그러나 여호와께서 유다를 향하여 내리신 그 크게 타오르는 진노를 돌이키지 아니하셨으니"(26절). 이제는 되돌아갈 수 없다. "므낫세가 여호와를 격노하게 한 그 모든 격노"에서 절정에 이른 수백 년에 걸친 불순종 때문에 주사위가 이미 던져졌다고 한다. "여호와께서 이르시되 '내가 이스라엘을 물리친 것 같이 유다도 내 앞에서 물리치며 내가 택한 이 성 예루살렘과 내 이름을 거기에 두리라 한 이 성전을 버리리라' 하셨더라"(27절). 경건한 요시야조차 이제 일어날 일을 번복하기 위해 할 수 있는 일은 하나도 없다.

23장

23:28-30 요시야가 할 수 있는 다른 일이 없어서 그의 통치에 관한 기사가 신속히 마무리된다(28절). 남은 것은 그의 비극적 죽음을 상세히 알리는 일이다. "요시야 당시에 애굽의 왕 바로 느고가 앗수르 왕을 치고자 하여 유브라데 강으로 올라가므로 요시야 왕이 맞서 나갔더니 애굽 왕이 요시

야를 므깃도에서 만났을 때에 죽인지라"(29절). 여기에 나온 최소한의 정보(더 긴 기사는 대하 35:20-27에 나오긴 한다)에 근거해 확실히 말하기는 어렵지만 이렇게 추정할 수 있다. 요시야가 주전 690년에 초강대국인 이집트와 앗수르와 바벨론 간의 최종 충돌에 개입하기로 어리석은 결정을 내린 것 같고, 그 결과 궁극적 대가를 치르게 된다. 이 사건의 배후에 있는 정치적 계략에 대해서는 어떤 설명도 없다. 오히려 30절의 조용한 위엄에 반영되어 있듯이 초점은 요시야에 대한 애정에 있다. "신복들이 그의 시체를 병거에 싣고 므깃도에서 예루살렘으로 돌아와 그의 무덤에 장사하니"(참고. 9:28에 나오는 아하시야는 이와 비슷한 비극적 환경에서 죽고 병거에 실려 집으로 운반된다). 요시야는 죽고 그의 아들 여호아하스가 그를 대신함에 따라, 하나님이 약속하셨듯이[83] 그분의 신실한 종이 그의 백성이 멸망하는 모습을 보지 않도록 배려하셨다.

23:31-35 여호아하스는 단지 "예루살렘에서 석 달간" 다스리면서도 상당한 손해를 끼치게 된다. 그는 아버지의 유산을 기반으로 삼기보다 "그의 조상들의 모든 행위대로 여호와 보시기에 악을 행하였[다]"(32절). 그는 금방 포로로 잡혀가서 생을 마감한다. "바로 느고가 그를 하맛 땅 립나에 가두어 예루살렘에서 왕이 되지 못하게 하고 또 그 나라로 은 백 달란트와 금 한 달란트를 벌금으로 내게 하고"(33절). 어쩌면 이 때문에 요시야가 역대 유다의 가장 경건한 왕임에도 불구하고 열왕기의 눈에는 히스기야에 밀리는 것 같다. 그의 죽음 이후 불과 며칠 만에 왕국이 급격히 쇠퇴하는 것은 영적인 유산은 놀라워도 정치적 유산은 형편없다는 것을 시사한다.

이집트가 이제 유다를 쥐고 흔든다. 이는 변화하는 세계 질서에서 하나의 정치적 쟁점이 되어서 "바로 느고가 요시야의 아들 엘리아김을 그의 아버지 요시야를 대신하여 왕으로 삼고 그의 이름을 고쳐 여호야김이라 하

83 열왕기하 22:20을 보라. 요시야가 전장에서 죽긴 하지만, 저자는 그의 '평화로운' 죽음과 장사를 강조하기 위해 애쓰고 있다.

고 여호아하스는 애굽으로 잡아갔더니 그가 거기서 죽[는다]"(34절).

바로가 왜 여호아하스를 퇴위시키고 엘리아김을 즉위시켰는지, 왜 그의 이름을 여호야김으로 바꾸었는지 그 이유는 제시되지 않는다. 하지만 상상할 수 없는 일이 일어났다는 것과 유다가 이제 이집트의 전면적 통제 아래 있다는 것은 분명하다. 여호야김은 여호와의 명령을 따르기보다는 "바로의 요구대로 그에게 은과 금을 주었다. 그는 바로의 명령대로 은을 주려고 백성에게 세금을 부과하였[다]"(35a절, 새번역). 우리가 혹시 이 행위의 끔찍한 취지를 놓칠까봐 저자가 그 점을 강조한다. "백성들은 각자의 재산 정도에 따라 배정된 액수대로, 바로 느고에게 줄 은과 금을 내놓아야 하였다"(35b절, 새번역). 바로가 다시 한 번 하나님 백성의 국사(國事)를 지배하는 모습을 보면 마치 출애굽이 일어난 적이 없는 것 같다.

23:36-37 꼭두각시 왕인 여호야김의 11년 통치는 단 두 구절로 요약되어 있고 너무나 낯익은 말로 귀결된다. "여호야김이 그의 조상들이 행한 모든 일을 따라서 여호와 보시기에 악을 행하였더라"(37절). 요시야의 경건한 개혁은 하찮은 결과를 초래했을 뿐이다. 요시야가 죽자 유다가 그 운명을 피할 수 있는 희망이 완전히 사라지고 만다.

응답

23장은 이스라엘과 유다의 역사에서 가장 찬란한 듯한 기간에 대한 이야기로 시작된다. 4절부터 요시야가 대규모의 열두 단계 '므낫세 탈피' 캠페인을 시작하고 있다. 히스기야와 같은 다른 왕들도 개혁을 시도했지만 요시야에게는 미치지 못했다. 요시야는 진정한 개혁자다. 끝으로, 하나님이 그분의 말씀을 이행하시는 것을 보면 하나님의 백성이 그 책임에 걸맞게 살아가는 듯이 보인다. 이는 그 나라를 청소하려는 요시야의 캠페인의 한복판인 17절에 부각되어 있다. 그는 우연히 옛 기념물을 발견하게 되는데,

그것은 열왕기상 13:2에서 요시야의 도래를 예언했던 사람의 것으로 판명된다. 하지만 굉장히 긍정적인 영적 진보의 발걸음을 내디뎠음에도 불구하고, 우리는 열왕기하 23:26-27에서 너무나 슬픈 말을 듣게 된다.

> 그러나 여호와께서 유다를 향하여 내리신 그 크게 타오르는 진노를 돌이키지 아니하셨으니 이는 므낫세가 여호와를 격노하게 한 그 모든 격노 때문이라 여호와께서 이르시되 '내가 이스라엘을 물리친 것 같이 유다도 내 앞에서 물리치며 내가 택한 이 성 예루살렘과 내 이름을 거기에 두리라 한 이 성전을 버리리라' 하셨더라.

유다(또는 이스라엘)의 역대 최선의 왕도 그 일을 해낼 수 없다. 그것으로 충분하지 않다.

다윗의 어느 자손에게 요시야보다 더 나은 인물이 되도록 요청하는 것은 약간 지나칠까? 사실은 그런 왕이 오고 있는 중이다. 그래서 요시야에 관한 기사가 그런 흐느낌으로 끝나는 것이다. 요시야는 이전의 여호사밧처럼 불필요한 정치적 싸움에 개입하고 그 결과 대가를 치르게 된다. 그러나 좋은 소식은 그의 무의미한 듯한 죽음을 통해 우리에게 또 다른 다윗, 또 다른 왕이 필요하다는 것을 부각시킨다는 것이다. 그는 능력과 사랑과 아름다움과 장엄함을 갖춘 왕이다! 이 왕은 너무 늦게 모습을 드러내지 않고, 갈라디아서 4:4-7에 나오는 바울의 말에 따르면, 제때에 도래하셨다.

> 때가 차매 하나님이 그 아들을 보내사 여자에게서 나게 하시고 율법 아래에 나게 하신 것은 율법 아래에 있는 자들을 속량하시고 우리로 아들의 명분을 얻게 하려 하심이라. 너희가 아들이므로 하나님이 그 아들의 영을 우리 마음 가운데 보내사 "아빠 아버지!"라 부르게 하셨느니라. 그러므로 네가 이 후로는 종이 아니요 아들이니 아들이면 하나님으로 말미암아 유업을 받을 자니라.

요시야는 구약에서 극찬하는 소수의 인물 중 하나다. 우리 세계에도 요시야와 같은 사람들, 세상에 많이 오염되지 않고 또 세상에서 단절되지도 않은 남자와 여자들, 복음과 순종과 예배에 열정적인 남자와 여자들, 울고 간청하고 사랑하고 자기를 낮추는 법을 알고 진리와 자녀들과 가족을 옹호하는 법을 아는 사람들이 필요하다고 말할 수 있다. 우리는 실질적이고 심오한 개혁을 일으키는데 헌신한 사람들이 필요하다. 그러나 비록 우리가 요시야와 비슷할지라도 교회 또는 세상의 핵심 문제를 해결할 수 없다는 것을 깨닫는 사람들이 필요하다는 것은 그보다 더 분명하다.

이 때문에 하나님이 세대가 바뀔 때마다 예수께서 우리를 위해 죽으셨다는 사실을 더 온전하게 더 풍성하게 이해하는 사람들을 일으키시도록 기도할 필요가 있다. 세상이 아니라 하나님의 말씀에 의해 빚어지는 사람들, 심판과 구원을 진지하게 여기는 사람들, 요시야처럼 우리가 문제의 일부임을 인식하는 사람들, 복음을 온 세계로 전파하도록 하나님이 사용하실 사람들, 오직 하나님만 사람들의 삶을 변화시키시고, 오직 하나님만 교회를 세우시고, 오직 하나님만 찬송과 영예와 영광을 받으실 분임을 아는 사람들이다.

이번 장의 끝에 잠깐 출연하는 여호아하스와 여호야김, 요시야의 통치가 이룬 모든 업적을 순식간에 말아먹은 왕들이 이 점을 매우 명백히 드러낸다. 궁극적으로 우리의 희망은 오직 그리스도에게만 있다.

2 Kings
열왕기하
24:1-25:30

24:1 여호야김 시대에 바벨론의 왕 느부갓네살이 올라오매 여호야김이
삼 년간 섬기다가 돌아서 그를 배반하였더니 2 여호와께서 그의 종 선
지자들을 통하여 하신 말씀과 같이 갈대아의 부대와 아람의 부대와
모압의 부대와 암몬 자손의 부대를 여호야김에게로 보내 유다를 쳐
멸하려 하시니 3 이 일이 유다에 임함은 곧 여호와의 말씀대로 그들을
자기 앞에서 물리치고자 하심이니 이는 므낫세의 지은 모든 죄 때문
이며 4 또 그가 무죄한 자의 피를 흘려 그의 피가 예루살렘에 가득하
게 하였음이라 여호와께서 사하시기를 즐겨하지 아니하시니라 5 여호
야김의 남은 사적과 행한 모든 일은 유다 왕 역대지략에 기록되지 아
니하였느냐 6 여호야김이 그의 조상들과 함께 자매 그의 아들 여호야
긴이 대신하여 왕이 되니라 7 애굽 왕이 다시는 그 나라에서 나오지
못하였으니 이는 바벨론 왕이 애굽 강에서부터 유브라데 강까지 애굽
왕에게 속한 땅을 다 점령하였음이더라

24:1 In his days, Nebuchadnezzar king of Babylon came up, and
Jehoiakim became his servant for three years. Then he turned and
rebelled against him. 2 And the Lord sent against him bands of the

Chaldeans and bands of the Syrians and bands of the Moabites and
bands of the Ammonites, and sent them against Judah to destroy it,
according to the word of the Lord that he spoke by his servants the
prophets. 3 Surely this came upon Judah at the command of the Lord,
to remove them out of his sight, for the sins of Manasseh, according to
all that he had done, 4 and also for the innocent blood that he had shed.
For he filled Jerusalem with innocent blood, and the Lord would not
pardon. 5 Now the rest of the deeds of Jehoiakim and all that he did, are
they not written in the Book of the Chronicles of the Kings of Judah?
6 So Jehoiakim slept with his fathers, and Jehoiachin his son reigned in
his place. 7 And the king of Egypt did not come again out of his land,
for the king of Babylon had taken all that belonged to the king of Egypt
from the Brook of Egypt to the river Euphrates.

8 여호야긴이 왕이 될 때에 나이가 십팔 세라 예루살렘에서 석 달간
다스리니라 그의 어머니의 이름은 느후스다요 예루살렘 엘라단의 딸
이더라 9 여호야긴이 그의 아버지의 모든 행위를 따라서 여호와께서
보시기에 악을 행하였더라
8 Jehoiachin was eighteen years old when he became king, and he
reigned three months in Jerusalem. His mother's name was Nehushta
the daughter of Elnathan of Jerusalem. 9 And he did what was evil in
the sight of the Lord, according to all that his father had done.

10 그때에 바벨론의 왕 느부갓네살의 신복들이 예루살렘에 올라와서
그 성을 에워싸니라 11 그의 신복들이 에워쌀 때에 바벨론의 왕 느부
갓네살도 그 성에 이르니 12 유다의 왕 여호야긴이 그의 어머니와 신
복과 지도자들과 내시들과 함께 바벨론 왕에게 나아가매 왕이 잡으니

때는 바벨론의 왕 여덟째 해이라 13 그가 여호와의 성전의 모든 보물
과 왕궁 보물을 집어내고 또 이스라엘의 왕 솔로몬이 만든 것 곧 여호
와의 성전의 금 그릇을 다 파괴하였으니 여호와의 말씀과 같이 되었
더라 14 그가 또 예루살렘의 모든 백성과 모든 지도자와 모든 용사 만
명과 모든 장인과 대장장이를 사로잡아 가매 비천한 자 외에는 그 땅
에 남은 자가 없었더라 15 그가 여호야긴을 바벨론으로 사로잡아 가
고 왕의 어머니와 왕의 아내들과 내시들과 나라에 권세 있는 자도 예
루살렘에서 바벨론으로 사로잡아 가고 16 또 용사 칠천 명과 장인과
대장장이 천 명 곧 용감하여 싸움을 할 만한 모든 자들을 바벨론 왕이
바벨론으로 사로잡아 가고 17 바벨론 왕이 또 여호야긴의 숙부 맛다니
야를 대신하여 왕으로 삼고 그의 이름을 고쳐 시드기야라 하였더라
10 At that time the servants of Nebuchadnezzar king of Babylon came
up to Jerusalem, and the city was besieged. 11 And Nebuchadnezzar
king of Babylon came to the city while his servants were besieging
it, 12 and Jehoiachin the king of Judah gave himself up to the king of
Babylon, himself and his mother and his servants and his officials and
his palace officials. The king of Babylon took him prisoner in the eighth
year of his reign 13 and carried off all the treasures of the house of the
Lord and the treasures of the king's house, and cut in pieces all the
vessels of gold in the temple of the Lord, which Solomon king of Israel
had made, as the Lord had foretold. 14 He carried away all Jerusalem
and all the officials and all the mighty men of valor, 10,000 captives,
and all the craftsmen and the smiths. None remained, except the poorest
people of the land. 15 And he carried away Jehoiachin to Babylon. The
king's mother, the king's wives, his officials, and the chief men of the
land he took into captivity from Jerusalem to Babylon. 16 And the king
of Babylon brought captive to Babylon all the men of valor, 7,000,

and the craftsmen and the metal workers, 1,000, all of them strong and
fit for war. 17 And the king of Babylon made Mattaniah, Jehoiachin's
uncle, king in his place, and changed his name to Zedekiah.

18 시드기야가 왕이 될 때에 나이가 이십일 세라 예루살렘에서 십일
년간 다스리니라 그의 어머니의 이름은 하무달이요 립나인 예레미야
의 딸이더라 19 그가 여호야김의 모든 행위를 따라 여호와 보시기에
악을 행한지라 20 여호와께서 예루살렘과 유다를 진노하심이 그들을
그 앞에서 쫓아내실 때까지 이르렀더라
시드기야가 바벨론 왕을 배반하니라

18 Zedekiah was twenty-one years old when he became king, and he
reigned eleven years in Jerusalem. His mother's name was Hamutal
the daughter of Jeremiah of Libnah. 19 And he did what was evil in
the sight of the Lord, according to all that Jehoiakim had done. 20 For
because of the anger of the Lord it came to the point in Jerusalem and
Judah that he cast them out from his presence.
And Zedekiah rebelled against the king of Babylon.

25:1 시드기야 제구년 열째 달 십일에 바벨론의 왕 느부갓네살이 그의
모든 군대를 거느리고 예루살렘을 치러 올라와서 그 성에 대하여 진
을 치고 주위에 토성을 쌓으매 2 그 성이 시드기야 왕 제십일년까지
포위되었더라 3 그 해 넷째 달 구일에 성 중에 기근이 심하여 그 땅 백
성의 양식이 떨어졌더라 4 그 성벽이 파괴되매 모든 군사가 밤중에 두
성벽 사이 왕의 동산 곁문 길로 도망하여 갈대아인들이 그 성읍을 에
워쌌으므로 그가 아라바 길로 가더니 5 갈대아 군대가 그 왕을 뒤쫓아
가서 여리고 평지에서 그를 따라 잡으매 왕의 모든 군대가 그를 떠나
흩어진지라 6 그들이 왕을 사로잡아 그를 립나에 있는 바벨론 왕에게

24장

로 끌고 가매 그들이 그를 심문하니라 7 그들이 시드기야의 아들들을
그의 눈앞에서 죽이고 시드기야의 두 눈을 빼고 놋 사슬로 그를 결박
하여 바벨론으로 끌고 갔더라
25:1 And in the ninth year of his reign, in the tenth month, on the tenth
day of the month, Nebuchadnezzar king of Babylon came with all his
army against Jerusalem and laid siege to it. And they built siegeworks
all around it. 2 So the city was besieged till the eleventh year of King
Zedekiah. 3 On the ninth day of the fourth month the famine was so
severe in the city that there was no food for the people of the land.
4 Then a breach was made in the city, and all the men of war fled by
night by the way of the gate between the two walls, by the king's
garden, and the Chaldeans were around the city. And they went in the
direction of the Arabah. 5 But the army of the Chaldeans pursued the
king and overtook him in the plains of Jericho, and all his army was
scattered from him. 6 Then they captured the king and brought him
up to the king of Babylon at Riblah, and they passed sentence on him.
7 They slaughtered the sons of Zedekiah before his eyes, and put out the
eyes of Zedekiah and bound him in chains and took him to Babylon.

8 바벨론 왕 느부갓네살의 열아홉째 해 오월 칠일에 바벨론 왕의 신
복 시위대장 느부사라단이 예루살렘에 이르러 9 여호와의 성전과 왕
궁을 불사르고 예루살렘의 모든 집을 귀인의 집까지 불살랐으며 10 시
위대장에게 속한 갈대아 온 군대가 예루살렘 주위의 성벽을 헐었으며
11 성 중에 남아 있는 백성과 바벨론 왕에게 항복한 자들과 무리 중 남
은 자는 시위대장 느부사라단이 모두 사로잡아 가고 12 시위대장이 그
땅의 비천한 자를 남겨 두어 포도원을 다스리는 자와 농부가 되게 하
였더라

8 In the fifth month, on the seventh day of the month—that was
the nineteenth year of King Nebuchadnezzar, king of Babylon—
Nebuzaradan, the captain of the bodyguard, a servant of the king of
Babylon, came to Jerusalem. 9 And he burned the house of the Lord
and the king's house and all the houses of Jerusalem; every great house
he burned down. 10 And all the army of the Chaldeans, who were with
the captain of the guard, broke down the walls around Jerusalem.
11 And the rest of the people who were left in the city and the deserters
who had deserted to the king of Babylon, together with the rest of the
multitude, Nebuzaradan the captain of the guard carried into exile.
12 But the captain of the guard left some of the poorest of the land to be
vinedressers and plowmen.

13 갈대아 사람이 또 여호와의 성전의 두 놋 기둥과 받침들과 여호와
의 성전의 놋 바다를 깨뜨려 그 놋을 바벨론으로 가져가고 14 또 가마
들과 부삽들과 부집게들과 숟가락들과 섬길 때에 쓰는 모든 놋그릇
을 다 가져갔으며 15 시위대장이 또 불 옮기는 그릇들과 주발들 곧 금
으로 만든 것이나 은으로 만든 것이나 모두 가져갔으며 16 또 솔로몬
이 여호와의 성전을 위하여 만든 두 기둥과 한 바다와 받침들을 가져
갔는데 이 모든 기구의 놋 무게를 헤아릴 수 없었으니 17 그 한 기둥은
높이가 열여덟 규빗이요 그 꼭대기에 놋 머리가 있어 높이가 세 규빗
이요 그 머리에 둘린 그물과 석류가 다 놋이라 다른 기둥의 장식과 그
물도 이와 같았더라
13 And the pillars of bronze that were in the house of the Lord, and
the stands and the bronze sea that were in the house of the Lord, the
Chaldeans broke in pieces and carried the bronze to Babylon. 14 And
they took away the pots and the shovels and the snuffers and the dishes

for incense and all the vessels of bronze used in the temple service,
15 the fire pans also and the bowls. What was of gold the captain of the
guard took away as gold, and what was of silver, as silver. 16 As for the
two pillars, the one sea, and the stands that Solomon had made for the
house of the Lord, the bronze of all these vessels was beyond weight.
17 The height of the one pillar was eighteen cubits,[1] and on it was
a capital of bronze. The height of the capital was three cubits. A
latticework and pomegranates, all of bronze, were all around the capital.
And the second pillar had the same, with the latticework.

18 시위대장이 대제사장 스라야와 부제사장 스바냐와 성전 문지기 세
사람을 사로잡고 19 또 성 중에서 사람을 사로잡았으니 곧 군사를 거
느린 내시 한 사람과 또 성 중에서 만난 바 왕의 시종 다섯 사람과 백
성을 징집하는 장관의 서기관 한 사람과 성 중에서 만난 바 백성 육십
명이라 20 시위대장 느부사라단이 그들을 사로잡아 가지고 립나 바벨
론 왕에게 나아가매 21 바벨론 왕이 하맛 땅 립나에서 다 쳐죽였더라
이와 같이 유다가 사로잡혀 본토에서 떠났더라
18 And the captain of the guard took Seraiah the chief priest and
Zephaniah the second priest and the three keepers of the threshold;
19 and from the city he took an officer who had been in command of the
men of war, and five men of the king's council who were found in the
city; and the secretary of the commander of the army, who mustered
the people of the land; and sixty men of the people of the land, who
were found in the city. 20 And Nebuzaradan the captain of the guard
took them and brought them to the king of Babylon at Riblah. 21 And
the king of Babylon struck them down and put them to death at Riblah
in the land of Hamath. So Judah was taken into exile out of its land.

22 유다 땅에 머물러 있는 백성은 곧 바벨론 왕 느부갓네살이 남긴 자
라 왕이 사반의 손자 아히감의 아들 그달리야가 관할하게 하였더라
23 모든 군대 지휘관과 그를 따르는 자가 바벨론 왕이 그달리야를 지
도자로 삼았다 함을 듣고 이에 느다니야의 아들 이스마엘과 가레아의
아들 요하난과 느도바 사람 단후멧의 아들 스라야와 마아가 사람의
아들 야아사니야와 그를 따르는 사람이 모두 미스바로 가서 그달리야
에게 나아가매 24 그달리야가 그들과 그를 따르는 군사들에게 맹세하
여 이르되 너희는 갈대아 인을 섬기기를 두려워하지 말고 이 땅에 살
며 바벨론 왕을 섬기라 그리하면 너희가 평안하리라 하니라 25 칠월에
왕족 엘리사마의 손자 느다니야의 아들 이스마엘이 부하 열 명을 거
느리고 와서 그달리야를 쳐서 죽이고 또 그와 함께 미스바에 있는 유
다 사람과 갈대아 사람을 죽인지라 26 노소를 막론하고 백성과 군대
장관들이 다 일어나서 애굽으로 갔으니 이는 갈대아 사람을 두려워함
이었더라

22 And over the people who remained in the land of Judah, whom
Nebuchadnezzar king of Babylon had left, he appointed Gedaliah
the son of Ahikam, son of Shaphan, governor. 23 Now when all the
captains and their men heard that the king of Babylon had appointed
Gedaliah governor, they came with their men to Gedaliah at Mizpah,
namely, Ishmael the son of Nethaniah, and Johanan the son of Kareah,
and Seraiah the son of Tanhumeth the Netophathite, and Jaazaniah
the son of the Maacathite. 24 And Gedaliah swore to them and their
men, saying, "Do not be afraid because of the Chaldean officials. Live
in the land and serve the king of Babylon, and it shall be well with
you." 25 But in the seventh month, Ishmael the son of Nethaniah, son
of Elishama, of the royal family, came with ten men and struck down
Gedaliah and put him to death along with the Jews and the Chaldeans

25장

who were with him at Mizpah. 26 Then all the people, both small and
great, and the captains of the forces arose and went to Egypt, for they
were afraid of the Chaldeans.

27 유다의 왕 여호야긴이 사로잡혀 간 지 삼십칠 년 곧 바벨론의 왕 에
윌므로닥이 즉위한 원년 십이월 그 달 이십칠일에 유다의 왕 여호야
긴을 옥에서 내놓아 그 머리를 들게 하고 28 그에게 좋게 말하고 그의
지위를 바벨론에 그와 함께 있는 모든 왕의 지위보다 높이고 29 그 죄
수의 의복을 벗게 하고 그의 일평생에 항상 왕의 앞에서 양식을 먹게
하였고 30 그가 쓸 것은 날마다 왕에게서 받는 양이 있어서 종신토록
끊이지 아니하였더라

27 And in the thirty-seventh year of the exile of Jehoiachin king of
Judah, in the twelfth month, on the twenty-seventh day of the month,
Evil-merodach king of Babylon, in the year that he began to reign,
graciously freed[2] Jehoiachin king of Judah from prison. 28 And he
spoke kindly to him and gave him a seat above the seats of the kings
who were with him in Babylon. 29 So Jehoiachin put off his prison
garments. And every day of his life he dined regularly at the king's
table, 30 and for his allowance, a regular allowance was given him by
the king, according to his daily needs, as long as he lived.

1 A *cubit* was about 18 inches or 45 centimeters *2* Hebrew *reign, lifted up the head of*

단락 개관

열왕기하 24장은 여호야긴의 통치 기사를 계속 이어간다고 주장할 수도 있지만, 느부갓네살의 출현이 모든 것을 바꾸고 이번 장을 열왕기의 마지막 단락의 시작으로 만든다. 이집트는 유다의 지배자 지위를 빠르게 상실하고 '주님의 말씀에 따라' 그 나라의 멸망이 시작된다.

여호야김이 너무도 평범한 여호야긴으로 교체됨에 따라 느부갓네살이 예루살렘으로 진격해서 그 도성을 정복하고 중요한 시민들을 모두 추방한다(24:10-17). 이 시점에 느부갓네살은 여호야긴을 시드기야란 이름이 붙여진 그의 삼촌으로 교체하는데, 후자는 너무나 어리석어서 9년 후 막강한 바벨론에 반역하는 바람에 예루살렘이 완전히 패망하는 계기를 만든다.

25장의 주요 부분은 느부갓네살과 그의 경호대장인 느부사라단이 예루살렘을 상대로 벌인 후속 군사작전을 상세히 묘사하는데 할애되어 있다. 그들은 유다의 모든 저항세력을 무찌르고 유다 독립의 상징인 성전을 해체하였고, 옮길 수 있는 것은 무엇이든 바벨론으로 운송한다.

그달리야(현지인)가 거기에 남은 형편없는 공동체를 감독하도록 임명될 때 그나마 바벨론 치하의 삶은 견딜 만할 것으로 예상된다. 하지만 열왕기에서 가장 헛된 행동의 하나로 인해 그달리야가 암살되고 남은 사회 구성원들이 이집트로 도망하게 된다.[84]

놀랍게도, 열왕기는 뜻밖의 희망이 가득한 후기로 마무리된다. 30년이 지난 후 여호야긴, 곧 유다의 최후의 멸망을 짧게 목격했던 보잘것없는 왕이 바벨론에 생존해 있을 뿐만 아니라 매우 잘 지내고 있다는 것이 밝혀진다. 다윗 혈통의 왕이 단지 숨만 쉬는 게 아니라 잘 지내고 있었으며 에윌므로닥의 초대로 왕실 식탁에 합류하고 있다는 사실은 하나님 백성의 이야기가 아직 끝나지 않았다는 한 가닥 희망을 던져준다.

84 이는 필요하지도 않고 지혜롭지도 않다는 예레미야의 주장에도 불구하고. 렘 2:18; 42:15-17을 보라.

단락 개요

IV. 쇠퇴와 몰락- 이스라엘의 종말과 유다의 유배(13:1-25:30)

G. 느부갓네살의 발흥, 여호야긴(그리고 예루살렘이 탈취됨)과 시드기야(그리고 예루살렘이 바벨론 사람에게 함락됨)의 통치, 그달리야의 임명, 바벨론에서 여호야긴의 자유(24:1-25:30)

1. 느부갓네살의 등장(24:1-7)
2. 여호야긴의 생애와 시대(24:8-9)
3. 느부갓네살이 예루살렘을 점령하다(24:10-17)
4. 시드기야의 생애와 시대(24:18-20)
5. 느부갓네살이 예루살렘을 파괴하다(25:1-10)
6. 성전의 철거와 유다의 강제 이주(25:11-21)
7. 늙어가는 왕과 고대의 희망(25:27-30)

주석

24:1-20 개요

여호아하스, 여호야김, 여호야긴의 짧은 통치는 하나의 재난이었다. 시드기야는 약간 더 길게 다스리나 그의 통치 역시 재난이다. 이 왕들은 특별히 주목할 만한 것이 전혀 없다. 그들의 이름은, 이전에 왔다가 똑같은 일을 행했던 이스라엘과 유다 왕들의 긴 목록에 그냥 더해질 뿐이다. 하나같이 '여호와 보시기에 악을 행했다'고 한다.

24:1-2 약간 황급하게, 초점이 23장에 나오는 바로 느고와의 파국적 조우에서 "바벨론의 왕 느부갓네살"의 발흥으로 바뀌지만 이 본문은 지정학

에 거의 관심이 없다. 열왕기는 바벨론의 발흥 또는 주전 605년에 갈그미스에서 이집트군과 앗수르군의 패배에 대해 논평하는 대신, 그저 "그의[즉, 느부갓네살의] 날"[85](ESV 참고)이라고 언급한다. 느부갓네살과 유다의 최초의 상호작용에 대한 기사도 전혀 없다. 그는 올라왔고 "여호야김은 그의 신하가 되어 세 해 동안 그를 섬겼[다]"(새번역)라고 보도되어 있다. 이와 비슷하게 여호야김의 어리석은 모습도 그가 "돌아서 그를 배반하였[다]"는 간단한 말로 표현되어 있다.

유다는 막강한 바벨론을 도발한 만큼 그에 걸맞은 결과를 직면한다. 여호와는 발흥하는 바벨론 제국의 무력이 불순종하는 그의 백성에게 향하도록 하신다. "여호와께서…갈대아의 부대와 아람의 부대와 모압의 부대와 암몬 자손의 부대를 여호야김에게로 보내[셨다]"(2절, 참고. 3:5; 13:20). 바벨론과 그 속국들이 정기적으로 유다를 공격했다(우리로서는 이 공격을 바벨론이 조정했는지, 아니면 하나님이 조정하셨는지를 알 수 없지만!). 하지만 초점은 이 모든 일이 제한받지 않는 침략군들에 의해서가 아니라 "여호와께서 그의 종 선지자들을 통하여 하신 말씀과 같이" 다시 일어난다는 사실에 있다.

24:3-4 열왕기하는 그 독자들로 하여금 정확히 무슨 일이 일어나는지와 왜 일어나는지를 이해하게 하는데 관심이 있고, 유배의 이유에 대한 또 하나의 편집 노트가 더해진다. "이 일이 유다에 임함은 곧 여호와의 말씀대로 그들을 자기 앞에서 물리치고자 하심이니"(3절). 이는 하나님은 너무 거룩하셔서 죄를 방관하실 수 없다는 사실을 암시하는 듯하다. 하나님의 행동이 므낫세의 죄에 대한 반응으로 묘사되어 있기에 다시 한번 므낫세가 악한 조상들 전체를 대표하는 역할을 한다. "이는 므낫세의 지은 모든 죄 때문이며 또 그가 무죄한 자의 피를 흘려 그의 피가 예루살렘에 가득하게 하였음이라 여호와께서 사하시기를 즐겨하지 아니하시니라"(3-4절). 하나

24장

85 추정컨대 바벨론 포로들은 느부갓네살의 생애와 시대에 대해 친숙했을 것이다! (한글 번역판들은 하나같이 이 표현을 '여호야김의 시대'로 해석하지만 주석가는 '느부갓네살의 시대'로 해석한다-옮긴이 주).

님이 이런 말로 묘사되는 것은 매우 이례적이다. 그러나 현세적 심판이 불순종하는 그의 백성에게 내려지는 만큼, 이처럼 용서하길 꺼려하시는 모습은 역사상 이 순간에 해당되는 것으로 이해해야 한다.

24:5-7 여호야김은 이 내러티브에서 더 이상의 역할이 없다. 그는 유다를 먼저는 이집트의 손에 나중에는 바벨론의 손에 넘긴 후, 이제는 느부갓네살에 속박된 왕국, 망각의 벼랑 끝에 선 왕국을 그의 자손에게 넘겨준다. "그의 아들 여호야긴이 대신하여 왕이 되니라"(6절). 7절은 이집트가 이제부터는 중요한 역할을 담당하지 않을 것이라고 분명히 말한다. "이는 바벨론 왕이 애굽강에서부터 유브라데강까지 애굽 왕에게 속한 땅을 다 점령하였음이더라." 말하자면, 솔로몬 제국의 땅 전체(참고. 왕상 4:21, 24)를 차지했다는 뜻이다. 하나님 아래서, 이제부터 하나님의 백성의 미래를 좌우할 나라는 바벨론이다.

24:8-9 여호야긴은 "예루살렘에서 석 달간 다스리[므로]"[86] 그의 삼촌 여호아하스와 짝을 이루게 된다. 그의 어머니의 이름(느후스다)은 수상하게도 히스기야가 파괴한 놋 뱀의 이름(느후스단, 18:4)처럼 들린다. 여호야긴의 통치가 통상적인 방식, 한 마디로 일축되는 것은 "여호야긴이 그의 아버지의 모든 행위를 따라서 여호와께서 보시기에 악을 행하였[기]" 때문이다. 여호아하스가 여호야김으로 대체되고, 여호야긴이 넘겨받고, 시드기야에게 넘겨주는 동안, 젊은 왕 느부갓네살이 갈그미스 전투에서 이집트를 이기고 급속히 고대 근동에서 가장 강력한 통치자가 된다. 그는 유다에 있는 하나님의 백성 위에 갈수록 더 긴 그림자를 드리운다. 우리가 살펴볼 것처럼, 마침내 시드기야가 막강한 바벨론으로부터의 자유를 독촉하다가 끔찍한 결과를 초래한다.

86 예레미야서에서는 여호야긴이 보통 여고냐 또는 고니야로 불린다.

24:10-13 바벨론이 다음에 하는 일에 대해서는 정권 교체를 둘러싼 불확실성 말고는 어떤 이유도 제공되지 않고 "그때에 바벨론의 왕 느부갓네살의 신복들이 예루살렘에 올라와서 그 성을 에워싸니라"라고 한다. 최종 결말이 다가오고 있는 것이 분명하다. 일련의 동사들은 바벨론이 완전한 통제권을 쥐고 있음을 분명히 한다(여호야긴이 행하는 유일한 것은 항복이다!). 그의 군대가 제자리를 차지한 후 "바벨론의 왕 느부갓네살도 그 성에 이르니 유다의 왕 여호야긴이 그의 어머니와 신복과 지도자들과 내시들과 함께 바벨론 왕에게 나아[갔다]"(11-12절). 여호야긴이 교묘한 술책을 쓴 후에 비굴하게 항복하는 것은 일종의 용두사미이고,[87] "바벨론 왕이 [그를] 잡으니 때는 바벨론의 왕 여덟째 해[였다]". 유다는 그 현재의 모습으로 끝장난 것이다.

더구나 느부갓네살이 "여호와의 성전의 모든 보물과 왕궁 보물을 집어내고 또 이스라엘의 왕 솔로몬이 만든 것 곧 여호와의 성전의 금 그릇을 다 파괴하였으니 여호와의 말씀과 같이 되었[다]"(13절). 솔로몬 치하에 그 나라에 흘러들어왔던 재물이 점차 빠져나갔다. 대체로 경건한 히스기야의 어리석은 행동이 이제 자업자득이 된 셈이다(20:17). 이 대목이 여호와의 말씀이 성취되었다고 명시적으로 언급되는 마지막 경우이다.

24:14-17 느부갓네살은 유다의 보물을 약탈할 뿐 아니라 "예루살렘의 모든 백성과 모든 지도자와 모든 용사 만 명과 모든 장인과 대장장이를" 강제 이송한다. 솔로몬 아래서는 가장 지혜로운 사람들이 떼 지어 예루살렘에 몰려왔다(왕상 10:23-25). 이제는 바벨론의 '두뇌 유출' 작전이 시작되면서 그 흐름이 역전되었다. 하나님의 백성이 찢어져서 포로로 잡혀가는 가슴 아픈 이야기(이 짧은 단락에 '사로잡히다'란 동사가 다섯 번이나 나온다)가 이 내러티브를 지배한다. 이 본문은 열왕기상 7장에서 솔로몬이 그토록 신중하

87 이례적으로 바벨론의 자료에는 예루살렘이 항복한 정확한 날짜(주전 597년 3월 16일)가 기록되어 있다. John W. Olley, *The Message of Kings: God Is Present*, BST (Downers Grove, IL: InterVarsity Press, 2011), 362.

게 제자리에 둔 모든 것의 매우 의도적인 역전을 묘사한다.

그 전략은 간단하다. 느부갓네살은 이 정복된 나라의 가장 명석하고 우수한 사람들을 빼어감으로써 바벨론 사회를 증진시키고 또 가장 유능한 유대 지도자들을 철저히 '바벨론화'하는 것이다. 앗수르와 달리, 바벨론은 '양 방향 강제 이송'을 실시하지 않는다. 따라서 "비천한 자 외에는 그 땅에 남은 자가 없었[다]"(14절). 이는 장차 적절한 때에 포로생활에서 되돌아갈 사람들의 경험을 어느 정도 설명해준다.

여호야긴 뿐만 아니라 그의 온 집안까지 "바벨론으로 사로잡혀" 간다 ("왕의 아내들"도 포함된 것을 보면 솔로몬의 본보기가 후손 세대마다 늘 따라다닌 듯하다) 는 사실은 이것이 되돌아올 수 없는 지점인 것을 분명히 한다. 더구나 "용사 칠천 명을…바벨론 왕이 바벨론으로 사로잡아" 가서 장래의 모든 반란을 실패할 운명에 처하게 하고, "장인과 대장장이 천 명 곧 용감하여 싸움을 할 만한 모든" 자들도 잡아가서 추가 보험까지 든다(16절). 느부갓네살은 (약해도) 합법적인 왕을 제거한 후 현명한 조치를 취해서 꼭두각시 왕을 임명한다. 이번에는 "여호야긴의 숙부[삼촌] 맛다니야"다. 예전에 바로 느고가 그랬듯이, 느부갓네살은 왕의 이름을 바꾼다. 이번에는 시드기야[아이러니하게도 '여호와의 의(義)'라는 뜻이다]로 바꾸어 아무도 누가 하나님의 도성을 주관하고 있는지 의심하게 않게 한다.

24:18-20 느부갓네살이 지명한 사람인 "시드기야가…예루살렘에서 십일 년간 다스리[는데] 그의 어머니의 이름은 하무달이요 립나인 예레미야의 딸이[었다]"(따라서 그는 요시야의 또 다른 아들인 여호아하스의 형제이자 여호야긴의 삼촌이다). 그에 관한 기록은 그의 전임자들과 다르지 않다. "그가 여호야김의 모든 행위를 따라 여호와 보시기에 악을 행한지라"(19절). 우리가 이제 그 땅에서 유다 이야기의 종말에 이른 것은 "여호와께서 예루살렘과 유다를 진노하심이 그들을 그 앞에서 쫓아내실 때까지 이르렀[기]"(20절). 때문이다. 이렇게 된 계기는 시드기야의 순전한 어리석음이다. 그는 유다가 겪은 최근의 모든 경험에도 불구하고 '바벨론 왕을 배반한' 것이다. 그는

바벨론과 싸우기 위해 다시 한번 이집트 사람을 동원하려고 했을지 모르지만, 본문은 이에 대해 침묵한다. 요점은 시드기야가 하나님이 지정하신 바벨론의 징계에 순복하지 않으려 한다는 것이다.

응답

이번 장은 우리로 하여금 죄의 서글픔과 순전한 어리석음에 가차없이 대면하게 한다. 시간이 흐르면 죄는 예측 가능하게 되고 심지어 지겹게 되기까지 한다. 죄는 흥미진진하고 보람이 있으나 경건함은 지루하고 예측 가능하며 재미없다는 것은 '악한 자'(the Evil One)가 퍼뜨린 거짓말 중 하나다. 사실은 그 정반대가 진실이다. 광택과 매력을 금방 잃어버리는 것은 경건함이 아니라 죄다. 고된 준비작업, 부담스러운 목회적 대화, 사랑하는 남편과 아빠가 되는 따분한 일과, 경건한 친구가 되려는 순전한 노력을 한창 기울이는 중에 죄가 멋진 것처럼 보이는 것은 내 마음에 늘 존재하는 죄성 때문이다. 흥미진진하고 감질나게 하는 죄의 세상으로 달려가고픈 유혹은 무척 강하다. 그러나 궁극적으로 죄는 만족이나 자극을 주지 못한다. 이것이 열왕기하를 마감하는 장들이 주는 메시지다.

여호아하스는 23:33에서 바로 느고를 짜증나게 할 만큼 어리석었다. 여호야김은 24:1에서 느부갓네살에 반역할 만큼 어리석었다. 예레미야는, 두루마리를 태우고 선지자를 박해하는 바보인 여호야김에 관한 이야기의 나머지 부분을 채운다. 나라가 파산한 상태인데도 여호야김은 자신을 위해 거대한 왕궁을 짓게 했다(건축업자들에게 임금을 지불하는 것을 잊으면서도!). 그는 어리석은데다 많은 죄를 지었다. 시드기야도 그와 다르지 않았다. 예레미야 37-39장에 따르면, 그는 바벨론이나 이집트 중 어느 편에 설지 등 어떤 일에도 마음을 정할 수 없었고, 그런 우유부단함으로 인해 큰 대가를 치렀다.

때로는 우리가 우리의 죄든 남의 죄든, 죄를 두고 탄식하는 능력을 잃지 않았나 하는 생각이 든다. 복음이 수행하는 일 중 하나는 우리를 부드럽게 만들어서 죄를 통해 나타나는 지독한 교만과 죄로 인한 깊은 균열을 더욱 인식하게 해주는 것이다. 이는 하나님께서 우리를 회개하게 만드는 방법이다. 바울은 고린도후서 7:8-10에서 이렇게 쓴다.

> 그러므로 내가 편지로 너희를 근심하게 한 것을 후회하였으나 지금은 후회하지 아니함은 그 편지가 너희로 잠시만 근심하게 한 줄을 앎이라. 내가 지금 기뻐함은 너희로 근심하게 한 까닭이 아니요 도리어 너희가 근심함으로 회개함에 이른 까닭이라. 너희가 하나님의 뜻대로 근심하게 된 것은 우리에게서 아무 해도 받지 않게 하려 함이라. 하나님의 뜻대로 하는 근심은 후회할 것이 없는 구원에 이르게 하는 회개를 이루는 것이요 세상 근심은 사망을 이루는 것이니라.

이 때문에 이 내러티브에서 죄로 인한 근심을 보는 것이 정말로 중요하다.

주석

25:1-7 유다 멸망의 마지막 장면은 흔히 그렇듯이 유다 왕의 연대기가 아니라 느부갓네살의 재임 기간에 따라 그 날짜가 적혀 있다. "시드기야[ESV는 느부갓네살] 제구년 열째 달 십일에 바벨론의 왕 느부갓네살이 그의 모든 군대를 거느리고 예루살렘을 치러 올라와서 그 성에 대하여 진을 치고"(1절, ESV 참고. 이 주석은 그 날짜를 시드기야가 아니라 느부갓네살의 제구년으로 본다-옮긴이 주). 이것은 기습 작전이 아니다. 이번에는 바벨론 사람들이 아예 유다를 끝장내려고 그 도성 "주위에 토성을 쌓[았다]". 그래서 예루살렘이 너무나 격심한 영향을 받고, 그 포위가 "[제11년] 넷째 달"에 접어들자 "성 중에 기근이 심하여 그 땅 백성의 양식이 떨어졌[다]"(3절). 4절에서 남은 정예 부대가 어둠을 틈타 몰래 빠져나가는 모습은 유다 사람들의 마음 상

태를 보여준다. "드디어 성벽이 뚫리니, 이것을 본 왕은, 바빌로니아 군대가 도성을 포위하고 있는데도, 밤을 틈타서 모든 군사를 거느리고 왕의 정원 근처, 두 성벽을 잇는 통로를 빠져 나와 아라바 쪽으로 도망하였다"(새번역, 참고. 느 3:15).

왕이 정예 부대와 함께 도망하는 것으로 밝혀지지만 그의 시도는 실패로 끝난다. "갈대아 군대가 그 왕을 뒤쫓아가서 여리고 평지에서 그를 따라 잡[았기]" 때문이다. 하나님의 백성이 처음 그 땅에 발을 디딘 곳(참고. 수 6장)에서 그 종말을 고한다. 왕이 그의 부대에서 떨어진 후 포로로 잡히고, 그들이 그를 "립나[앗수르로부터 빼앗은 행정 중심지, 왕하 23:33]에 있는 바벨론 왕에게로 끌고 가매 그들이 그를 심문[한다]". 바벨론 왕의 진노가 그 배반자에게 쏟아진다. 그는 속국 조약을 어기는 어리석고 불충한 짓을 저질렀기 때문이다. "그들이 시드기야의 아들들을 그의 눈앞에서 죽이고 시드기야의 두 눈을 빼고 놋 사슬로 그를 결박하여 바벨론으로 끌고 갔더라"(7절). 바벨론의 통제 아래 예루살렘에서 정착지를 유지하려는 실험은 이제 공식적으로 끝난다.

25:8-10 탈출 시도가 실패로 끝난 지 약 한 달이 지난 후, 군사작전을 종료하기 위해 "바벨론 왕의 신복 시위대장 느부사라단이 예루살렘에" 이르렀다. 이 작업의 뉘앙스는 '궂은일을 처리하는 부하'[88]의 몫을 가리키는 듯하다. 9절에 따르면 그는 "여호와의 성전과 왕궁을 불사르고 예루살렘의 모든 집을 귀인의 집까지 불살랐[다]". 그 도성을 불태운 후 "시위대장에게 속한 갈대아 온 군대가 예루살렘 주위의 성벽을 헐었[다]". 사실상 그 도성은 더 이상 존재하지 않는다.

25:11-12 예루살렘에 남아있던 주민들은 "바벨론 왕에게 항복한 자들과

88 Beal, *1 & 2 Kings*, 527.

무리 중 남은 자들"(추정컨대 포위된 동안에 예루살렘 안에 갇혀있던 주민 중 나머지 사람들)과 함께 느부갓네살의 지시로 바벨론으로 잡혀간다. 남겨진 사람들은 그 땅이 쓸모없는 황무지로 변하지 않게 하려고 "포도원을 다스리는 자와 농부가 되게" 할 "그 땅의 비천한 자" 뿐이다.

25:13-17 느부사라단은 그 도성을 불태우기 전에 그곳을 완전히 해체하라는 명령을 내린다. 첫째, 성전에서 탈취해간 놋과 물품들이 열거되어 있다. "여호와의 성전의 두 놋 기둥과 받침들과 여호와의 성전의 놋 바다를 깨뜨려 그 놋을 바벨론으로 가져가고" 더구나 그들은 "가마들과 부삽들과 부집게들과 숟가락들과 섬길 때에 쓰는 모든 놋그릇을 다 가져갔[다]". 금이나 은으로 만든 것은 무엇이든 다 운송물에 포함시켰다. 그러나 전리품의 가장 큰 몫을 차지하는 것은 놋이다. 기둥들의 규모와 세부사항("그 한 기둥은 높이가 열여덟 규빗이요 그 꼭대기에 놋 머리가 있어 높이가 세 규빗이요 그 머리에 둘린 그물과 석류가 다 놋이라 다른 기둥의 장식과 그물도 이와 같았더라", 17절)을 감안할 때, "솔로몬이 여호와의 성전을 위하여 만든 두 기둥과 한 바다와 받침들을 가져갔는데 이 모든 기구의 놋 무게를 헤아릴 수 없었[기]" 때문이다.

25:18-21 느부사라단의 마지막 행동은 이후의 완고한 저항을 최종적으로 깨뜨리기 위한 것이다. 그가 체포한 사람들은 "시위대장이 대제사장 스라야와 부제사장 스바냐와 성전 문지기 세 사람"과 더불어 남은 도성 관리들 중 엄선된 자들(어떤 이유로 왕이 탈주할 때 함께하지 못한 "군사를 거느린 내시 한 사람"과 "왕의 시종 다섯 사람"과 "백성을 징집하는 장관의 서기관 한 사람") 그리고 "성 중에서 만난 바 백성 육십 명"이다. 이 60명은 남은 인구의 대표인 듯하다. 느부사라단이 그들을 "립나"에 있는 느부갓네살에게 끌고 가고, 거기서 그들이 처형된다. 이 단락은 "유다가 사로잡혀 본토에서 떠났더라"(21절)는 간단한 진술로 끝나는데, 이는 17:23에서 이스라엘의 멸망을 묘사했던 그 어구이다.

25:22-26 느부갓네살의 전략은 총독을 남겨두어서 남은 주민들이 떠나는 바벨론 사람들에게 고분고분하고 순종하게 만드는 것이다. 그래서 그는 "사반의 손자 아히감의 아들 그달리야"를 임명했다. 그달리야의 가문은 훌륭하다. 그의 아버지는 그의 할아버지처럼 요시야를 섬겼고(22:12), 그는 예레미야와 가까운 사람이다(렘 40:7-41:18을 보라). 그런데 남은 유다 군인들("모든 군대 지휘관과 그를 따르는 자")은 이 소식을 듣고, "느다니야의 아들 이스마엘과 가레아의 아들 요하난과 느도바 사람 단후멧의 아들 스라야와 마아가 사람의 아들 야아사니야"가 새로운 총독에게 오며(23절), 총독은 그들에게 "너희는 갈대아 인을 섬기기를 두려워하지 말고 이 땅에 살며 바벨론 왕을 섬기라 그리하면 너희가 평안하리라"고 권유한다(24절).

불행하게도, 그처럼 다 부서진 왕국에서도 칠월에 왕으로 자처하며 권력욕을 품은 "왕족 엘리사마의 손자 느다니야의 아들 이스마엘이 열 명을 거느리고 와서 그달리야를 쳐서 죽이고 또 그와 함께 미스바에 있는 유다 사람과 갈대아 사람을 죽인[다]"(25절). 이 무의미한 반역은 예루살렘의 평화로운 미래를 배제시키고, "노소를 막론하고 백성과 군대 장관들이 다 일어나서 애굽으로 갔으니 이는 갈대아 사람을 두려워[했기]" 때문이다. 이는 예레미야가 이집트까지 동행하는 집단이다. 이집트는 아직 점령되지 않는 채로 남아있었기 때문이다. 이집트로 도망하는 것은 오래 전 그 나라의 건국을 부정하는 행위로 해석된다(참고. 왕상 6:1; 8:9, 16, 21, 51, 53; 9:9; 왕하 17:7, 36; 21:15).

25장

25:27-30 이 책의 맨 끝에 이르러 우리는 갑자기 37년을 건너뛰어 바벨론으로 간다. 거기서 뜻밖에도 다시 한번 "유다의 왕 여호야긴"을 만나게 된다. 우리는 또한 '유다 시간대'("사로잡혀 간 지 삼십칠 년")로 돌아간다. "바빌로니아의 에윌므로닥 왕이 왕위에" 올랐을 때 "유다의 왕 여호야긴 왕에게 특사를 베풀어 그를 옥에서 석방하였다"(27절, 새번역). "유다의 왕"이란 어구가 반복되는 것은 바벨론에서 보낸 긴 기간에도 불구하고 다윗 혈통이 보존되었으며, 아무리 미미해도 아직도 희망이 있다는 사실을 강조

한다. 그리고 에윌므로닥이 여호야긴에게 "좋게 말하고 그의 지위를 바벨론에 그와 함께 있는 모든 왕의 지위보다 높[였다]"는 것을 알게 된다. 이를 설명할 수 있는 방식은 하나님께서 그분의 백성을 끝내지 않았고 다윗의 왕조도 그렇다고 말하는 것뿐이다. 이 긴 내러티브는 유다 왕이 왕복을 입고 "항상 왕의 앞에서 양식을 먹고" 심지어 왕실 금고에서 나오는 생계비를 받는 장면으로 막을 내린다. 하나님께서 여전히 통제권을 쥐고 계시고, 궁극적인 다윗 혈통의 왕을 그분의 백성의 왕좌에 앉히려는 주권적 계획은 여전히 그대로 있으며, 사무엘하 7:15-16의 꿈도 여전히 살아있다.

이스라엘과 유다의 역사 전체는 주님의 말씀에 의해 통제되고 또 형성되어왔다. 열왕기상하는 종종 신명기적 역사의 일부를 이루는 것으로, 신명기의 렌즈를 통해 조망한 하나님 백성의 역사로 묘사되곤 한다. 신명기 31:16-18에는 이런 글이 나온다.

> 또 여호와께서 모세에게 이르시되 너는 네 조상과 함께 누우려니와 이 백성은 그 땅으로 들어가 음란히 그 땅의 이방 신들을 따르며 일어날 것이요 나를 버리고 내가 그들과 맺은 언약을 어길 것이라. 내가 그들에게 진노하여 그들을 버리며 내 얼굴을 숨겨 그들에게 보이지 않게 할 것인즉 그들이 삼킴을 당하여 허다한 재앙과 환난이 그들에게 임할 그때에 그들이 말하기를 이 재앙이 우리에게 내림은 우리 하나님이 우리 가운데에 계시지 않은 까닭이 아니냐? 할 것이라. 또 그들이 돌이켜 다른 신들을 따르는 모든 악행으로 말미암아 내가 그때에 반드시 내 얼굴을 숨기리라.

그리고 모든 것은 진정 이 하나님의 말씀에 따라 일어날 것이다. 그리고 이제 여호야긴이 바벨론 왕의 식탁에 앉음에 따라 우리는 이 사실을 다시 상기하게 된다.

응답

열왕기하는 예상치 않은 어조로 끝난다. 물론 이 대목에 대한 견해는 적어도 세 개가 있다. 일부는 이 책이 부정적 어조로 끝난다고 주장한다. 다른 이들은 그것이 중립적이라는 주장을 편다. 또 어떤 이들은 이 책이 조용하지만 부드러운 희망의 암시로 끝난다고 한다. 나는 마지막 입장을 지지한다! 늙은 여호야긴은 바벨론에 있지만 왕의 식탁에 앉도록 허락받는다. 그는 왕국이 없는 가신(vassal) 왕이지만 으뜸 가신이다. 그는 포로지만 상당한 독립성을 갖고 있다. 그렇다, 다윗 혈통의 왕이 예루살렘에서 다스리고 있지 않지만 그는 살아있다. 사무엘하 7장의 약속이 여전히 그대로 있다. 그리고 더 나은 왕이 올 것이란 희망이 있다. 이는 구약에 나오는 가장 강한 희망의 어조는 아니지만 진정한 희망임이 분명하다. 이는 대단하진 않아도 무시할 수 없는 그 무엇이다! 하나님의 왕이 유일한 희망이기 때문이다.

우리는 물론 이것이 그 이야기의 끝이 아님을 알고 있다. 그렇다, 주님은 끔찍한 현세적 심판을 감행하셨으나, 다윗의 글을 빌려 이렇게 말할 수 있다. "그의 노염은 잠깐이요 그의 은총은 평생이로다 저녁에는 울음이 깃들일지라도 아침에는 기쁨이 오리로다"(시 30:5). 우리는 하나님께서 이렇게 말씀하신 것도 안다. "'내가 잠시 너를 버렸으나 큰 긍휼로 너를 모을 것이요 내가 넘치는 진노로 내 얼굴을 네게서 잠시 가렸으나 영원한 자비로 너를 긍휼히 여기리라' 네 구속자 여호와께서 말씀하셨느니라"(사 54:7-8). 우리는 포로 생활이 끝날 것임을 알고 있다. 수천 명이 집으로 돌아오는 것이 아니라 시공간을 가로질러 그분의 모든 백성을 새로운 창조세계로 인도하실 참 메시아가 오심으로서 그렇게 될 것이다. 하나님은 주 예수 그리스도, 유일한 참된 왕, 완전한 왕, 부활하신 왕, 영원히 다스리는 왕 안에서 포로 상태에 있는 그분의 백성, 우리 같은 낯선 자들과 거류민들에게 진정하고 영구적인 희망을 주셨다.

열왕기하는 그 왕의 재림을 기다리는 하나님의 백성과 함께, 그리고 그 왕이 오고 있다는 확실한 암시와 함께 끝난다. 이 장들과 이 책들은 우리를 주 예수 그리스도께로 몰고 간다. 그리고 그분이 올 때는 진정한 다윗 혈통의 왕이 모든 기대를 능가한다는 것을 우리는 알고 있다. 그분은 도무지 상상할 수 없는 극적인 방식으로 죄가 지닌 극도의 서글픔과 어리석음을 처리하신다. 그분이 흠 없는 삶을 영위하신 후, 구약의 토라에 그려진 아름다운 삶을 바로 우리의 눈앞에서 구현하신 후, 우리를 대신해 죽으셔서 우리가 용서받게 하시고 그의 생명에 다가갈 수 있게 허락하신다. 그 생명은 곧 현재 부활의 능력 안에 있는 아름다운 삶이고, 참되고 단단한 희망을 탄생시키며, 장차 이뤄질 일로부터 나오는 역동적 에너지를 제공한다.

필자는 우리 같은 포로들을 위한 이 장들의 가르침뿐만 아니라 열왕기하 전체의 가르침을 가장 잘 요약하고 있는 본문은 바로 베드로전서 1:1-9이라고 생각한다.

> 예수 그리스도의 사도 베드로는 본도, 갈라디아, 갑바도기아, 아시아와 비두니아에 흩어진 나그네 곧 하나님 아버지의 미리 아심을 따라 성령이 거룩하게 하심으로 순종함과 예수 그리스도의 피 뿌림을 얻기 위하여 택하심을 받은 자들에게 편지하노니 은혜와 평강이 너희에게 더욱 많을지어다.
>
> 우리 주 예수 그리스도의 아버지 하나님을 찬송하리로다. 그의 많으신 긍휼대로 예수 그리스도를 죽은 자 가운데서 부활하게 하심으로 말미암아 우리를 거듭나게 하사 산 소망이 있게 하시며 썩지 않고 더럽지 않고 쇠하지 아니하는 유업을 잇게 하시나니 곧 너희를 위하여 하늘에 간직하신 것이라 너희는 말세에 나타내기로 예비하신 구원을 얻기 위하여 믿음으로 말미암아 하나님의 능력으로 보호하심을 받았느니라. 그러므로 너희가 이제 여러 가지 시험으로 말미암아 잠깐 근심하게 되지 않을 수 없으나 오히려 크게 기뻐하는도다. 너희 믿음의 확실함은 불로 연단하여도 없어질 금보다 더 귀하여 예수 그리스도께서 나타나실 때에 칭찬과 영광과 존귀를 얻

게 할 것이니라. 예수를 너희가 보지 못하였으나 사랑하는 도다. 이제도 보지 못하나 믿고 말할 수 없는 영광스러운 즐거움으로 기뻐하니 믿음의 결국 곧 영혼의 구원을 받음이라.

ESV Expository Commentary

2 Kings

열왕기의 메시지

열왕기상과 열왕기하를 정독하는 것은 상당한 여정이었다. 본문이 주위의 모든 세부 사항을 주시하면서 나아가는 것처럼 보이다가, 때로는 우울한 신학적 풍경을 스쳐지나가면서 중요한 광경만 가리키기도 한다. 마침내 열왕기하의 끝에 이르자 내러티브가 몸이 오싹해질 정도로 끼익하는 소리를 내며 멈춰 선다. 충격적이면서도 불가피한 결말이지만 열왕기의 메시지를 훌륭하게 마무리하는 대목이다. 그 메시지는 무엇일까? 우리가 주전 6세기에 바벨론 포로로 살고 있든 주후 21세기에 세계 어느 곳에 살고 있든, 우리가 알 필요가 있는 것은 무엇일까?

첫째, 죄는 예측 가능하고, 슬프고, 어리석다

성경의 두 번째 페이지부터 나오는 분명한 메시지가 있다. 죄는 멋지게 보이지만 고통과 죽음, 분리만 줄 뿐이라는 것이다. 죄는 지옥으로 이끈다. 우리가 지금쯤이면 이를 파악했어야 한다. 그런데도 죄가 우리 앞에서 튀어나올 때마다 우리는 이렇게 말한다. "아, 멋지게 보이는군!" 울타리가 자유에 이르는 관문처럼 보일지라도 거기에는 전류가 흐르고 있어서 양들조차 그 메시지를 이해할 수 있다. 그러나 우리는 매 순간, 계속해서 울타리로 뛰어들면서 뜻밖의 행동을 한다! 그러므로 명심하자. 죄는(그리고 지옥은) 완전히 예측 가능하고 궁극적으로 불만족스럽다. 죄에는 언제나 가슴 아플 정도로 슬픈 면모가 있다. 우리가 평생에 걸쳐 끈질긴 죄에 빠지면 하나님의 무한한 자비하심과 통치에서 배제되고 그분의 진노를 경험하는 끔찍한 대가를 치르게 된다. 죄는 우둔하다. 이것이 이스라엘과 유다의 역사를 압축하는 두 글자이다. 그리고 이것이 우리가 거듭거듭 꼭 붙잡아야 할 진실이다. 복음이 계속해서 우리의 마음과 양심을 회복시킬 때에, 복음이 죄의 헛된 어리석음을 노출시키고 그 메시지를 우리에게 납득시킬 때에, 예수 그리스도가 우리의 예측 가능하고 가슴 아프고 어리석은 죄의 무게를 짊어진 채 십자가에서 죽음으로써 죄에서 자유로워지고 그분과 영원히 살 수 있게 하신 것을 우리가 깨달을 때에, 그 진실을 붙잡아야 한다. 그러하기에 우리는 오늘이나 내일이나 죄로 돌진해서는 안 된다. 그것야말로 믿을 수 없을 만큼, 우주적으로 어리석은 짓이기 때문이다.

둘째, 하나님의 말씀은 강력한 능력이 있다

이는 열왕기의 끝없는 후렴이다. 필자가 바라고 기도하는 것이 있다. 우리가 어디서 그리스도인이 되었든지, 누가 우리에게 제자훈련을 시켰든지, 우리가 어느 교회에 속해 있든지 간에 이 진리가 우리의 영혼에 깊숙이 새겨지는 것이다. 필자가 학생들에게 늘 말하는 것이 있다. 그들을 위해 필자가 드리는 기도는, 그들이 남은 생애 동안 오직 하나님의 말씀으로 빚어지고, 그 말씀을 중심으로 삼고, 그 말씀의 인도를 받는 사역만 하게 해 달라는 것이라고. 다시 말해, 그들이 사람들에게 그리스도를 그분의 말씀을 통해 가르치는 사역을 하게 해 달라는 간구이다. 만일 우리가 이 단순한 사실을, 즉 열왕기에 담긴 이 핵심 아이디어만이라도 포착한다면 우리의 시간이 낭비되지 않을 것이라고 필자는 말하고 싶다. 이것이 하나님께서 일하시는 방식이다. 그분은 그분의 영으로 말씀을 통해 일하신다. 그래서 바울이 디모데에게 이런 글을 쓴 것이다.

> 모든 성경은 하나님의 감동으로 된 것으로 교훈과 책망과 바르게 함과 의로 교육하기에 유익하니 이는 하나님의 사람으로 온전하게 하며 모든 선한 일을 행할 능력을 갖추게 하려 함이라. 하나님 앞과 살아있는 자와 죽은 자를 심판하실 그리스도 예수 앞에서 그가 나타나실 것과 그의 나라를 두고 엄히 명하노니 너는 말씀을 전파하라. 때를 얻든지 못 얻든지 항상 힘쓰라. 범사에 오래 참음과 가르침으로 경책하며 경계하며 권하라(딤후 3:16-4:2).

왜 그럴까? 이것이 하나님께서 사람들을 변화시키는 방식이기 때문이다. 이것이 하나님께서 그분의 교회를 세우시는 방식이기 때문이다. 그분은 그분의 말씀을 통해 강력하게 역사하신다.

끝으로, 왕이신 예수님이 유일한 소망이다.

거듭거듭 열왕기는 다음과 같이 말한다. "메시아는 그 사람일 수 없고, 그 사람이 아니고, 확실히 그 사람이 아니다!" 거듭거듭 우리의 마음은 그 유일한 왕, 완전히 일관성이 있고 경건하고 용감하며 이타적인 왕을 지향하곤 했다. 그분은 바로 우리에게 오셔서 우리의 소망이 되신 분이다. 우리가 영원히 믿음으로 연합한 분이다. 그 안에서 우리를 완전히 무죄하다고 선언하신 분이다. 지금도 우리 삶의 모든 부분이 닮아가고 있는 분이다. 그분은 바로 왕이신 예수님이다. 성경 전체는 우리의 시선을 예수 그리스도께 향하게 한다. 왜 그럴까? 예수 그리스도 안에서 우리가 육신이 된 하나님의 아름다운 모습을 보기 때문이다. 예수 그리스도 안에서 우리가 하나님의 사랑과 능력과 온유하심이 살고 숨 쉬고 말하는 모습을 보기 때문이다. 예수 그리스도 안에서 우리가 하나님의 구원과 심판을 보기 때문이다. 그리고 예수 그리스도 안에서 우리가 언젠가 도달할 우리의 모습을 보기 때문이다.

워필드(B. B. Warfield)는 이에 대해 감동적인 글을 썼다.

> 아, 고생에 지친 순례자여, 짐으로 피곤한 당신이여, 당신을 위해 준비된 영광을 아는가? 예수님을 보라. 당신은 그분처럼 될 것이다. 당신은 절망에 빠지고 싶은가? 당신은 당신의 현재의 모습으로 영원히 남을 끝없는 미래를 내다보며 겁이 나는가? 예수님을 보라. 당신은 장차 현재의 모습으로 남지 않고 그분과 같은 모습이 될 것이다. 만일 우리가 그런 희망에 이를 수만 있다면 하늘이 당장 우리의 영혼에 나타난다. 예수님처럼 된다는 것! 이것이야말로 다른 모든 영광이 그 앞에서 퇴색되고 마는 진정한 영광이 아닌가? 우리가 예수님을 바라볼 때는 하나님의 은혜로 우리가 장차 될 그 모습을 보고 있다는 것을 잊으면 안 된다. …
>
> 완전한 유일한 사람, 삶의 완전한 모델이 그리스도 예수 안에 있는 우리 앞에 서 있다. 그리고 그대가 그분처럼 될 것이라고 선언하는 그 음성, 천사의 음성일 뿐 아니라 하나님의 능력의 음성이 우리에게 들린다!
>
> 그만한 격려의 선언, 그만큼 힘을 실어주는 선언이 또 있을까? 형제들이여, 그분, 그 완전한 분을 우리의 모델로 삼자. 그분처럼 되고 싶은 갈망을 품자. 그리고 이 크나큰 희망, 이 고귀한 확신을 품은 채 기쁘게 우리 인생의 과업에 종사하자. 우리가 그분처럼 될 것이고, 우리 역시 그분과 같은 모습이 될 것이란 희망을 품고! 이 큰 희망이 주는 힘으로 이 낮은 곳에서 우리의 인생을 살아내고, 그 기쁨에 찬 확신을 품은 채 우리가 떠날 때가 되면 열심히 우리의 영광 속으로 들어가자.[89]

포로로 잡혀 있을 때, 왕좌를 다른 누군가가 차지하고 있는 듯이 보일 때에도 왕이신 예수님이 우리의 생명이요 힘이요 소망이다. 그런즉 우리가 열왕기를 읽을 때에도 우리의 시선을 예수 그리스도께 고정시키자. 다른 어디에도 안도나 안전보장이나 힘이나 기쁨이나 평화가 없기 때문이다.

89 B. B. Warfield, "The Revelation of Man, Hebrews 2:6-9," in *The Power of God unto Salvation* (Philadelpia: Presbyterian Board of Publication and Sabbath-School Work, 1903); Reprinted in *Sermons and Essays from the Works of B. B. Warfield* (Tigard, OR: Monergism Books, 2010), https://www.monergism.com/sermons-and-essays-works'b-b-warfield.

최종적 성찰

열왕기를 읽고 해석하고 설교할 때 받는 가장 큰 도전은 이 내러티브의 범위를 감당하는 것이다. 다른 어느 책(물론 역대기를 제외하고)도 그토록 기나긴 시간을 포함하고, 다양한 등장인물들을 소개하되 하나님의 말씀을 그의 백성의 삶의 구체적인 이슈들에 적용하는데 초점을 맞추는 경우는 없는 듯하다. 이 때문에 본문의 풍부한 세부사항을 다 읽은 후 약간의 시간을 들여 이 책의 '세 개의 지평'을 성찰하는 것이 중요하다. 우리가 이 책을 적용하고 삶으로 살아내고 전달하기 원해서다.

어떤 의미에서 열왕기는 솔로몬의 통치에서 바벨론 유배까지 펼쳐지는 사건들에 관한 하나의 중계방송이다. 여기에는 다윗 혈통과 그 상대역인 북쪽 이스라엘의 이단에 대한 하나님의 관점을 제공하는 부분이 많고 그 관점이 실시간으로 전달되고 있다. 예컨대, 본문은 단순히 주전 9세기에 대한 5세기의 관점을 전달하지 않는다. 그 대신 본문은 말씀하시는 하나님께서, 암묵적으로 또 명시적으로, 그분이 그분의 백성에게 주신 땅에서 일어나는 사건들이 어떻게 그의 의제를 반영하고 또 거기서 떠나는지를 매우 분명히 한다. 그런 의미에서 본문의 메시지는 종종 그 사건들에 관여하는 사람들에게 주는 메시지이기도 하다.

또 다른 차원에서 보면 열왕기의 최종 형태는 주전 722년에 일어난 이스라엘의 멸망, 그리고 민족의 의식에 훨씬 큰 비중으로 다가오는 주전

586년 바벨론 유배를 상당히 염두에 두고 집필되었다. 이는 때때로 저자가 '오늘까지 이른다'와 같은 어구들을 끼워 넣을 때 분명해지고, 이 초점이 본문에 묘사된 등장인물들의 상대적 중요성에 대한 평가에 내장되어 있는 경우가 더 많다. 열왕기에 나오는 첫 왕이자 역대 가장 위대한 왕인 솔로몬은 처음부터 흠이 있고 타협적인 인물로 의도적으로 묘사되고, 이는 이후의 모든 왕들을 조망하는 렌즈를 제공한다. 이는 또한 주요한 일부 왕들(오므리와 므낫세 같은)을 서둘러 다루는 이유를 설명해준다. 정치적으로는 그들의 통치가 중요할지 몰라도 신학적 견지에서는 그들의 재임기간이 이스라엘과 유다로 하여금 하나님을 대적하는 자들의 불가피한 운명으로 더 가까이 몰고 갈 뿐이다. 본문의 이런 부분이 주는 메시지는 당연히 일차적으로 그들의 통치 기간에 살았던 사람들이 아니라 오랜 후에 등장하여 "우리가 어쩌다가 이런 엉망진창에 빠졌는가?"하고 묻는 사람들을 겨냥하고 있다.

그리고 이 책의 마지막 지평은 오늘날 주 예수 그리스도를 위해 살아가는 사람들이다. 고린도전서의 놀라운 대목에서 바울은 출애굽과 광야에서의 방황과 관련해 이런 글을 쓴다.

> 이러한 일은 우리의 본보기가 되어 우리로 하여금 그들이 악을 즐겨 한 것 같이 즐겨 하는 자가 되지 않게 하려 함이니 그들 가운데 어떤 사람들과 같이 너희는 우상숭배하는 자가 되지 말라. 기록된 바 백성이 앉아서 먹고 마시며 일어나서 뛰논다 함과 같으니라. 그들 중의 어떤 사람들이 음행하다가 하루에 이만 삼천 명이 죽었나니 우리는 그들과 같이 음행하지 말자. 그들 가운데 어떤 사람들이 주를 시험하다가 뱀에게 멸망하였나니 우리는 그들과 같이 시험하지 말자. 그들 가운데 어떤 사람들이 원망하다가 멸망시키는 자에게 멸망하였나니 너희는 그들과 같이 원망하지 말라. 그들에게 일어난 이런 일은 본보기가 되고 또한 말세를 만난 우리를 깨우치기 위하여 기록되었느니라. 그런즉 선 줄로 생각하는 자는 넘어질까

> 조심하라. 사람이 감당할 시험 밖에는 너희가 당한 것이 없나니 오직 하나님은 미쁘사 너희가 감당하지 못할 시험 당함을 허락하지 아니하시고 시험 당할 즈음에 또한 피할 길을 내사 너희로 능히 감당하게 하시느니라(고전 10:6-12).

하나님의 친절과 자비에 힘입어 열왕기상하가 쓰인 것은 단지 그들 앞에서 펼쳐지는 이 사건들을 목격한 사람들의 유익만을 위한 것이 아니고 훗날 바벨론 유배의 현실을 그의 백성을 향한 하나님의 언약적 헌신과 어떻게 맞출 수 있을지를 놓고 씨름했던 사람들만을 위한 것도 아니다. 이 책은 또한 '그 위에 종말이 도래한' 사람들을 위한 책이기도 하다. 바로 믿음으로 주 예수 그리스도와 연합한 사람들 말이다. 이 책은 성령으로 우리를 위해 쓰인 것이다. 그러면 이제 우리는 어떻게 해야 할까?

서론에서 필자는 열왕기가 네 단계로 나눠진다고 말한 바 있다. 솔로몬의 생애와 시대, 왕국의 분립, 엘리야와 엘리사의 사역 그리고 두 왕국의 몰락이다. 다함께 고려하면 이 네 번의 움직임은 포로 세대와 궁극적으로 주 예수 그리스도의 교회를 위한 메시지를 담고 있다.

정경에서 솔로몬의 중요성은 다음 두 가지다. 한편으로, 솔로몬은 욥기뿐 아니라 (솔로몬이 지은) 잠언과 전도서와 아가서가 대표하는 '지혜 전통'의 창시자이자 가장 큰 인물이다. 다른 한편으로, 솔로몬은 다윗의 아들이다. 솔로몬은 사무엘하의 왕조에 대한 약속이 최초로 성취된 인물인 동시에 인간 왕이 가진 희망의 한계를 보여주는 본보기이기도 하다.

우리로서는 솔로몬에 관한 우리의 논의에 종종 끼어드는 성인(聖人) 전기를 넘어 성경 텍스트의 가혹한 실재를 보는 것이 중요하다. 솔로몬은 하나님이 주신 놀라운 지혜를 보여주지만 이 지혜는 처음부터 어떤 일도 서슴지 않는 불경건한 실용주의와 섞여 얼룩져 있다는 것을 살펴보았다. 저자는 솔로몬이 지혜를 받은 후에도 그 지혜가 수많은 아내와 후궁들의 첫째 인물로 바로의 딸과 혼인하는 것을 막지 않는다고 빠르게 지적한다. 그리고 그 여자들이 그의 몰락의 원인이 되는 것으로 입증될 터이다. 이 모든 문제는 어느 왕이라도(사실 어느 인간이라도) 인류가 갇힌 죄악된 패턴에서 자유롭게 해주는데 필요한 지혜를 보여주지 못할 것임을 빠르게, 또한 단호하게 입증한다. 본문은 솔로몬의 지혜의 능력과 아름다움을 충분히 부각시켰다. 하지만 그 모든 지혜에도 불구하고 솔로몬이 계속해서 매우 지혜롭지 못한 선택을 내린다는 것과 지혜로운 솔로몬 아래서도 백성의 삶이 우상숭배와 내리막길로 빠지기 시작한다는 것을 매우 분명히 한다.

이 지혜로운 사람이 또한 다윗 혈통의 왕이란 사실도 이 책의 전반적 메시지를 이해하는데 매우 중요하다. 사무엘하 7장에서 다윗에게 준 엄청난 약속들은 왕조에 대한 것과 그 통치가 이전에 본 것을 훨씬 능가하는 영원한 왕에 대한 것이다. 열왕기는 솔로몬이 첫째 약속의 부분적 성취이긴 하지만 둘째 약속의 성취는 아니라는 것을 분명히 한다. 사실 그 함의는 명백하다. 솔로몬이 고대하던 다윗의 이상에 훨씬 못 미친다는 것을 감안하면 어느 누구도 그를 능가할 가능성이 매우 희박하다는 뜻이다. 처음부터 그 어조와 기대가 설정되어 있다. 어느 왕이라도 하나님의 백성이 갈망하는, 또한 하나님의 기준에 걸맞게 살 수 없을 것이라고 한다. 이런 식으로 솔로몬은 열왕기 전체를 분명한 메시아적 궤도 위에 올려놓고 하나님의 백성에게 궁극적인 지혜자일 뿐 아니라 그 성품과 일관성이 솔로몬의 그것을 훨씬 능가하는 진정한 다윗의 자손을 찾도록 격려한다.

이 기본적인 관점이 왕국의 분열에 관한 내러티브에 의해 거듭 강조된다. 르호보암의 어리석음과 정치적 동기를 가진 여로보암이 만든 이단은 두 나라를 벗어나지 못할 길로 빠져들게 한다. 솔로몬조차 경건한 지혜의 본을 일관되게 보이고 미래를 위해 안정된 다윗 혈통의 왕국을 세울 수 없다는 사실이 극적으로 확증되고, 국경의 위나 아래 어느 쪽에서든 나타나는 다양한 불경건한 모습은 미래에 대한 희망을 거의 주지 못한다. 열왕기상 12-16장의 슬픈 현실은 우리가 결코 인간 제도의 내재적 선에 대한 순진한 낙관주의에 빠질 수 없다는 것과 지상 낙원을 이룰 능력이 없다는 것을 분명히 한다. 참된 왕과 참된 나라는 단 하나밖에 없다. 바로 주 예수 그리스도의 나라다.

그러면 약속된 것과 우리 눈앞에서 단기적으로 벌어지는 일 사이의 엄청난 간극을 어떻게 다뤄야 할까? 열왕기는 이 질문에 여호와의 말씀에 대한 탄탄한 교리를 개진함으로써 답한다. 이 교리는 먼저 모세가 설명했고(특히 신명기 4장) 엘리야와 엘리사의 사역을 통해 구체화된다. 애초부터 그분의 백성의 가장 어두운 날에도 여호와는 그분의 선지자들을 통해 말씀하시고 일하신다. 여호와의 말씀은 뜻밖의 장소에서 뜻밖의 방식으로 엘리야와 엘리사를 통해 극적인 능력으로 임했다. 주님은 개개인의 인생을 선한 방향으로 돌려놓고 구원과 심판으로 왕들과 나라들의 사태를 좌우하신다. 이 두 사람을 둘러싼 놀라운 사건들에 우선권을 부여하는 열왕기의 긴 단락은 우리가 이 기간을 신학적 눈을 통해 확실히 조망하도록 하고, 우리가 주 예수 그리스도 안에서 또 그분을 통해 설파된 하나님의 말씀 앞에서 "하나님은 그분의 말씀을 통해 무슨 일을 하고 계시는가?"하고 물어야 한다는 것을 주지시킨다.

열왕기의 마지막 움직임들은 열왕기상 12-16장의 패턴을 반복하면서 이스라엘과 유다를 막론하고 어느 왕이라도 다윗의 이상에 가까워질 수 없다는 사실을 강조한다. 우리의 '지혜 없음'과 반역적 성향을 감안하면, 약속과 선지자의 특권을 받았음에도 우리 인류의 장기적 궤도는 내리막길일 수밖에 없다. 먼저 이스라엘의, 그리고 유다가 맞이한 도무지 피할 수 없는 현실은 우상숭배의 성향이 우리의 죄악된 영혼 깊이 새겨져 있다는 사실에 대한 강력하고 부인할 수 없는 증언을 제공하고, 유일한 희망은 선지자들을 통해 전달된 여호와의 말씀에 순종하고 심판 앞에서 그분께 구원을 부르짖는 것이다.

하지만 이 긴급한 명령은 열왕기가 우리에게 주는 궁극적 희망을 가리키는 신호 곁에 제쳐놓아야 한다. 처음부터 이스라엘과 유다가 직면한 이슈는 그들의 제도가 아니라 백성들 자체임이 분명하다. 하나님은 영원히 다스릴 왕을 약속하셨다. 문제는 왕좌에 앉는 사람들 중 아무도 하나님이 약속하신 바를 이행할 수 없다는 것이다. 따라서 이런 결론이 불가피하다. 우리에게는 여전히 다른 종류의 왕이 필요하다. 바로 신명기 17장에 약속된 그런 왕이다! 그는 하나님 아래서 사무엘하 7장의 약속들과 아브라함과 이삭과 야곱에게 주신 "더 깊은" 약속들을 성취하고 하나님의 백성을 회개를 통해 집으로 인도할 유일한 왕이다. 열왕기가 포로생활 중간에 다윗의 혈통이 끝장난 것이 아니라는 보도로 끝나는 것은, 그분의 왕을 통해 만물을 바로잡을 하나님의 계획이 여전히 건재할 뿐 아니라, 이 책 전체를 통해 우리의 유일한 희망임이 입증되어왔다는 것을 의도적으로 상기시켜 주는 대목이다.

따라서 열왕기는 우리 그리스도인들에게 예수 그리스도 안에서 성취된 약속을 느끼게 한다. 그분은 영원히 다스리는 유일한 왕이다. 그분은 우리의 마음과 생각을 바꾸고 우리를 회개와 믿음으로 인도할 수 있는 유일한 분이다. 그분은 진리의 말씀을 설파하고 구현하는 유일한 분이다. 그분은 우리의 지혜요 우리의 기쁨이고 즐거움이다. 그분은 구원과 심판을 모두 가져오는 분이다. 영광과 영예와 찬송은 오직 그분께만 있다.

성경구절 찾아보기

역대하

에스라

느헤미야

에스더

욥

시편

이사야

국제제자훈련원은 건강한 교회를 꿈꾸는 목회의 동반자로서 제자 삼는 사역을 중심으로 성경적 목회 모델을 제시함으로 세계 교회를 섬기는 전문 사역 기관입니다.

ESV 성경 해설 주석

열왕기하

초판 1쇄 인쇄 2025년 1월 13일
초판 1쇄 발행 2025년 1월 20일

지은이 J. 게리 밀러
옮긴이 홍병룡

펴낸이 오정현
펴낸곳 국제제자훈련원
등록번호 제2013-000170호(2013년 9월 25일)
주소 서울시 서초구 효령로68길 98(서초동)
전화 02) 3489-4300 **팩스** 02) 3489-4329
이메일 dmipress@sarang.org

ISBN 978-89-5731-926-0
978-89-5731-889-8 94230(세트)

※ 책값은 뒤표지에 있습니다. 잘못된 책은 구입하신 곳에서 교환해드립니다.